일본 지식인과 한국
한국관의 원형과 변형

한 상 일 지음

The Japanese Intellectuals
and Korea

HAN Sang-il

Oruem Publishing House

Seoul, Korea

2000

필자는 일본을 좋아한다. 일본의 자연을 좋아하고, 그 자연 속에서 살아가는 일본인들을 좋아한다. 성실하고 근면한 삶의 자세, 아무리 적은 일이라도 자기에게 주어진 상황에서 성심성의를 다하며 열심히 살아가는 일본인들의 모습은 많은 것을 깨우쳐준다. 오래 전에 맺은 일본인 친구들이 변함없이 보여주는 자상한 인정과 배려는 늘 마음을 훈훈하게 해준다.

그러나 한국인이라는 민족공동체는 아직도 일본에 대한 불신과 응어리진 감정을 그 심층에 깔고 있다. 그리고 한국인의 한 사람으로서 일본에 대한 필자의 감정도 앞에서 말한 '좋아한다' 는 것에 그냥 머물러 있을 수만은 없다. 개인으로 좋아하면서도, 한국인으로 일본에 대한 비판적 입장에 서는 것은 비단 필자 한 사람의 문제가 아닐 것이다. 일본에 대한 이러한 애증(愛憎)이 뒤섞인 감정이 한국인 속에 아직도 또렷이 자리잡고 있는 이유는 무엇일까?

아무리 참기 어렵고 고통스러운 경험이라도 세월이 흐르고 그것을 직접 보고 체험한 사람들이 사라져감에 따라 그 아픔과 슬픔은 엷어지고 지워져가는 법이다. 그러나 일본에 대한 한국인의 감정은 예외인 것 같다. 새로운 세대가 등장하고 세기(世紀)가 바뀌었음에도 역사적 아픔과 일본에 대한 불신은 여전히 한국인의 가슴에 크게 자리잡고 있다. 겉으로 보기에는 잊혀져가고 순화되는 것 같아도, 한국인의 반일 감정은 심층에서 내연하고 있고, 언제든지 계기만 있으면 폭발할 수 있는 강한 힘을 가지고 있다. 그 많은 세월이 흘렀음에도 무엇이 한국인으로 하여금 그처럼 사그러들 줄 모르는 반일의 정서를 만들게 하고 있는 것일까?

물론 쉽게 잊어버리기에는 그 상처가 너무나 깊고 아픈 것이었고 또한 질곡(桎梏)과 같은 긴 세월이었다. 그러나 그 상흔이 치유되지 않는 것은 다만 그 상처가 깊고 세월이 길었기 때문만이 아니라, 두 나라의 '특수한' 역사적 관계가 '역사'로서가 아니라 '현실'로 오늘도 계속되고 있기 때문이다. 일본은 그 '특수한' 과거사를 정리하기를 거부하고 있다. 식민지 지배가 끝나고 반세기가 지난 오늘에도 일본정부는 식민지 지배와 침략전쟁에 대한 국가차원의 명확한 사죄 및 전쟁피해자인 아시아인에 대한 정당한 보상 등을 거부하고 있다. 그리고 일본 정치가들이 망언을 반복하는 가운데 어느덧 일부 지식인은 다시 국민 속에서 과거 식민지 지배와 전쟁을 정당화하고 미화하는 움직임을 본격적으로 태동시키고 있다.

물론 일본사회에는 과거 청산을 강조하고 평화와 민주주의를 주창하는 지식인들이 많이 있다는 것을 알고 있다. 그러나 그러한 주장과 함께 그들이 '과거 청산'을 위하여 구체적으로 행동해 왔는가, 또 재일 조선인 등에 집약적으로 표현되어 있는 사회모순의 해결을 위해 투쟁하고 있느냐고 묻는다면 그 대답은 부정적일 수밖에 없다. 주장과 행동 사이의 괴리를 어떻게 극복할 것인가의 문제는 일본 지식인이 안고 있는 중요한 과제이고 한·일관계를 정리해 나가는 시발점이라 하겠다.

일본을 대하는 우리에게도 문제가 있음을 부인할 수 없다. 우리는 배일(排日)과 배일(拜日)을 아무런 원칙 없이 상황에 따라 편리하게 오가는 모습을 주변에서 볼 수 있다. 한국의 지식인들 가운데는 일본을 비판하면서도 때때로 '일본인의 한국 멸시감정에 아부하여' 자신의 입지를 넓히려는 사람이 있다는 한 지한(知韓) 일본인의 지적을 우리는 깊이 음미하며 반성할 필요가 있다고 생각된다.

필자는 지난 몇 년 동안 일본 지식인의 한국관은 어떤 것이고, 그리고 그들이 가지고 있는 한국관을 어떻게 사회적 통념으로 확산해 나갔나 하는 문제에 대하여 관심을 가지고 공부해왔다. 이 책은 그 관심의 작은 결과라 하겠다. 이 책에 실린 10편의 논문은 각각 독립된 글이지만 일본 지식인이 인식하고 있는 한국의 이미지(像)는 어떤 것인가라는 동일한 문제의식을 그 바탕에 깔고 있다.

제1부는 메이지(明治)유신 이후 일본이 근대국가를 만들어가는 과정에서 가장 중요한 국가적 이슈로 등장한 '조선문제'의 해결 방안과 방향을 제시한 네 사람의 '조선론'을 다룬 것이다. 역사상에 나타났던 네 개의 서로 다른 '조선관'은 어쩌면 오늘도 일본 지식인의 심층에 자리잡고 있는 원형들인지도 모른다. 1장과 4장은 이미 발표한 글이지만 2장과 3장은 이 책을 염두에 두고 새로 쓴 논문이다. 3장 요시노 사쿠조에 관한 글은 아직 발표하기에 부족하다고 판단되지만 보다 본격적 연구를 구상하며 잠정적 결론으로 생각하고 포함시켰다.

제2부는 전후 일본 지식인들이 보여주고 있는 한국관을 분석한 것으로서 1990-94년 사이에 『일본평론』에 발표한 것을 부분적으로 수정하고 보완한 것이다. 1997년에 쓴 "보론"은 발표하지 않았던 것이지만 5장과 관련이 있다고 판단되어 포함시키기로 했다.

제3부는 1990년대 중반 이후 일본 지식인 사회에 뚜렷이 나타나 진행되고 있는 역사수정주의, 특히 '국민의 역사'를 만들어가야 한다는 '자유주의 사관'과, 과거사에 대한 '책임'과 '주체'에 관한 논쟁에 그 초점을 맞추고 있다. 이 글들은 현대일본연구회에서 발표한 것을 보완한 것이다.

이 책을 만드는 데 몇 분의 도움을 받았다. 고려대학교의 조명철 교수와 이화여자대학교의 함동주 교수께서 제1부를, 그리고 국민대학교의 한경구 교수께서 제3부의 초고를 읽으시고 생각하지 못했던 부분을 많이 깨우쳐주셨다. 연세대학교에 출강하시는 임성모 박사께서는 이 책의 초고를 전부 읽고 많은 의견을 주셨다. 특히 제3부의 역사수정주의에 깊은 관심을 가지고 있는 임 박사의 지적은 필자에게 크게 도움이 되었다. 그리고 국민대 대학원의 장재영 군은 바쁜 가운데서도 인내를 가지고 성심껏 원고를 정리해 주었다. 이 모든 분들에게 깊은 고마움을 표하고 싶다.

마지막으로 이 책의 출판을 맡아주신 도서출판 오름의 부성옥 사장과 편집부 여러분, 특히 천명애 씨의 인내와 정성과 노력에도 깊이 감사드린다.

2000년 8월
한상일

일본 지식인과 한국
한국관의 원형과 변형

일본 지식인과 한국
한국관의 원형과 변형

제1부
원형을 찾아서

1 후쿠자와 유키치와 침략지배관의 원형

I. 머리글

후쿠자와 유키치(福澤諭吉, 1835-1901)는 일본의 근·현대사를 통해 제1의 '현자'(賢者)[1]이며, '국민적 영웅'[2]으로 존경받고 있다. 때때로 그는 '철인'(哲人)[3] 또는 '사상가'[4]로 불리기도 한다. '정부의 스승'(師匠)이었던 그는 한 번도 권력을 직접적으로 행사하는 정치적 위치에 있었던 적이 없다. 그러나 그는 근대 일본의 국가진로의 방향타를 움직인 가장 영향력 있는 사상가이며 교육자인 동시에 언론인이었다.

19세기의 후반은 일본 근대사에서 격동의 시대였다. 서세동점(西勢

---

1) 田中王堂, 『福澤諭吉』(實業之世界社, 1915 〈1987년 みすず書房의 재판〉), p. 55.

2) 家永三郎, "福澤諭吉の人と思想", 『福澤諭吉』(筑摩書房, 1963), p. 56.

3) Carmen Blacker, *Japanese Enlightenment* (Cambridge: Cambridge University Press, 1964), p. xii.

4) Albert M. Craig, "Fukuzawa Yukichi: The Philosophical Foundation of Meiji Nationalism", Robert E. Ward (ed.), *Political Development in Modern Japan* (Princeton: Princeton University Press, 1968), p. 99.

東漸)의 국제적 조류를 맞이하면서 나타난 존왕양이(尊王攘夷)운동의 확산, 페리의 '흑선'으로 상징되는 서양과의 접촉(1853), 메이지유신 (明治維新, 1868), 정한논쟁(征韓論爭, 1873), 반체제 무력시위와 사츠마(薩摩)의 난(1877), 자유민권운동과 정치결사의 시작, 일본제국 헌법의 발표(1889)와 총선거 실시(1890), 일청전쟁(1894-95) 등으로 이어진 반세기의 일본 근대사는 대전환의 시기였다. 이러한 사건을 체험하면서 일본은 봉건체제에서 근대사회로 발전하였고, 열강에 의해서 개국된 일본은 열강들과 어깨를 나란히 하면서 그 대열에 끼게 되었다.

일본 근대사의 이러한 전환기적 격동기에 활동한 후쿠자와는 문명개화의 우뚝 솟은 지도자로서, 부국강병의 주창자로서, 그리고 국권의 해외팽창론자로서 국가진로의 방향을 제시하였다.

후쿠자와가 인식하고 있었던 문명개화가 중요한 국내과제였다면, '조선문제'는 가장 중요한 대외과제였다.[5] 그는 일생 동안 단 한 번도 조선 땅을 밟아보지 않았으나, 메이지 일본의 조선정책에 지대한 영향을 미쳤다. 1880년대에 들어서면서부터 한반도를 어떠한 형태로라도 일본의 영향권하에 두지 않으면 일본의 안전이 위태롭다고 믿고 있었던 그는 이를 위하여 여러 가지로 활동했다. 한편으로는 한말의 개화파 인물들과 접촉하면서 그들에게 사상적으로 영향을 미쳤을 뿐만 아니라, 게이오(慶應)대학에서 개화를 지향하는 조선의 많은 젊은 이들을 가르치며 일본식 근대화의 길을 주입하였다. 그리고 언론의 중요성을 일찍부터 인식하고 있었던 그는 조선 안에서 언론을 통하여 일본의 영향력을 증대시키기 위하여 개화파와 협력하여 언론사를 창간했다. 또 다른 한편으로는 조선 조정 안에서 친일세력이 정권을 장

---

5) 후쿠자와가 1882년 창간한 『時事新報』에 기고한 그의 사설 및 평론은 『福澤諭吉全集』 8권에서 16권 사이에 대부분이 수록되어 있다. 그 가운데 최소한 1/3 이상이 한국과 관련된 것임을 볼 때 한국문제를 얼마나 중요한 과제로 생각하고 있었는가를 잘 알 수 있다. 『時事新報』에 실린 한국 관련기사에 관한 연구로는 杵淵信雄, 『福澤諭吉と朝鮮』(彩流社, 1997) 참고.

악할 수 있도록 정변을 배후에서 적극 지원하기도 했다. 뿐만 아니라 그는 많은 논설을 통하여 국민의 여론을 환기시키고, 일본정부의 조선정책에 직·간접으로 지대한 영향을 미쳤다.

이 글은 후쿠자와가 지니고 있었던 한국관을 살펴보려는 것이다. 최고의 지성인이고, 최대의 사상가였던 그의 한국관을 규명함으로써 우리는 일본이 근대국가를 형성해 가고 있었던 시대의 지배계급이 지녔던 한국관의 원형을 추적해 볼 수 있다고 생각한다.

후쿠자와는 방대한 자료를 남겼을 뿐만 아니라, 시기와 장소에 따라 상호모순되는 논리를 자주 전개했기 때문에 그의 사상을 이해하는 것은 쉽지 않다. 그의 한국관을 이해하기 위해서는 그의 사상의 핵심이라고도 할 수 있는 문명관에 대한 이해가 필수적이고, 또한 그의 문명관은 대부분 그의 양행(洋行)을 통해서 형성되었다고 할 수 있다. 그러므로 여기서는 먼저 후쿠자와의 생애의 전반기라고 할 수 있는 막부(幕府)시대의 체험을 살펴보고, 이어서 그의 문명관과 세계관을 정리하며, 끝으로 그의 한국관을 보기로 하겠다.

II. 막부 말기의 체험

후쿠자와는 1835년 오사카(大阪)에서 태어났다. 그의 부친 햐쿠스케(百助)는 오쿠다이라(奧平) 집안이 지배하는 부젠(豊前)의 나카즈번(中津藩)에 소속된 13석(石) 2인부지(人扶持)의 하급무사로서 오사카에 있는 나카즈번의 생산물 집하장인 쿠라야시키(倉屋敷)에서 회계관리사로 일하였다. 2남 3녀의 형제들 가운데 막내였던 후쿠자와가 생후 18개월 때 갑자기 아버지 햐쿠스케가 뇌출혈로 죽게 되자 어머니는 가족을 이끌고 고향 나카즈로 돌아갔다.

후쿠자와는 1854년 난학(蘭學)[6]을 공부하기 위하여 나가사키(長崎)로 떠날 때까지 19년간 고향인 나카즈에서 살았다. 나카즈에서 후쿠자와의 생활과 소년시대의 모습을 알 수 있는 사료는 남아 있지 않다. 다만 후쿠자와 자신이 말년에 쓴 자서전인『복옹자전』(福翁自傳)이 있을 뿐이다. 그러나 후쿠자와가 죽기 3년 전인 64세에 발표한『자전』에서 자신은 "입신출세의 욕심 없이" 오직 "학문을 위하여 학문을 하였다" 라든가, 또는 "정치에 관심이 없었다" 라는 등의 자기 미화는 뒤에서 볼 수 있는 것과 같이 허구의 자화상이라 할 수 있다. 토야마 시게키(遠山茂樹)와 핫토리 시소(服部之總)가 설득력있게 주장하고 있는 것과 같이 그의 자서전은 인생의 종막을 의식하고 자신의 삶을 정리하는 단계에서 "뒷날에 되돌아본 자기의 과거를 변호하고 수정을 더한 것"이고, "다분히 노회한 자기은폐"를 시도한 측면이 강하기 때문에 비판적 검토가 필요하다.[7] 또한 뒷날의 학자들도『자전』을 사실보다 확대해석하여 후쿠자와는 태어날 때부터 자유사상과 인간평등의식이 강하였고, 봉건제도와 투쟁적 정신을 지니고 있었다고 그의 '허상'을 만들어왔다.[8]

나카즈에서의 생활은 결코 행복하지 않았다. "문벌제도는 아버지의 적"이었다고 할 정도로 신분제도가 고착화되어 있는 봉건제도 속에서 하급무사의 아들인 후쿠자와의 장래는 암담한 것이었다. 나카즈

---

6) Dutch Learning이라고도 하는 것으로 도쿠가와(德川) 중기 이후 네덜란드어로 된 책들을 통해서 서양의 학술을 연구하는 학문.

7)『自傳』은 사회적 지도자로서 자신의 지위를 확고히 한 후쿠자와가 자기만족과 자기은폐를 위하여 후대를 의식하고 기록한 것이라는 비판적인 견해를 일찍이 하토리가 지적하였으나, 토야마가 이를 본격적으로 분석함으로써 종래의 후쿠자와상(像)을 수정하는 데 크게 기여하였다. 服部之總, "文明開化",『服部之總著作集』6 (理論社, 1955), pp. 166-185; 遠山茂樹,『福澤諭吉－思想と政治との關連』(東京大學出版會, 1970).

8) 예컨대 石河幹明은『福澤諭吉傳』에서 "타고난 자유사상가"라고 평가하고 있다.『福澤諭吉傳』(岩波書店, 1932), p. 40. 또한 라이샤워는 후쿠자와가 "소년시대부터 인간의 평등을 억제하고 있는 봉건적인 것에 대하여 투쟁적이었고, 이러한 정신은 그의 전 생애에 일관되었다"고 높이 평가하고 있다. エドウイン O. ライシャワ-, "福澤諭吉とその時代", 慶應義塾編,『福澤諭吉全集』21 (岩波書店, 21, 1959), 附錄, pp. 2-10 이하에서『全集』으로 표기함.

의 문벌제도는 다만 '번(藩)의 공용'에 국한된 것이 아니라, "어린아이들이 노는 데까지 귀천과 상하가 정해져 상급무사의 자제가 우리와 같은 하급무사의 자제들에게는 쓰는 용어도 전혀 달랐다"라고 할 정도로 엄격하였다.[9] 후쿠자와의 생활은 '불평'의 연속이었다.

이와 같은 환경 속에서 후쿠자와는 한학을 공부하면서 나카즈에서 떠날 수 있는 기회가 오기만을 기대하였다. 후쿠자와는 그의 자서전에 "내 한몸은 어떤 곳에 가서 어떠한 어려움에 직면하더라도 두려울 것 없다. 다만 이곳 나카즈에서 떠나 그 어디라도 가고 싶다는 것이 나의 유일한 바람이었다"라고 할 정도로 나카즈에서의 탈출을 고대하였다.[10]

후쿠자와가 고대하였던 나카즈 탈출의 기회가 왔다. 1853년에 미국의 동인도함대 사령관인 페리(Matthew C. Perry)는 4척의 '흑선'을 이끌고 우라가(浦賀)에 나타나 도쿠가와(德川)막부에게 개항을 요구하였고, 이 사건은 일본 근대사의 대전환을 촉진시키는 계기가 되었다. 페리의 충격은 봉건일본의 한쪽 구석에 위치한 나카즈에까지 미쳤다. 나카즈번에서도 '서양의 포술'(砲術)을 배워야 할 필요성이 긴박해졌고, 이를 위해서는 네덜란드어로 쓰여진 원서를 읽을 인재를 양성해야만 하였다. 후쿠자와에 의하면 당시 나카즈에는 "횡문자(橫文字: 네덜란드어를 뜻함―필자 주)를 읽을 수 있는 사람이 없었던 것은 물론이고, 횡문자를 본 사람도 없을" 정도로 서양문물에 어두웠다.[11] 1854년에 후쿠자와는 난학을 공부하기 위하여 나가사키에 정착하였다. 나카즈에서의 탈출과 나가사키에서의 새로운 학문에 접한 것은 후쿠자와가 신천지로 비상(飛翔)하는 첫걸음이었다.

나가사키에서 1년 동안 공부한 후쿠자와는 1855년에 오사카의 오카타 고안(緖方洪庵, 1810-63)의 문하생으로 들어가면서부터 본격적

---

9) 『自傳』(1899), 『全集』 7, p. 19.
10) 위의 책, p. 21.
11) 위의 책, p. 21.

인 난학에 접할 수 있었다. 1838년부터 오사카에서 서양학문을 가르친 오카타는 당시 일본에 널리 알려진 난학자로서 근대일본의 군사제도를 확립한 오무라 마스지로(大村益次郞), 적십자 사업을 시작한 사노 츠네타미(佐野尙民), 막부 말기의 지사 하시모토 사나이(橋本左內), 외교관 하나부사 요시모토(花房義質)와 오토리 케이스케(大鳥圭介) 등 많은 인재를 배출하였다. 후쿠자와는 『자전』에서 오카타의 학교에 입문하면서부터 "참다운 난학수업의 시작이었고, 처음으로 규칙적인 가르침을 받았다"라고 회상하고 있다.[12]

후쿠자와는 오카타의 특별한 배려와 가르침 속에서 1858년까지 3년 동안 네덜란드어를 위시해서 서양의 물리학·화학·의학 등을 공부하였다.[13] 그는 오카타 밑에서 숙장(塾長)에 오를 정도로 최고의 실력자로 성장하였다. 후쿠자와는 1858년 드디어 나카즈번의 초청으로 꿈에도 그리던 에도(江戶: 오늘의 東京)로 진출할 수 있게 되었다. "배우기 위해서가 아니라, 가르치기 위하여" 에도에 왔다는 자부심을 가진 후쿠자와는 에도에 있는 나카즈번의 자제들에게 난학을 가르치는 선생으로 초청되었다. 이곳이 뒷날 게이오대학의 근거지가 되었다.

후쿠자와가 나카즈를 떠나 에도에 이르는 4년 사이에 일본의 국내외 정세는 급속도로 변하고 있었다. 1854년 미국과 일본은 수호조약을 맺고, 미국은 56년에 해리스를 영사로 임명하고 일본에 파견하여 막부와의 통상조약 체결을 서둘렀다. 막부는 국내의 강력한 반대에 부딪혀 회담을 연기하였으나, 대로(大老)에 임명된 이이 나오스케(井伊直弼)는 존왕양이(尊王攘夷)파의 반대를 누르고 58년에 미일통상조약을 체결하였다. 이어서 막부는 네덜란드·러시아·영국·프랑

---

12) 위의 책, p. 35.

13) 1856년 9월, 형인 三之助가 갑자기 사망하여 후쿠자와 집안의 주인의 자리를 이어받기 위하여 나카즈에 잠시 귀향하였으나, 곧 집안을 정리하고 다시 오사카로 돌아갔다. 후쿠자와는 나카즈번으로부터는 포술수업을 계속한다는 이유로 오사카에 돌아갈 수 있도록 허락을 받았다.

스와도 같은 내용의 조약을 체결하였다. 그리고 막부 내의 개혁파였던 도쿠가와 나리아키(德川齊昭), 히토츠바시 요시노부(一橋慶喜)가 처벌당하고, 그리고 막말의 사상가인 요시다 쇼인(吉田松陰) 등 많은 존왕양이론자들이 죽어간 '안세이'(安政) 대옥사(大獄事)가 벌어졌다.

1859년 막부는 조약에 따라 나가사키, 가나가와(요코하마), 그리고 하코다테(函館) 등의 3곳의 항구를 개방하였고, 일본에 대한 영향력은 네덜란드에서 점차 미국·영국·프랑스로 바뀌고 있었다. 후쿠자와도 네덜란드어만으로는 시대의 요구에 부응할 수 없고 서양학문을 깨우칠 수 없다는 것을 깨달았다. 개항 직후에 요코하마(橫浜)를 구경갔던 후쿠자와는 네덜란드어가 그곳의 외국인들에게 "조금도 통용되지 않는다"는 현실에 크게 실망하였고,[14] 그는 다시 영어공부에 전념하였다.

III. 양행과 서양문명의 체험

나카즈에서의 탈출이 비상을 위한 첫단계였다면, 1860년에서 67년 사이에 세 차례에 걸친 그의 미국과 유럽 여행은 후쿠자와가 1870년대 이후 일본에서 가장 영향력 있는 '문명개화'의 대가로 정착할 수 있는 원동력이 되었다. 그의 첫번째 여행지는 미국이었다. 1860년 막부는 미국과 체결한 통상조약의 비준서를 교환하기 위하여 사절단을 파견하는 미국행에 후쿠자와도 참가할 수 있었다. 사절단 경호라는 목적으로 파견된 군함 칸린마루(咸臨丸)의 함장 기무라 세츠츠노카미(木村攝津守)의 개인 하인(從僕)의 자격이었지만, 근대 문명사회를 몸으로 체험할 수 있는 후쿠자와의 생애에서 결정적인 사건이었다.[15]

---

14) 『自傳』, p. 80.
15) 기무라의 하인의 신분으로 사절단에 참가할 수 있었던 것은 후쿠자와가 에도

호기심이 왕성한 후쿠자와에게 샌프란시스코에서의 체류 50일은 미국의 사회현상을 이해하기에는 너무 짧은 기간이었다. 화려한 카펫 위에 신발을 신고 다니는 것, 술에 얼음을 넣어서 마시는 것, 여존남비의 풍속, 또는 국민들이 초대 대통령인 워싱턴 자손이 어디서 무엇을 하는지조차 모르는 "사회의 습관과 풍속은 조금도 알 수 없는 것"들이었다. 그러나 선진문명의 일단을 체험한 것만으로도 "일본을 떠나기 전에는 천하독보, 안중에 사람이 없는 것처럼 위세당당했던 뇌락(磊落)서생도 처음으로 새색시처럼 작아졌다"라고 할 정도로 그는 풍요로운 물질문명에 압도되었다.[16] 후쿠자와는 일본을 떠난 지 4개월 만에 웹스터(Webster) 사전 한 권을 가지고 1860년 5월에 귀항했다.

　첫 미국여행은 후쿠자와로 하여금 일본의 운명에 대하여 생각할 수 있는 계기가 되었지만, 동시에 일신상에도 중대한 변화를 가져왔다. 귀국 후 그는 막부의 외국부에 고용되어 영국이나 미국 등과 같은 외국으로부터 막부에 전달되는 외교문서를 번역하는 일을 담당하였다. 이 기회는 후쿠자와가 번역자로서 막부외교의 중심부에 접할 수 있었을 뿐만 아니라, 외교문서를 통하여 국제사회에서 일본이 처한 위치와 위기를 실감할 수 있었다. 또 다른 일신상의 변화는 13석의 하급무사인 후쿠자와가 300석의 나카즈번의 상급무사인 토기(土岐太郎八)의 둘째딸과 결혼함으로써 상류사회로 진출할 수 있었다는 것이다. 후쿠자와는 '문벌제도는 아버지의 적'이었다고 할 정도로 봉건신분제도에 반감을 가졌지만, 오히려 결혼을 통하여 문벌제도의 수혜자가 되었다. 체제의 수혜자가 되면서 그는 점차 체제옹호자의 입장에 서게 되었다.

　막부는 1858년의 체결된 5개국 조약에 따라 1862년부터 에도와 오

에 와서 교제를 가진 에도 蘭學의 명문인 카츠라카와 호슈(桂川甫周)가 기무라에게 소개함으로써 가능하였다. 위의 책, pp. 86-87.

　16) 위의 책, p. 93.

사카의 시장을 개방하고 효고(兵庫)를 개항하기로 되어 있었다. 그러나 날로 강화되는 존왕양이론에 부딪힌 막부는 개항을 연기하기로 하고 이를 교섭하기 위하여 그해 초 유럽에 사절단을 파견하였다. 미국여행의 경험과 영어능력을 높이 평가받은 후쿠자와는 미국여행시의 '종복'이라는 신분과 달리, 서양의 사정을 '탐색'하는 정식요원의 자격으로 사절단에 참가하였다. 사절단은 영국군함을 이용하여 아시아와 인도양을 거쳐 프랑스·영국·네덜란드·독일·러시아·포르투갈 등 6개국을 순방하면서 서구문명의 발전상을 시찰하였다.

유럽여행은 미국여행과 달리, 후쿠자와가 서구문명을 보는 시각에 커다란 전기를 마련해 주었다. 미국여행은 체류기간이 짧았을 뿐만 아니라 처음 해외여행이었기 때문에 지나치게 감동적이었던 것에 비하여, 1년에 걸친 유럽에서의 생활체험은 좀더 냉정하게 문명의 근원과 사회를 관찰할 수 있었다. 특히 후쿠자와는 자본주의체제와 의회정치제도, 그것을 움직이고 있는 민주주의의 이념, 그리고 병원·학교·도서관 등과 같은 문화·복지제도 등 서구문명의 바탕을 이루고 있는 '이념과 정신'을 파악하려고 노력하였다. 이념과 원리를 이해하지 않고서는 미국여행 이후 계속된 의문인 '왜 미국인들은 워싱턴의 자손들에게 냉담한가'에 대한 명확한 해답을 찾을 수 없다고 판단하였다. 후쿠자와가 근대 서구의 자본주의문명을 이해하는 데 그 바탕이 되고 있는 '정신의 이해'에 접근하였다는 것은 동시대의 사쿠마쇼잔(佐久間象山), 요시다 쇼인, 하시모토 사나이 등과 같은 대표적 사상가들이 '동도서기'(東道西器) 또는 '화혼양재'(和魂洋才)를 주장하였던 것과는 커다란 차이가 있는 것이었다.[17] 그러한 의미에서 유럽여행은 후쿠자와에게서 자신의 사상인 '문명개화'의 틀을 정립하고, 훗날 문명비평가로 활동할 수 있는 중요한 계기가 되었다.

여행을 통해서 후쿠자와가 또다시 확인할 수 있었던 것은 서구의

---

17) 鹿野政直, 『福澤諭吉―人と思想』(淸水書院, 1987), p. 41.

선진자본국가들과 비교한 일본의 후진성과 그로 인한 위기감이었다. 더욱이 유럽으로 가는 도중 홍콩·싱가포르 등지에서 본 아시아인이 유럽의 노예가 되어 가고 있는 모습은 그의 위기감을 더욱 증폭시켰다. 일본이 위기를 극복하기 위해서는 변혁이 필요하다는 것을 절실히 체험하였다. 여행 중 나카즈의 중신인 시마즈(島津祐太郎)에게 보낸 서신에서 후쿠자와는 "각국의 제도, 육·해군의 규칙, 세금의 징수 방법 등은 대단히 유익"하다는 것을 설명하면서, 일본도 "제도를 개혁하는 대변혁"이 필요하다는 것을 역설하고 있었다. 그리고 변혁의 방향은 "무엇보다 먼저 부국강병을 성취하는 것이고, 부국강병의 근본은 인재를 양육하는 것"이라고 제시하였다.[18] 유럽여행을 통해서 후쿠자와는 일본이 후진성을 벗어나고 위기를 극복하기 위해서는 국내변혁·부국강병·인재양성을 해결하는 것이 시급한 과제라는 것을 확실히 깨닫게 되었다.

1862년 말 후쿠자와는 일본이 직면한 위기를 극복하기 위해서는 막부를 중심으로 한 '대변혁'이 필요하다는 데 대한 확실한 신념을 가지고 여행에서 돌아왔다. 그러나 그가 귀국한 전후(1862-63)는 일본에 있어서 양이(攘夷)운동이 절정에 달했고, 서양학문을 선호하는 사람들에 대한 양이파의 테러가 빈번하게 일어나던 시대였다. 후쿠자와는 정치문제에서 떠나 자신의 학교에서 학생들을 지도하는 한편, 여행에서 보고 들은 것을 정리하고 원서를 번역하는 일에 전념하였다. 특히 1864년 후쿠자와는 막부의 부름을 받아 외국에 보내는 외교문서를 번역하는 일을 담당하게 되면서부터 나카즈번의 신하에서 막부의 신하로 격상되었다.

막부의 신하인 후쿠자와는 철저한 막부 옹호론자였고, 반양이론자였다. 서양의 문명을 체험한 후쿠자와는 양이운동은 "옛것만 고집하는 것"이었고, 양이론자들은 "나라를 망칠지도 모르는 놈들"이라고

---

18) "島津祐太郎宛"(1862), 『全集』 17, pp. 7-8.

혹평하였다.[19] 그러나 후쿠자와는 존왕양이운동이 권력투쟁적 요소와 동시에 서구열강의 압력에 저항하는 일본민족의 강한 민족주의적 요소가 있다는 것을 이해하지 못하였다. 그는 양이운동은 보수반동이고 일본이 문명개화를 지향하는 데 커다란 장애물로만 인식하였을 뿐이다. 그는 어디까지나 막부를 중심으로 한 점진적인 변혁과 문명개화를 생각했을 뿐 혁명적인 체제변혁을 통한 개혁을 상정하고 있지는 않았다. 그러한 의미에서 존왕양이운동은 후쿠자와에게서는 분쇄되어야 할 '적'이나 다름이 없었다.

후쿠자와의 이러한 사상은 막부가 쵸슈(長州)의 양이파를 제거하기 위하여 두번째 출병을 시도할 때 막부에 제출한 그의 "건백서"(建白書)에 잘 나타나 있다. 1863년 말 잠시 수그러들었던 쵸슈의 양이운동은 1865년부터 다시 점차 강화되기 시작하였다. 이 당시에는 단순히 존왕양이에 그치지 않고, 다이묘(大名)들의 동맹설과 막부를 무너뜨려야 한다는 소위 도막론(倒幕論)이 함께 나타났다. 이에 막부는 1866년 쵸슈를 응징하기 위하여 두번째 군대를 동원했다. 이러한 시기에 후쿠자와는 막부에 "쵸슈재정벌에 관한 건백서"를 제출하였다. 존왕양이론을 '허탄(虛誕)의 망설(妄說)'이라고 비판하며 이를 이끌고 있는 쵸슈를 '장적'(長賊)이라 부르고, 막부가 '장적'을 응징하여 대내외적으로 정통성과 권위를 확립할 것을 주장하고 있는 "건백서"는 쵸슈 정벌을 계기로 막부가 취해야 할 몇 가지 대안을 제시하였다. 먼저 열강들이 막부와 체결한 현행 조약을 폐지하고 다이묘의 동맹체와 새로운 조약을 다시 체결한다는 소위 '다이묘 동맹설'을 강력히 비난하고, 만일 '다이묘 동맹설'이 확대되고 열강들이 동요한다면 막부가 무너지는 것은 물론 일본 전체가 전쟁과 혼란에 빠져들게 될 것을 경고하였다. 둘째는 외국군대의 힘을 빌려서라도 양이운동을 이끌고 있는 쵸슈를 응징할 것을 제안하였다. 중국이 영국과 프랑스의 힘

---

19) 『自傳』, p. 150.

을 빌려서 태평천국(太平天國)의 난을 평정한 것을 긍정적으로 평가하고 있던 후쿠자와는 쵸슈 응징에 외국군대의 힘을 빌릴 것을 제안하였다. 셋째는 쵸슈 정벌을 계기로 막부의 권력을 중앙집권체제로 강화하고, 중앙집권화를 위하여 막부의 봉건체제를 개혁할 것을 제기하였다. 곧 쵸슈를 위시하여 양이론을 이끌며 막부의 권위에 도전하는 다이묘들을 응징함으로써 막부는 그동안 일본이 유지해 온 "봉건제도의 일변(一變)을 주도한다"는 것이다. 후쿠자와가 의도하고 있었던 "봉건제도의 일변"이 구체적으로 어떠한 체제를 뜻하고 있는지 명확하지 않으나 '대군(大君) 모나키'(monarchy), 즉 "장군을 국왕으로 하는 통일국가의 건설"을 의미하고 있었다.[20]

이러한 "건백서"는 후쿠자와의 사상을 이해하는 데 중요한 실마리를 제공해 주었다. 즉 후쿠자와는 어디까지나 막번(幕藩)체제라는 기존의 질서를 유지하는 속에서의 개혁을 바라는 것이었지 봉건체제의 붕괴를 전제로 하는 개혁을 추구한 것은 아니었다. 당시 후쿠자와가 제기했던 문명개화의 추진은 자신이 이미 기득권을 구축한 막부에 의한 것이었고, 그러한 의미에서 이러한 문명개화를 방해하고 있는 양이운동은 그에게 적이나 다름이 없었다. 그리고 기존의 질서를 유지하고, 양이파를 제거하기 위해서는 침략성이 내포되어 있는 외국군대를 이용하는 것도 주저하지 않았다. '체제옹호'를 주장하는 그의 태도는 뒤에서 볼 수 있는 것과 같이 메이지 체제가 안정되기 시작한 시기에 제기된 민권론과 국권론의 대결에서 국권론을 옹호한 그의 논리에서도 잘 나타나고 있다.

후쿠자와가 일본에서 서구문명의 권위자로 그 지위를 굳히기 시작한 것은 1866년 『서양사정』(西洋事情)을 출판하면서부터라고 하겠다. 두 차례 미국과 유럽을 여행하면서 보고 듣고 기록한 자료를 바탕

---

20) "長州再征に關する建白書"(1866), 『全集』 20, pp. 6-11; "福澤英之助宛" (1866), 『全集』 17, pp. 30-32; 遠山, 앞의 책, p. 27.

으로 쓴 『서양사정』은 쉬운 문장으로 서양 근대문명의 여러 가지 제도와 현상을 설명하였다. 서양의 정치 · 경제 · 군사 · 외교 등의 제도와 학교 · 도서관 · 병원 등과 같은 사회복지시설을 소개하고, 또한 구미사회에서 보편화되어 있는 인간의 평등성, 개인의 권리, 사유권 등을 포함한 서양문명의 바탕을 광범위하게 소개하였다. 서양에 대한 호기심과 위기감이 사회에 넓게 흩어져 있던 당시, 이 책은 상당한 선풍을 불러일으켰다.

『서양사정』이 간행된 직후인 1867년 초, 후쿠자와에게는 두번째로 다시 미국을 볼 수 있는 기회가 찾아왔다. 그는 도쿠가와 정부가 미국의 선박을 인수하기 위하여 파견한 사절단의 일원으로 참여했다. 6년 전 처음으로 미국을 여행했을 때는 샌프란시스코에만 체류하였으나, 두번째 여행에서는 뉴욕과 워싱턴 등의 지역도 방문하였다. 1867년 6월에 귀국한 후 후쿠자와는 여행 중 불미스러운 행동으로 인하여 막부로부터 3개월 동안 '근신' 할 것을 명령받고 '독서생활에 몰두한 소시민' 으로서 미국에서 가져온 양서의 번역과 저술에 열중하였다.[21] 그리고 1868년 초, 자신의 학교를 보다 넓은 곳으로 옮기고 그해의 연호를 따라 게이오 기쥬쿠(慶應義塾)라고 이름을 붙이고 본격적으로 서양학을 가르쳤다. 이 '근신' 은 후쿠자와가 막부와 맺어졌던 인연을 청산하고, '계몽가' 로서의 위치를 굳히는 중요한 계기가 되었다.

후쿠자와가 근대 일본사에서 계몽사상가로서 부동의 지위를 확보할 수 있었던 것은 막부 말기의 체험을 시대적 상황과 접목시켜 일본의 진로를 제시했기 때문이다. 그 대표적인 것이 『학문의 권장』(學問のすすめ)과 『문명론지개략』(文明論之概略)이라 하겠다. 『권장』이전의 후쿠자와는 주로 여행견문록이나 번역, 또는 외국의 제도와 문명을 소개하는 책들을 출판하였을 뿐 자신의 사상을 기록한 것은 없었다. 그러나 『권장』은 그동안 후쿠자와가 서양문명과 일본의 현상을

---

21) '근신' 명령을 받게 된 이유에 관하여는 『自傳』, pp. 137-138 참조.

보고 생각한 것을 바탕으로 자신의 이념과 사상을 담은 첫번째 책이라 할 수 있다.[22]

후쿠자와가『학문의 권장』에서 무엇보다 강조하고 있는 중심사상은 '독립'이다. 그는 독립을 자유나 평등보다 더 중요시하였다. 그에 의하면 독립이라는 것은 "스스로가 자신을 지배하며 의타심(依他心)을 가지지 않는 것"으로서 자신의 인생을 스스로 판단해서 살아가는 것을 의미하고 있다. '일신독립'(一身獨立)을 위해서 후쿠자와는 두 가지를 제시하였다. 첫째는 '학문'에 힘쓰는 것이었다. 모든 인간이 평등하게 창조되었음에도 불구하고 지혜로운 사람과 어리석은 사람, 또는 빈부귀천이 나타나는 것은 '학문의 힘(力)'이 있느냐 없느냐에 따라 나타나는 현상이라는 것이다. 신분을 바탕으로 한 봉건제도를 부정하고 자존과 독립을 위한 학문을 권유하고 있다. 둘째는 '기력'(氣力)을 회복하는 것이다. 후쿠자와가 의미하고 있는 기력은 문명의 정신을 뜻하는 것이다. 학교·병원·공장 등과 같은 문명의 외형을 갖추더라도 "인민에게 독립의 기력이 없으면 문명의 외형은 아무 쓸모 없는 것이 된다"는 것이다. 후쿠자와는 그동안 일본은 정부가 모든 권력을 행사하였기 때문에 국민에게 '독립의 기력'이 결핍되어 있다는 것을 지적하고, 기력의 회복을 강조하였다. 그러나 뒤에서 볼 수 없는 것과 같이, 후쿠자와의 '일신독립'과 '독립의 기력'은 '국가의 독립'을 절대적 전제로 설정할 때 비로소 가능했다.[23]

1875년 출판된『문명론지개략』은 후쿠자와의 대표적인 저작이다.

---

22) 전체가 17편으로 구성된『學問のすすめ』는 1872년부터 4년 9개월에 걸쳐 1876년까지 계속되었다. 첫편이 출판(72년 2월)될 때만 하더라도 속편을 출판할 계획이 없었으나 의외로 반응이 좋아서 2편 이하를 계속해서 집필하였다. 따라서『學問のすすめ』는 하나의 논리와 주제가 체계적으로 연결된 책이라기보다는 그때그때 필자의 관심과 시국을 주제로 삼은 것이다. 이 책은 매편 20만, 전체 340만 편이 팔릴 정도로 대단한 인기를 모았다. 당시 인구 3,300만 명을 감안할 때 이 책이 국민사상에 미친 영향을 쉽게 짐작할 수 있다.
23)『學問のすすめ』,『全集』3, pp. 21-144.

후쿠자와는 많은 글을 남겼으나 대부분이 시론적 성격의 것이었다. 그러나『개략』은 자신의 사상과 세계관을 일관되게 담은 것으로서 그의 사상체계를 이해하는 데 중요한 자료가 되고 있다.[24]

세계를 야만·반개(半開)·문명 등의 세 범주로 구분하고 있는 후쿠자와는 일본이 국가의 체제는 어느 정도 정비되었고 농업이 성하며 문학은 번성하지만, 실학에 힘쓰는 것은 대단히 적고 사물의 원리를 추구하는 자세가 없으며 모방은 잘하지만 창조성은 결핍되어 있고, 그리고 습관에 압도되어 있는 '반개'의 상태에 있는 것으로 규정하고 있었다. 일본이 지향하는 것은 자연계의 법칙을 분별하고, 기풍이 당당하여 과거의 습관에 구애되지 않고, 자립적·미래지향적이며, 공업과 상업이 날로 번창하고 있는 유럽이나 미국과 같은 문명의 경지에 도달하는 것이었다. 그에 의하면 문명화의 순서는 먼저 '천하의 인심을 일변' 시키고, 그 위에 정치제도와 법률의 개혁을 수행해 나가는 것이었다. '인심의 면목이 일신'을 이루고 제도와 법률이 고쳐지면 비로소 문명의 기초가 확립되었기 때문에 의식주와 같은 유형의 것을 받아들일 수 있다는 것이다. 유형의 문명을 경시하는 것은 아니지만, 정신이 빠진 외형적 문명만을 추구하는 것은 일본에 이롭지 못하다고 믿었다.

후쿠자와는『개략』에서도 '정신'의 중요성을 강조하였다. 그는 문명을 외형적인 사물과 내면적인 정신으로 구분하고, 의식주나 제도 또는 정치체제나 법률과 같은 외형적인 문명은 비교적 쉽게 이식할 수 있는 것으로 보았다. 그러나 내면적 문명, 곧 문명의 정신('人民의 氣風')은 이식하기가 대단히 어려운 것으로 지적하였다. '인민의 기풍'은 팔거나 살 수도 없는 것이고, 또한 인간의 힘으로 쉽게 만들 수도 없는 것이기 때문에 '인민의 보편적인 지혜와 덕목을 발달' 시키는 길 이외의 방법은 없다는 것이다. 그러므로 후쿠자와에 의하면 문

---

24)『文明論之槪略』(1875),『全集』4, pp. 1-212.

명화, 즉 근대화는 자주독립의 정신확립('氣力의 充實'), 제도와 법률의 개혁, 외형의 이식이라는 순서로 진행되는 것이 가장 바람직한 것이었다. 따라서 근대화의 가장 중요한 요소는 독립 정신이었다.

후쿠자와는 메이지시대에 들어서면서부터 메이로쿠샤(明六社)의 한 사람으로서 일상생활과 경제활동에서 개인의 자주적이고 합리적인 정신을 국민에게 계몽하고 교육하는 계몽활동에 참여하는 한편, 게이오대학에 온갖 정성을 기울였다. 그는 "이 학교가 문을 열고 있는 한 대일본은 문명국이다"라고 자부하면서 서양학문을 강의하였다. 그는 메이지정부의 부름을 거절하고 저술과 메이로쿠샤의 일원으로 문명개화를 위한 활발한 활동을 전개하였다.

그러나 1880년대 이후 메이지 일본의 체제가 안정되면서부터 후쿠자와의 문명개화론은 점차 국권의 강화를 주장하는 방향으로 발전하였다. 그의 국권론은 1882년 『지지(時事)신보』를 발간하면서부터 대중 속으로 파고들었고, 그의 주장은 국론형성에 지대한 영향을 미쳤다. 후쿠자와는 1885년 "탈아론"(脫亞論)을 발표함으로써 일본이 아시아 침략이라는 국가진로를 선택하게 하는 데 결정적으로 작용하였고, 팽창주의적 국권론의 이론적 틀을 제공하였다. 아시아 침략의 결정적인 사건이라 할 수 있는 청일전쟁을 '관민일치의 승리'라고 찬양하며, 일본의 승리를 보지 못하고 "먼저 죽은 동지와 친구들의 불행"을 생각하며 "눈물을 흘린다"라고 할 정도로 열광적이고 감격적이었다.[25] 이는 문명개화론자의 탈을 벗어버리고 국권의 해외팽창론자의 참모습을 드러내는 것이었다.

대학과 신문사 경영, 그리고 저술활동에 전념하였던 후쿠자와는 1901년 66세로 그의 생을 마감하였다.

---

25) 『自傳』, p. 259.

Ⅳ. 문명관과 세계관

후쿠자와는 자신의 사상과 세계관을 담은 많은 글을 남겼다. 그러나 그는 동일한 주제를 가지고도 상황에 따라 자신의 입론(立論)을 달리함으로써 논리의 모순을 드러내곤 했다. 이는 후쿠자와의 사상을 난해하게 만드는 중요한 요인의 하나이기도 하다.

그는 어떠한 불변의 원칙보다는 항상 시대적 상황과 실리주의를 바탕으로 자신의 주장을 정당화하고 논리를 전개하였다. "사물의 득실과 이해(便不便)를 논할 때는 반드시 시대와 장소를 고려하지 않으면 안 된다"라고 할 정도로 그는 때와 상황을 중요시하였다.[26] 후쿠자와의 입론의 특색은 항상 '지금' (今·方今·現在), 또는 '오늘' (今日)이라는 시대와, 그 시대가 처한 상황 속에서 일본이 나갈 길을 모색하고 있다는 점이다. 따라서 시대와 상황이 바뀌면 그의 주장과 논리도 변했다. 이러한 '상황주의적' 입론은 그의 사상의 논리적 원칙과 일관성이 결여되어 있는 것처럼 나타난다. 그러나 도쿠토미 소호(德富蘇峰, 1863-1957)가 "옹의 논리는 임기응변, 아침 다르고 저녁 다르지만 그의 근본사상은 30년이 하루와 같다"라고 평가하고 있는 것과 같이 후쿠자와의 입론은 시대와 장소에 따라 다르게 나타났지만 오직 한 가지 목표만을 추구했다. '30년을 하루와 같이' 평생을 통해서 일관되게 추구한 그의 근본사상의 목표는 "일본의 독립보존과 부국강병"의 성취였고, 그리고 "이를 바탕으로 한 국권확장"에 있었다.[27]

막부 말기와 구체제가 붕괴되고 신체제가 들어서는 과도기에 서구 문명을 직접 보고 체험한 후쿠자와는 일찍부터 일본이 서구의 문명을 수용하고 문명개화의 진로를 택할 것을 강조하였다. 정치적으로나 사

---

26) 『槪略』, p. 115.
27) "妄言妄聽福澤翁", 松本三之介, 『明治精神の構造』(岩波書店, 1993), p. 35에서 재인용.

회적으로 혼란하였던 시대에 그는 저술과 교육, 그리고 사회활동을 통하여 일본의 근대화와 문명개화를 위하여 노력하였다. 그러나 그의 이러한 모든 활동은 결국 그의 궁극목표인 일본의 독립과 부국강병, 그리고 국권확장을 위한 것이었다. 『권장』을 집필할 단계인 1874년 후쿠자와는 런던에서 유학하고 있던 바바 타츠이(馬場辰猪)에게 보낸 편지에 "결국 우리의 목적은 우리나라의 내셔널리티를 보호하는 적심(赤心)"에 있다고 자신의 심경을 밝혔다.[28] 그리고 자신의 모든 활동의 최종 목적은 "어떻게 해서든지 쇄국일본을 개방하고 서양문명으로 인도하여 부국강병"을 이룩하고, "서양과 동등해지도록 하는 것"이었다고 회고록에 기록하고 있다.[29] 그러므로 그의 모든 주장은 일본의 독립보존에서부터 출발하여 부국강병과 국권확장에 귀착했다. 그리고 독립보존과 부국강병의 출발점은 서구문명의 도입, 즉 문명개화라고 믿었다.

그는 일찍부터 서양문명의 수용을 주장하며, 특히 서양문명의 정신을 중요시하였다. 후쿠자와와 동시대의 인물들인 사쿠마 쇼잔이나 요코이 쇼난(橫井小楠) 등 막말의 사상가들이 서구문명의 수용을 기술이나 물질적인 면에 한정하였던 것('和魂洋才')과 달리, 그는 근대자본주의 문명, 즉 서양의 문명을 창출해 낸 그 정신에 더 무게를 실었다. 서양에 비해서 일본의 취약점을 그는 다음과 같이 설명하고 있다.

국가의 위세가 국민의 교육에 달려 있다고 볼 때, 동양과 서양의 교육법에 근본적인 차이가 있다는 것을 알 수 있다. 동양의 유교주의와 서양의 문명주의를 비교할 때 동양에는 유형의 수리학(과학—필자 주)과 무형의 독립심, 이 두 가지가 부족하다. 서양의 정치가가 국가를 경영하고, 사업가가 상공업을 운영하며, 국민들의 애국심이

28) "馬場辰猪宛"(1874), 『全集』 17, p. 175.
29) 『自傳』, pp. 189-190.

충만하고, 그리고 가족들 사이의 단란한 정이 풍부한 것도 이 두 가지에서 유래한다. 가까이는 국가를 세우는 일이나 멀리는 인류가 존재하는 한 인간 만사에 수리를 무시할 수 없고, 독립 외에 의존할 것이 없다. 이러한 중요한 요소가 일본에서는 경시되고 있다.[30]

　서양문명에는 동양의 도덕(유학)이 지니고 있지 않는 과학(수리학)과 독립정신이라는 강점이 내재해 있다는 것을 간파할 수 있었다는 점은 후쿠자와의 선각자다운 모습을 보여주고 있다. 그러나 그의 오류는 그가 서양문명을 지극히 실용주의적 입장에서 단편적으로 이해하려고 했던 점이라 하겠다. 서양문명은 후쿠자와가 이해하고 있던 독립정신과 과학에만 기초하고 있었던 것이 아니라, 오랜 시간의 흐름 속에서 문예혁명·종교개혁·산업혁명 등과 같은 역사적 사건을 경험했고, 그 속에서 자아의 확립과 인본주의 확대, 신으로부터 인간의 자유, 자본주의 정신 등을 생성·발전시켜 나갔다. 또한 봉건체제에서 전제군주체제를 거쳐 민주주의가 확립되는 과정에서 볼 수 있는 것과 같이 시민(civic) 정신의 정착, 인권의 확립, 개인의 자유와 권리의 확대 등이 그 중심적 과제로 발전됐다. 그러므로 서양문명의 전개는 신과 군주로부터 인간의 자유와 개인의 주체성을 확립해 나가는 과정이라고도 할 수 있을 만큼 개인의 자유, 권리, 인권 등이 그 중심사상이었다.

　그러나 뒤에서 볼 수 있는 것과 같이 후쿠자와는 서양의 자유주의 사상과 문명을 논하면서도 국가와 개인의 관계를 설정할 때는 국가를 항상 우선시 했고, 국가의 독립과 부국강병이라는 전제 속에 개인은 매몰되었다. 그러한 점에서는 서양문명의 정신을 강조한 후쿠자와도 그 목적에서는 '화혼양재'를 주장했던 막말의 사상가들과 다를 바가 없었다.

---

30) 위의 책, pp. 167-168.

1. 독립과 문명

후쿠자와는 그의 대표적 저서인 『권장』에서 그의 유명한 '일신독립하여 일국독립'의 명제를 제시하였다. 이 논제는 일본의 근대사상 속에서 개인과 국가의 관계를 일찍부터 자각적으로 파악한 것으로서 지금까지 일본 근대사상의 계보 가운데 높이 평가되고 있다. 예컨대 마루야마 마사오(丸山眞男)는 이 논제는 "개인의 자유독립과 국가의 자유독립"을 "불가분의 과제"로 제기한 것으로서 민권론과 국권론의 필연적인 "내면적 관계를 보다 선명하게 규명"하였고, 동시에 국권론과 민권론의 통일이라는 "메이지 국가가 감당해야 할 역사적 과제를 보다 일찍 사상적으로 정식화(定式化)"한 것으로서 "아름답고 박명(薄命)한 고전적 민족주의 · 국가주의"라고 설명하고 있다.[31] 그리고 토야마 시게키는 "절대주의적 국가의식에 대항하는 근대적 국민의식을 표현한 간결한 테제"이고, "민주주의와 내셔널리즘의 공존과 결합"이라고 평가했다.[32] 그러나 뒤에서 볼 수 있는 것과 같이, 이 명제의 근본목적은 '일신독립'이 아니라 '일국독립'에 있음을 알 수 있다.

후쿠자와의 '일신독립하여 일국독립한다'는 논제의 핵심은 '독립의 기력'을 확립하고, 개인의 독립을 통해 종국적으로 국가의 독립과 부국강병을 이룩한다는 것이었다.[33] 그에 의하면 '독립의 기력' 없는 사람은 첫째는 "나라를 생각할 줄 모르고", 둘째는 "외국인을 접할 때

---

31) 丸山眞男, "明治國家の思想," 歷史學研究會編, 『日本社會の史的究明』 (岩波書店, 1949) pp. 194-196; 『福澤諭吉選集』(岩波書店, 1952) 第4券 解題, pp. 414-415.

32) 遠山茂樹, "日本國民抵抗の精神", 『世界』, 1951年 2月号, p. 42; 遠山, 『福澤諭吉』, p. 53.

33) 후쿠자와는 그의 『槪略』에서도 이 '독립의 기력'을 강조하고 있다. 그에 의하면 문명의 단계에 들어서면 사람들은 각자 "스스로의 활동을 주관하고, 발랄한 기풍으로서 옛 습관에 빠지지 않고, 스스로 자신을 지배하며 다른 사람에 의존하지 않는다"고 했다. p. 17. 마루야마는 이를 가리켜 "자립의 정신"이라고 해석했다. 丸山眞男, 『「文明論之槪略」を讀む』 上(岩波書店, 3권, 1986), pp. 109-110.

도 역시 독립인으로서 권위를 펼 능력이 없고", 셋째로 "다른 사람에게 의존하여 나쁜 일(惡事)"을 일삼고 "나라를 팔(賣國)" 우려가 있다는 것이었다. 그리고 이 세 가지 '재해'를 막기 위해서는 "자유독립의 기풍을 전국에 충만하게 해야 한다"는 것이다.[34] 후쿠자와가 뜻하고 있는 '자유독립의 기풍'이라는 것은 "나라가 굴욕스러운 위치에 처하게 되면 국민은 한 사람도 남김없이 생명을 버려서라도 나라의 위엄이 떨어지는 것을 막아야" 하고,[35] "나라를 위해서 재물은 물론 생명도 아낌없이 버릴 수 있는 큰 뜻"을 의미하고 있었다.[36] 일본인으로써 애국의 뜻이 조금이라도 있다면 "아버지와 형은 자식과 동생의 독립을 가르치고, 교사는 생도의 독립을 권장하여 사·농·공·상 모두가 독립하여 함께 나라를 지켜야만 한다"는 것이었다.[37]

후쿠자와가 '일국독립'의 전제조건으로서 '일신독립'의 중요성을 강조한 것은 근대 민족국가를 지향하는 일본에서는 대단히 의미 있는 논제라고 하겠다. 이 명제의 외형적 논리는 개인과 국가를 동등한 것으로 설정하고 개인의 독립과 민권의 확장은 국가의 독립과 국권의 바탕이 되며, 동시에 국가의 독립과 국권확장은 개인의 독립을 가져오고 결과적으로 국권확장이 이루어진다는 것이다.

그러나 '일신독립'과 '일국독립'은 결코 대등한 것이 아니었다. 국가의 독립보전을 지상의 과제로 삼고 있는 후쿠자와에게 '일신독립'은 '일국독립'의 전제조건이 아니라 '일국독립'의 수단, 즉 종속적 과제에 불과한 것이었다. 그는 한편으로는 '일신독립'을 강조하면서도, 또 다른 한편으로는 자신의 권익을 확대하기 위하여 투쟁하는 농민을 '우민'(愚民), '천민' 또는 '금수'라고 부르는가 하면, 메이지 국가가 제정한 법에 저항하는 자는 마치 "무리를 지어 자신의 권익을

---

34) 『學問のすすめ』, pp. 43-47.
35) 위의 책, p. 31.
36) 위의 책, p. 44.
37) 위의 책, p. 47.

보호한다는 이름으로 부자의 집을 침범하여 술 마실 돈을 훔치는 사람"과 같다고 혹평했다.[38] 뿐만 아니라 국회개원 직후 그는 만일 민권을 주장하는 정치집단이 정권을 장악한다면 그 정권은 국민의 지지를 받지 못해 "3일 천하로 끝나고 사회질서가 흩어져 유신 이래 원로 선배가 어렵게 이룩한 20여 년간의 치안도 하루아침에 무너질 것"이라고 주장하며 반정부 민권운동을 반대했다.[39] 우리는 '일신독립'을 주장하는 그의 논리에 서구사회에서 볼 수 있는 것과 같은 개인의 권리와 인권 신장이나 결사와 집회의 자유 등과 같은 민주적 요소가 배제되었음을 알 수 있다.

후쿠자와가 제기하고 있는 '일신독립'은 '민권'의 확립 위에 일본의 인민이 근대국가의 국민으로서 자립하는 것을 구상한 것이 아니라, "사이비 사회계약설"에 의하여 "복종의 내면적 자발성을 가진 국가의 객체로서 국민이 국가의식과 부국강병의 과제의식을 자각할 것"을 목표로 하고 있었다.[40] 그리고 국민의 정치적 주체성을 배제하고 민중의 정치적 결집을 처음부터 부인한 것이었다.[41] 그러므로 후쿠자와의 '일신독립'과 '일국독립'의 명제는 서구민주주의의 발달에서 볼 수 있는 것과 같이 '천부인권, 인부국권' 사상에 의거한 '민권'을 확립하기 위한 것이 아니라, '국권'을 확립하고 강화하기 위한 '천부국권, 국부인권'의 논리였다. 민권(일신독립)을 바탕으로 국권(일국독립)이 확립되는 것이 아니라, 국권 속에 민권이 매몰되는 것을 의미하고 있었다. 이것은 독립보존과 부국강병(일국독립)이라는 지상과제를 선험적 전제로 설정하고, 그 과제를 달성하기 위하여 '일신독립'의 필요성을 강조한 일본 근대화와 메이지 국가주의의 원형이라 하겠다.

후쿠자와의 독립보존과 부국강병 지상주의는 그의 문명론에서 보

---

38) 『學問のすすめ』, pp. 33, 40, 41, 74.
39) "一大英斷を要す"(1892), 『全集』 13, pp. 413-414.
40) 安川壽之輔, 『增補日本近代教育の思想構造』(新評論, 1979), p. 77.
41) ひろたまさき, 『福澤諭吉論』(東京大學出版會, 1976), p. 148.

다 선명하게 나타나고 있다. 문명의 상태를 야만·반개·문명의 세 단계로 나누고 있는 후쿠자와는 반개의 상태에 있는 일본이 해결해야 할 가장 시급한 과제는 문명의 단계로 진입하는 것이었다. 이를 위해서는 문명의 최상단계에 있는 서양문명을 수용하지 않을 수 없었다. 물론 후쿠자와도 서양문명에도 전쟁·살인·도적 등 야만적 요소와 많은 문제가 있음을 인식하고 있었다.[42] 그러나 서양문명은 "지금 인간의 지혜로 도달할 수 있는 정상"의 것이었고, 따라서 반개의 단계에 있는 일본은 서양문명을 따라야만 했다. 후쿠자와에 의하면 서양문명을 수용해야 하는 이유가 명확했다.

이 시대에 이르러 일본인의 의무는 오직 우리의 국체를 유지하는 것 하나뿐이다. 국체를 유지한다는 것은 국가의 정권을 상실하지 않는 것이다. 정권을 상실하지 않기 위해서는 인민의 지력을 발전시키지 않으면 안 된다. 이를 위해서는 여러 가지 방안이 있을 수 있지만 가장 필요한 것은 옛 습관을 버리고 서양에서 진행되고 있는 문명의 정신을 취하는 것이다. … 서양의 문명이 우리의 국체를 튼튼히 함과 동시에 우리의 황통을 빛낼 수 있는 유일한 길이라면 무엇 때문에 이를 취하기를 주저하겠는가? 단연코 서양의 문명을 택해야만 한다.[43]

일본이 정치적 자율을 잃지 않고 국체를 유지하기 위해서는 서양의 '문명정신', 즉 '인민의 독립정신'이 필요하다는 논리다. 이는 마루야마가 지적하고 있는 것과 같이 "일국의 독립을 위한 수단으로서 서양문명의 필요가 긴급"해진 것을 뜻하고 있었다.[44] 후쿠자와의 보다

---

42) 문명의 발전을 무한한 것으로 인식하고 있는 후쿠자와는 "수천 년 후 세계인민의 知德이 크게 발전하여 태평안락이 극도에 도달하면 오늘의 서양문명의 모습을 보고 야만이라고 평할 것"으로 보았다. 『學問のすすめ』, p. 28.

43) 위의 책, pp. 48-49.

44) 丸山眞男, 『「文明論之槪略」を讀む』上, p. 117.

직설적인 표현을 빌리면 "오늘 일본인을 문명에로 발전시키려는 것은 이 국가의 독립을 확보하기 위해서이다. 그러므로 국가의 독립은 목적이고, 국민의 문명은 그 목적을 이루기 위한 수단(術)"이고, "독립은 곧 문명" 그 자체였다.[45] 일본이 추구해야 할 궁극의 목표는 독립과 부국강병이고, '일신독립'이나 '문명개화'는 모두 이를 성취하기 위한 수단이었다. 그러한 의미에서 후쿠자와는 문명의 보편적 가치와 원리를 계몽한 철학자나 사상가이기보다는 일본의 독립과 부국강병을 위하여 문명론을 활용한 '전략적 문명론자'라 할 수 있다. 국권론에 바탕을 둔 그의 전략적 문명론은 그후에 보다 명확히 나타났다.

후쿠자와가 이와 같이 독립의 문제를 지상과제로 제기하게 된 것은 당시에 서양세력의 아시아 진출로 인한 '위기의식'과 일본의 '현상'이라는 상황구조의 인식에서부터 연유된 것이었다. 그는 누구보다도 먼저 서양문명을 직접 체험하였을 뿐만 아니라, 여행을 통해서 식민지로 전락한 민족의 비참한 모습을 볼 수 있었다.

물론 초기 서양문명에 무비판적으로 도취되었을 때 서양세력과 국제질서의 원리를 낙관적으로 판단하였던 시기도 있었다. 천부인권사상에 기초를 둔 자연법적인 인간평등론을 국제관계에도 적용하여 국가평등의 이념을 강조하며 "천리와 인도에 따라 서로 관계를 맺을 때 이(理)를 위해서는 아프리카의 흑인노예도 두렵지 않고, 도(道)를 위해서는 영국이나 미국의 군함도 두렵지 않다"고 주장하였다. 즉 국제질서는 세계 보편의 도리나 만국공법에 의해서 지배되고, 또한 여기에는 '천리와 인도'가 관철된다고 믿었다.[46]

그러나 세계질서가 만국공법에 의해서 유지되는 것이 아니라 힘에 의해서 좌우된다는 것을 깨달으면서 후쿠자와의 위기의식은 점차 강화되었다. 더욱이 구미세력의 아시아 진출이라는 당시의 국제적 흐름

---

45) 『概略』, pp. 207, 209-210.
46) "唐人往來"(1865), 『全集』 1, p. 20; 『學問のすすめ』, p. 31.

과 '반개' 상태에 있는 일본의 현상은 그의 위기의식을 더욱 증폭시켰다. 물론 일본은 독립국이었다. 그러나 일본은 서양세력과의 불평등 조약 체제 속에 있었고, 1875년까지 영국과 프랑스의 군대가 요코하마에 주둔하고 있었으며, 러시아는 사할린 등으로 남진정책을 강화하였다. 또한 국내에서는 새로 성립된 정부에 대한 끊임없는 도전이 계속되었다. 1875년 그는 일본이 직면한 위기를 다음과 같이 설명하고 있다.

오늘 우리의 현상을 솔직하고 객관적으로 구미의 여러 나라와 비교해 보자. 학문의 우열, 상업의 성쇠, 국가 재정의 빈부, 군사력의 강약을 논한다면 대단히 서글픈 일이지만 그 무엇 하나 그들에 미치는 것이 없다. 학문·무역·국가의 재정·군비가 한 나라가 독립을 유지하기 위한 근본이라면, 그리고 서양의 여러 나라와 비교하여 이러한 근본이 결여되어 있다면, 우리나라가 어떻게 그들로부터 독립을 이룰 수 있을지 염려되지 않을 수 없다. … 최근 우리사회에 양학의 길이 열렸으나 우리는 아직 그들로부터 배우고 있지 그들에게 가르칠 것이 있다는 것을 들어보지 못하였다. 개항장(開港場)에는 무역이 이루어지고 있지만 상업의 실권은 그들의 손안에 있다. 우리에게 생산·제조의 계획이 없는 것은 아니지만, 우리나라 사람들은 그들에게서 자본을 빌려올 뿐 아직 그들에게 자금을 빌려주는 것을 보지 못하였다. 영국과 미국의 군함은 일본해를 오가며 우리들의 가슴을 서늘하게 하고 있지만, 우리나라의 군비는 아직 그들을 대적하기에 부족하다. 이러한 것들은 우리나라의 국위에 관한 것으로서 그 예는 수없이 많이 있다. 우리나라에 속한 무역의 권리도 모두 우리에게 있지 않고, 재판의 권한도 우리 정부가 자유롭게 행사할 수 없다. 현재 내외에서 일어나고 있는 공공적인 사안의 소송에서도 우리나라 사람은 항상 피고이고 그들은 항상 원고의 위치에 있다. 우리 인민이 소송을 제기하더라도 잘못된 것이 바로잡히는 것은 열 가운데 하나가 될까말까 하다. 이미 지적하였지만, 우리 일본은 서양 여러 나라의 잘못을 지적할 수 없다. 다만 교제의 외형이 원만하게 이루어지고 서로 싸우지 않고 있어 멀리서 겉모양만 보는 사람은 속게 되지만, 그 안의 사정을 조금만 주의해 관찰한다면 우리가 대단히 어려운 형세에 빠져 있다는 것을 볼 수 있다. 구미와의 교제는 우리 일본의 폐병과 같은 것이다.[47]

미국과 유럽의 여러 나라들은 "말을 빙자하여 군함으로써, 글에 이어서 철포로써 암암리에 병력을 과시"하며 일본에게 개국과 개항을 강요했고, 개국과 개항을 통한 그들의 목적은 "결국 우리나라를 제2의 인도로 만들려는 것"에 있다는 것을 후쿠자와는 경고했다. 그는 "만국공법은 어디에 있는가? 예수의 가르침은 무엇을 위한 것인가? 공법은 유럽 각 국의 공법으로서 동양에서는 아무런 의미도 없다"고 개탄하며, 오직 부국강병만이 일본이 독립을 유지할 수 있는 유일한 길이고, 이를 위해서는 서양문명을 적극적으로 수용하는 길 이외는 없다는 것이었다.[48]

아시아 인민들은 '백인의 노예'로 전락해 가고 있었고, 중국이 '유럽인의 전원'(田園)으로 변해 가고 있는 것을 보면서 그는 전쟁이나 식민지 쟁탈은 국제관계에서 피할 수 없는 현상으로 인식하였다. 서양의 팽창세력은 "유럽인의 손이 닿는 곳은 토지의 생명력이 끊어지고, 초목은 그 성장을 멈추고, 심하면 인종도 말살"시키는 거세고 도도한 것으로 보았다. 아시아에 속해 있는 일본도 이러한 소용돌이 속에서 결코 국외자의 위치에 있을 수 없었다. 후쿠자와는 "우리 일본도 동양의 한 나라라는 것을 감안할 때, 지금까지는 외국과의 교제에

---

47) "亞細亞諸國との和戰は我榮辱に關するなきの說"(1875), 『全集』 20, pp. 146-147.

48) "內は忍ぶ可し外は忍ぶ可らず"(1874), 『全集』 19, pp. 222-227.

서 비록 커다란 피해를 입지 않았지만 훗날의 화를 두려워하지 않을 수 없다"라는 위기감을 실감하고 있었다.[49]

후쿠자와의 위기의식은 국제관계를 약육강식의 논리로 인식하면서 더욱 심각해졌다. 그는 1878년 발표한 『통속국권론』(通俗國權論)에서 국제질서를 "금수의 세계에서 마지막으로 호소할 수 있는 길은 필사의 수력(獸力)"밖에 없는 힘에 의해서 유지되는 동물의 세계에 비유하면서, 국제관계는 "죽이느냐, 아니면 죽느냐, 멸하느냐, 아니면 멸함을 당하느냐의 두 길밖에 없다"는 제국주의적 논리를 적극적으로 수용했다.

> 화친조약이나 만국공법이라는 것이 매우 아름다운 것 같지만, 이는 다만 밖으로 드러나는 의식과 이름뿐이다. (국제)교제의 실체는 권위를 위해 싸우고 이익을 탐하는 것에 불과하다. 세계에서 전개되고 있는 옛날이나 오늘의 사실들을 보라. 조약과 공법에 의해서 빈약하고 무지한 작은 나라가 독립을 유지한 예가 없다는 것은 모두가 알고 있지 않은가? 비단 작은 나라뿐만 아니라, 큰 나라들 사이에서도 반드시 대립하여 호시탐탐 서로 기회를 엿보고, 그리고 잠시라도 틈이 생기면 이를 간과하지 않는다. 기회를 노리다가 이를 활용할 수 있는 바탕은 오직 병력의 강약 하나에 달려 있을 뿐이다.
> 백권의 만국공법도 몇 대의 대포만 못하고, 여러 권의 화친조약도 한 상자의 탄약만 못하다. 대포와 탄약은 존재하는 도리를 주장하기 위해 준비하는 것이 아니라, 존재하지 않는 도리를 만드는 기계다.[50]

그에 의하면 국제사회에서 강조되고 있는 "만국공법 또는 만국평등의 권리"는 다만 "기독교 국가들 사이에만 적용되는 것"이고,[51] 국

---

49) 『槪略』, p. 203.
50) 『通俗國權論』(1878), 『全集』 4, p. 637.

제관계는 "수천만의 만국공법도 한 발의 대포연기로 말살" 되는 것으로서 여전히 "도리의 세계" 가 아니고 "무력의 세계" 였다.[52] 1881년 발표한 『시사소언』(時事小言)에서도 후쿠자와는 국제관계는 도덕이나 인정, 또는 국가와 국가 사이의 약속이나 법률에 의하여 운영되는 것이 아니라, 오직 무력에 의하여 결정된다는 약육강식론을 다음과 같이 거듭 강조하였다.

무릇 국제관계에서 권리의 주장은 서로가 정으로서 접촉하는 것이 아니다. 왜냐하면 국가와 국가의 관계는 동등한 상대가 아니기 때문이다. 원래 인간사회에서의 교제는 대소강약과 불평등의 관계에 있는 것이지 대등한 관계는 대단히 희귀하다. … 외국과 교제의 근본은 완력에 의해서 결정되게 마련이다. 옛날의 완력이라는 것은 문자 그대로 사람의 팔을 사용한 것이지만, 인간의 지혜가 발달한 오늘에는 팔을 대신해 기계가 등장하였다. 팔로서 기계를 사용하고, 그 기계로서 사람을 죽이는 것을 발명하였다. 즉 군함·총, 그리고 대포가 바로 그것이다.[53]

물론 후쿠자와도 제도나 법률, 또는 국제법을 완전히 무시하지는 않았다. 그러나 이러한 제도나 국제적 조약이라는 것도 실력, 즉 무력의 배경이 없을 때는 아무런 의미가 없다는 것이다. 국제관계에서 '법률상의 승패' 나 '상업상의 손익' 을 다툴 때 항상 강대국이 승리하고 이익을 차지하는 것은 바로 무력을 배경으로 하고 있기 때문인 것으로 보았다. 그러므로 군사력은 국가가 발전하느냐 퇴보하느냐를 결정지어 주는 가장 중요한 근본이고, 서양제국과 경쟁하기 위해서는

---

51) 『時事小言』(1881), 『全集』 5, p. 184.
52) 『兵論』(1882), 『全集』 5, pp. 297, 304.
53) 『時事小言』, p. 167.

'병마(兵馬)의 힘'에 의존하지 않고는 다른 길이 없다는 것이었다.[54] 그리고 이 무력경쟁에서 승리하면 옳고(正道), 패배하면 옳지 못한 (邪曲) 것이 된다고 확신했다.[55]

2. 부국강병과 내부통합

"힘은 곧 정의다"라는 논리인식에서 출발한 후쿠자와는 결국 일본이 독립을 보존할 수 있는 길은 부국강병 이외에는 다른 길이 없다는 결론에 도달할 수밖에 없었다. 국제관계를 '멸하느냐, 그렇지 않으면 멸망을 당하느냐'라는 제국주의적 논리를 적극적으로 수용하고 있는 그는 일본의 대외관계도 종국적으로는 전쟁의 길을 택할 수밖에 없고, 따라서 군비를 충실히 하는 것이 무엇보다 시급한 과제로 확신하고 있었다.

'부국강병'을 성취하기 위해서 일본이 해결해야 할 과제는 명확했다. 즉 국권을 강화하고, 국가의 재정을 풍부하게 하며, 그리고 상공업을 장려하는 것이었다.[56] 이러한 논리는 결국 국내문제보다 대외문제에 더욱 국력을 집중하고, 민권보다 국권을 강화하며, 거국일치의 내부단합이 필요하다는 결론에 귀착하지 않을 수 없었다. 그는 1874년에 이미 "국내문제는 참을 수 있지만, 대외문제는 참을 수 없다"라는 주제로 외국과의 관계를 최우선과제로 삼고, 또한 대외관계를 고려하여 국내문제를 덮어둘 것을 요구하며 '대외문제 우선'을 주장하였다. 후쿠자와가 제시한 국내문제와 대외문제의 함수관계는 1881년에 발표한 『시사소언』의 중요한 명제의 하나인 '내안외경'(內安外競)에 보다 명확히 나타났다. 그는 국내안정과 대외경쟁의 관계를 다

---

54) 위의 책, p. 169.
55) "非軍備擴張論者今如何"(1885), 『全集』 10, p. 202.
56) 위의 글, p. 119.

음과 같이 설명하고 있었다.

　　밖의 어려움을 알아 안의 안녕을 유지하고, 안의 안녕을 근거로
밖에서 경쟁해야 한다. 내안외경, 우리의 주의는 다만 이 네 글자에
있다. 국내를 안정시키고, 소극적인 태도를 버리고, 적극적으로 밖
에서 경쟁할 용의를 가져야 할 것이다.[57]

　　후쿠자와의 '내안외경'은 '외경'을 중요시하는 것으로서, 대외적
위기(外競)를 극복하기 위하여 내부의 정치적 위기를 해소(內安)하는
한편, 내부단합은 다시 일본의 외부팽창(外競)으로 연결시키고 있었
다.[58] 이는 앞에서 본 '일국독립'을 위하여 '일신독립'을 수단으로
삼고 있는 것과 그 논리적 맥을 같이하고 있다.
　　후쿠자와가 이 시기에 '내안외경'을 제기하게 된 배경에는 당시의
국내사정과 밀접한 관계가 있다. 이미 잘 알려진 바와 같이 1873년의
정한론을 둘러싼 논쟁은 메이지 지배체제를 분열시켰을 뿐만 아니라,
논쟁에서 패배한 정한파들은 한편으로는 사가(佐賀)의 난(1874), 아
키게츠(秋月)의 난(1876), 사츠마의 난(1877) 등과 같은 무력투쟁을
전개하고, 다른 한편으로는 민선의원 설립을 위한 정치적 반체제운동
을 전개해 나갔다. 사츠마의 난을 계기로 무력으로 인한 반정부활동
은 종식되었다. 그러나 정치적 운동으로 시작된 자유민권운동은 국회
개설을 요구하는 국민적 운동으로 발전하면서 체제의 안정을 크게 위
협하였다. 서양으로부터의 위기와 국제질서를 약육강식의 논리로 이
해하고 있던 후쿠자와에게서 전국적으로 확대되는 국회조기개설을
위한 민권운동은 내부혼란과 국론분열의 근원이었다. 외부로부터의
위협 앞에서 국내분쟁은 국력의 소모였고, 따라서 국내적 안정을 이룩

---

57) 『時事小言』, p. 118.
58) ひろた, 앞의 책 p. 234.

하는 것이 위기를 극복할 수 있는 가장 시급한 일차적 과제였다. 즉 후쿠자와의 표현을 빌리면 '관민조화'(官民調和)를 이루는 것이었다.

국회개설 문제와 관련하여 가토 히로유키(加藤弘之) 등 메이로쿠샤의 동인들이 '시기상조론'을 들어 국회개설을 반대한 것과 달리, 후쿠자와는 이를 지지하고 나섰다. 1879년 후쿠자와는 "국회론"을 연재하여 국회의 조기개설을 주장하였다. 그러나 후쿠자와가 국회조기개설을 주장한 의도는 자유민권운동자들의 의도와 전혀 다른 것이었다. 자유민권파가 추구하고 있는 국회개설의 목적은 납세의 의무를 수행하는 대신 국민이 국정에 참여하여 정부의 정책과 예산의 낭비를 감독한다는 것이었고, 바로 이러한 이유 때문에 국회개설론이 광범위한 민중적 지지를 받을 수 있었다.

그러나 후쿠자와가 국회를 조기에 개설해야 한다는 데는 이와 전혀 다른 두 가지를 목표로 하고 있었다. 하나는 국회를 개설함으로써 반대세력을 제도권 안으로 끌어들이고 국민의 불평을 수용하여 거국일치의 체제를 확립하는 것이었다. 후쿠자와에게서 제일 중요한 기본과제는 부국강병의 성취에 있었고, 이를 위한 당면과제는 관민조화를 이루는 것이었다. 그러나 민권운동은 그의 관민조화의 노선을 정면에서 위협하는 존재가 아닐 수 없었다. 후쿠자와는 정부가 민권운동과 대결구도를 만들어 가기보다는 이를 수용함으로써 관민조화의 길을 모색하는 것이 바람직하다고 판단하고 있었다. 그에 의하면 국회를 개설하는 것은 "인민의 불평을 위로하여 국내의 안정을 유지"하는 것이었다.[59] 그럼으로써 "원수와 적도 친구가 되고, 타인도 형제가 되며, 기쁨과 슬픔을 같이하고, 걱정과 즐거움을 같이하여 동일한 목적을 성취하기 위한 거국일치의 국론총합체제"를 구축하는 것이었다.[60] 후쿠자와가 강조한 '동일한 목적'은 물론 일본의 독립과 부국강병이었다.

---

59) 『通俗國權論』, p. 664.

60) 『概略』, p. 212.

국회개설을 주장하는 또 하나의 목적은 부국강병을 위해 절대적으로 필요한 국민의 재정적 부담을 보다 효과적으로 늘리기 위한 수단이었다. 즉 국회개설은 '증세'(增稅)를 오히려 국민의 이름으로 추진할 수 있다는 것이었다. '힘'에 의해서 유지되고 있는 국제관계 속에서 일본이 독립을 지키고 국위를 팽창하기 위해서는 군비를 충실히 해야 하고, 병력을 강화하기 위해서는 국가의 재정을 튼튼히 하며, 재정을 확대하기 위해서는 국민으로부터의 '세금'을 늘릴 수밖에 없었다. 국민의 협조를 위해서 국회를 개설할 필요가 있다는 것이다.

오늘의 형태를 보면, 일본은 정부의 일본이지 아직 인민의 일본은 아니다. 그러므로 일본의 어려움은 오직 정부의 어려움이지 인민의 어려움은 아니다. 만일 인민이 국가의 어려움을 스스로 자신의 어려움으로 생각하는 때가 된다면 국가재정의 부족을 걱정할 필요가 없다. 국채를 모집해서 국가재정을 튼튼히 한다는 것은 쉬운 일 중에 쉬운 일이 될 것이다. 인민으로서 국난을 담당하게 하는 방편은 다른 것이 아니라 참정권을 부여하여 국회를 개설하는 것이 하나의 방법이다. … 정부가 국가의 재정을 확대하지 못하는 것은 민심을 수습하지 못하기 때문이다. 그 민심을 수습하는 법이 무엇이겠는가? 국회를 개설하는 것이다.[61]

후쿠자와가 국회의 조기개설을 주장한 것은 국민의 권리를 확대하고 국민으로 하여금 국정에 참여하는 길을 넓히기 위한 것이 아니었다. 그것보다는 국가의 재정을 확보하고 "육·해군을 확장하고 해안의 방어를 철저히 하며, 안으로는 철도를 부설하고 밖으로는 항로를 넓히고 무역법을 개혁하여 외국인의 권력남용을 제어"할 수 있는 국권확장을 위한 '관민조화(內安)의 수단'이었을 뿐이다.[62] 자유민권파

---

61) "國會開設の儀に付建言"(1880), 『全集』 20, pp. 221-222.

가 국민의 세금을 줄이고 정부의 권력을 통제하기 위하여 국회의 개설을 주장한 것이라면, 후쿠자와는 오히려 세금을 늘리고 내부안정을 위한 '방편'으로서 제기하였다.

'필생의 목적'이 '오직 국권확장 한 점'에 있다는 후쿠자와는 일본이 국권을 확장할 수 있는 부국강병을 이루기만 한다면 집권세력이 누구이든 또는 정치체제가 어떤 것이든 관계치 않았다. 즉 "정치의 체제와 명의가 전제(專制)와 유사하더라도 그 정부가 국권을 확장할 수 있는 힘만 잘 강화할 수 있다면 그것으로 만족"한다는 것이다.[63]

후쿠자와는 국론의 통일과 '관민조화'를 위해서 필요하다면 침략전쟁을 수행하는 것도 하나의 방법이라고 거침없이 제시했다. 그는 심지어 "국내의 불화를 치료하는 방편으로서 전쟁을 기획하고 이로써 일시의 인심을 속이는 기발한 계획"을 연출할 것을 서슴없이 제안했다.[64] 후쿠자와에 의하면 전쟁은 "국민의 불평과 불만을 완화하여 사회의 질서를 유지"하고 "안의 인심을 결합하여 나라의 근본을 튼튼히 하는 좋은 약"이었다.[65]

부국강병을 위해서는 군비의 강화가 당연히 필요했다. 후쿠자와는 1882년의 『병론』을 발표하고 강병의 필요성과 그 방법을 다음과 같이 주장했다.

　　서양 각국의 병제(兵制)는 날로 새로워지고 강화되어 그 군대의

---

62) 위의 글, p. 222.
63) "藩閥寡人政府論"(1882), 『全集』 8, p. 124.
64) 『民情一新』(1879), 『全集』 5, p. 40.
65) 『通俗國權論』, pp. 659-660. 이후에도 후쿠자와는 관민조화와 국권확장의 수단으로서 전쟁의 필요성을 여러 번 강조했다. 예컨대 1887년에도 한 논문에서 "국론을 통일하고, 게으르고 고식적인 인심을 치료하고, 현상에 안주하려는 인심을 바로잡고, 그리고 여론을 진작시켜 국력을 세계로 뻗어나가게 유도하는 데는 전쟁이 가장 효과적이고 신속한 방법이다"라고 전쟁을 찬양했고 일본도 이를 활용할 것을 제시했다. "外國との戰爭必ずしも危事凶事ならず"(1887), 『全集』 11, pp. 178-180.

강함과 정예로움이 실로 두렵다 하지 않을 수 없다. 외교를 통하여 각 나라와 병립할 수 있는 길을 모색함과 동시에 자국에 상응하는 정도의 군대가 필요하다. … 오늘의 세계는 각 국가가 마치 봉건시대의 무사가 두 개의 칼을 차고 무력을 과시하고 있는 것과 같은 시대라면, 일본만이 유독 칼을 폐기할 수 없다는 것은 세 살 된 어린애도 알 수 있는 일이다. 일본인중 적어도 나라를 걱정하는 마음이 있다면 서양제국의 강병을 염려해야 할 것이다. … 오늘 외국과의 교제에서 서양제국뿐만 아니라, 이웃나라인 중국이나 조선을 접함에서도 병력이 필요하다는 것은 진실로 명백하다. 강한 군대가 필요하다는 것을 깨닫고 또한 지금 우리나라의 군비가 불충분하다는 것을 알고 있다면 하루라도 빨리 이를 강화하지 않으면 안 된다. 즉 해군과 육군을 개편하고 확장하여 우리 일본의 군사력을 보강해야만 한다. … 군비의 확장을 말할 때 항상 논의되는 것은 재정에 관한 것이지만 … 그 비용은 국민이 부담하는 것이 당연하다.[66]

군비의 확장을 가장 시급한 과제로 인식하고 있었던 후쿠자와에게는 국민에 대한 증세는 당연한 것이었고, 이를 위해서는 관민조화가 절대적으로 필요했다.

뿐만 아니라 그는 일찍부터 군사훈련을 학교교육의 한 과목으로 설치할 것을 주장했고,[67] 나아가 나라를 지킨다는 각오와 실천을 위하여 국민 모두가 언제든지 전쟁에 임할 수 있도록 총 쏘는 방법을 익힐 것을 권유했다. 현대전은 총에 의한 전쟁이기 때문에 군인이 총을 다루는 기술을 훈련하는 것은 물론이지만, 일반국민도 총 쏘는 방법을 배우고 훈련함으로써 유사시에는 "기천만의 인민이 숙련된 정병"이 될 수 있다는 것을 강조했다.[68] 이것은 전 국민의 군대화를 의미하였고,

---

66) 『兵論』, pp. 305, 315.
67) 『時事小言』, p. 199.
68) "射的の術を奬勵す可し"(1891), 『全集』 12, pp. 570-572.

이러한 강병은 독립을 위한 방어적 의미를 넘어 해외팽창이라는 공격적 목적을 위한 것이었다.

3. 부국강병과 해외팽창

후쿠자와의 부국강병은 소극적인 '일국독립'의 단계를 넘어 적극적인 대외팽창으로 발전했다. 이미 앞에서 지적한 것과 같이 그는 이미 『통속국권론』에서 "백 권의 만국공법은 몇 대의 대포만 못하고, 여러 권의 화친조약은 한 상자의 탄약만 못하다"는 군사력 지상주의와, "대포와 탄약은 있는 도리를 주장하기 위해서 준비하는 것이 아니라 없는 도리를 만들기 위해서" 필요하다는 힘의 논리에 바탕을 둔 국제관계를 강조하였다. 그리고 외부로부터의 위기를 극복(外競)하기 위하여 국내정치의 안정과 국론의 통일, 그리고 군사력의 강화(內安)를 주장한 그의 다음 목표는 대외팽창이었다. 그는 "국내정치의 기초가 확고해지고 안녕이 이루어지면 눈을 해외로 돌려 국권을 진흥할 계책을 강구해야 할 것"이라고 강조하며, 국권의 대외확장은 "우리들의 필생의 목적"이라는 것을 명확히 함으로써 팽창주의자의 참모습을 드러냈다.[69] 그가 의미하는 '확장'의 대상은 아시아였고, 그리고 '계책'은 무력을 바탕으로 한 침략과 합병이었다.

후쿠자와는 먼저 일본의 아시아 '맹주론'을 전개하였다. 일찍이 서구의 문명을 받아들인 일본은 아직도 '야만'의 경지에서 벗어나지 못하고 있는 아시아를 서양의 침략으로부터 보호하고 깨우칠 의무가 있다는 것이다. 그는 "동양의 여러 나라 가운데 문명의 중심이 되고 다른 나라의 머리가 되어 서양제국과 맞설 수 있는 것은 일본국민 이외에 누가 있겠는가? 아시아 동방의 보호는 우리의 책임이라는 각오를 가져야 한다"라고 강조하고, 이를 위해서 일본은 주변 아시아 국가,

---

69) 『時事小言』, p. 167.

특히 중국과 한국을 "칼(武)로 보호하고, 글(文)로 그들을 깨우칠 책임이 있다"는 것이었다.[70]

후쿠자와가 말하는 '보호'와 '깨우친'다는 것은 무엇을 의미하고 있는 것일까? 이 물음에 대하여 그는 다음과 같이 명확하게 대답하고 있다.

세계 각국이 대치하고 있는 것은 마치 금수가 서로 잡아먹으려는 형세와 같은 것으로서 먹는 자는 개명한 국가들이고 먹히는 자가 비문명국이라고 한다면, 우리 일본은 먹는 자의 대열에 가담하여 문명국인과 더불어 맛있는 음식을 찾을 것인가, 아니면 수천 년 동안 발전 없는 아시아의 낡은 국가와 대열을 같이하여 옛것을 지키기 위하여 문명국에게 먹힘을 당할 것인가? 사냥꾼이 되어 토끼와 사슴을 사냥할 것인가, 아니면 토끼와 사슴이 되어 사냥을 당할 것인가? 둘 중에 하나를 선택해야만 한다.[71]

일본은 서양의 여러 나라와 함께 아시아 침략에 동참할 것을 확실히 하고 있었다. 중국과 한국은 일본이 먹어야 할 '맛있는 음식'이었고, 사냥해야 할 '토끼와 사슴'이었다. 중국이 서양제국에 의하여 분할될 경우, 일본은 "이를 수수방관할 것이 아니라 앞장서서 서양제국과 함께 중원에서 사슴을 쫓아야 할 것"이고,[72] "일본을 지키기 위한 방어선"인 한국은 반드시 지배해야 할 곳이었다.[73] 그러므로 일본의 "동양 공략은 결국 병력에 의존"할 수밖에 없다는 결론이었다.[74]

1880년대에 들어서면서부터 후쿠자와는 한국과 중국을 향한 일본

---

70) 위의 책, pp. 186-187.
71) 『外交論』(1883), 『全集』9, pp. 195-196.
72) 『兵論』, p. 313.
73) "朝鮮は日本の藩屏なり"(1887), 『全集』11, p. 177.
74) "東洋の攻略果し如何せん"(1882), 『全集』8, p. 440.

의 아시아 침략을 공개적으로 주장하고 나섰다. 1882년 임오군란 직후 그는 일본정부가 한국문제를 처리함에 있어, '도덕'이나 '대의명분'에 구애받지 말고 강경한 조치를 취하여 한국정부를 응징할 것을 요구했고,[75] 한국을 배후에서 조정하고 있는 중국과도 전쟁을 수행하여 "동양의 늙은 커다란 고목을 일격에 꺾어 버려야 한다"는 아시아 침략을 주장했다.[76] 후쿠자와의 이 적나라한 대외팽창노선은 그로부터 2년 후 보다 명확하게 드러나고 있다. 한국의 갑신정변이 실패로 끝난 직후 그는 일본정부에게 한국과 중국에 출병할 것을 다음과 같이 요구했다.

우리 일본은 중국과 조선 두 나라를 상대로 문책의 군사를 일으켜야 하지 않을까? 조선은 더이상 논할 필요가 없다. 우리가 목표로 삼아야 할 적은 중국이기 때문에 우선 일부의 군대를 조선에 파견하여 서울에 주둔하고 있는 중국군대를 섬멸하고, 조선정부로 하여금 우리의 정당한 요구를 승낙케 하는 것이다. 동시에 우리의 해군과 육군을 대대적으로 동원하여 중국으로 진입하고 곧바로 베이징(北京)성을 함락시키고, 황제가 도망가면 끝까지 쫓아가 강퍅한 중국인들로 하여금 어쩔 수 없이 우리의 정당한 요구를 받아들이고 머리를 숙여 그 죄를 사하게 해야 할 것이다.[77]

1880년 이후 국권의 확장과, 그것을 위한 '관민조화'와 '내안외경'을 주장해 온 후쿠자와는 서로 갈등적 관계에 있었던 정부와 민권파에게 국내정쟁을 중단하고 대외문제로 시각을 돌릴 것을 제시하였다. 그는 한편으로 정부에게 "왕정유신의 사업을 다만 일본 국내에 국한

---

75) "朝鮮事變續報余論"(1882),『全集』8, pp. 264-273.
76) "日支韓三國の關係"(1882),『全集』8, p. 305.
77) "戰爭となれば必勝の算あり"(1884),『全集』10, pp. 159-160.

하지 말고, 그 신선한 활동의 힘을 해외로 확장"할 것을 제안하고,[78] 다른 한편으로 민권파에게는 "정쟁으로 소모하는 시간과 힘을 대륙에 기울여 그 세력을 중국으로 진출"할 것을 촉구했다. 이는 "크게는 국권확장, 작게는 일신의 영달에 기여"할 것이라고 강조하며 그들의 대륙행을 권유하였다.[79]

후쿠자와의 해외팽창이론은, 1885년에 발표한 그의 "탈아론"에서 보다 공개적이고 정교하게 나타났다. 그는 "일본의 국토는 아시아 동쪽에 위치하고 있지만 그 국민의 정신은 이미 아시아의 고루함을 벗어나 서양의 문명으로 옮겼다"고 평가하고, 중국과 한국의 두 나라는 "머지 않은 장래에(지금부터 수년 지나지 않아) 망하고 그 영토는 분할되어 문명제국에 속하게 될 것은 조금도 의심할 여지가 없다"고 예측하였다. 이러한 상황에서 동아시아에 속해 있는 일본이 택해야 할 진로는 무엇일까? 이 물음에 대한 그의 대답은 간단했다. 즉 "일본은 이웃나라의 개명을 기다려 그들과 함께 아시아의 번영을 도모할 여유가 없기 때문에 아시아와의 연대를 추구할 것이 아니라, 오히려 그 대열에서 벗어나 서양의 문명국과 진퇴를 같이하고 중국이나 한국을 대하는 방식도 이웃나라라고 해서 특별히 고려할 필요가 없고, 바로 서양인들이 이들을 접하는 대로 처분해야 할 것이다"라는 것이다. 이것은 아시아와의 결별을 의미하였고, 침략대상으로서 아시아의 위치를 명확히 설정했다.[80]

1870년대 초기 계몽시대의 지상과제였던 '일국독립'은 서양제국과 맺은 불평등조약에서부터 벗어나 독립을 확보한다는 '방위적 독립'을 뜻하고 있었다. 그러나 1880년대의 '일국독립'은 위기의식과 약육강식이라는 상황논리를 적극적으로 개발·수용하여 제국주의적 국제

---

78) "政治の熱心を誘導する其法なき非ず"(1883), 『全集』 8, p. 610.
79) "支那行を奬勵すべし"(1883), 『全集』 9, p. 94.
80) "脫亞論"(1885), 『全集』 10, pp. 238-240.

관계에서의 부국강병 노선, 즉 '공격적 독립'인 적극적인 대외팽창으로 발전하였다. 후쿠자와의 한국관도 이러한 맥락에서 형성되었다.

V. 한국관(韓國觀)

후쿠자와는 개화기의 조선과 밀접한 관계를 맺었다. 그는 개화기 조선의 선각자들에게 사상적으로 상당한 영향을 미쳤을 뿐만 아니라, 이 시기에 전개된 개혁운동을 물심양면으로 지원하였다. 1870년대 말 이후 이동인 · 어윤중 · 김옥균 · 서광범 · 박영효 · 윤치호 · 유길준 등 한국의 개화파 인물들과 접촉할 수 있었던 후쿠자와는 조선의 정치현상과 개혁운동에 많은 관심을 가졌다. 1880년 가을, 개화승 이동인이 미타(三田)에 위치한 후쿠자와의 집을 방문한 이후 개화파의 많은 인사들이 후쿠자와의 집을 드나들었고,[81] 후쿠자와는 그들의 개화사상 형성과 그들이 추구한 조선의 개화와 근대화에 직 · 간접으로 많은 영향을 미쳤다.[82] 뿐만 아니라 교육의 중요성을 강조한 그는 실제로 조선의 많은 젊은 유학생들을 자신이 운영하는 게이오대학에 수용하여 그들에게 국제정세와 신학문을 가르쳤다. 신사유람단을 수행했던 유길준과 유정수가 1881년 최초의 유학생으로 게이오에 입학한

---

81) 후쿠자와가 한국의 개화파 인물들과 교류를 가지게 된 것은 조선의 開化僧 李東仁을 만나면서부터 시작된 것으로 알려지고 있다. 李東仁에 관해서는 李光麟, 『開化黨研究』(一潮閣, 1973), pp. 93-110 참조.

82) 예컨대 1882년 두번째 일본을 방문한 김옥균이 일본에 체류하는 동안 집필하여 박영효를 통하여 高宗에게 제출한 "治道略論"은 후쿠자와의 논설에서 많은 영향을 받은 것으로 보이고, 갑신정변 후 일본에 망명 중 고종에게 보낸 박영효의 상소문도 후쿠자와의 사상을 많이 반영한 것으로 평가되고 있다. In K. Hwang, *The Korean Reform Movement of the 1880s*(Cambridge, Ma.: Schenkman Publishing Company, 1978), p. 110; 박영효의 상소문, 『日本外交文書』21(明治 21), pp. 292-311; 靑木功一, "福澤諭吉 · 朴泳孝 · 梁啓超の新民論", 『福澤諭吉年鑑』3(1976), pp. 53-81.

이후 조선인 유학생이 크게 늘어났고, 그들은 후쿠자와로부터 커다란 사상적 영향을 받았다.[83] 그는 또한 자신의 제자인 이노우에 가쿠고로(井上角五郎), 우시바 타쿠죠(牛場卓造) 등을 1882년 조선에 파견하여 개화파 인사들과 함께 조선 최초의 신문인 『한성순보』(漢城旬報)의 발행을 주도하게 했다. 이노우에는 그의 스승인 후쿠자와가 주장했던 것과 같이 이 신문을 통하여 중국으로부터의 조선의 독립자강과 교육의 필요성과 인재양성을 주장했다.

그러나 조선의 개화파에 대한 후쿠자와의 이와 같은 관심과 지원도 그가 추구한 일본의 독립과 부국강병과 대외국권 확장이라는 그의 근본적 사상의 틀 속에서 진행된 것이었다. 그는 개인적으로는 개화파의 활동을 지원하고 조선에서의 문명개화를 유도하면서도, 다른 한편으로는 일본의 독립과 대륙 진출을 위하여 조선을 일본의 지배권 아래 두어야 한다는 것을 일찍부터 강조했다.

1. 무관심에서 지배의 대상으로

후쿠자와에게 있어서의 조선은 때로는 무관심의 대상, 다른 때에는 연대와 문명개화의 대상, 또 다른 때에는 침략대상 등의 여러 모습으로 나타난다. 그러나 이와 같은 한국관의 변화는 그의 근본사상의 변화가 아니라, 앞에서 지적한 "사물의 득실과 이해를 논할 때는 반드시 시대와 장소를 고려하지 않으면 안 된다"는 그의 상황주의에 의한 변화였을 뿐이다.

후쿠자와가 조선에 대한 관심을 최초로 표시한 것은 유신 직후 일

---

83) 유길준 이후 1883년 김옥균의 주선으로 徐載弼 등 약 60명의 유학생이 慶應에서 교육을 받았고, 이들의 대부분은 1884년 갑신정변에 가담했다. 그후 잠시 중단됐다가 다시 1894년에는 약 200명 가까이 조선정부위탁유학생으로 慶應에 입학했다. 후쿠자와와 조선인 유학생에 관한 자세한 내용은 阿部 洋, "福澤諭吉と朝鮮留學", 『福澤諭吉年鑑』 2(1975), pp. 61-85 참조.

본이 한반도를 장악하기 위하여 군대를 파견할 것인가 하는 문제로 정국이 한창 시끄러웠던 1875년이었다.[84] 그는 내치의 중요성을 강조하며 정한론에 반대하였던 비정한파와 입장을 같이했다. 우리는 후쿠자와가 정한론을 반대한 논리에서 그가 가졌던 한국관의 '원형'을 볼 수 있다. 세계 인류문명을 미개·반개·개화의 세 범주로 구분하고 있는 후쿠자와는 조선을 '미개' 국가로 보았다.

> 조선은 아시아주의 '하나의 작은 야만국'(一小野蠻國)으로서 그 문명의 상태는 우리 일본에 미치기에는 너무 멀리 뒤떨어져 있다. 이 나라와 무역을 해서 이로울 것이 없다. 이 나라와 교류해서 우리가 얻을 것은 하나도 없다. 학문은 받아들이기에 부족하고 그 병력은 두려워할 것이 없다. 가령 그들이 우리에게 와서 우리의 속국이 된다고 해도 반갑지 않은 나라다. … 우리 일본이 구미제국과 대등해질 수 있는 권력과 또한 그들을 압도할 수 있는 세력을 배양하지 않는 한 참다운 독립은 있을 수 없다. 그러므로 조선과의 교제가 우리의 희망대로 이루어진다 해도 그것은 우리나라의 독립을 위한 권세를 강화하는 데 조금도 도움이 되지 않는다.[85]

조선을 정벌하기 위한 군사행동은 일본의 독립에 전혀 도움이 되지 않는다는 논리다. 즉 당시 일본이 처한 시대적 상황에 비추어볼 때, 군사력을 동원하는 것은 일본의 독립보전과 국익에 도움이 되지 않는다는 것이었다.

후쿠자와가 메이지정부 내의 비정한파와 입장을 같이한 것은 당시의 국제적 상황을 고려할 때 일본의 출병이 중국대륙에 중대한 이해

---

84) 후쿠자와의 저서 가운데 朝鮮이라는 이름은 1869년의 『世界國盡』에 최초로 등장하고 있다. 계몽적 성격을 가진 地理書인 이 책에 조선은 러시아의 위협을 받고 있는 국가로 묘사하고 있다. 『全集』 2, p. 628.

85) "亞細亞諸國との和戰は我榮辱に關するなき說", p. 148.

관계를 가지고 있는 구미열강을 자극할 수 있고, 또한 당시 일본의 재정상태는 군사력을 동원하기에는 불충분한 것으로서 이를 위해서는 외국으로부터의 차관도입이 불가피하고, 이는 외국에 대한 일본의 재정적 의존을 강화함으로써 오히려 독립을 위태롭게 한다고 판단하였기 때문이다. 그는 "아직 진정한 개화의 독립국이라고 할 수 없는" 일본이 택해야 할 가장 중요한 과제는 "구미의 여러 나라와 병립의 길을 모색"하는 것이라고 믿었다. 그에 의하면 "조선의 사건은 마치 손이나 발의 상처"와 같은 것이고, "구미와의 교제는 폐병"과 같은 것이어서 잘 치료하지 않으면 죽음에까지 이를 수 있는 위태로운 것이었다.

그러나 후쿠자와가 일본의 조선지배를 부정하는 것은 아니었다. 일본의 한반도 지배라는 원칙에는 정한론자들과 다를 바가 없었으나, 다만 그 시기와 상황이 적절치 않다는 것뿐이었다. "세상일에는 반드시 경중대소가 있음"을 강조하는 후쿠자와에 의하면, 일본이 한반도 지배를 시도할 시기는 일본이 문명개화를 성취한 후, 즉 "학문, 상업, 국가의 재정, 그리고 군비를 다 정비"하고 나서 "서서히 그 계획을 실시"하는 것이었다.[86]

'정한론의 이상'을 실천할 시기는 예상보다 빨리 다가왔다. 후쿠자와는 1880년대에 들어서면서부터 정한논쟁 당시와 달리 적극적인 대한정책을 개진하고 또한 일본의 개입정책을 촉구하고 나섰다. 그는 조선을 개국시킨 최초의 나라로서 일본은 조선에 대한 기득권을 가지고 있다는 것을 강조하면서, '미개국'인 조선을 문명세계로 인도해야 할 '권한'과 '책임'이 있음을 주장했다. 조선은 무관심의 대상에서 개화·지도·지배의 대상으로 바뀌었다.

『시사소언』에서 후쿠자와는 그가 정한논쟁 때 보여준 수동적인 자세와 달리, 일본이 독립을 확보하기 위해서는 조선을 일본의 영향권 아래 두어야 한다는 보다 적극적인 논조를 전개했다. 서세동점의 세

---

86) 위의 글, pp. 145-151.

를 마치 목조건물로 불길이 번져나가고 있는 것에 비유한 그는, 만일 조선과 중국이 서양의 세력권에 흡수된다면 이는 마치 옆집이 불길 속에 있는 것과 같고, 결국은 일본의 독립은 대단히 위태로워진다고 판단했다. 불길이 일본으로 번지는 것을 막기 위해서는 조선과 중국이 서양의 세력권에 들어가기 전에 이들을 '힘으로 보호'하고 '글로 유도'하며, 필요하다면 '힘으로 협박'하는 것도 주저해서는 안 된다는 것이었다.

물론 이 시기만 하더라도 후쿠자와는 서양의 세력을 막기 위한 한·중·일의 연대에 더 기대를 가지고 있었음이 사실인 듯하다. 그러나 그가 의미하는 연대는 한·중·일 공동이익을 위한 대등한 입장의 연대가 아니라 일본의 독립을 위한 수직적 관계의 연대를 뜻하고 있었다. 그의 표현에 의하면 "보차상의(輔車相依)나 순치상조(脣齒相助)는 동등한 국가와 국가 사이에만 적용이 가능한 것으로서, 오늘의 중국이나 조선과 서로 의지하고 돕기를 바란다는 것은 지극히 어리석은 처사"였다. 후쿠자와가 강조한 연대는 결국 일본에게 아시아 동방을 보호할 책임이 있다는 맹주론적 연대를 의미하였고, 연대는 일본의 독립이라는 목적을 달성하기 위한 수단에 불과했다.[87]

1882년 3월 후쿠자와는 조선과 일본의 관계를 규정하고, 일본이 취해야 할 대한정책의 근본을 자신이 발행하는 『지지신보』에 발표했다. "조선과의 교제를 논함"이라는 이 글은 후쿠자와가 조선의 개화파 인사들과 긴밀히 접촉하고 있을 뿐만 아니라, 그들을 막후에서 적극적으로 후원하고 있었던 시기에 발표됐다는 점에서 더욱 주목할 필요가 있다. 후쿠자와는 정한논쟁 당시와 같이 조선은 여전히 "작고 약하고 미개한 나라"로 규정하고 있으나, 그때와 달리 조선에 대한 일본의 우월적 지위를 강조했다. 즉 일본은 조선을 개국한 당사자이기 때문에 "앞으로 조선이 서양제국과 조약을 체결할 경우"에도 일본은 "가장

---

87) 『時事小言』, pp. 186-187.

오랜 화친국"으로서 "항상 제일 높은 자리"를 차지해야 한다는 것을 주장하여 조선에 대한 일본의 배타적 우월성을 강조했다.

후쿠자와에 의하면 일본은 "조선과의 관계"는 물론, 조선 내의 "정국의 변화와 문명의 진퇴"를 등한시할 수 없는 시점에 이르렀고, 따라서 조선의 "국세가 미개하다면 이를 인도해야 하고, 국민이 고루하다면 이를 깨우치도록 이끌어야 하는 것"이 일본의 임무였다. 이를 위해 일본은 "모든 노력과 재정적 부담"도 감당해야 한다는 것이었다. 그리고 만일 조선의 여론이 일본의 지도를 따르지 아니할 때에는 "우리의 무력시위로써 그들의 인심을 압도하고 이러한 국력으로써 이웃나라의 문명을 발전하도록 돕는 것"은 "일본의 책임"이라고 주장하며, 조선에 체류하고 있는 일본인을 보호한다는 명목으로 "군대를 파견"할 것을 요구하는 강경론을 전개했다.[88] 조선의 문명개화를 돕는다는 이름으로의 무력침략을 뜻하고 있었다.

정한논쟁 당시 조선은 일본의 국익에 아무런 보탬도 되지 않는다고 판단했던 후쿠자와는 무엇 때문에 일본이 조선의 문명개화를 위하여 재정적 부담을 감수하면서까지 군사력을 동원하라고 하였을까? 앞에서도 이미 지적한 바와 같이 후쿠자와는 1880년대 초의 국제정세를 "서양제국의 문명은 날로 진보하고 있고, 문명의 진보와 함께 군비를 강화하고 있으며, 군비의 증강과 함께 병탐의 욕심이 증진"하고 있었고, 그 병탐의 대상은 "아시아 동방"이라고 인식하고 있었다. 이러한 위기적 상황에서 일본이 독립을 지속할 수 있는 최선의 길은 이웃국가인 조선이나 중국과 "한마음으로 힘을 합쳐 서양인의 침략을 막는 것"이었다. 그러나 후쿠자와의 평가에 의하면 조선이나 중국은 국제적 상황을 바르게 인식하고 있지 못할 뿐만 아니라, "나라는 여전히 옛 생각에서 벗어나지 못하고 있고 인민은 고루"하여 일본에 "화를 전달하는 매개체와 같은 존재"였다. 그러므로 "강대하고 이미 문명

88) "朝鮮の交際を論ず"(1882), 『全集』 8, pp. 28-31.

국"인 일본은 조선을 개국한 "최초의 화친국"으로서, 그리고 "아시아의 맹주"로서 조선을 지도하고 지배하여 서양세력의 위협으로부터 일본의 독립을 보전한다는 것이었다.

오늘의 중국이 중국인에 의하여 지배되고 있고 조선을 조선이 지배하고 있다면, 우리도 깊이 우려할 필요가 없다. 그러나 만일 이 국토가 서양인의 손에 들어가는 것과 같은 엄청난 일이 일어난다면 어떻게 될 것인가? 그것은 마치 이웃의 집을 태우고 있는 불을 자기 집에 불러들이는 것과 다를 바 없다. 서양인이 동양으로 밀려오는 세는 마치 불이 번져나가는 것과 같다. 옆집이 불타서 망하는 것을 어찌 두려워하지 않을 수 있겠는가? 그러므로 우리 일본이 중국의 형세를 걱정하고 조선의 국사에 간섭하려는 것은 이를 좋아서 하는 것이 아니라, 일본이 불타는 것을 예방하기 위함이라는 것을 알아야 한다.[89]

약육강식의 위기 속에서 일본 스스로의 독립을 확보하고 나아가 그 세력을 확장해 나가기 위해서는 조선을 일본의 지배권하에 두어야 한다는 것이었다. 결국 후쿠자와가 강조한 조선의 문명개화는 다만 조선을 간섭하고 지배하기 위한 명분이었다.

조선을 일본의 지배권에 두어야만 일본의 독립과 아시아 진출에 도움이 된다는 후쿠자와의 속마음은 1882년 자신의 제자인 이노우에 가쿠고로를 조선으로 파견할 때 그에게 들려준 다음과 같은 훈계에 보다 명확히 나타나고 있다.

군이 일본을 떠나는 지금 특별히 기억하지 않으면 안 될 것이 있다. 군은 이노우에 가쿠고로이며 동시에 일본인이라는 사실을 잊어서는 안 된다. 어떠한 상황에 처하더라도 일본인 이노우에 가쿠고로

---

89) 위의 글, pp. 30-31.

가 자신이라는 것을 결단코 잊어서는 안 된다. 이것은 우리들이 항상 마음에 간직해야 할 일이지만 외국에 있을 때에는 더욱 그러하다.

나는 조선이 완전한 독립을 유지하기를 바라고 있다고 생각한다. 그러나 조선이 독립을 확보하든 그렇지 못하든 분명한 것은 일본 이외의 그 어떤 나라도 조선에 손을 뻗치는 것은 결단코 용납할 수 없다는 사실이다. 조선을 담당하는 것은 오직 일본만의 권리이고 동시에 의무이다.

세계 대세가 어떻게 변할 것인가를 예측하는 것은 대단히 어렵다. 그러나 동서 두 진영이 점차 접근하는 것과 함께 충돌할 수 있는 기회가 증가하고 있다는 것만은 확실히 알 수 있다. 최근 중국은 결국 서양 열강에 의하여 분할될 것이라는 논의를 듣고 있다. 영토가 즉각 분할될 것은 아니겠지만 중국은 결국 사분오열하여 서양의 세력권에 떨어지고 말 것이다. 이러한 상황 속에서 작은 섬나라인 우리나라를 지킬 수 있는 길이 무엇이겠는가? 우리가 대륙에 발판을 구축하고 구미세력을 몰아낼 각오를 하지 않는다면 작은 섬나라의 독립은 위태로울지도 모른다. 우리는 동아시아에서 중국이나 조선과 협력하여 서력동점의 세력을 막아야 한다. 그러나 최소한 조선은 우리의 세력범위 안에 놓고 긴밀히 제휴하여 만에 하나라도 중국과 같은 운명에 빠지는 것을 막아야 할 것이다.[90]

후쿠자와가 인식하고 있었던 조선은 일본의 독립을 위한 '방파제'였고, 일본이 대륙으로 진출하기 위한 '디딤돌'에 지나지 않았다.

2. 한국관의 바탕

후쿠자와는 1882년 3월 이후 자신이 발행하는 『지지신보』를 통해

---

90) 近藤吉雄, 『井上角五郎先生傳』(井上角五郎先生傳編纂會, 1943), pp. 35-36.

서 조선에 관한 글을 많이 발표하였다.[91] 우리는 그의 글 속에서 그가
지니고 있는 한국관의 몇 가지 특성을 볼 수 있다. 후쿠자와의 한국관
을 지배하고 있는 첫번째 중요한 요소는 '조선 멸시관'이다. 이미 앞
에서 지적한 것과 같이 조선은 야만국이고, 일본은 야만국을 개명시
켜야 하며, 이를 위해서 조선을 지배해야 한다는 그의 논리는 조선을
멸시하는 데서부터 시작한다. 후쿠자와에 의하면 조선의 문명은 일본
에 비교하여 "100년은 뒤떨어졌고," 조선인은 "세계가 어떻게 움직이
고 있는지 알지 못하고 문명개화가 무엇인지 모르고" 있을 뿐만 아니
라, "개명의 원소를 받아들이기 싫어하는" 집단이었다.[92]

> 조선은 부패한 유생의 소굴로서 위로는 뜻이 크고 과단성 있는 인
> 물이 없고, 국민은 노예의 환경에서 살고 있다. 상하 모두가 문명이
> 무엇인지 알지 못하고, 학자는 있지만 다만 중국의 문자만 알고 세
> 계정세는 모르고 있다. 그 나라의 질을 평가한다면 글자를 아는 야
> 만국이라 하겠다.[93]

후쿠자와에 의하면, 조선은 다만 이름만 자주독립국가일 뿐 실지로
는 '국가 아닌 국가'에 불과했다. 더욱이 그는 조선인에게는 개혁의
의지가 결여된 것으로 처음부터 평가하고 있었다. 일본인과 비교하여
그는 조선인을 다음과 같이 멸시했다.

> 오늘날 조선인들이 처음으로 일본에 와서 보고 들을 때마다 놀라

---

91) 『時事新報』는 창간(1882. 3. 2)이후 "脫亞論"이 발표된 1885년까지 조선에 관
한 89편의 社說(1882년 36편, 1883년 12편, 1884년 12편, 1885년 29편)을 게재하고
있다. 특히 壬午軍亂 직후인 82년 8월에는 23편, 그리고 甲申政變 후인 1884년 12월
과 1885년 1월에는 각각 9편과 10편의 사설을 게재했다.
92) "牛場卓造君朝鮮に行く"(1883), 『全集』 8, pp. 500-501.
93) "破壞は建築の手始めなり"(1894), 『全集』 14, pp. 644-646.

는 모습은 우리와 다를 바 없다. 그러나 조선인들은 다만 놀라는 것 뿐이다. 일본인들은 놀라는 것으로 그치지 않고, 그 놀라움과 동시에 그것을 선망하고, 또한 우리 일본에서도 실행해야 한다는 야심을 금하지 못하고 있다.[94]

그러므로 그 개혁은 처음부터 일본인의 몫이고, 일본은 '칼과 글'로서 조선을 개명시켜야 한다는 것이다.[95] 그러나 그가 주장하는 개혁은 조선을 위한 개혁이 아니라, 일본의 조선 지배를 위한 '위장' 된 개혁이었다. 즉 조선은 야만국이고 스스로 개혁할 능력이 없기 때문에 일본이 이를 주관해야 하고 결국은 지배해야 한다는 것이었다.

조선의 개혁을 위한 방법과 수단을 논할 때는 일본의 선례를 표준으로 정하지 않을 수 없다. 우리들의 견해에 의하면, 오직 일본의 힘으로써 그들의 개명을 촉진하고, 만일 그들이 따르지 않으면 편달하고 협박에 의존하는 이외의 길은 없다고 믿는다. … 연약하고 무염치한 (조선)국민을 유도하여 문명의 개혁을 실행하기 위해서는 협박이 반드시 필요하다. 협박을 방법으로 정했으면 국무의 실권을 우리가 장악하고, 한인들은 단순한 일을 집행하는 임무만 맡기고, 그 중심에 그들을 참여케 해서는 안 된다. … 이를 실행하는 동안 많은 불평을 가진 자가 있겠지만 이를 두려워 할 것은 없다. 불평하여 실제로 해가되는 자가 있다면 그들을 과감하게 제거하면 된다.[96]

후쿠자와는 개혁이라는 이름 아래 조선의 식민지 지배를 지향하고 있었다. 일본이 중국과 전쟁을 수행하면서 그는 조선을 일본의 식민

---

94) "福澤全集緒言"(1897), 『全集』 1, p. 29.
95) "朝鮮の改革その機會に後るる勿れ"(1894), 『全集』 14, pp. 647-649.
96) "破壞は建築の手始めなり"(1894), 『全集』 14, pp. 644-646.

지화할 것을 보다 명확히 주장하고 나섰다. 즉 그는 조선정부에 "정부의 주요 지위에 일본인을 앉혀 실권을 장악하고, 군비와 경찰에서부터 회계의 정리, 지방의 시정에 이르기까지 일체를 일본인이 집행"할 것을 요구했다.[97] 그는 일청전쟁 당시의 일본 국력으로서 '조선을 병탐하는 것'은 대단히 용이하다고 판단했다. 그러나 일본의 '조선 병탄'은 외국의 간섭이라는 또 다른 어려움을 불러 올 수도 있음을 우려하여 '장래의 과제'로 남겼다.[98] 조선을 멸시하고 야만시함으로써 시작된 그의 조선 개혁론은 결국 조선지배라는 결론에 도달했다.

조선을 야만시한 후쿠자와의 한국관을 이루고 있는 두번째 요소는 '조선 역사의 정체론'이다. 사츠마의 난 직전인 1877년 초 발표한 논문에서 그는 조선은 중국과 접하고 있었기 때문에 일본보다 먼저 개화하여 일찍부터 높은 문명의 경지에 이르렀고, 일본은 조선을 통해서 문자·유학·불교·의학·역학·기술 등을 받아들여 조선이 일본 문명의 스승이었으나 '최근에 퇴보'하고 있다는 '일반적 통설'을 반박했다. 곧 후쿠자와는 "조선은 퇴보하는 것이 아니라 정체해 있었다"라고 하였다. 그는 1592년 당시 도요토미 히데요시(豊臣秀吉)가 군사를 일으켜 조선을 침략하였을 때 조선은 "명나라의 구원이 없었다면 의심 없이 멸망하였을 상태"였다는 것을 본다면, 높은 것으로 알려진 조선의 문명은 결코 진보한 것이 아니라고 평가하였다. 그후 조선의 문명과 역사가 발전한 것이 아니라 정체해 있었다는 것을 그는 다음과 같이 설명했다.

우리가 조선을 볼 때 옛날에는 무기가 예리했는데 지금은 조잡해진 것이 아니고, 옛날에는 진취적인 논의가 활발했는데 지금은 완고해진 것이 아니며, 옛날에는 풍속이 우아하고 고상했는데 지금은 저

---

97) "改革の勸告果して效を奏するや否や"(1895), 『全集』 15, pp. 8-10.
98) "朝鮮の改革に外國の意向を憚る勿れ"(1895), 『全集』 15, pp. 12-13.

속하고 야비해진 것이 아니고, 옛날에는 부강했는데 지금은 빈약해진 것이 아니다. 조선은 1590년대의 문물이 전혀 개량되지도 또한 발전되지도 않았다. 그렇기 때문에 조선은 퇴보한 것이 아니라 정체되어 있다. 세계는 활발하게 움직이고 있고, 각 문명은 보다 더 부강해지기 위해 치열한 경쟁을 벌이고 있다. 어찌 조선의 정체를 조롱하고 우리의 작은 진보에 만족하겠는가.[99]

후쿠자와의 이와 같은 논리는 일본이 한반도를 강점한 이후 일본의 역사학자들이 만들어 낸 식민지사관의 핵심인 '조선역사의 정체설'의 기원이라 하겠다. 조선문명의 야만론과 조선역사의 정체론은 그후 전개된 그의 한국관에 바탕을 이루었다.

후쿠자와의 한국관을 형성하고 있는 세번째 특성은 '한민족 멸망론' 이다. 그의 눈에 비친 조선의 모습은 "왕실무법, 귀족발호, 세법문란, 법률불비의 극치" 였다. 특히 지배계층은 국가의 독립을 보전하고, 국민의 생명과 재산을 보호하기보다는 자신의 부와 권력 쟁취에만 급급하고 있었다. "왕족과 외척" 은 "국제정세를 깨닫지 못하고, 문명의 풍조를 알지 못하며, 외환을 맞이하여 국가의 수치와 욕됨을 피할 수 있는 방책을 강구하지 않고" 오직 "권력과 영화"를 위한 투쟁에만 몰두해 있었다. 정치집단은 "붕당을 이루고 갑론을박을 일삼으면서 국가권력을 사사로운 명예와 이익을 획득하는 수단"으로 이용하고 있었다. 그리고 관리의 "난폭함과 무법은 이미 극단"에 이르고 있었다. 국민은 노예나 다름이 없었고, 그들의 생활은 말할 수 없이 비참한 것이었다. 후쿠자와는 이미 부패가 극도에 이른 조선은 독립을 유지할 능력이 없었고, 국민들을 위하여서는 차라리 나라와 민족이 망하고 문명국에 귀속하는 것이 오히려 행복하다고 하였다.

---

99) "朝鮮は退步にあらずして停滯なるの說" (1877), 『全集』 19, p. 619.

나라가 멸망하고 망국민이 된다는 것이 즐거운 일은 아니지만, 앞날의 희망이 전혀 보이지 않고 고통의 삶 속에 침몰하여 평생을 내외의 치욕 속에서 죽어가는 것보다는 차라리 강대한 문명국의 보호를 받으면서 어떻게 해서라도 생명과 재산이라도 안전을 유지하는 것이 불행 중 다행이라 할 수 있다. … 그러므로 우리는 머지 않아 닥쳐올 조선의 멸망은 (조선)정부를 위해서는 애석한 일이지만, (조선)국민을 위해서는 축하할 일이다.[100]

지금까지 조선을 '개국'하고 '선도'한 일본은, "화약을 지고 불 옆에 누워 있는 것과 같이 위태로운 처지"에 있는 조선의 운명을 책임져야 할 의무가 있고, 정부는 이 의무를 이행하기 위하여 '일대 영단'으로서 '조선정략'을 구상하고 실천하는 것이 필요하다는 것이었다.[101] 후쿠자와가 의미하는 일대 영단으로서의 '조선정략'은 결국 조선의 일본화를 뜻하고 있었다.

후쿠자와의 글 속에 담겨 있는 한국관의 네번째 특성은 조선을 일본 안에서 분출하고 있는 '불만의 배설지'(排泄地)라는 인식이다. 그는 조선을 일본 독립의 방파제로 간주하고 있었던 것과 동시에 일본의 국내통합의 수단으로 삼았다. 즉 조선을 일본사회에 쌓여 있는 불만을 전출할 대상으로 삼았고, 내부통합의 수단으로 간주하였다.

앞에서도 지적한 바와 같이 후쿠자와는 일찍이 그의 『통속국권론』에서 국내에 쌓여 있는 불평을 완화하고 사회의 질서를 유지하는 수단으로서의 전쟁을 높이 평가했다. 그는 사츠마의 난 이후 넓게 확대되고 있는 소위 민권운동과정에서 나타나고 있는 '정부와 인민의 대치'와 이로 인한 '관민의 부조화'를 크게 우려했고, 국민의 불평과 불

---

100) "朝鮮人民のために其國の滅亡を賀す"(1885), 『全集』 10, pp. 379-382. 유사한 내용의 사설, "朝鮮の滅亡は其國の大勢に於て免る可らず"(1885), 『全集』 10, pp. 382-385 참조.

101) "一大英斷を要す", pp. 412-418.

만을 해소하고 국내통합을 실현하기 위한 대안으로서 조선 침략을 제기했다. 조선에서 갑신정변이 실패로 끝난 직후, 그는 "이번 조선의 사변을 다행으로 삼아 아무쪼록 이번 기회를 이용하여 부조화의 묵은 폐단을 한번에 깨끗이 씻어버리고 이로써 새로운 희망의 계기로 삼자" 라고 강조하여 내부의 불만을 해소할 구실로 조선에 출병을 요구했다. [102]

헌법발포(1889)와 국회개설(1890) 이후 더욱 거세진 정치집단의 반정부활동으로 인한 정치적 갈등과 국내분열과 불만을 우려한 후쿠자와는 "사회의 이목을 이 한 점에 집중시키고, 이로써 국내의 분쟁을 중단시킬 한 방법"으로서 군사력을 동원하는 '일대 영단' 을 촉구했다. 후쿠자와에 의하면 일본이 "정략으로서 인심을 밖으로 돌려야 하는 그 방향은 조선" 이었고, 그가 촉구하는 '일대 영단' 은 조선을 향한 군사적 행동이었다. 그는 사이고 다카모리(西鄕隆盛)가 정한론을 제기하기 '수년 전'에 기도 다카요시(木戶孝允)가 "조선은 죄가 없지만 국내의 치안을 유지하기 위하여" 한반도를 향한 군사행동계획을 입안했던 사실을 상기시키면서, 이러한 "조선정략"은 "안으로 일반국민의 인심을 자극하여 한 곳으로 집중"시키고, "밖으로 커다란 국가적 이익을 도모할 수 있다"는 것을 강조했다. [103] 후쿠자와가 인식하고 있었던 조선은 축적된 국내적 불만을 전출하는 지역이었고, 정치적 갈등과 사회적 부조화를 해소하는 수단이었으며, 그리고 국권을 확장하는 첫대상에 불과했다.

후쿠자와의 한국관을 구성하고 있는 다섯번째 특성은 일본 독립의 '울타리' (藩屛)론 이다. 1874년 조선의 필요성을 부정한 것과 달리, 1880년대에 들어서면서부터 후쿠자와는 일본의 독립을 위해서는 반드시 조선의 지배가 필요하다고 인식하고 있었다. 약육강식과 서세동

---

102) "求る所は唯國權擴張の一點のみ"(1885),『全集』10, p. 211.
103) "一大英斷を要す", pp. 412-418.

점 속에서 일본의 독립을 보전하기 위해서는 그 방위선을 조선으로 확장해야 한다는 것이다.

일본을 방어하기 위해서는 오직 일본의 섬만을 방위하는 것으로는 불충분하다. … 멀리 일본의 섬 이외의 지역까지 방어선을 확장하고 하루 속히 일본의 섬 밖에서 적의 침입을 막을 방안이 수립되는 것이 긴요하다. 오늘 일본의 섬을 지키는 데 있어 가장 가까운 방어선으로 정해야 할 지역은 반드시 조선이라는 것은 의심할 여지가 없다. 만일 조선이 일단 적의 지역에 편입된다면 일본의 불이익은 실로 예측하기 어렵다. 조선이 적지가 된 후 일본의 안전을 보장하기 위해서는 적지가 되기 전에 비해서 배의 힘이 필요하다. … (방어선을 조선으로 확대하여) 하루 속히 일본을 방어하기 위한 원대한 계획을 마련해야 할 것이다.[104]

후쿠자와의 '울타리론' 은 야마가타 아리토모(山縣有朋)의 '이익선' 논리와 일치하고 있다. 즉 메이지시대 일본의 육군을 정비하고 대륙정책을 주도한 야마가타는 1890년 '외교정략' 을 담은 그의 "의견서"에서 한 국가가 독립을 유지하려면 '주권선' 을 수호하는 것만으로는 충족되지 못하고 반드시 '이익선' 을 방어해야 한다는 것을 강조하고, 일본의 "이익선의 초점은 조선에 있다"는 것을 명확히 했다.[105] 메이지정부의 대륙정책은 후쿠자와의 '울타리론' 을 그대로 수용하고 있었다.

결국 후쿠자와의 '울타리론' 은 약육강식의 위기 속에서 일본 스스로의 독립을 확보하고 나가서 그 세력을 대륙으로 확장해 나가기 위

---

104) "朝鮮は日本の藩屛なり", pp. 175-178.

105) "山縣有朋意見書", 日本國際政治學會編, 『日本外交史研究: 明治時代』(有斐閣, 1957) pp. 186-195 참조.

해서는 조선을 일본의 지배권하에 두어야 한다는 것이었다. 일찍이 임오군란 직후 후쿠자와가 일본정부에 제시한 수습안은, 하나부사 요시모토(花房義質) 공사로 하여금 "조선국무감독관의 직책을 겸하게 하고, 그로 하여금 조선의 모든 정무를 감독"하게 하고, "군대를 서울에 주둔"시켜 조선을 일본의 '이익선'으로 확보한다는 것이었다. [106] 즉 조선을 일본의 '보호국'으로 삼아야 한다는 것이다.

　　결국 후쿠자와가 강조한 조선의 문명개화는 다만 조선을 간섭하고 지배하기 위한 명분이었다.

VI. 맺는 글

　　도쿠가와 말기 세 차례의 여행을 통하여 일찍이 서구문명을 접할 수 있었던 후쿠자와는 구미제국의 강성함과 국제정세의 변화, 그리고 그 변화 속에서의 동아시아와 일본의 지위를 간파할 수 있었다. 그는 서세동점이라는 위기적 상황에서 일본이 독립을 보존하고 부국강병을 이룩하기 위해서는 서구의 문명, 특히 그 문명의 바탕을 이루고 있는 '독립정신'과 '과학'을 수용할 것을 주장했다. 그는 국가를 구성하고 있는 개인의 주체성을 높이 평가하고 민권의 중요성을 강조했다. 그러나 그의 민권론(일신독립)은 서구사회에서 볼 수 있는 것과 같이 독립인격체로서의 권리보장과 인권신장을 의미하는 것은 아니었다. 그것보다는 국권론(일국독립)을 강화하기 위한 '수단'으로서의 민권을 강조했고, 따라서 개인의 주체성은 항상 국가라는 공동체 속에 매몰되었다.

　　후쿠자와의 최종목표는 일본이 국가적 독립을 보존하고 부국강병의 지위를 확보하는 것이었다. 이를 위해서 일본은 서구문명을 받아

---

106) "朝鮮の事變" (1882), 『全集』 8, pp. 243-249.

들여 문명개화를 추구하는 한편, 동시에 관민조화를 확립할 것을 제 창했다. 즉 서세동점이라는 국제정세 속에서 국가의 독립을 위하여 개인의 권리와 자유를 유보할 것을 요구했다. 그러므로 후쿠자와에게 서 문명개화나 또는 관민조화는 독립이라는 궁극의 목적을 성취하기 위한 '수단'(術)이었다.

현실주의자이고 실리주의자였던 후쿠자와의 한국관도 이러한 틀 속에서 형성되었다. 그는 조선의 개화와 독립을 강조했고, 또한 이를 위하여 조선의 개화파와의 연대를 강화하고 지원한 듯이 보였다. 그 러나 이러한 주장과 행동 뒤에 감추어진 그의 목적은 일본의 조선지 배였다. 1885년 그는 『지지신보』에 "조선인민을 위하여 그 나라의 멸 망을 축하한다"라는 글을 싣고, 조선정부는 인민의 생명과 재산을 보 호하지 못하기 때문에 인민을 위해서 조선은 문명국에 점령당하는 것 이 보다 바람직하다고 역설하면서, "타국정부에 의해서 멸망할 경우 망국민이 되는 것이 즐거운 것은 아니지만, 전혀 앞날의 희망이 보이 지 않는 어려운 상황과 내외의 탐욕 속에서 죽어가는 것보다 오히려 강대한 문명국의 보호를 받아 어떻게 해서라도 생명과 사유재산이라 도 안전하게 할 수 있다면 불행 중 다행"이라고 강조했다. 개화파와 의 연대를 주장하면서도 조선의 자주적 개화에는 기대를 걸지 않고, 실제로는 문명국의 지배를 생각하고 있었다. 문명의 이름으로 침략을 긍정하고 있고, 그 속에 조선은 스스로 문명개화를 이룰 수 없다는 멸 시감이 깔려 있었다. 그러므로 하타다 다카시(旗田巍)가 지적하고 있 는 것과 같이 개화파에 대한 후쿠자와의 원조도 결국은 "일본이 조선 을 지배하기 위한 수단"에 불과한 것이었다.[107]

물론 조선에 대한 후쿠자와의 입장은 무관심에서 연대의 대상으로, 그리고 침략과 지배의 대상으로 변하는 모습을 보여주었다. 그러나 이러한 변화는 어디까지나 상황적인 것이었을 뿐 본질적인 것은 아니

---

107) 旗田巍, 『日本人の朝鮮觀』(勁草書房, 1969) p. 33.

었다. 독립보존과 부국강병이라는 움직일 수 없는 목표에 조선이 어떠한 지위에 있느냐에 따라 그의 논리가 변하였을 뿐이다. 후쿠자와의 이와 같은 한국관은 그의 문명관과 세계관에서 볼 때 당연한 귀결이었다. 앞에서 본 것과 같이, 그가 '30년을 하루와 같이' 평생을 통해서 일관되게 추구한 것은 일본의 독립보존과 부국강병, 그리고 대외팽창이었다. 문명·민권·국회개설 등 이 모든 것은 결국 일본의 독립보존과 부국강병을 위한 수단에 불과하였다. 그러한 의미에서 후쿠자와는 일본의 국가주의와 팽창주의의 원형이었고, 그의 문명론은 이를 보강하고 동시에 위장하는 전략적인 수단이었다.

2 타루이 도키치와
위장 연대관의 원형

I. 머리글

　타루이 도키치(樽井藤吉)는 후쿠자와 유키치(福澤諭吉)와 동시대 인물로서 두 사람 다 격동기의 일본이 나아가야 할 국가진로를 제시했고, 한국문제에 깊은 관심을 가졌다. 그러나 두 사람의 경력이나 사회적 지위는 크게 달랐다. 이미 앞에서 본 것과 같이 도쿠가와(德川) 막부 말기에 세 번이나 미국과 유럽을 여행한 후쿠자와는 계몽사상가 · 교육자 · 언론인으로서 확고한 사회적 지위를 차지하고 있었을 뿐만 아니라, 문명개화론자로 재야에 있으면서도 메이지(明治) 일본의 국가정책에 지대한 영향을 미쳤다. 이와 달리 타루이는 사회적 명망도 그리 높지 않았고, 또한 메이지정부와의 연결고리도 없었다. 오히려 그의 생활은 투옥, 사업의 실패에 따른 빈곤의 연속이었고, 사상적으로도 무정부주의(anarchism)적 색채가 짙었다. 이러한 차이가 있었음에도 두 사람은 서세동점(西勢東漸)이라는 국제정세 속에서 일본의 독립과 발전을 위하여 아시아 문제를 어떻게 설정할 것인가라는 공통의 주제에 깊은 관심을 가졌고, 그 해결책을 모색하기 위하여 온갖 정력을 기울였다.

후쿠자와가 일본의 독립과 부국강병을 위하여 아시아 지배를 공개적으로 제시한 것과는 달리, 타루이는 '아시아 연대론'을 주장함으로써 당시 일본뿐만 아니라 조선이나 중국의 지식인들로부터도 상당한 공감을 받았다.

아시아로 밀려오는 서양세력에 대응하기 위하여 일본은 조선과 중국, 그리고 나가서 아시아의 국가들과 함께 '아시아의 일체화'를 이루어야 한다는 타루이의 『대동합방론』(大東合邦論)도 후쿠자와가 아시아 침략을 주장한 "탈아론"(脫亞論)을 발표한 1885년 탈고했다.[1] 그러한 의미에서 두 글은 메이지시대 일본의 아시아관을 대변하고 있는 '탈아'와 '연대'라는 정반대 논리의 '고전적 원형'이라 할 수 있겠다.

그러나 다음에서 볼 수 있는 것과 같이 타루이의 '아시아 연대론'도 일본의 독립과 부국강병을 위한 전략적 수단으로 제시했을 뿐, 목적 그 자체는 아니었다. 타루이가 추구한 목표도 일본의 독립보존과 부국강병의 성취라는 후쿠자와의 것과 전혀 다를 바 없었다. 다만 그 목적을 성취하기 위하여 '팽창정책'을 '아시아 연대'로 위장했을 뿐이다. 그러므로 후쿠자와와 타루이는 공동목표를 성취하기 위한 서로 다른 방법을 제시했고, 메이지정부는 이 두 방법을 적절히 활용하여, 국가의 독립, 부국강병, 국권의 해외팽창이라는 국가적 목적을 추구해 나갔다.

타루이와 그의 『대동합방론』은 '연대'로 위장한 메이지 초기 일본 지식인의 한국관을 보여준다. 타루이로 대표되는 '아시아 연대론자'

---

1) 『大東合邦論』의 초고는 1885년 일본어로 작성되었으나 타루이가 오이 겐타로(大井憲太郞)가 주도한 大阪事件에 연루되어 투옥되는 과정에서 관헌에게 압수당하여 분실된 것으로 알려져 있다. 오늘날 전해지고 있는 『大東合邦論』은 한문으로 쓰여진 것으로서 1893년 출판됐다. 鈴木正, "解說·東洋社會黨의 創設者─樽井藤吉", 田中惣五郞, 『東洋社會黨考』(一元社, 1930. 1970년 新泉社 復刻), p. 309. 이하에서 "解說"로 약칭함.

들은 표면적으로 아시아 민족의 대등한 연합을 주장하면서도 실제로
는 일본의 조선침략과 대륙진출의 길을 닦는 데 크게 기여했다.

II. 인물과 활동

타루이 도키치(1850-1922)는 이론과 행동을 함께 갖춘 '조선 낭인
의 선구자'였다. 파란만장했던 그의 생애의 일관된 목표는 일본 중심
의 아시아 건설에 있었다. 그는 여러 차례 투옥되기도 했고, 정당을
조직하고 중의원 의원에 당선되어 현실정치에 참여하기도 했으나 말
년은 빈곤과 허탈 속에서 삶을 마쳤다.[2]

타루이는 1850년 나라현(奈良縣)에서 한 목재상의 둘째아들로 태
어났다. 어려서부터 가업을 돌보았기 때문에 체계적인 교육을 받을
수는 없었으나, 그는 역사와 병서(兵書)에 많은 관심을 가지고 책을
읽었다. 메이지 시대의 대표적 평론가의 한 사람이었던 야마지 아이
잔(山路愛山, 1864-1917)은 타루이를 "스스로 자신을 교육하고 자신
의 운명을 만들어 갈 능력을 소유"한 "일종의 천재적 소질을 구비한
인물"이라고 높이 평가했다.[3]

메이지정부가 수립되면서 발표한 선언문(五個條御誓文)을 읽고 크
게 감명받은 타루이는 1873년 상인으로 사리를 추구할 것이 아니라
공인으로 치국안민에 힘쓸 것을 결심하고 정치의 새로운 중심지인 도
쿄로 진출했다. 평소부터 사이고 다카모리(西鄕隆盛)를 숭배하고 있

---

2) 타루이의 간단한 전기에 관하여, 田中惣五郎, 『東洋社會黨考』; 鈴木正, "解說";
櫻井義之, 『明治と朝鮮』(櫻井義之先生還曆記念會, 1964), pp. 1-27; 竹內好, "アジア
主義の展望", 竹內好編, 『アジア主義』(筑摩書房, 1963), pp. 32-37; Tadashi Suzuki,
"Profile of Asian Minded Man—Tarui Tokichi", The Developing Economy, Vol. XI,
No. 1(March, 1968), pp. 79-100 참조.

3) 山路愛山, "現時の社會問題及び社會主義者", 『獨立評論』, 1908. 5.

던 그는 사이고 밑에서 관리가 될 것을 꿈꾸었으나, 1873년 '정한론'을 계기로 사이고가 관직에서 물러나 고향으로 낙향했기 때문에 그 꿈을 포기할 수밖에 없었다. 그대신 타루이는 당시 유명한 국학자였고 많은 국권론자들을 양성한 이노우에 요리쿠니(井上賴國, 1839-1914)가 경영하는 학교(神習塾)에 입학하여 국학을 공부했다. 이곳에서 그는 선배들의 양이(攘夷)사상과 국가주의 사상에 많은 감명을 받았고, 또한 '배외주의적이고 비분강개한 정한론 분위기'에 젖어들면서 '주관적인 반정부의식'이 강해졌다.[4]

1877년 사츠마(薩摩)의 난이 일어나자 타루이는 사이고의 군사활동에 호응하기 위하여 내륙에서 군사를 일으킬 것을 시도했으나 결국 실패로 끝났다. 사츠마의 난 이후 생계를 유지하기 위하여 잠시 다토미 도키토시(武富時敏)가 경영하는 사설학교의 강사와 『사가(佐賀)신문』에 관여했으나, 정한론의 좌절로 인한 그의 실망은 오랫동안 계속되었다.

1879년부터 타루이는 '실의 극복과 국면 타개책'으로 조선 근해에 있는 무인도 수색에 착수했다.[5] 무인도 탐험의 목적을 그는 다음과 같이 설명하고 있다.

나는 처음으로 무인도가 있다는 말을 듣고, 만일 그것이 사실이라면 이는 일본을 위해 크게 다행스러운 일이라고 생각했다. 나는 평소부터 일본이 무엇보다 먼저 조선을 침략하지 않는다면, 우리나라 발전의 실마리가 열리지 않는다고 생각해 왔다. 다행스럽게도 무인도를 점령할 수 있다면 우리와 같은 뜻을 가지고 있는 사람들을 이

---

4) 鈴木正, "樽井藤吉と東洋社會黨の特質", 『歷史評論』, 1958. 7.

5) 타루이가 무인도 수색을 나서게 된 것은 사츠마의 난 직후 肥前五島福江의 藩主인 松園忠實에게서 五島로부터 서쪽으로 100리쯤 떨어진 곳에 무인도가 있다는 이야기를 듣고 이곳을 점령하여 "征韓의 策源地"로 만들기 위한 목적에서였다. 田中, 앞의 책, p. 73; 櫻井, 앞의 책, p. 15.

곳에 모아 서서히 조선을 정복하는 책략의 근거지로 만들 수 있다고 믿었고, 이를 위한 계획을 추진했다.[6]

'정한책(征韓策)의 근거지'를 구축하기 위한 그의 무인도 탐색은 타루이가 처음부터 조선을 지배의 대상으로 설정하고 있었음을 잘 설명해 주고 있다. 그의 무인도 수색은 1881년 말까지 전후 네 차례에 걸쳐 3년 동안 계속되었으나 결국은 아무런 성과 없이 끝났다.

메이지정부가 사츠마의 난을 평정한 후 정한파를 포함한 반체제론 자들의 정치적 반정부활동은 비합법적인 무력투쟁이 아니라 오직 합법적인 정치조직체를 통한 운동만이 가능해졌다. 1880년을 전후하여 전개된 반정부운동은 민선의원 설립을 요구하는 민권운동의 형태인 정당을 조직하면서부터 국민의 저변으로 확대되어 갔다. 무인도 탐험 실패 후 규슈(九州)에 머물러 있던 타루이도 1882년 동양사회당(東洋 社會黨)을 창당하면서 정치인으로의 변신을 모색했다.

동양사회당은 일본정치사에 나타난 최초의 '사회주의적' 정당이라는 점에서 관심의 대상이 되고 있다.[7] 서양의 사회주의 사상과 운동은 메이지 초기부터 일본에 간헐적으로 소개되었다. 그러나 당시 일본의 지식인들이 소개한 사회주의는 확실한 신념을 바탕으로 한 주체적 사상으로서 전달된 것이라기보다는 가타 테츠지(加田哲二)가 지적하고 있는 것과 같이 "사회주의 또는 공산주의는 하나의 악(惡)사상—실은 개인주의와 자유주의에 대립되는 반대사상"으로 취급되었다.[8] 학문을 체계적으로 연구하지도 않았고, 또한 사회과학적 훈련을 받지도 않은 타루이가 사회주의에 대하여 깊이 인식하고 있었으리라고는 판단되지 않는다. 마르크스의 이름도 모르고 있었던 타루이가

6) 田中, 앞의 책, pp. 73-74.
7) 東洋社會黨의 성격과 사상에 관해서는, 鈴木正의 앞의 글 참조.
8) 加田哲二, 『明治初期社會思想の研究』(春秋社, 1933), p. 151.

인식하고 있었던 사회주의는 '필경 귀동냥 정도' (耳學間)였다.[9]

자유당(自由黨, 1881)이 지방의 사족(士族)계급과 부농(富農)을 중심으로 혁신적 사상을 지향했고, 개진당(改進黨, 1882)이 도시의 상공업자들을 기반으로 영국식 입헌주의사상을 갖고 출발하였음에 반하여, 동양사회당은 "빈농을 중심으로 도의 · 도덕 위에서 평등과 최대다수의 최대행복을 추구"하고 있었다.[10] 일본 정치사에서 '사회당'이라는 당명을 내건 최초의 정당이기 때문에 일본 사회주의운동사의 효시로 간주되었으나, 앞에서 지적했듯이 사회주의사상을 깊이 이해하고 실천적 해석 위에 확립된 것이 아니라 다만 농민운동과 결합한다는 정도의 뜻에서 사회주의를 인식하고 그 맥락에서 출발한 것에 불과했다.

동양사회당은 출발 당시부터 그 사상적 기반과 성격이 모호했다. '사회당'을 자처하면서도 사회의 근거를 '인간들의 친화'에 두고 있다거나 또는 '도덕'을 제일의 덕목으로 강조하기도 했다. 그러므로 그는 동양사회당은 "친화당이라 할 수도 있고 또한 도의당이라고도 할 수 있다"라고 했고, 또한 "도의로서 사회를 개량하는 것이 동양사회당의 근본 취지"라고 할 정도로 그 사상적 기반이 애매모호했다.[11] 사회주의운동의 이론가이며 활동가였던 아라하타 칸손(荒畑寒村)도 동양사회당은 "그 이름은 사회당이지만 사상적으로는 무정부주의"라고 까지 규정했다.[12]

'사회당'임을 표방하고 있으면서도 그 사상적 기반이 혼돈스럽기 때문에 동양사회당에 대한 평가도 다양하다. 당의 강령이나 공약의

---

9) 위의 책, p. 158.
10) 東洋社會黨은 (1)道德을 言行의 規準으로 한다, (2)平等을 主義로 한다, (3)社會公衆의 最大 福利를 목적으로 한다는 것을 강령으로 제시했다. 黨의 綱領 · 主義 · 盟約 · 組織 등에 관해서는 田中, 앞의 책, pp. 21-23; Suzuki, *op. cit.*, pp. 84-91.
11) 田中, 앞의 책, pp. 23, 192-193; 鈴木, "解說", p. 314.
12) 荒畑寒村, 『日本社會主義運動史』(每日新聞社, 1948), p. 7.

해석에 따라 동양사회당은 '무정부주의적 결사체', '유토피아 사회주의적 단체', '아시아 연대체' 또는 '자유민권사상의 파생물' 등 다양한 형태로 평가되었다.[13] 당시 일본의 지배계층과 정치권으로부터 외면당하고 있던 빈농계층을 정치기반으로 설정했다는 점에서 사회주의자라고 할 수 있으나, 정한론을 지지하고, 정한론 실현의 전진기지로서 무인도를 탐색하고, 한일합병을 주장한 그의 사상이나 행동에 비추어 볼 때 타루이를 '국가주의적 침략자'로 규정하는 것이 보다 정확한 평가라 하겠다. 그러한 의미에서는 요시노 사쿠조(吉野作造)가 "본래의 이상에 근거하여 평가한다면 타루이는 사회주의자이기보다는 오히려 국가주의에 가깝다. 그래서 적절히 말한다면 국가사회주의자라 할 수 있고", 따라서 동양사회당은 "국가사회주의 정당"에 가깝다고 지적한 것이 보다 적절한 평가라 하겠다.[14]

동양사회당은 27일간 존속한 단명 정당으로 끝났다. 메이지정부는 동양사회당 결성은 사회의 치안유지에 방해가 된다고 규정하여 해산할 것을 명령하고, 타루이를 '집회조례 위반죄'로 구속했다. 이로 인해 그는 1년 동안 감옥생활을 해야만 했다. 출옥 후 당분간 "명예와 이익, 사회활동, 교제를 단절하고 공부에 전념하고 싶은 심정"이라고 토로한 타루이는 대아시아주의를 지향하는 국권주의 단체인 겐요샤(玄洋社)의 학교에서 국제법을 공부했고, 국제법 가운데서도 그는 특히 서구의 여러 나라에서 채택하고 있는 연방제도에 관심을 가졌다. 그리고 "스위스의 연방조직에서 시사를 받아 그는 '일선연방론'(日鮮聯邦論)을 기안했고, 이 초안이 그후 『대동합방론』의 기초가 되었

---

13) 荒畑寒村, 『日本社會主義運動史』; 石川三四郎, "日本無政府主義の由來", 『社會科學』, 1928. 2; 木村毅, "明治前半期の社會主義思想と社會運動", 『社會科學』, 1928. 2; 赤松克麿, 『日本勞動運動發達史』(1925); 加田哲二, 『明治初期社會思想の研究』; 平野義太郎, 『日本資本主義社會の構造』(1934); 田中惣五郎, 『東洋社會黨考』; 河原宏, 『アジアへの思想』(川島書店, 1968) 참조.
14) 吉野作造, 『新舊時代』, 1925. 9.

다"고 한다.[15]

겐요샤와 연결되면서 타루이는 한반도를 포함한 대륙문제에 더욱 깊이 몰두했다. 청불전쟁(1884-1885) 시기에는 히라오카 고타로(平岡浩太郞), 나카에 초민(中江兆民), 구리하라 료이치(栗原亮一), 스기다 테이이치(杉田定一) 등 대륙 낭인들과 함께 중국 상하이(上海)에 동양학관 설립에 적극적으로 관여했다. 또한 갑신정변이 실패한 후 일본에 망명한 김옥균과 두터운 친교를 맺은 타루이는 겐요샤의 도야마 미스루(頭山滿), 소에지마 타네오미(副島種臣) 등 대륙진출자들과 접촉하여 김옥균의 재기를 위하여 자금을 조달하려고 힘썼다. 그는 또한 오이 겐타로가 주도한 오사카 사건(1885)에 연루된 혐의와 조약개정문제와 관련하여 비밀문서를 출판한 죄(1887)로 구속되는 등 어려운 시절을 보냈다. 1892년 실시된 총선거를 맞아 고향인 나라현에서 출마하여 중의원 의원에 당선됨으로써 제도권에서 본격적인 정치활동을 시작했다. 그러나 제도권 내에서의 그의 정치활동은 오래 지속되지 못했다. 1894년 이후 그는 만주·조선·몽골 등 대륙에서 광산개발을 시도했으나 모두 실패로 끝났다. 그는 불우한 만년을 보냈으나 1922년 중풍으로 죽을 때까지 주요 관심사는 조선문제였다.

III. 『대동합방론』

타루이의 『대동합방론』은 1893년에 출판되었다. 이 책에 대한 평가는 다양하게 이루어지고 있고 아직도 논쟁의 대상이 되고 있다. 『대동합방론』은 "백인 제국주의의 침략을 공동으로 방위하고 동양의 쇠운을 만회하여 흥아(興亞)의 대업을 위한 대동아연맹의 시발점"이고, 조선과 일본이 "대등"한 위치와 입장에서 "합방"할 것을 제시한 "전무후

---

15) 田中, 앞의 책, p. 195; 櫻井, 앞의 책, p. 17.

무한 독창적 견해로서 일·한 연대사상의 씨앗"이고, 그러한 맥락에서 저자인 타루이는 "일·한 연대운동의 개척자이고 시대의 선구자"로 높이 평가되고 있다.[16] 이와 같은 긍정적 평가와는 정반대로 이 책은 일본의 조선합병과 아시아 진출의 '사상적 도구'로 활용된 '일본제국주의의 선봉'이라는 부정적 평가도 함께 존속하고 있다.[17] 또한 단순한 연대사상도 아니고 또한 침략사상도 아니고 이 두 사상을 다 포함한 것이라는 견해도 있다.[18] 그러나 앞으로의 분석에서 볼 수 있는 것과 같이 타루이의 『대동합방론』은 '대등한 연대'라는 '이념적 위장' 속에서 일본의 한반도 지배와 대륙팽창을 그 목적으로 하고 있었다.

모리모토 도키치(森本藤吉)라는 필명으로 1893년에 출판된 『대동합방론』에는 나타나지 않고 있지만, 1910년 본명으로 재판된 책의 서문에 의하면 『대동합방론』의 초고는 이미 1885년에 작성되었음을 알수 있다. 그러나 타루이가 '오사카 사건'에 연루되어 구속되는 과정에서 초고를 분실한 것으로 알려져 있다.[19] 그후 타루이는 합방론을 다시 집필하여 나카에 초민이 주관하는 잡지(『自由平等經綸雜誌』)에 1891년 일본어로 연재했다. 그러나 1893년 단행본으로 출판된 『대동합방론』의 특색은 일본어가 아니라 한문으로 쓰여졌다는 사실이다. 타루이는 『대동합방론』을 처음부터 일본인보다는 조선인이나 중국인을 주요 독자로 설정하고, 조선인과 중국인들이 보다 쉽게 이해할수 있는 한문을 선택했음을 알 수 있다.[20] 후쿠자와 유키치의 "탈아론"과 달리 아시아인의 연대를 강조한 『대동합방론』은 그의 의도대

---

16) 加田, 앞의 책, p. 159; 平野義太郎, 『大アジア主義の歴史的基礎』(河出書房, 1945), pp. 24-26; 判澤弘, "東亞共榮の思想", 『思想の科學』, 1963. 12, pp. 20-31.

17) 旗田巍, 『日本人の朝鮮觀』(勁草書房, 1969), pp. 51-69; 楠原利治外, "アジア主義と朝鮮", 『歷史學硏究』, 1964. 6, pp. 23-28.

18) 竹內好, "アジア主義の展望"; 鈴木正, "解說".

19) 『覆刻·大東合邦論』(長陵書林, 1975), p. 199.

20) 影山正治譯, 『現代版·大東合邦論』(大東塾出版部, 1963), p. 1; 鈴木, "解說", p. 309.

로 출판 후 당시 중국이나 조선의 지식인들의 관심을 자극했고 친근감을 갖게 했다. 예컨대 중국의 개혁론자였던 량치차오(梁啓超)는 자신의 서문을 추가하여 『대동합방신의』(大東合邦新義)라는 서명으로 1898년 상하이에서 출판했다.[21] 또한 일진회(一進會) 회원들을 비롯하여 한일합병을 위해 일본인들에게 협력했던 친일 조선인들에게도 많은 영향을 주었다.[22] 그리고 하타다 다카시(旗田巍)가 지적한 것과 같이 타루이의 『대동합방론』은 "조선병합의 관념적 무기"로 사용되었다.[23]

『대동합방론』은 서양세력의 아시아 진출이라는 뚜렷한 국제현상에 대응하기 위해서는 아시아의 단합이 필요하다는 대전제 위에서, 먼저 조선과 일본이 '대등'한 입장에서 '합방'을 이룩하고, 새로운 '합방국'은 중국과 긴밀한 '동맹'관계를 형성하고, 그리고 나가서 아시아 여러 나라와 연대하여 '대아시아연방'을 구축해야 한다는 것이다. 그러나 타루이의 관심사는 조선과 일본의 '합방국' 건설에 있었다.

타루이에 의하면 조선과 일본은 지리적으로나 역사적으로는 물론 정신적으로나 물질적으로도 "끊으려 해도 끊을 수 없는 깊은 형제와 같은 관계임에도 불구하고 현실에서는 끊임없이 대립과 항쟁을 지속하는 바람직하지 못한 관계"를 유지해 왔다. 그러나 서양세력의 동양 진출이라는 "세계 동향에 대처하기 위해서는 조선과 일본은 모든 것을 털어버리고 한가족(一家一族)과 같이 화합하고 단합해야 한다"는

---

21) Min Tu-ki, "Daito Gappo Ron and the Chinese Response: An Inquiry into Chinese Attitudes Toward Early Japanese Pan-Asianism", Etô Shinkichi & Harold Z. Schiffrin (ed.), *The 1911 Revolution in China*(University of Tokyo Press, 1984), pp. 83-95.

22) 一進會 會長으로서 內田良平 등 일본의 합병추진론자들과 밀접한 관계를 맺고 합병에 적극적으로 동조했던 李容九는 아들의 이름을 大東國男이라고 지을 정도로 이 책에 감명받았다고 한다. 大東國男, 『李容九の生涯—善隣友好の初一念を貫』 (時事新書, 1961), pp. 39-40.

23) 旗田巍, 앞의 책, p. 26.

것이다. 그리고 그는 '합방'이 당장은 어렵다고 하지만 언젠가는 반드시 성사될 것이라는 확신을 가지고 있었다. 왜냐하면 "세계 인류의 대세라는 관점에서 볼 때 일본과 조선 두 나라가 서로 대치하고 있는 것은 결단코 두 민족이 천년을 내다보는 장계(長計)가 아니기 때문"이라는 것이다.[24]

조선과 일본을 통합하여 새로 세우는 '합방국'의 국호를 타루이는 '대동'(大東)이라고 불렀다. 새 국호를 '대동'이라고 이름한 것은 '동'(東)이라는 문자는 예로부터 조선과 일본이 함께 사용한 또 다른 국호였기 때문이라는 것이다. 그러나 그는 '합방국'의 체제를 어떻게 할 것이냐에 대해서는 명확한 대답을 회피하고 있다. 물론 합방의 체제를 "독일과 같이 우국연맹(友國聯盟)의 형태로 할 것인가, 영국과 같이 동치합방(同治合邦)의 형태로 할 것인가, 아니면 미국과 같이 합중국의 형태를 취할 것인가"를 선택하는 것은 중요한 문제라는 것을 타루이도 인식하고 있었다. 그러나 '합방국'이 택해야 할 체제에 대해 확실한 견해를 가지고 있지만 그는 자신의 견해를 출판할 단계에서 밝힐 것을 유보하고 있었다. 그 이유는 "때가 이르러 일·한 양국의 여론이 성숙되면 자연스럽게 두 나라의 뜻있는 사람들이 이 문제를 원만하게 처리하게 될 것이고, 지금부터 이 문제를 논하는 것은 부자연스럽고 또한 일을 그르칠 수도 있기 때문"이라는 것이다.[25]

물론 타루이가 의도하였던 '합방'은 처음부터 일본을 중심으로, 그리고 일본을 위한 것이었다. 즉 '조선의 일본화'를 뜻하고 있었다. 1893년 이 책이 출판될 당시 타루이가 그의 참뜻을 밝히지 않은 것은 다만 조선의 여론을 의식했기 때문이다. 뒤에서 볼 수 있는 것과 같이 합병이 이루어질 단계인 1910년에 출판된『대동합방론』의 재판에서는 '합방'이 일방적인 일본의 조선지배라는 그의 의도가 명확하게 나

---

24) 影山, pp. 11-12.
25) 위의 책, pp. 12, 82-83.

타났다.

『대동합방론』을 집필할 1880년대에 이미 타루이는 두 나라의 통합에 대하여 상당한 확신을 가지고 있었던 것 같다. 그는 "일·한 두 나라에서 아직 합방설이 제기되고 있지 않지만, 반드시 수년 내에 일한합동, 일한합방을 주장하는 사람이 속출"할 것으로 예견했고, 또한 "합동의 기회는 아직 구체적으로 나타나지 않았으나, 합동의 시기와 분위기가 이미 성숙되고 있다"고 단정하고 있었다.[26] 그러므로 1910년에 성사된 한일합병의 모델과 그 모델의 이념적 틀을 제시한『대동합방론』은 한일합병의 '고전적 원형'이라 하겠다.

표면적으로 서양세력의 아시아 진출에 대응하기 위하여 아시아인의 단결을 호소하고, 아시아인의 단결을 위한 첫단계로서 조선과 일본의 대등한 통합을 제시하고 있는 합방론은, 실질적으로는 일본이 직면한 위기를 극복하기 위하여 먼저 대등한 연대라는 이름으로 한반도를 흡수통합하고, 그리고 대륙으로 국권을 팽창한다는 침략주의가 숨겨져 있었다. 그렇다면『대동합방론』의 실체를 자세히 살펴보자.

1. 위기의식

메이지 초기의 많은 지식인들과 같이 타루이의 민족관과 아시아관도 서구의 중압으로 인한 위기의식으로부터 시작하고 있다. 앞에서 이미 지적한 것과 같이 19세기 중엽 이후 구체적으로 나타난 서양세력의 아시아 진출과정에서 중국에서의 아편전쟁이나 페리의 '흑선'과 같은 직·간접적 체험은 일본 지식인과 지배계층에게 국가존립의 위기의식을 촉진시켰다. 이러한 위기의식은 메이지유신 후 일본이 근대국가를 건설해 가는 과정에서도 그대로 지속되었고, "탈아론"이 제기된 것과 똑같은 이유에서 위기극복을 위한 수단의 한 방법으로서

---

26) 위의 책, p. 8.

아시아의 연대와 단합이 논의되었다.

후쿠자와와 같이 타루이도 국제질서를 움직이는 기본은 힘(力)이고, 그 근본원칙은 '흥하느냐 아니면 망하느냐'의 두 길밖에 없는 약육강식으로 이해하고 있었다. 타루이는 당시의 세계정세를 '생존을 위한 치열한 경쟁극'이라고 규정하고, 경쟁의 핵심은 동양과 서양, 즉 황인종과 백인종의 대결로 인식하고, 그리고 이 경쟁에서 체력과 지력과 재력이 '황인'보다 강한 '백인'이 우위를 점하고 있다고 믿었다. 타루이는 서양의 아시아 진출의 성격을 다음과 같이 설명하고 있다.

후쿠자와 유키치(福澤諭吉)는 "백 권의 만국공법도 한 대의 대포보다 쓸모없다"고 말했다. 유럽인의 심정을 깊이 통찰한 말이라 하겠다. 영국이 조선의 거문도(巨文島)를 불법으로 점령한 사건과 같이, 그들의 불신과 불의는 말로 표현할 수 없다. 거문도는 일본의 대마도(對馬島)와 비교할 때 하잘 것 없는 작은 섬에 지나지 않는다. 그러나 영국이 대마도를 점령하지 않고 거문도를 점령한 것은 일본은 강했고 조선은 약했기 때문이다. 유럽인의 신의는 대포 사이에 존재하고, 조약은 다만 한 장의 종이 조각에 불과하다.

유럽인의 침략적 야망은 실로 완강하여 그들은 오래 전부터 동아시아의 땅에 눈독을 들여왔다. 그러나 지리적으로 너무 멀리 떨어져 있기 때문에 그들은 아직까지 그들의 욕망을 완전히 달성치 못하고 있다. 그러므로 그들은 먼저 거점을 획득하고 그 곳을 발판으로 하여 그 야망을 성취하려 하고 있다. 프랑스는 안남(安南)을 점령했고, 영국은 홍콩을 식민지화했으며, 포르투갈은 아모이(廈門)를 취했고, 러시아는 몽골(蒙古)의 북부를 탈취했다. 동아시아의 위기는 실로 중대하고도 절실하다고 하지 않을 수 없다.[27]

---

27) 위의 책, pp. 30-31.

더욱이 '세계에서 가장 호전적'인 러시아 제국이 부동항을 찾아 계속 남진하고 있었고, 유럽과 아시아를 연결하는 시베리아 철도가 완성된다면 그 위기는 더욱 절박해질 것이라고 경고했다.[28]

　이러한 명백하고 도도하게 밀려오는 위기에 적절히 대응하기 위해서는 아시아의 모든 '황인'이 단결하여 '하나의 커다란 세력'을 형성하지 않으면 안 된다는 것을 타루이는 역설하고 있었다. 그는 '황인'은 '백인'에 비하여 인구가 많기 때문에 하나로 단합할 경우에는 '백인'의 세력에 대응하여 경쟁할 수 있지만, 그렇지 않을 경우 황인종은 치열한 생존경쟁에서 살아남을 수 없다고 믿고 있었다.[29] 타루이는 아시아인의 단합을 다음과 같이 설명하고 있다.

　　오늘의 세계는 어제까지의 세계와 크게 다르다. 오늘의 세계는 생사가 걸린 치열한 경쟁이 각 인종 사이에 진행되고 있다. 인종이 같다는 것은 나라의 형편 또한 반드시 유사한 것이 있게 마련이다. 같은 인종의 국가들은 어떠한 일이 있어도 열심히 화합하고 깊이 제휴하여 다른 인종의 국가들을 상대할 수 있는 길을 강구하지 않으면 안 된다.[30]

　즉 서양의 압력으로부터 아시아의 독립을 보존하고 동양의 평화와 질서를 아시아인 스스로가 확립하고, 그리고 나가서 아시아 민족이 누릴 수 있는 공영의 생활권을 설정하고 운영하기 위해서는 아시아, 특히 같은 인종과 같은 문명권에 속해 있는 동아시아 국가들은 긴밀한 연대관계를 구축해야 한다는 것이다.

　구미 열강의 아시아 진출은 아시아 전체의 위기이자 동시에 일본의 위기이기도 했다. 일본도 아시아의 다른 국가들과 마찬가지로 열강으

　28) 위의 책, p. 38.
　29) 위의 책, p. 26.
　30) 위의 책, p. 43.

로부터 침략당할 수 있는 위험 속에 있었기 때문이다. 위기의 공통인식, 즉 일본도 피침략자의 입장에 있는 아시아의 일원이었다.

위기를 극복하기 위한 방안으로 후쿠자와가 서양제국과 같이 아시아를 침략의 대상으로 설정한 것과 달리, 타루이는 운명공동체인 아시아가 연합하여 구미 열강에 공동으로 대응할 것을 제시했다. 그리고 그 첫단계로 조선과 일본의 '합방'을 주장했다. 물론 조선은 일본에 비하여 후진적 위치에 있었지만 서양으로부터의 위기를 극복하기 위해서는 상황과 생각이 비슷한 조선과의 합동이 필요하다는 것이었다.

> 지금 일본은 세계의 대세에 비추어 볼 때 군민동치(君民同治)의 입헌정치를 확립했다. 일취월장하여 그 전도가 양양하다. 그러나 국민의 고통과 굴욕이 해소된 것은 아니다. 아직도 국민생활의 수준이 낮고 국력이 강력하지 못하다. … 조선으로서는 아직도 군주전제의 영역을 벗어나지 못하고 국력은 심히 미약하고 국민의 생활은 빈궁하여, 그 고통과 굴욕에 대해서는 동정을 금할 수 없다. … 적어도 감정이 같고 생각하는 것이 비슷하다면 동기상구(同氣相求)하고 동병상련(同病相憐)할 수밖에 없다. … 지금 우리 일본과 조선 두 나라는 커다란 폭풍우 속에서 휩싸여 있는 동양에서 표류하고 있는 작은 배와 같다. 그 배의 속에 있는 사람은 한형제나 다를 바 없다. 한마음 한뜻으로 협력하면 오늘의 위기를 현명하게 극복하지 못할 이유가 없다.[31]

그러므로 『대동합방론』의 발상은 가와하라 히로시(河原宏)가 지적하고 있는 것과 같이 폭풍노도와 같이 밀려오는 서양세력에 대한 위기의식과 그 위기를 극복하기 위한 "국민적 위기를 타개하기 위한 방책"으로 나타난 것이다.[32] 타루이가 주장하는 '연대'나 '합방'은 그

---

31) 위의 책, pp. 72-73.
32) 河原宏, 『アジアへの思想』, p. 60.

모두가 일본의 독립과 부국강병을 전제로 하고 있었기 때문에, 위기 극복과 부국강병이라는 '목적'을 성취하기 위한 '수단'에 불과했다.

2. 주변국가의 사정

한·일 두 나라의 '합방'의 필요성과 당위성을 설득하고 입증하기 위하여 타루이는 일본을 둘러싸고 있는 주변국의 현상을 분석적으로 설명했다. 그에 의하면 러시아는 유럽과 아시아에 걸쳐 광대한 영토를 소유하고 있는 대국이었다. 러시아는 내부사회를 철저히 통제하고 끊임없이 군비를 강화했으며, 밖으로는 사방으로 영토를 확장하고 있었다. 타루이에 의하면 러시아는 "세계에서 가장 호전적인 국가"이고, 그 국민은 "독수리(鷲)와 같이 날래고 사나운 민족"이었다. 더욱이 러시아는 부동항을 찾아 아시아로의 진출을 끊임없이 시도하고 있었다. 블라디보스토크를 군항으로 개발하고, 시베리아를 관통하는 철도를 부설하며, 흑룡강 이남으로 영토를 잠식하고 있는 것은 일본에게 커다란 위협이 아닐 수 없었다.

타루이는 당시 대부분의 지식인들과 같이 러시아를 깊이 불신하고 있었고 적대국으로 간주하고 있었다. 러시아는 영토를 확장하고 그 목표를 성취하기 위해서는 "매수·감언·기만·협박·분할 등 모든 침략의 상투수단을 활용"하는 믿을 수 없는 국가였다. 그리고 언젠가는 그 세력을 동아시아로 확장할 것으로 내다보았다. 특히 그는 시베리아 철도가 완성되면 "코카서스의 정병(精兵)과 투르키스탄의 맹졸(猛卒)은 10일 이내에 블라디보스토크에 도달할 수 있다"고 예측하고, "동아시아의 여러 나라는 거대한 독수리의 부리 앞에 놓여 있는 먹이와 같은 처지가 될 것"이라고 경고했다.[33] 그러므로 같은 위기적 상황에 처해 있는 조선과 일본 두 나라는 이러한 위기에 어떻게 대처할 것

---

33) 影山, pp. 32-38.

인가를 심각하게 검토하고 대책을 강구해야 한다는 것을 강조했다.

러시아에 대한 불신과 경계와 달리, 타루이는 중국에 대하여서는 친근감과 호감을 표시했고, 중국의 잠재력을 높이 평가하면서 중국과는 긴밀한 관계를 유지하는 것이 중요하다고 강조했다. 중국은 동아시아 문화의 발상지로서 일본에게 '유익한 이웃'이었고, 일본은 일찍부터 중국의 문화와 제도는 물론, 학문·정치·종교를 받아들였음을 인정하고, 그리고 중국의 흥망성쇠는 곧 일본의 국가 운명에 절대적 영향을 끼치는 것으로 중국의 변화를 중요시했다.

물론 타루이도 19세기 중엽 이후 중국이 겪고 있는 어려움과 문제점을 잘 알고 있었다. '서양 지식인'의 중국관을 빌려 지적하고 있지만, 타루이에 의하면 중국은 '고루'하고, '기강'이 무너졌고, 관료는 '타락'했고, 정치는 국민의 자유와 생명과 재산을 보호하려는 성의가 없기 때문에 국민은 정부를 '적대시'하였고, 중국인은 '오만불손'하고, 기근이 들면 '인육' 먹기를 서슴지 않는 민족이었다. 그리고 중국은 대국이고 문명의 발상지임에도 불구하고 지배계층의 끊임없는 내부적 갈등과 잘못된 세계관으로 인하여 서양으로부터 침략과 굴욕을 당하고 있다는 것을 지적했다.[34]

그러나 타루이는 중국의 이와 같은 국내적 정치혼란과 국제적 무기력함은 '잠정적 퇴화 현상'으로 판단했고, 머지 않은 장래에 중국은 국내의 어려움을 정비하고 다시 국제무대의 중심으로 환원할 것으로 믿었다. 중국의 현상이 비관적인 면이 많다는 것을 인정하면서도, 그는 "한(漢)민족은 예로부터 적지 않은 성현과 영웅을 배출한 그 본질이 우수한 민족으로서, 오늘의 문제를 깨닫고 국내개혁을 단행한다면 반드시 세계 최강국의 하나가 될 것"이라고 믿었다. 그러므로 '입술과 이'와 같이 밀접한 관계에 있고 같은 문명권에 속해 있는 일본은, 중국과 '동맹국'의 관계를 맺고 긴밀한 연대의 관계를 형성하고 지속

---

34) 위의 책, pp. 43-46.

적인 교류를 통하여 함께 부강하고 문명의 길을 넓혀가야 한다는 것을 그는 주장했다. 이와 같은 그의 중국관은 당시 중국인들에게 상당한 공감을 불러일으켰다. 그러나 타루이가 중국의 부강과 개명을 촉구했고 중국과의 제휴를 주창했던 것은 중국의 위기를 일본의 위기와 동일시하고 있었기 때문이다. 그는 '중국의 허약함'은 곧 일본에 위기를 가져다주는 근본원인으로 판단하고 있었다. 그러므로 오카 요시다케(岡義武)가 지적하고 있는 것과 같이 타루이는 "강대국의 자리를 되찾을 중국과 강력한 연대를 맺는 것이 일본이 서양의 압력에 대응할 수 있고 민족적 위기에서 벗어날 수 있는 최선책"이라고 믿고 있었다.[35]

그러나 타루이는 중국과의 연대 속에서도 일본-지도자, 중국-추종자라는 구도를 설정하고 있었다. 지난날 중국이 아시아의 문명을 선도하고 있을 때 일본이 중국의 문명과 제도를 수용한 것과 같이, 19세기 말 이미 문명의 단계에 들어선 일본으로부터 중국이 배울 것을 요구했다. 즉 중국의 부강과 개명은 일본의 문명과 지도를 수용할 때 비로소 가능하다는 것이다. 우리는 여기서 연대와 동맹이라는 위장 속에 숨겨져 있는 타루이의 맹주론적 사상과 우월의식을 엿볼 수 있다.

'합방'의 대상인 조선은 타루이가 보기에 지극히 부정적이고 희망이 없는 국가였다. 그에 의하면 조선은 '작고 가난'하며, '위대한 영웅'이 역사상 단 한 사람도 태어나지 않았고, 또한 학문·예술·산업 그 어느 분야에서도 '천재적 인물'을 찾아볼 수 없는 보잘 것 없는 국가였다.

국가는 약하고 작으며, 국민은 피폐해져 있고, 그 위에 정치는 혼란하고 교육과 종교는 이미 붕괴되어 있다. 이름만 자주국일 뿐, 이

35) 岡義武, "國民的獨立と國家理性", 『近代日本政治思想史講座』(筑摩書房, 1961), VIII, p. 19.

미 오래 전에 자립을 상실했다. 뿐만 아니라 국토는 중국과 러시아 두 대국 사이에 끼여 있다. 그리고 국정은 항상 중국에 의존하거나 러시아에 의존하여 의연한 자주자립의 신념을 찾아볼 수 없다. 지금 조선에는 충분의열(忠憤義烈)·비장개강(悲壯慷慨)의 인물이 없는 것은 아니다. … 그러나 충분의열의 인물이 있어도 극소수이고, 더욱 비분강개의 인물이 나라를 위하여 죽을 뜻이 있어도 국민이 그와 함께 사수한다는 생각을 가지고 있지 않다. 물론 나라를 위해 죽는다는 것은 훌륭한 것이지만, 나라를 부흥시킬 수 있는 방책을 가지고 있지 못하다.

외부사정을 볼 때 조선은 중국에 의존하고 있으나, 중국은 조선을 후원할 실력을 갖추고 있지 못하다. 흑룡강 일대는 이미 러시아가, 안남은 프랑스가 이미 침략하여 점령했다. … 중국은 조선을 구할 힘을 이미 상실했다. … 한편 러시아는 모든 수단을 동원하여 아시아로 진출하고 있다. 만일 조선이 러시아에 의존하면 러시아는 이를 크게 환영할 것임에 틀림없다. 그러나 한번 러시아의 보호를 받게 되면 조선은 두 번 다시 나라를 일으키기 어렵고 동양의 폴란드가 되는 것은 불을 보듯이 확실하다.[36]

조선의 지리적 상황이나 기후와 풍토가 한때 유럽의 문명을 지배했던 그리스나 로마와 유사하지만, 그 '역사적 실상'은 정반대의 모습을 보이고 있다고 주장하고 있는 타루이는, 조선의 '국세가 부진'한 그 근본원인은 자주적 기상의 결핍과 지리적 환경에서 찾고 있다. 그에 의하면 조선의 역사는 처음부터 자주성이 결여되어 있었다. 역사적으로 단군이 국가를 창업한 이래 조선은 중국에 속해 있었고, 또 한때 '조선 남부의 일부는 일본에 예속'되어 있었기 때문에 자주성을 발휘하지 못했다는 것이다. 다만 3국 시대에 접어들면서 일본과 가장

---

36) 影山, pp. 52-53.

가까운 위치에 있었던 신라가 일본의 '자주독립 정신' 의 영향을 받아 자주성을 강화할 수 있었으므로 신라가 3국을 통일할 수 있었으나, 그 후 역사의 전개과정에서 조선은 중국의 속국과 같은 처지에서 벗어나지 못했고, 따라서 자주적 기상을 키울 수 없었다. 그리고 19세기 중엽 이후는 중국과 러시아 두 나라 사이에 끼여 양쪽에 영합하여 국가의 위세와 권위는 더욱 침체의 늪으로 빠지고 있었다. 그에 의하면 조선에는 '자주' 라는 글자는 있으나, 그 정신은 '사대' (事大)뿐이었다.

조선이 발전하지 못하고 쇠잔하고 있는 또 하나의 중요한 이유로서 타루이는 조선이 처한 지리적 환경을 지적했다. 그동안 인류의 문명은 타루이에 의하면 평원과 하천의 시대에서 바다의 시대로, 그리고 다시 대양과 철도의 시기로 발전되어 왔다. 그러나 한반도의 북부는 추운 지역이기 때문에 인간이 생활하기에 적절치 못하고, 넓은 평야와 긴 강이 없기 때문에 평원과 하천시대에 문명국으로 발전하기에 입지적 조건이 적합치 못했다. 그리고 3면이 바다임에도 불구하고 해양교통의 중요성을 깨닫지 못하고 항해술을 등한시하여 외부의 문명을 접하지 못하고 다만 중국에만 의존하여 개명의 대열에서 뒤처졌다는 것이다.

국가를 부흥시키기 위하여 조선이 택해야 할 길은 명백해졌다. 무엇보다 먼저 '자주의 기상' 을 확립하는 것이었다. 그리고 3면이 바다이고 1면이 육지라는 자연적 입지조건을 활용하여 해외의 문명국들과 통상을 활발히 전개하고, 대륙으로 철도를 부설하여 진출하는 것이었다. 지형적으로 볼 때 조선은 '대양과 철도의 시대' 를 맞아 '동양의 희랍이나 로마' 가 될 수 있는 시대를 맞이했다는 것이다. 그러나 조선의 개명과 발전의 열쇠는 일본이 가지고 있었다.

만일 조선인이 항해의 기술을 습득한다면 항로를 알게 될 것이고, 이는 마치 철도와 같은 것이다. 그러나 철도처럼 부설하는 비용이나 수선하는 노력도 필요치 않다. 직접 미국에도 가고 호주에도 갈 수 있다. 그리고 언젠가 러시아나 만주지방이 개발된다면 조선은 반드시 동양상업의 요지가 될 것이다. 조선이 나라를 부흥시킬 수 있는 길은 먼저 해외의 발전된 국가들과 통상을 활발히 하고, 그리고 더욱 발전하여 대륙으로 진출하는 것이다. 이것이 국가의 이익을 위해 절대적이고, 또한 지리적으로도 가장 적절한 전략이다.

그러나 결국 조선이 우리 일본과 합치지 않는다면 이 모든 것의 실현은 도저히 불가능하다. 조선의 참다운 자주성은 일본과 화합할 때 비로소 이루어질 수 있다.[37]

즉 조선이 일본에 통합되지 않으면 조선은 참다운 자주성을 확립할 수 없고, 또한 일본의 인도와 지도 없이는 국세를 신장할 수 있는 입지적 조건도 아무 쓸모 없는 것이 되고, 조선은 계속 침체의 늪에서 헤어날 수 없다는 것이다. 조선 스스로 문명국의 대열에 합류하기에는 능력 부족이었고, 오직 일본에 합류할 때 비로소 문명의 가능성이 열린다는 것이다.

일본의 사정은 조선이나 중국과 달리 세계에서 '가장 축복받은 나라'였다. 타루이에 의하면 기후가 온화하여 인간이 살아가기에 적절하고, 대지가 비옥하여 농작이 풍부하고, 평원이 많지는 않지만 의식주에 염려가 없고, 산과 바다에는 맹수와 괴어(怪魚)의 해가 없고 그 대신 '광물·목재·해산물이 풍부하고, 국토의 풍광은 빼어나게 아름답고, 사방이 바다로 둘러싸여 자연적 하나의 커다란 요새를 이루고 있어 외적의 침입을 쉽게 방어할 수 있고, 국민은 단일민족으로서 황실의 피를 이어받았기 때문에 국론통일이 쉬우며, 국민들은 황실을 민족의 본가로 삼고 마음 속으로부터 존경하고 숭배하고 있고, 건국 이래 한 번도 끊어지지 않고 이어지고 있는 황통은 일본의 영구성을 의미하고 있고, 그리고 건국 이래 한 번도 다른 나라에게 굴종한 일이

---

37) 위의 책, p. 59.

없는 유일한 국가였다.

물론 일본에도 단점이 없는 것은 아니었다. 예컨대 개척정신이 약하고, 체구가 왜소하며, 저축의 생각이 약했다. 또한 섬나라이기 때문에 외부와의 교류가 원활하지 못하고, 창조적이기보다는 모방에 열심이며, 철학적 발달이 결여되어 있었다. 영웅이 나타나 해외로 국력을 팽창한 역사적 전례도 없고, 또한 외국에 굴복당했던 쓰라린 체험도 가지고 있지 않았으며, 다만 작은 평안에 안주해 왔기 때문에 국민은 우유부단하고 적개심이 결핍되어 있었다. 그러나 이러한 결점은 장점으로 다 덮을 수 있는 것이었다. 그리고 큰 틀에서 볼 때 일본은 "만세일계의 천황을 받들고, 군민일체의 부동의 국가"로서 세계에서 가장 축복받은 나라의 하나였다. 일본은 인구가 많고, 석탄이 풍부하며, 노임과 연료가 저렴하여 제조공업을 발전시킬 수 있고, 국민의 두뇌가 우수하여 서양인에 뒤지지 않고, 체구가 왜소하지만 정교한 일에 적합하므로 적절한 방향으로 이끌고 발전시킨다면 '세계 일류국가'가 될 수 있다고 타루이는 장담하고 있었다.

3. '대동국'의 목표

서세동점의 국제정세에 대응하기 위한 아시아의 단결과 통합을 위하여 타루이는 세 단계의 구체적 방안을 제시했다. 첫단계는 조선과 일본이 '대등한' 입장에서 통합하여 '대동국'이라는 '합방국'을 세우는 것이다. 둘째 단계는 '대동국'이 중국과 긴밀한 동맹관계를 수립하는 것이다. 중국과는 합방이 아니라 동맹을 제시하고 있는 것은 중국은 영토가 대단히 방대하고 또한 이민족 등 국내사정이 복잡하게 얽혀 있기 때문에 '합방'을 추진할 단계가 아니라는 것이다. 서양으로부터 다가오는 위기를 극복하기 위한 아시아 단결의 최종적 단계는 '대동국'과 중국, 그리고 남양의 여러 섬들을 포함한 '대아시아 연방'을 실현하는 것이었다. 그러나 타루이의 일차적 관심과 『대동합방

론』의 핵심주제는 제1단계인 '대동국'을 건설하는 것이었다

타루이는 조선과 일본의 '합방'은 대단히 자연스럽고 또한 쉽게 이루어질 수 있다고 믿고 있었다. 물론 타루이도 도요토미 히데요시(豊臣秀吉)의 침략으로 아직 조선 내의 반일감정이 뿌리깊게 자리잡고 있다는 것을 알고 있었다. 그러나 그에 의하면 이러한 사건들은 이미 다 지난날의 것으로 현재의 위기를 극복하고 장래의 발전을 가져올 '제휴와 결합의 큰 계획'을 막을 수 없다는 것이다. 특히 조선과 일본은 한가족과 같아서 떼려야 뗄 수 없는 관계에 있었다.

동방은 태양이 뜨는 곳으로서 발육과 화친을 주관하고 있다. 일본과 조선은 그 동방의 가장 동쪽에 위치하고 있다. 그러므로 사람들은 덕스러움과 자비로운 바탕을 이어받고, 맑고 깨끗한 정기로 축복받아 성품과 풍속이 서북(유럽과 러시아를 가리킴—필자 주)의 악습에 물들지 않는 것은 자연의 이치다. 일본은 화(和)로 국가를 다스리고, 조선은 인(仁)으로 백성을 다스린다. 화는 만물을 서로 조화시키고, 인은 만물을 서로 화합시킨다. 그러므로 두 나라의 친밀한 정은 천연적으로 끊으려야 끊을 수 없다. … 우리 일본과 조선 두 나라의 지형은 입술과 이와 같고, 그 세력은 수레의 두 바퀴의 관계와 같고, 그 정은 형제와 같으며, 그 의리는 벗의 관계와 같다.[38]

그러므로 조선과 일본의 '합방'으로 형성되는 '대동국'은 "동쪽에서 태양이 떠오르는 것과 같이 축복받은 국가로 번성할 것"이라고 타루이는 강조하고 있었다.

그러나 표면적으로는 이와 같은 선린과 친근감을 보이고 있으나 그 뒤에는 조선에 대한 우월의식과 한반도를 지배해야 한다는 전제가 숨어 있었고, 일본의 지배권을 한반도는 물론 중국대륙으로까지 확대해

---

38) 竹內好, pp. 106-107.

야 한다는 팽창주의가 도사리고 있었다. 그에 의하면 일본은 인구를 기준으로 볼 때 세계 제5위의 대국이었다. 그러나 일본은 단 하나의 '속국'도 소유하지 못하고 있었다. 일본이 구미의 여러 나라들과 '대등'한 강국이 되기 위해서는 유럽의 강대국이 "속국을 본토 면적의 몇십 배 소유하고 있는 것과 같이 일본도 영토를 확장하고 국력을 함양해야 한다"고 믿고 있었다. 그러나 서양의 강대국이 원정군을 파견하여 영토를 확장하는 것과 같은 방법을 택하기에는 일본의 국력과 국제적 지위가 약하기 이를 데 없었다.[39] 일본은 아직도 서양과는 불평등조약 체제도 벗어나지 못하였기 때문에 군사력에 의한 식민지 확보는 현실성이 지극히 희박했다. 타루이의 『대동합방론』은 이러한 국내외적 상황을 고려하여 평화적으로 식민지를 확보하기 위한 하나의 방안이었다.

그러나 타루이는 군사력의 사용을 완전히 배제하고 있지는 않았다. 시기가 이르고 상황이 불가피하면 식민지 확보를 위해 힘을 사용할 수밖에 없다는 것을 인정하고 있었다. 그는 일본이 한때 정한론을 논의했다는 것을 상기시키고, "만일 오늘 공정한 협의에 의하여 평화적으로 두 나라를 합동할 수 있다면 군대를 동원하지 않고도 조선을 취할 수 있다면 다행"이지만, 그렇지 않을 경우 일본은 "새로운 방책을 수립"하지 않으면 안 된다는 것을 강조했다.[40] 타루이는 『대동합방론』과 정한론을 동일시했고, 평화적 통합이 어려울 때는 또 다른 방법, 곧 무력으로 인한 통합을 택하지 않을 수 없음을 시사하고 있었다.

뿐만 아니라 '합방의 실체'는 그가 거듭거듭 강조한 '대등'과 '평등'에 의한 것이 아니라, 지배자와 피지배자의 틀을 의미하고 있었다. 1910년 일본이 조선 병합을 강행하기 두 달 전에 다시 출판된 『대동합방론』에서 타루이는 자신이 주장해 온 '대동국'의 구도를 보다 확실

---

39) 影山, pp. 64-65.
40) 위의 책, pp. 78, 48.

히 밝히고 있다. 재판의 서문에 그는 "비록 일본과 조선의 연합이 성취된다 할지라도 조선인으로 하여금 합성국의 국가정책 결정과정에 참여시켜서는 안 된다. 조선은 어디까지나 일본의 보호 아래 두어야 한다"는 것을 확실히 함으로써 '합방국'에서 일본과 조선의 관계는 주종관계라는 것을 명확히 했다.[41] 그러므로 타루이가 의도하고 있었던 '합방'은 야마베 겐타로(山邊健太郎)가 지적하고 있는 것과 같이 "한국이 완전히 소멸하고 일본제국의 일부가 되는 것"을 의미하고 있었다.[42] 타루이가 주장한 '대등한 합방'은 어디까지나 일본의 조선 지배라는 보다 근본적 의도를 '위장'하기 위한 '수단'에 불과했다.

타루이에 의하면 일본인들 가운데는 합방을 반대하고 있는 사람들이 많이 있고, 그 반대의 이유에는 상당한 타당성이 있었다. 즉 조선의 빈약한 국가정세, 문화의 후진성, 중국과 러시아와 국경을 접하고 있는 지리적 악조건, 수해와 한해가 심한 열악한 기후, 정치부패, 자주성의 결함 등을 생각할 때 '합방'은 일본에게 커다란 재정적 부담이고 동시에 많은 위험이 뒤따른다는 것이었다. 또한 조선을 개명시키고 보호하기 위해서는 정치·경제적으로나 군사적으로 많은 투자가 필요하고, 이것은 일본의 국력을 약화시킬 위험이 있다는 것이다. 그러나 긴 안목에서 볼 때 조선에 대한 일본의 투자는 곧 일본의 이익이 되고, 조선의 방위를 담당하는 것은 곧 일본의 방위를 수행하는 것이기 때문에 결코 손해보는 것은 아니라는 것이다. 뿐만 아니라 합방을 통해서 일본이 필요한 다음과 같은 두 가지 이익을 취할 수 있다는 것이다.

일한합동이 이루어진다면 일본은 한반도를 통해서 중국이나 러시아를 포함한 대륙과의 통상을 편리하게 실현할 수 있다. 이것이 일본이 취할 수 있는 첫째 이익이다. 한인(韓人)들은 일인에 비해서

---

41) 『復刻·大東合邦論』, pp. 189-190.
42) 山邊健太郎, 『日韓併合小史』(岩波書店, 1966), p. 220.

체구가 장대하고 완력이 강하다. 그러므로 한인들을 일본식 군사제
도로 훈련하고, 우리의 무기로 무장하여 활용한다면 러시아의 침략
을 막기에 충분하다. 이것이 두번째 이익이다.[43]

조선은 일본이 대륙으로 진출하는 징검다리였고, 조선인은 일본을
방위하기 위한 인간 방파제에 불과했다. 이러한 한국관은 타루이 개
인에게만 국한된 것이 아니라, 당시 지배계층이 가지고 있었던 공통
된 견해라 하겠다. 다만 그 표현이 달랐을 뿐이다.

물론 합방으로 인하여 조선이 얻는 이익은 일본의 그것보다 훨씬
크다는 것을 타루이는 강조하고 있었다. 그에 의하면 합방을 통해서
조선 국민들은 행복을 향유할 수 있을 뿐만 아니라 '조선의 왕가'가
영구히 그 지위를 보전하고 영화로움을 누릴 수 있다는 것이다.

필자가 한인의 입장에서 공정하게 평가해 보아도, 일한합방은 조
선에게는 커다란 이익일 뿐 이롭지 못한 것은 하나도 찾아볼 수 없
다. … 일한 합동은 조선국민을 행복으로 인도하는 것은 두말할 필
요가 없다. 뿐만 아니라 조선왕이 영원히 그 존엄과 영화를 보전하
기 바란다면 일본과 합동하지 않으면 안 된다. 일본의 황통은 일찍
부터 만세일계의 전통을 가졌고 국민 또한 충성의 정이 두텁다. 이
제 이러한 국민과 형제의 의를 맺고 같이 발전한다면 조선왕은 조선
국민으로부터 존경받을 뿐만 아니라 일본국민으로부터도 잘 보호받
게 될 것이다. … 조선왕에게 이보다 더 경하할 일이 있겠는가. 그러
므로 합방의 이익은 일본이 받는 것보다 조선이 받는 것이 훨씬 더
크다.[44]

---

43) 影山, p. 77.
44) 위의 책, pp. 78-79; 竹內, pp. 118-119.

조선의 안정·독립·개화, 그리고 번영은 조선이 일본에 통합되어 조화를 이루고 영원불변한 일본 천황의 통치를 받을 때에만 비로소 이루어질 수 있다는 것이 그의 결론이다. 그리고 만일 조선의 지배계층이 '일한합방'이라는 국가경영의 계획을 놓친다면 조선은 또다시 인내하기 어려운 커다란 화를 입게 될 것이라고 경고했다. 결국 조선의 발전은 일본과 합동하고 일본의 힘을 빌려 조선의 단점을 보완할 때, 즉 일본에 흡수통합될 때 비로소 가능하다는 것이다.

IV. 맺는 글

표면적으로 타루이의 『대동합방론』은 후쿠자와의 "탈아론"과 달리 이웃에 대한 선린의 뜻을 여러 형태로 담고 있다. 그는 아시아 주변국가의 부강과 자주독립을 기대하고 강조했고, 조선과 중국에 대해서도 일본과 같이 문명의 뜻을 깨닫고 수용하여 부강과 독립을 확보할 것을 충고했고, '백인'이라는 공동의 적을 맞아 아시아의 연대를 주창했다. 바로 그 길이 '백인'의 침략으로부터 아시아를 지키고, 나가서 일본의 안전도 보다 확실히 할 수 있다고 보았다. 또한 타루이는 '대동국'의 건설, 중국과의 동맹, 대아시아 연방의 실현이라는 보다 구체적이고 단계적 방안을 제시했고, 연대의 첫단계인 '대동국' 건설의 중요한 조건의 하나로 한·일 양국의 대등한 지위를 강조했다. 동종동문(同種同文)의 논리와 운명공동체론은 이와 같은 연대의 대의명분을 더욱 강화했다. 1890년대 중반에 나타난 타루이의 이러한 연대의식은 조선이나 중국에서 개혁을 지향하고 있는 지식인들에게 감명을 주기에 충분했다.

그러나 앞에서 살펴본 것과 같이 연대 뒤에 숨겨진 『대동합방론』의 참뜻은 일본이 직면한 위기를 극복하기 위한 하나의 수단으로서 조선을 일본에 흡수통합하고, 나가서 국력을 대륙으로 확대하기 위한 첫단계였다. 그는 조선의 후진성을 극복하기 위해서는 자주정신의 강화가 필요하고, 자주정신의 강화를 위해서 조선은 중국의 간섭으로부터 벗어나야 하며, 그러기 위해서는 진취적인 일본의 지도를 받고 나가서 조선과 일본의 연합을 이루어야 한다는 것이다. 즉 표면적인 '대등한 합방'과 조선의 발전을 위한 일본의 역할 뒤에는 한민족에 대한 일본인의 우월의식을 바탕으로 한 지배의식이 자리잡고 있음을 보여주고 있다. 타루이가 구상한 '대동국'에서 두 나라의 위치는 일본은 지배국이고, 조선은 종속국이며, 조선은 일본이 그 세력을 대륙으로 뻗어나가는 데 필요한 '징검다리'에 불과했다.

3 요시노 사쿠조와 식민자치관의 원형

I. 머리글

'부국강병'을 국가목표로 설정했던 메이지(明治)시대가 끝나고 그 뒤를 이은 다이쇼(大正)시대(1912-1926)의 일본은 정당 중심의 의회정치가 정착했고, 무정부주의와 민주주의가 공존할 수 있을 만큼 사상적 자유와 융통성이 보장되었고, 또한 경제적 풍요로움이 사회 전반에 넓게 확산되어 있었다. 그리고 제1차 세계대전 후 국제적 사상의 중심으로 등장한 민주주의와 국제협력주의, 그리고 민족자결주의는 일본의 사상적 흐름과 정책결정과 집행과정에 중요한 변수로 작용했다.

요시노 사쿠조(吉野作造, 1878-1933)는 이러한 전환기적 시대에 일본의 정치사상과 사회변동에 가장 커다란 영향을 미친 제2세대 지식인의 한 사람이다. 그는 '다이쇼 데모크라시'의 사상적 지도자로서 '민본주의'의 틀과 이론을 제시했고, 또한 논객으로서 일본의 국내외 정책에 많은 영향력을 행사했다.

독실한 기독교 신자이며 당대 가장 영향력 있는 정치학자의 한 사람이었던 요시노는 조선문제에 관해서 지대한 관심을 보였다. 그는

일본이 조선문제를 어떻게 처리해 나가느냐에 따라 '일본의 운명' 과 '동양의 평화' 가 결정된다는 문제의식을 가지고 조선문제에 접근했다. 그는 일본이 강압적이고 비인도적인 식민통치를 실행할 경우, 조선인의 심층에 깔려 있는 '반일 민족심리' 를 직시할 것을 경고하며 조선통치의 중심목표는 '물질적 향상' 에 있는 것이 아니라 '정의' 의 실현에 있다는 것을 역설했다. 그는 조선이 일본에 합병됨으로써 조선인이 법률적 또는 형식적으로 '일본 신민' 이지만, 심정적 또는 실질적으로는 독자적 전통과 문화를 가지고 있는 전혀 다른 '외국인' 이라는 것을 일본인들이 깨달아야 한다고 주장했다. 그는 식민지통치의 근간이라고 할 수 있는 동화정책을 부인하고 인도주의를 바탕으로 한보다 합리적인 통치를 요구했다. 그리고 그는 조선인들이 전개하고 있었던 반일운동은 도덕적 차원에서 어느 정도 이해되고 용납되어야 한다는 입장을 취했을 뿐만 아니라, 일본에서 공부하고 있던 많은 조선인 학생들을 물심양면으로 지원했고, 학업의 길을 열어주었으며, 그리고 일본 안에서 그들의 활동을 후원했다. 마츠오 다카요시(松尾尊兌)가 표현하고 있는 것 같이 요시노는 당시 조선인에게는 "가장 좋은 친구(最良の 友人)" 였다.[1]

조선과 조선인에 대한 요시노의 이러한 입장과 관심은 앞에서 본 후쿠자와나 타루이의 한국관과는 그 바탕을 달리하고 있었다. 요시노는 조선에서 일어나고 있는 조선인의 저항을 이해하려 했고, 그리고 갈등을 뛰어넘어 조선인과 협동의 길을 모색했다. 강압적이고 비인도적인 일본정부의 식민통치를 강하게 비판했고, 동화정책의 부당성을 지적했으며, 그리고 직·간접적으로 조선인에 대한 애정을 표시했다.

그러나 일본의 식민정책을 비판하고 조선인에게 애정을 보이면서도, 그는 조선문제의 근본적 해결이고 반일운동의 근원인 조선의 자주독립문제에 대해서는 외면했다. 요시노도 3·1독립운동을 '폭동'

---

1) 松尾尊兌, 『大正デモクラシ-』(岩波書店, 1974), p. 302.

또는 '소요'로, 그리고 이에 동참한 조선인들은 '폭도'로 규정했고, 식민지 지배 그 자체를 부정하기보다는 식민지 정책의 개선을 통하여 조선인의 협력 속에서 보다 효과적인 식민지 지배를 지향했다. 민본주의자이며 인도주의자, 그리고 기독교인이었던 요시노도 결국 인도주의자 이상의 선을 넘지 못하는 한계성과 이중성을 보였다. 그가 식민지통치를 비판했지만, 결코 조선의 독립운동을 지지하는 연대자는 아니었다.

요시노의 한국관에 대한 평가는 크게 두 가지로 갈라지고 있다. 하나는 요시노 사상의 바탕을 이루고 있는 '민본주의'는 '대외적으로 제국주의, 대내적으로 입헌주의'를 지향하는 것으로서 '군벌·관료주의에 대립되는 개념'이지 결코 '반제국주의'와 일치하는 것은 아니라는 것이다. 뿐만 아니라 민본주의는 식민지 독립운동을 흔들고 제국주의를 받쳐주는 '정신적 지주'로서의 역할을 담당했고, 그의 한국관도 이 연장선상에서 인식해야 한다는 비판적 시각이다.[2] 또 다른 견해는 비판적 시각과 달리 요시노는 제국주의의 강력한 비판자였고, 그의 활동은 제국주의를 근본적으로 부정하는 방향으로 전개되었다는 것이다. 요시노가 3·1독립운동에서 표출된 조선 민족주의를 인정한 것은 민본주의의 '대외적 적용'을 의미하는 것으로서, 그의 한국관은 '민족심리의 존중'을 바탕으로 조선 인민의 민족해방투쟁에 공감했고, 조선의 독립을 장래의 이상으로 삼고 있었다는 긍정적인 것이다.[3]

---

2) 小林幸男, "帝國主義と民本主義", 『岩波講座·日本歷史』(岩波書店, 1963) 現代, 2, pp. 49-99; 宮本又久, "帝國主義としての民本主義", 『日本史研究』91號(1967. 5), pp. 33-52; 中塚明, "朝鮮の民族解放運動と大正デモクラシ-", 『歷史學研究』355號, pp. 46-53 참조.

3) 松尾尊兌, "吉野作造と朝鮮", 『人文學報』25(京都大學, 1968), pp. 125-149; "日本組合基督敎會の朝鮮傳道", 『思想』529(1968. 7), pp. 1-17; "三一運動と日本プロテスタント", 『思想』533(1968. 11), pp. 45-66; "解說", 吉野作造·松尾尊兌 編, 『中國·朝鮮論』(東洋文庫, 1970), pp. 359-380; "解說·吉野作造の朝鮮論", 『吉野作造選集』9 (岩波書店, 15권 및 별권 1, 1995), pp. 379-404. 이하에서 『選集』으로 표기

앞에서도 지적했듯이 요시노는 조선문제에 대하여 깊은 관심을 가지고 있었고, 동시대의 일본인 가운데 그 누구보다도 일본의 식민지 통치와 조선문제에 대하여 많은 글을 남겼다.[4] 그러나 그는 때때로 상호모순되는 논지를 펴기도 했고, 또는 '정의', '국가 도덕', '최고의 원리', '보편적 기초' 등과 같은 추상적이고 애매한 표현을 구체적 설명이나 개념 정의 없이 사용함으로써 그의 진의를 파악하기 어렵게 만들고 있다. 따라서 그의 한국관을 이해하기 위해서는 논문 한두 편에 구속되기보다는, 전체를 조감하는 거시적이고 입체적 분석을 통하여 그의 글 속에 흐르는 일관성을 찾을 필요가 있다고 생각된다.

이 글은 먼저 요시노의 사상형성에 중요한 영향을 미친 혼고(本鄕) 교회의 분위기와 그 속에서 요시노의 활동을 찾아보고, 3·1독립운동 이전에 그가 조선을 방문하고 나서 최초로 발표한 조선에 관한 논문을 살펴보며, 그리고 3·1독립운동 이후의 조선에 관한 시론과 평론을 분석함으로써 민주주의와 자유주의 사상이 절정에 달했던 다이쇼 시대를 대표하는 최대의 지성인이 지니고 있었던 한국관을 보려고 한다.

함; 太田雅夫, "吉野作造の民本主義", 同志社大學人文科學研究所編, 『日本近代化とキリスト敎』(同志社大學出版部, 1973), pp. 317-356; 三谷太一郞, 『新版 大正デモクラシ-論―吉野作造の時代』(東京大學出版會, 1995). 이 책은 1974년 中央公論社에서 간행된 것을 수정·보완한 것이다.

미국의 일본 연구가들도 요시노에 대해서 관심을 가졌지만, 그들의 관심은 민본주의와 제국주의의 관계나 또는 요시노의 아시아관보다는 그의 정치이론, 즉 민본주의에 초점을 맞추고 있다. Bernard S. Silberman, "The Political Theory and Program of Yoshino Sakuzo", *Journal of Modern History*, XXXI, 4(December, 1959), pp. 310-324; Tetsuo Najita, "Some Reflections on Idealism in the Political Thought of Yoshino Sakuzo", Bernard S. Silberman, H. D. Harootunian (eds.), *Japan in Crisis*(Princeton University Press, 1974), pp. 29-66; Peter Duus, "Yoshino Sakuzo: The Christian as Political Critic", *Journal of Japan Studies*, Vol. 4, No 2(Summer, 1978), pp. 301-326 참조.

4) 1916년에서 1927년까지 요시노는 길고 짧은 시론·평론 등을 포함하여 조선에 관한 글을 57편 발표했다. 土川信男編, "吉野作造著作年表", 『選集』別卷, pp. 15-128 참조.

II. 요시노와 혼고(本郷)교회

요시노는 독실한 기독교 신자였다. 고등학교(仙台第二高等學校) 시절인 1898년 19세의 청년으로서 침례교회에서 세례를 받고 기독교에 입신한 후 그는 평생을 독실한 평신도로서 살았다. 그는 자신이 기독교인임을 자랑스럽게 생각하였고, 또한 기독교 신앙이 자신의 세계관과 인생관, 그리고 사상에 바탕이 되었음을 인정했다. 그는 자신의 삶을 돌아보면서, "나는 나의 인생관이 기독교 신앙 위에 형성될 수 있었다는 것을 대단히 만족스럽게 생각한다"고 고백하며, 기독교 정신에 바탕을 둔 '종교적 신념'이 자신의 사상과 행동의 바탕이었다고 회상했다.[5] 그는 또한 자신의 학문과 사회비평도 근본적으로 기독교 정신에 바탕을 두고 있음을 강조했다.

> 내가 때때로 정치학상의 문제를 논하는 것은 물론 다소의 정치학적 연구의 결과로 형성된 지식에 의한 것이기도 하지만, 주로 기독교적 교양의 결과라 하겠다. 특별히 기독교를 자랑해 보이기 위하여 '기독교 때문에' 정치에 관한 논의를 전개했다기보다는, 다만 자연과 기독교에 의하여 양성된 인생관·사회관이 현재 정계의 모습과 정치적 논의에 만족할 수 없기 때문에 스스로 나타내는 불평이 정치상의 논의로 표현되고 있다.[6]

기독교 정신에 바탕을 둔 그의 정치·사회관 및 세계관은 대체로

---

5) 吉野作造, "豫は斯く行ひ, 斯く考へ, 斯く信じ", (『中央公論』, 1921年 10月), 『選集』12, pp. 242-243. ( ) 안의 표기는 요시노의 글이 처음으로 발표된 곳과 때를 표시하고 있으나 이 글에서 인용하고 있는 페이지 번호는 『選集』의 것이다. 요시노의 회고록은 川原次吉郎, 『古川餘影』(비매품, 1933), p. 36에도 수록되어 있다.

6) 吉野作造, "內外近事評論", 『新人』, 1918年 2月; 『講學餘談』(文化生活研究會, 1927), pp. 316-317.

에비나 단조 목사가 이끄는 혼고(本鄕)교회 시절에 형성되었다.

1. 혼고교회와 에비나 단조

혼고교회는 에비나 단조(海老名彈正, 1856-1937)가 1886년에 설립한 교회로서 레이난사카(靈南坂)교회, 반쵸(番町)교회와 함께 3대 조합교회(Congregational Church)의 하나였다. 당대 대표적 '웅변가'이며[7] '자유기독교의 총대장이고 눈(目)'과 같은 존재로[8] 평가받았던 에비나는 우치무라 간조(內村鑑三), 우에무라 마사히사(植村正久)와 더불어 메이지 초기 일본 교계와 사상계에 지대한 영향력을 미쳤다. 에비나는 24년 동안 혼고교회를 주재하며 많은 기독교 지식인을 양성했을 뿐만 아니라, 교회 기관지인 『신진』(新人)과 『신조카이』(新女界)를 통하여 교리의 문제는 물론 정치·사회·사상적 발언을 제기하여 국가진로에 영향을 미쳤다. 뒤에서 볼 수 있는 것과 같이 에비나와 『신진』은 일러전쟁과 한반도 처리문제에 대해서도 적극적으로 발언했다. 에비나는 우치무라 간조가 '국가주의자'라고 평가할 정도로 일본의 국권확장에 적극적이었고, 그의 이러한 사상은 교회의 젊은 세대에 많은 영향을 미쳤다.

에비나는 주전론자였고 대륙진출론자였다. 그리고 이에 기독교가 적극적으로 참여할 것을 권장했다. 중국과의 전쟁(1894-1895)에 대해 그는, 일본이 '정의를 위하여' 싸우는 것이고, 일본의 대륙진출을 위하여 종교가 '적절한' 역할을 해야 한다고 강조하였다.[9] 에비나의 '전쟁찬미론'은 일러전쟁을 맞아 더욱 명확하게 드러나고 있다. 일본 민족은 '대일본혼'이라는 '불가사의한 국가혼'을 가졌다고 역설하고

---

7) 山路愛山, "人物月旦", 『太陽』, 1901. 8.

8) 위의 책, 1910年 12月.

9) 渡瀬常吉, 『海老名彈正先生』(龍吟社, 1938), pp. 221-223.

있는 에비나는 이 '대일본혼'이 '불기둥과 구름기둥'과 같이 일본을 보호·지도하고 있기 때문에 러시아와의 전쟁에서 일본은 반드시 승리할 것이고, 일본은 이 기회를 대륙진출의 계기로 삼을 것을 강조했다. "누구도 연못의 오리처럼 도망가는 러시아의 동양함대를 일본이 사격하리라고 상상이나 했겠는가? 누가 일본군대가 이처럼 연전연승하고, 50만의 러시아 군대와 사하(沙河)에서 지금처럼 대진하고 있으리라고 상상이나 했겠는가?"라고 자부하는 에비나는 '대일본혼'을 가진 일본은 결국 아시아를 통합해야 할 사명을 지니고 있다는 것을 다음과 같이 강조했다.

일본민족은 이제부터 만주와 조선의 천지와 요하(遼河)에 범람하는 평야를 통합하여 동양민족의 융화를 수행해야 하지 않겠는가? 동양에 가장 접근하고 있는 러시아인과 같이 어찌 이 대융화의 감화를 피할 수 있겠는가. 아니 구미의 여러 민족도 이 넓은 천지에서 인류적 융화의 세력에 저항하고 있다. 만일 우리 일본혼이 이 대융합을 수행하지 못한다면 이곳에 살고 있는 민족은 왜소해지고 그 생존을 보존할 수 있을지 또한 알 수 없다. 적어도 인류혼의 실체를 보유하고 있는 일본민족이 동양민족을 융화하고, 그것에 일본혼을 불어넣어 준다는 것이 무엇이 어렵겠는가? 이러한 시대를 맞아 일본혼은 공명정대한 박애주의를 표방하여 동양의 천지에 그 왕성함을 다할 수 있다는 것을 우리는 결단코 의심하지 않는다.[10]

에비나에게 있어서 일본의 '동양민족의 대융합'과 '대륙진출'은 '지상에서의 신국(神國)건설의 실현'을 뜻하고 있었다.

에비나는 러시아와의 전쟁을 『구약성서』에 나타나는 이스라엘 민족과 이민족 사이의 전쟁에 비유하면서, 이를 '신국건설'을 위한 '자

---

10) 海老名彈正, "日本魂の新意義を想ふ", 『新人』, 1905年 1月.

위적 의전'이라고 이름붙였다. 그리고 러시아와의 전쟁은 "옥동자를 생산하기 위한 분만의 고통"이고, 이 "전쟁 속에서 옥동자의 출생을 볼 때 이는 참으로 우리 눈 속에 비치는 전쟁의 아름다움"이라고 전쟁을 극찬하며 러시아와의 전쟁에 절대적 가치를 부여했다.[11]

일본의 대륙진출의 관문이라고 할 수 있는 조선문제에 대해서도 에비나는 일찍부터 합병을 주장했다. 그에 의하면 일본이 조선을 합병하는 것은 '기독교적 사랑의 실천'이었고, 조선과 일본 두 국민이 '융화'하는 것이 '그리스도의 정신'이었다. 그러므로 일본은 '기독교적 사랑을 실천'하기 위하여 조선합병을 완성해야만 하고, 이를 위하여 일본교회는 적극적으로 "조선 전도"에 참여해야 한다는 것이 에비나의 주장이었다.[12]

1910년 합병이 실현되자 에비나는 합병을 계기로 "조선은 예속상태에서 해방되어 훌륭한 국민이 되었고, 일본인 또한 섬나라 근성에서 벗어나 위대한 국민이 되었다"고 강조하며 한일합병을 환영했다.[13] 그리고 기독교의 역할을 다음과 같이 설명하고 있다.

우리는 힘을 다하여 예수의 복음을 전파해야만 할 것이다. 우리는 뜨거운 기도로 전도하여 적개심을 감화시켜 사랑으로 변하게 하고, 정치적 야심을 제거하며 그대신 공명정대한 기독교 정신을 넣어주어야 할 것이다. 이것이 조선으로 하여금 위대해지게 하는 길이 아니겠는가? … 만일 조선인이 제국(帝國)의 내부에 배태(胚胎)하는 영적 제국(靈的帝國)의 신민(臣民)이 된다면 이는 곧 장래의 대일본제국을 형성하는 충신과 의사가 될 것이다. 이것이 우리가 조선의

11) "聖書の戰爭主義", 『新人』, 1904年 4月; "戰爭の美", 『新人』, 1904年 8月.
12) 에비나 단조의 역할에 관하여는 松尾尊兌, "日本組合基督敎會の朝鮮傳道", 『思想』, 1968年 7월호 참조.
13) "日韓合併を祝す", 『新人』, 1910年 9月.

신도에게 바라는 바이고, 그들과 함께 끝까지 같이 행동하기를 바라
는 바이다.[14]

에비나가 뜻하고 있는 '기독교 전파'는 대륙정책을 실현하기 위한
하나의 수단이었다. 그는 결국 조선의 자주독립을 부인하고, 조선인
을 '동양대제국의 충량한 신민'으로 육성하는 식민지 교화정책의 일
익을 일본의 기독교가 담당해야 한다는 것이었다.

이러한 에비나의 강한 민족주의적 노선과 국권확장 주장은 에비나
개인의 것으로 끝나지 않고 그대로 혼고교회의 전체적 분위기로 이어
졌으며, 에비나의 사상과 교회의 분위기는 청년들의 사상 형성에 지
대한 영향을 미쳤다. 요시노 사쿠조도 그 중의 한 사람이었다.

2. 요시노와 일러전쟁

요시노는 1900년 도쿄제국대학(東京帝國大學) 법학부 정치학과에
입학하면서부터 혼고교회에 출석했다. 그곳에서 에비나 목사와의 만
남은 요시노의 사상형성과 인간형성에 결정적인 영향을 미쳤다.[15] 특
히 에비나의 자유주의 신학과 역사주의적 성서 해석, 그리고 그의 신
학의 기초를 이루고 있는 '헤겔 철학'은 요시노의 신앙과 학문연구에
지대한 영향을 미쳤다. 요시노는 뒷날 에비나는 "나의 일생에 결정적
영향을 미친 사람"이라고 하면서 그에 대해 다음과 같이 회상했다.

나의 사색생활에 가장 커다란 영향을 준 구체적 사실이 없나 하고
뒤돌아 본다면, 대학생 시절에 들을 수 있었던 에비나 단조 선생의

---

14) 海老名彈正, 『國民道德と基督敎』(北文館, 1912), pp. 135-136.
15) 太田雅夫, 『增補·大正デモクラシ-硏究──知識人の思想と運動』(新泉社,
1990), p. 84; 三谷, 앞의 책, p. 133.

설교가 바로 그것이었다고 생각된다. 매주 그의 설교는 나의 신앙에
도 적지 않은 영향을 주었지만, 선생이 종교상의 신비적인 문제를
과학적으로 특히 역사적으로 쾌도난마와 같이 해석하는 것을 통해
많은 가르침을 받았다. 선생의 그와 같은 가르침은 나의 학문에서
사물을 보고 생각하는 데 많은 영향을 미쳤고, 지금도 나는 그것을
선생께 감사하고 있다.[16]

요시노는 교회에 출석하면서부터 교회의 기관지라고 할 수 있는
『신진』[17] 편집에 적극적으로 참여하면서 때때로 자신의 시국관을 발
표했다. '요시노 사상의 원형'[18]이라고도 할 수 있는 『신진』을 통해
서 우리는 요시노의 사상형성의 단초를 찾아볼 수 있다.

『신진』은 일찍부터 일본의 '대제국' 건설을 위한 강력한 국권확장
정책을 펼쳐나가고, 기독교가 이에 적극적으로 동참할 것을 주장했
다. 그리고 그 팽창의 첫단계는 한반도와 만주에 있음을 명확히 하고
있었다. '신제국건설이라는 이상'을 실현하기 위해서 일본은 먼저 한
반도를 취하고, 이어서 중국대륙의 북부 일대를 장악해야 한다는 '물
질적 팽창'과, 이를 보다 확실히 그리고 영구히 하기 위한 정신적 지
배, 즉 '도의적·종교적 팽창'을 적극적으로 추진할 것을 강조했다.[19]
그러나 일본의 대륙진출을 저지한 것은 러시아의 세력이었다. "우
리는 주전론자도 아니고 비전론자도 아니다. 다만 일본민족의 팽창권

---

16) "豫の一生を支配する程の大いなる影響を與へし人·事件及び思想"(『中央公
論』, 1923年 2月), 『選集』 12, pp. 21-22.

17) 1900년 에비나가 창간한 이 월간지는 에비나의 사상과 종교관을 대변하였으
나 "20세기의 신인"을 지향하는 많은 청년들을 혼고교회로 불러들이는 데 중요한 역
할을 했다. 1900년 교회에 나가기 시작한 요시노는 內ヶ崎作三郎, 小山東助, 栗原基
등과 함께 편집에 적극 참여했다.

18) 田中惣五郎, 『吉野作造』(未來社, 1958) p. 4.

19) "帝國主義の眞義", 『新人』, 1903年 5月; "日本帝國膨脹の理想", 『新人』, 1903
年 7月.

이 침해당하지 않기를 희망하고 있을 뿐이다"라고 시작하고 있는 1904년 2월의 사설은 러시아와의 전쟁의 필연성과 당연성을 강조하였다. "민족의 팽창이 개인의 성장과 같이 자연적인 것이라면 처음부터 침해당해서는 안 된다. 이 권리가 침해당하지 않는 한 전쟁은 필요없으나 불행하게도 침해가 나타난다면 전쟁을 피할 수 없다"라는 이 주장에 의하면 일본은 한반도를 거쳐 만주로 '팽창할 권리'를 가지고 있었다. 그러나 이 '팽창권'을 러시아가 침해하였고, 따라서 러시아와의 전쟁은 불가피한 것이었다.[20]

에비나의 영향을 받은 요시노도 러시아와의 전쟁을 적극적으로 지지하고 나섰다. 요시노가 『신진』에 최초로 발표한 논문은 러시아의 만주진출에 대한 경고와 이를 저지하기 위한 전쟁의 필요성을 주장하는 것이었다. 그에 의하면 러시아의 '극동경영'은 어제오늘의 일이 아니라 "40년 동안 계속된 것으로서 그 속도는 마치 거칠 것 없는 들판을 질주하는 것과 같이 맹렬한 것"이었다. 그는 러시아는 오랫동안 부동항과 해외시장의 확보라는 두 가지 목표를 위한 영토확장을 기도해 왔고, 만주점령은 이 목적을 한번에 달성할 수 있는 절호의 기회였기 때문에 러시아는 만주점령에 사활을 걸고 있다고 경고했다.[21] 그리고 러시아의 만주진출은 일본의 국익과 정면으로 대치하는 것이었다. 요시노는 만주의 중요성을 다음과 같이 설명하고 있다.

만주는 현재 우리나라 상공업의 커다란 시장이고, 또한 장래에는 측량할 수 없이 유망한 시장이 될 것을 기대하고 있다. 만일 이 지역에서 주도권을 상실한다면 우리나라 상공업의 대부분이 정체할 뿐만 아니라 대단히 어려운 지경에 빠지게 되는 것을 피할 수 없을 것

---

20) "日本民族の膨脹と教化力", 『新人』, 1904年 2月.
21) "露國の滿洲占領の眞相"(『新人』, 1904年 3月), 『選集』 5, p. 3. 이 글을 포함한 러시아에 관한 일련의 글은 요시노가 '翔天生'라는 필명으로 本鄕敎會의 기관지인 『新人』, 1904년 3월호에 발표한 최초의 시사평론이다.

이다. … 만주의 주도권을 상실하느냐의 여부는 우리나라 산업의 존망의 분기점이라 하지 않을 수 없다.[22]

일본이 생명선으로 간주하고 있는 만주에 대한 러시아의 진출과 장악은 일본에게 커다란 위기가 아닐 수 없었다. 더욱이 러시아가 만주에 확고한 기반을 부식하게 된다면 그 다음에는 '조선을 공략'할 것으로 예상하고 있었던 요시노는, 일본은 어떠한 대가를 치르고서라도 이를 저지해야 할 뿐만 아니라, 한 걸음 더 나가서 일본이 먼저 만주와 조선에서 확고한 지위를 확보해야 한다고 확신하고 있었다.

러시아가 만일 만주를 지배한다면 그 다음으로 조선을 지배하려 한다는 것은 불을 보듯이 명확하다. 이는 우리나라가 결단코 받아들일 수 없는 일이다. 우리는 조선의 독립을 보전하고 제국의 안전을 확보하기 위해서는 만주로 진출하는 러시아의 세력을 어떻게 해서라도 좌절시켜야만 할 것이다. 우리나라의 상공업의 생존을 위해서 만주에 부식하고 있는 러시아의 세력을 반드시 무너뜨리지 않으면 안 된다. … 우리는 하루라도 빨리 러시아의 기선을 제압하고 만주와 조선에서 무역의 권리를 장악해야만 한다.[23]

요시노는 러시아와의 전쟁은 '응징을 위한 전쟁'이고, 동양의 세계적 지위를 격상시킨 전쟁으로 높이 평가하려고 했다. 즉 러시아와의 전쟁은 러시아로 하여금 "세계평화를 파괴하는 정책을 버리게 하기 위한 응징의 전쟁"이었고, 러시아인들로 하여금 "반성할 수 있는 기회를 제공하기 위한 전쟁으로서 일본국민이 하늘로부터 위임받은 사명"이라는 것이었다.[24] 이는 마치 일청전쟁을 '문명'(일본) 대 '야

---

22) "征露の目的"(『新人』, 1904年 3月), 『選集』 5, p. 7.
23) 위의 책, pp. 7-8.

만 (중국)의 전쟁으로 정당화했던 후쿠자와 유키치의 주장을 상기시키고 있다. 그는 또한 일청전쟁을 통하여 '동양에서 웅비한 일본제국'은 러시아와의 전쟁을 계기로 '세계정치의 무대를 동양으로 확대'시키고 있었고, '세계정치의 이상을 일보전진' 하게 하는 것으로 평가하고,[25] 서양문명권에 속해 있는 러시아에 대한 일본의 승리는 일본이 '서양문명을 능가하는 웅대한 정신', 즉 "서양문명을 활용할 수 있는 조국 본래의 대정신을 가졌다는 것을 입증했고, 따라서 일본국민은 이 정신을 바탕으로 일본 고유의 문명을 세계로 확대해야 할 민족적 대사명"을 가졌다는 것을 깨달아야 한다고 강조했다.[26]

그러나 러시아와의 전쟁을 통해서 요시노가 추구하고 있었던 현실적 목표는 일본이 조선과 만주에서 주도권을 장악하는 것이었다. 그리고 이 목표를 달성하기 위해서는 강력한 국력과 힘의 사용이 필요하다고 믿었다. 그는 '힘의 투쟁'을 통해서만 '국권을 신장'할 수 있고, 그럼으로써 '세계정치의 무대'에서 인정받을 수 있다는 '힘의 정치'를 신봉하고 있었다. 전쟁의 승리를 통해서 일본은 일본의 국력을 서구 강대국에 과시하고, 힘을 바탕으로 한 외교를 통해서 일본이 "만주와 조선의 주인으로서 평화적 경영"을 담당해야 한다는 확신을 가지고 있었다.[27] 요시노는 이미 일러전쟁 당시 일본은, 일본이 대륙으로 진출하기 위해서는 조선을 지배해야만 한다고 인식하고 있었고, 이와 같은 그의 기본적 인식은 그후 그의 한국관의 바탕을 이루었다.

일본이 독립을 보존하고 발전과 번영을 이루기 위해서는 그 세력을 대륙으로 확장해야 하고, 그 거점으로 한반도를 확보해야 한다는 요시노의 근본적인 시각은 후쿠자와나 타루이의 것과 크게 다를 바 없었다.

---

24) "露國の敗北は世界平和の基也"(『新人』, 1904年 3月), 위의 책, pp. 9-10.
25) "日露戰爭と世界政治", 『新人』, 1904年 8月.
26) "日本民族の精神的自覺", 『新人』, 1905年 7月.
27) "大いに黃禍論の起れかし", 『新人』, 1904年 11月.

3. 혼고교회와 조선문제

혼고교회는 상당히 일찍부터 조선문제에 관하여 깊은 관심을 가지고 있었다. 그리고 그 관심의 근본은 '조선의 일본화'에 있었다. 러시아와의 전쟁 초기인 1904년 7월과 8월 두 번에 걸쳐 『신진』은 조선문제에 관한 사설을 발표했다. 이 두 사설은 당시 혼고교회가 지니고 있었던 한국관이 어떤 것이고, 일본이 취해야 할 한반도정책이 무엇인지를 잘 보여주고 있다. 7월의 사설은 "조선민족의 운명을 깊이 생각하여 일한합동설을 주장한다"는 조선과 일본의 친밀성을 강조하는 것으로 시작하고 있다. 조선과 일본은 지리적으로 가장 가까운 '이웃'일 뿐만 아니라, 인적 교류 또한 많았음을 강조했다. 조선은 인도와 중국의 문명을 일본에 전달했고, 많은 조선인이 일본에 이주하여 "그 자손들이 오늘에는 국가의 중요한 지위"에 있고, 먼 옛날로 거슬러 올라가면 조선인의 피가 일본의 황족과 혼합된 것을 발견할 정도로 가까운 관계에 있었고, 조선에는 또한 일본인 후예들도 많이 살고 있다는 것을 강조했다.

그러나 『신진』에 의하면 조선의 운명은 지극히 어려운 상황으로 빠져 들어가고 있었고, 일본은 '같은 동포'인 조선의 어려움을 못 본 체할 수 없었다. 『신진』은 조선인이 겪고 있는 어려움의 근본원인을 '반도'라는 지리적 여건과, 그 여건 속에서 지배계급의 잘못된 국가진로 선택에서 연유한다고 규정했다. 즉 대륙과 대양의 두 강대국 사이에 끼여 있는 조선은 중립적 위치에서 독자적으로 살아갈 수 없는 운명에 있음에도 불구하고 지배계급은 '유명무실한 중립'을 지키려는 데 있다는 것이었다. 조선이 이 유명무실한 독립을 지향하고 있기 때문에 사대주의가 국시로 자리잡고, 따라서 '파쟁'이 끊이지 않는다는 것이었다. 그러므로 조선이 어려움을 극복하고 발전하기 위해서는 '유명무실한 중립'을 버리고, '대륙'과 '대양' 둘 가운데 하나를 확실히 선택해야만 했다.

사람은 두 주인을 섬길 수 없다고 예수가 말씀하신 것과 같이, 국가 또한 두 주인을 섬길 수 없다. 조선과 같이 항상 사대주의를 유지하고 분쟁을 계속한다면 자멸한다는 것은 거울을 보는 것과 같이 명백하다. 그러므로 오늘의 세계정세를 잘 살펴보고, 주변 국가의 성쇠를 생각하고, 민족 본래의 특성을 고려해 단호한 진퇴와 거취를 결정하지 아니한다면 한민족이 쇠망한다는 것을 누구나 예언할 수 있다. 진퇴와 거취란 무엇인가? 그것은 다름이 아니라 조선이 러시아와 합동할 것인가, 일본과 합동할 것인가, 둘 중에 하나를 선택해야만 하는 것이다. 지금 조선의 지사가 생명을 걸고 영단을 내리지 않고 지금과 같이 제멋대로 정권쟁탈에 급급하다면 누가 조선의 멸망을 의심하지 않겠는가?[28]

조선은 어느 나라와 합동할 것인가? 두말할 필요도 없이 조선이 선택해야 할 합동의 대상은 일본이었다. 그 첫째 이유는 일본과 조선 두 민족은 '같은 민족이고, 같은 종족이 합동을 이루는 것은 자연의 도리' 라는 것이었다. 그러나 조선인이 슬라브 민족과 합동한다는 것은 다른 종족과의 결합이기 때문에 이는 합동이 아니라 병탐이고, 따라서 '국가의 대업에 협동' 하는 것은 불가능하다는 것이었다. 그러나 일본민족과 합동할 경우는 무엇보다 먼저 일본인과 조선인이 결혼하여 가정을 이루기 쉽고, 조선과 일본이 함께 어울려 생활할 경우 '100년이 지나면 서로 구별할 수 없을 만큼 하나로 통합' 될 수 있다는 것이다. 조선인이 일본인과 통합해야 할 두번째 이유는 '일본인은 평등주의를 귀하게 여기고, 이는 조선인을 위하여 행복' 한 것이기 때문이다. 조선이 일본과 합동하여 일본식 교육과 군사훈련을 평등하게 받으면 조선의 교육수준은 '크게 진보' 하고, '세계 제1의 강병' 으로 발전하게 된다는 것이다.

---

28) "朝鮮民族の運命を關じ日韓合同說を獎說す", 『新人』 1904年 7月.

『신진』은 '합동'이 무엇을 뜻하고 있는지 명확히 밝히지 않고 있다. 다만 '합동'이 '망국'이나 '속국', 또는 '보호국'을 의미하는 것은 아니라 조선이 '명예와 행복을 완수'하는 것이라는 것이다. 그러나 이는 어디까지나 '조선의 일본화'를 통해서만이 가능한 것이었다.

조선인도 일본인과 합동하여 일본인과 같은 교육을 받게 된다면 20년만 지나면 세계가 놀랄 정도로 발전할 것을 의심하지 않는다. 이는 조선인이 무엇보다 바라는 명예가 아닌가. 그때가 되면 조선인은 제국의 국회의원으로서 일본인과 함께 국사에 참여할 수 있다는 것을 예상하기 어렵지 않다. … 조선인이 일인과 합동하여 대일본제국 속에서 생장하고 발달한다면 이는 마치 큰 물고기 종자를 태평양으로 내보내는 것과 같다.[29]

일본 중심의 '합동론'을 조선이 수용하기 어렵다는 것을 『신진』은 잘 알고 있었던 것 같다. 그러나 한민족의 장래, 왕실의 안녕, 그리고 앞날의 발전을 위해서는 마치 일본이 서양문명을 받아들일 때의 결단과 같은 용단을 조선도 내려야 한다는 것이다.

이 합동론은 조선인에게 있어서는 40년 전 우리나라에서 있었던 개국론과 같은 가치를 가지고 있다고 생각된다. 당시 이 개국론을 주장했던 사람 가운데 어떤 사람은 매국노라고 수모를 받았고, 어떤 사람은 감옥에 갇히고, 또 어떤 사람은 죽기까지 했다. 조선인으로서 합동론을 주장한다면 그는 반드시 매국노라고 비난을 받을 것이다. 그러나 이 길만이 한민족을 구하고 조선의 사직을 구할 수 있는 유일한 길이다. 조선의 왕실은 예로부터 계속해서 사대주의에 따라 대국의 지시를 받들어왔다. 그렇기 때문에 왕실이 조선과 그 민족을

---

29) 위의 글.

구하기 위해서 대일본의 황제에게 복종하는 것은 결코 사직을 욕되
게 하는 것이라 할 수 없다. 만일 조선이 우리 섬나라와 합동하여 바
다와 육지를 장악하는 대제국을 만들 수 있다면, 이는 조국 본래의
면목을 발휘하는 것이 아니겠는가. 반도는 3면이 바다를 접하고 있
고 한 면만이 육지를 향하고 있다. 다행스럽게도 바다에는 대제국이
있다. 이 대제국과 합동하는 것은 자연의 순리를 완성하는 것이다.[30]

　그르므로 일청전쟁과 일러전쟁을 통하여 '동양민족의 지도자의 위
치'에 이른 일본과의 합동을 거부한다는 것은 자연의 순리에 역행하
는 것이고 불행을 자초하는 길이었다. 그리고 조선인이 스스로 용단
을 내려 일본민족에 동화할 수 있다면 이는 '한인의 영광과 행복'이
라는 것이다. 『신진』의 이러한 '합동론'은 앞에서 본 타루이 도키치
의 『대동합방론』과 크게 다를 바 없었다.
　이 사설에 이어서 나타난 8월의 사설은 일본이 한반도와 대륙으로
세력을 팽창해야 할 구체적 동기와 목적과 방법을 제시했다. 이 사설
에 의하면 일본이 당면한 가장 중요한 '현실적' 문제는 인구의 증가
와 영토의 협소함, 그리고 이로 인한 식량부족이었다.

　일본민족은 그 인구가 해마다 크게 증가하고 있어 가까운 장래에
일본 도서에는 더 생활할 수 있는 여지가 없게 될 것이다. 일본은 어
느 천지에든 토지를 확보하지 않으면 결국 우리들은 굶어죽는 이외
에 다른 길이 없다. 그러기 때문에 일본민족은 가까운 이웃인 만주
와 조선 두 곳에서 우리들이 필요한 생활의 근거지를 확보하려는 것
은 지극히 당연한 것이라 하겠다. … 해마다 50만의 인구가 늘어나
고 있는 일본민족이 만주와 조선 두 곳에 생활의 신천지를 개척하는
것은 인구증가라는 자연적 현상에서 본다면 세계의 그 누구도 이에

---

30) 위의 글.

이의를 제기할 수 없을 것이다.[31]

그러므로 일본이 조선과 만주를 확보하는 것은 일본의 '사활문제'를 해결하는 절박한 과제였고, 이를 위해 러시아와의 전쟁을 수행하고 있다는 것이다. 그러나 또한 일본의 조선과 만주 경영은 조선인과 중국인에게도 대단히 유익하다는 것이다. 조선과 만주는 인구에 비해 땅이 넓고 아직 황무지가 많이 있기 때문에 이를 일본인이 개간하는 것은 조선인과 만주인의 생활에 전혀 피해를 주지 않을 뿐만 아니라, 일본인이 조선과 만주에서 "상점을 열고, 어업을 활성화하고, 광산을 개발하고, 철도를 놓고, 전선을 가설하고, 황무지를 개간하는 것은 오히려 조선인과 만주인의 이익을 크게 증진"시키는 것이므로 '인도적' 입장에서도 바람직하다는 것이었다.

장기적 전략으로서 일본이 조선과 만주로 진출하면서 다만 눈에 보이는 '영토적·물질적 획득'에만 열중할 것이 아니라 먼 장래를 위하여 눈에 보이지 않는 '인간적 획득'에 더 정성을 기울일 것을 『신진』은 강조했다. 물론 조선과 만주의 경작지와 울창한 삼림, 그리고 금·은·동 광산도 중요하지만, 이곳에 살고 있는 2,500만의 인간은 보다 더 귀중한 '자산'이었다. 그러므로 일본은 영토적 팽창과 함께 '조선인과 만주인의 일본인화'를 중요시하고, 이를 위하여 '동화력'을 발휘할 것을 제시했다. 일본은 영국과 러시아가 그 세력을 해외로 확장하고 대제국을 형성할 수 있었던 것은 '자손의 번식력'에 의존한 것이 아니라 '동화력'에 의존했다는 역사적 사실을 음미할 필요가 있다는 것이다.

---

31) "戰後の最善經營(滿韓人の日本化)", 『新人』, 1904年 8月. 『新人』은 1904년 2월호 사설, "日本 民族の膨脹と敎化力"에서도 이 문제를 제기했다. 즉 "일본민족은 매해 50만의 인구가 증가하고 있다면 세 그릇의 밥을 한 그릇씩 나누어 먹는다 해도 식량을 해외에서 구하지 않는 한 그 부족함을 메울 수 없고, 동포는 식량을 위하여 서로 싸우는 상태가 벌어질 것이다." 따라서 일본의 대외팽창은 불가피하다는 것이었다.

그러나 사설이 강조하고 있는 것은 대륙진출의 첫단계인 조선인의 일본화였음에도 불구하고 정부 당국은 '한인 동화사업'을 소홀히 하고 있다는 것이었다. 즉 일본이 "러시아인을 추방하기 위하여 10억이라는 막대한 금액을 소비했으나 한인동화를 위해서는 그 100분의 1도 투자하지 않고" 있고, 이는 "마치 황야를 개간하고서도 파종하지 않는 것과 같은 것으로서, 만일 일본이 한인을 일본인으로 동화시킬 수 없다면 만주를 동화시킨다는 것을 기대할 수 없고, 만주와 한인을 동화시킬 수 없다면 일본민족은 영원히 그 세력을 만주와 조선에 뿌리내릴 수 없다는 것이 불을 보듯이 뻔하다. 때문에 우리가 강력히 주장하는 바는 전후 일본의 국가경영은 만주와 한인을 일본인으로 동화시키는 것을 가장 중요하고 시급한 과제로 삼지 않으면 안 된다"는 것이었다. 그리고 이를 위하여 일본은 '거국일치의 힘'을 경주할 것을 당부했다.

1천만의 한인을 동화시킨다는 것은 결코 용이한 사업이 아닐진대, 이 목적을 달성하기 위해서는 거국일치의 힘으로 매달리지 않으면 안 된다. 정치가나 군대의 힘만으로는 이 사업을 이룩할 수 없다. 실업가가 이를 돕고, 직공도 노동자도 한마음으로 협력할 때 비로소 가능할 수 있다. … 조선의 산야를 개척하고, 철도를 부설하며, 전선을 가설하는 것은 어렵지 않게 해낼 수 있지만, 타민족을 동화하여 자기민족과 평등 일치시키는 것은 그리 쉬운 일이 아니다. 민족을 동화시킨다는 것은 그들의 것을 빼앗는 것이 아니라, 오히려 우리의 가장 귀중한 것을 그들에게 주지 않으면 안 된다. 즉 우리의 가장 귀중한 일본정신을 그들에게 심어주어야 한다. … 그들을 일본인의 피와 정신으로 새롭게 만들어야만 한다.[32]

---

32) 위의 글.

즉 '조선민족의 혼'을 '일본민족의 혼'으로 대치한다는 이 동화정책의 참뜻은 결국 조선민족의 말살을 의미하는 것이었고, 이는 그후 식민지통치 기간 일본이 실시한 동화정책의 원형이기도 하다.

4. 요시노와 '조선문제연구회'

요시노가 언제부터 또한 어떠한 연유에서 조선에 대하여 관심을 가지기 시작했는지는 알 수 없다. 또한 혼고교회 시절 그가 조선에 대하여 어떠한 생각을 가지고 있었는지도 정확히 알 수 없다. 그가 조선에 대하여 자신의 견해를 발표한 것은 혼고교회 시절보다 한참 뒤인 1916년이었다. 그러나 요시노는 조선문제에 대하여 혼고교회 시절부터 깊은 관심을 가졌던 것은 사실이다. 그의 회고록에 의하면 요시노는 1905년 초 교회에서 이은덕(李殷德)이라는 조선청년을 만나게 되었고, 그로부터 "처음으로 조선에 관한 여러 가지 사실을 들을 수 있었고, 그 결과 나는 조선문제는 우리 청년들이 지금부터 연구해야만 할 중요한 과제"라는 결론에 도달했다.[33]

'조선문제'에 대한 본격적인 연구가 필요하다고 판단한 요시노는 이 문제를 보다 구체화하고 공론화하기 위하여 교회의 동지들과 논의한 후, 에비나와 노선을 같이하고 있는 교인이며 언론계 출신의 정치인 시마다 사부로(島田三郎, 1852-1923)를 초청하여 교회에서 조선문제에 관한 강연회를 개최했다. 이 강연회 직후 요시노는 에비나 목사와 시마다의 후원을 받아 친구인 오야마(小山東助), 치바(千葉豊治), 가토(加藤直士) 등과 함께 1905년 6월 '조선문제연구회'를 결성했다.[34]

'조선문제연구회'가 어떠한 활동을 했는지 알려져 있지 않으나, 대체로 조선문제에 관하여 회원들 사이에 토론을 하기도 하고, 외부인

---

33) 吉野作造, 『日本無産政黨論』(一元社, 1929) p. 328; 田中惣五郎, 앞의 책, p. 83.
34) 吉野, 『日本無産政黨論』, pp. 327-329; 田中, 앞의 책, pp. 84-85.

사를 초청하여 조선문제에 관한 강연회를 개최하기도 하며, 그외에 회원들이 가진 한국관을 『신진』에 발표하는 것 등이었을 것으로 추측한다. '연구회'의 활동이 얼마나 오래 지속됐는지 또한 정확히 알 수 없다. 다만 요시노는 1906년 1월 위안스카이(袁世凱)의 아들의 가정교사로 중국으로 건너가 3년 동안 그곳에 체류했기 때문에 그가 연구회를 조직한 중심인물이었음에도 불구하고 연구회를 위해서 활동했던 기간은 대단히 짧았다는 것은 확실히 알 수 있다.

앞에서도 지적했듯이 연구회를 결성할 당시 요시노가 어떠한 한국관을 가지고 있었는지 정확히 알 수는 없다. 그러나 요시노의 한국관도 앞에서 본 『신진』의 사설의 연장선상에 있었던 '조선문제연구회'의 것과 동일한 것이었다고 판단해도 크게 잘못되지는 않았을 것이다. '조선문제연구회' 결성에 직접적 동기를 제공한 시마다의 연설이나, 또는 연구회를 함께 조직한 오야마 도스케의 논문이 보여준 한국관이 이를 잘 설명해 준다.

요시노에게 '깊은 감동'을 주었고 또한 '조선문제연구회' 태동의 결정적 계기가 된 시마다의 강연은 먼저 당시 대부분의 일본 지식인들이 공론으로 받아들였던 '조선 구제 불능론'에 이의를 제기하였다. 그는 19세기 말에 이르러 조선이 허약하고 문명에 뒤떨어진 것은 사실이지만, '옛날 조선이 문명부강하여 일본을 깨우쳐 주었다'는 역사적 사실에서 볼 수 있듯이 조선민족은 태어날 때부터 고루한 인종이 아니라 독립심이 강한 민족이라는 것을 강조했다. 다만 조선인이 문명에 뒤떨어지게 된 데는 '여러 가지 복잡한 이유'가 있으나, 특히 폭군과 탐관오리의 학정과 이에 대한 민중의 원망과 한탄으로 지배계급과 민중이 적대적 관계를 지속해 왔다는 역사적 현실과, 강대국인 일본과 중국 사이에 끼여 있다는 지리적 요인을 지적했다.[35]

---

35) 島田三郎, "朝鮮に對する日本人の職分", 『新人』, 1905년 3월. 이 논문은 시마다의 강연을 요시노와 가토가 정리하여 『新人』에 게재한 것이다. 吉野, 『日本無産政

시마다는 조선과 일본의 관계를 최종적으로 '아일랜드와 잉글랜드의 관계'와 같은 형태로 정립해 나갈 것을 제시했다. 즉 "애란인(愛蘭人: 아일랜드인을 뜻함—필자 주)의 영국 본토에 대한 관계와 같이 속히 조선과 일본이 가까워지고, 조선인 스스로가 자진해서 일본을 신뢰할 수 있는 날이 하루라도 빨리 오기를 희망"한다는 것이었다. 시마다의 의도는 요시노의 전기작가 다나카 소고로(田中惣五郎)가 지적한 것과 같이 "온화한 형태로 조선을 지배하려는 부르주아적 의도"였고,[36] 또한 마츠오가 주장한 것과 같이 "조선의 자발적 아일랜드화, 즉 일본의 식민지화"였음을 뜻하였다.[37] 뒤에서 볼 수 있는 것과 같이 '애란의 영국화'는 요시노의 조선문제 해결에 중요한 실마리를 제공해 주었다.

중학교 이후 요시노의 가장 가까운 친구의 한 사람이었고 또한 동지적 관계에 있었던 오야마 도스케는 시마다의 강연 두 달 후 "조선동화론"이라는 논문을 『신진』에 발표했다.[38] "조선동화론"의 기본인식은 조선은 처음부터 자치의 실력이 없고 또한 독립에 대한 열의가 결핍되어 있다는 전제에서부터 시작하고 있다. 시마다와 달리 보다 구체적 방안을 제시하고 있는 오야마는 조선문제의 해결을 정치·경제와 문화·인도라는 두 가지 측면에서 접근하고 있었다. 일본국민의 '필연적 요청'이라고 할 수 있는 정치·경제적 해결책은 일본의 "자존(自存)을 확실히 하기 위하여 조선의 국가정책을 적절히 그리고 영원히 일본의 정치적 이익과 일치" 시키고, 일본은 "인구증가와 경제발전의 결과로서 새로운 영토와 시장의 획득이 필요하고, 이를 위하여

黨論』, p. 328.
36) 田中惣五郎, 앞의 책, p. 84.
37) 松尾, "吉野作造と朝鮮", p. 128.
38) 小山東助, "朝鮮同化論", 『新人』, 1905年 5·6月. 연구회에서 토론을 거친 것으로 추측되는 이 논문은 오야마 개인의 생각이기보다는 연구회 전체의 것으로 간주해도 크게 잘못된 것은 아닐 것이다.

조선의 국토에 자유롭게 그리고 영원히 일본의 경제적 이익을 확장"하는 것이었다. 그리고 일본이 수행해야 할 '당연한 사명'이라는 문화·인도적 방안은 일본이 "조선민족을 학정·빈곤·무지·미신의 삶에서 구출하여 자주독립의 새로운 생활을 할 수 있도록 조선민족을 문화적으로 계도"하는 것이었다.

두 가지 해결책을 구체적으로 실현하기 위한 방안으로서 오야마는 '동화'로 인한 '합동책'을 제시했다. 즉 일본은 "보호정책에서 한 걸음 더 나아가 (조선을) 점차 직할제도에 익숙하도록 길들이고, 직할제도의 결과로써 조선인 스스로가 이름뿐인 독립국의 지위를 버리고, 조선의 왕 스스로가 한 걸음 더 나아가 형식상의 주권자임을 포기하고 일본과 합동하여 서로 의존하고 일본에 종속하는 제국의 일부로 만든다"는 것이다. 이러한 제도적 차원의 통합을 보다 공고히 하고 영구히 하기 위하여 일본은 '민족정신의 융합'을 바탕으로 조선민족을 일본민족에 '동화'시켜야 한다는 것이다. 그리고 '두 국민의 정서'가 융합할 수 있도록 일본의 기독교가 보다 활발한 전도활동을 전개할 것을 강조했다. 결국 명시하고 있지는 않았지만 오야마가 제시한 동화정책의 근본은 조선민족의 일본민족화를 의미하고 있었고, 조선의 역사와 문화와 언어의 말살을 전제로 한 것이었다.

'조선문제연구회'는 일본정부가 조선합병을 강행하고 동화정책을 식민지정책의 근본으로 선택하기 전에 이미 동화정책을 제시하고 있었다. 특히 기독교를 배경으로 하고 있는 장래 일본을 대표할 지성인들로 구성된 '연구회'가 일본제국주의의 식민지정책을 선도하는 역할을 했음을 보여주고 있다. '조선문제연구회' 결성에 주도적 역할을 했던 요시노의 한국관도 이 틀에서 크게 벗어나지 않았을 것으로 생각된다.

III. 식민지정책에 대한 비판

요시노는 1906년부터 약 7년간 외국에서 생활했다. 그는 1906년 1
월부터 3년간 중국에서 생활하고, 1909년 1월 귀국하여 약 1년 동안
도쿄대학에서 정치사를 강의했다. 그는 다시 1910년 초 유럽으로 유
학의 길을 떠나 1913년 말 귀국할 때까지 독일과 프랑스에서 체류하
면서 학업을 계속했다. 귀국 후 그는 도쿄대학에서 정치사를 강의하
면서 본격적인 정치·사회 비평을 시작했고, 조선문제도 그의 중요한
관심사의 하나였다.

조선에 관한 요시노의 글은 1916년부터 나타났다. 그는 그해 6월
두 편의 시론과 또 다른 두 편의 여행기를 발표했다.[39] 특히『추오코
론』(中央公論)과『신진』에 발표한 두 편의 시론은 요시노가 발표한
조선에 관한 최초의 글이라는 점에서뿐만 아니라, 1916년 초 한 달 가
까이 직접 식민지 지배의 현장인 조선을 돌아보고, 그곳에서 듣고 본
것을 바탕으로 집필한 것이라는 점에서 요시노의 한국관을 보여주고
있는 중요한 자료라 하겠다.

『신진』에 발표한 "만선식민적 경영의 비판"(滿鮮植民的 經營의 批
判)은 5페이지의 짧은 것임에 반하여,『추오코론』의 "만선을 시찰하
고서"(滿鮮을 視察して)는 50페이지에 이르는 긴 논문이다. 그러나 두
논문 모두 만주문제는 가볍게 취급하고 있고, 거의 대부분을 조선문
제에 초점을 맞추었다는 것을 고려해 볼 때 요시노 여행의 근본목적
은 조선의 사정을 보다 정확히 알기 위한 것이었음을 알 수 있다.

먼저 그는 총독부 통치는 "옛날 봉건시대의 관민(官民)관계를 방
불"케 하는 엄격한 것으로서 질서확립과 상당한 문명의 편리함을 조

---

39) 요시노는 3월 27일 동경을 출발해서 4월 19일 귀국했다. 그는 두 편의 시론 외
에 두 편의 여행기를 발표했다. "滿鮮旅行の感想",『基督敎世界』1704 号(1916年 6
月); "滿鮮の旅",『新女界』, 1916年 6月.

선사회에 정착시킨 것으로 평가했다.

> 다행스럽게도 조선정부(총독부를 뜻함—필자 주)는 한편으로는
> 국가의 위엄을 과시하면서, 다른 한편으로는 토민(조선인을 뜻함—
> 필자 주)들에게 근대문명의 은혜를 받을 수 있는 기회를 베풀었다.
> 특히 옛날 독립시대에 볼 수 없었던 산업의 성장, 교통의 편리, 병원
> 의 신설 등과 같은 여러 가지 생활상의 편리함을 제공하고 있다.[40]

그러나 요시노가 여행을 통해서 확인할 수 있었던 것은 이러한 발전에도 불구하고 조선인의 반일 분위기가 대단히 고조되어 있다는 사실이었다. 평양 · 서울 · 부산 등지를 여행하면서 조선인, 총독부 관리, 미국인 선교사 등을 포함한 다양한 계층의 사람들을 만나본 요시노는 일본의 식민지통치에 대한 조선인의 '불만과 불평' 이 생각했던 것보다 훨씬 뿌리 깊고 사회 전반에 넓게 확산되어 있다는 것을 알았다. 그는 조선인의 '불만과 불평' 의 원인으로서 획일적인 행정 조치, 조선에 살고 있는 총독부 관리와 일본인의 조선인에 대한 멸시, 조선인 출신의 관리에 대한 불평등한 대우, 관리만능주의에서 오는 관리의 횡포, 대외전시적이고 실적 위주인 관료주의, 가혹한 헌병통치와 언론통제 등을 지적했다. 일본이 실시하고 있었던 강압적이고 엄격한 통치만으로는 '이민족 통치를 성공시킬 수 없다' 는 것이었다. 그러므로 '식민적 경영에 성공' 하기 위해서는 일본은 조선인에 대한 차별을 완전히 없애고 일본인과 동일시하는 '일시동인(一視同仁)의 선정(善政)' 을 베풀고, '조선인의 원만한 물질적 혜택과 정신적 진보를 개발하도록 기획' 할 것을 강조했다.

---

40) "滿鮮を視察して"(『中央公論』, 1916年 6月), 『選集』 9, p. 5.

1. 동화정책 비판

이 논문의 특징은 당시 일본 식민통치의 근간이라고 할 수 있는 '동화정책'에 의문점을 제기하였고, 또한 이와 연관해서 '독립민족의 심리'를 이해해야 한다는 것을 강조하고 있다는 점이다. 요시노가 이 논문을 발표할 당시인 1916년은 데라우치 마사타케(寺內正毅, 1852-1919)의 무단통치가 비교적 본격적인 내부저항 없이 정착해 가는 듯하던 시기라 하겠다. 총독부는 고마츠 미도리(小松綠)가 자부하고 있었던 것과 같이 한일합병을 계기로 조선은 "셋집의 하인에서 일약 부잣집 양자"로 승격했고 "양자를 진정한 동포로 융화"하는 동화정책의 실현에 어려움이 없는 것은 아니지만 잘 추진되고 있다고 믿었다. 그리고 일본의 통치는 "옛 조선의 혼돈과 암흑의 세계를 일변하여 질서를 회복시켰고, 종전과 같은 관리의 횡포와 가렴주구의 폐를 일소했으며, 강도와 화적의 재난을 막았다. 옛날 생명과 재산을 보호한다는 것을 꿈으로 생각하고 있었던 조선인에게는 이보다 더한 행복은 없다"라고 할 정도로 식민통치가 순조롭게 진행되고 있다고 자신을 가지고 있던 때이다. 그러므로 일본정부와 총독부는 요시노가 동화정책의 실현을 의문시하는 것은 그가 "10여 명의 조선신사를 방문하여 얻어들은 담화와 이에 대한 감상을 기록한 것에 불과"한 것으로서 고려할 가치가 없다고 무시했다.[41]

그러나 동화정책에 대한 의문과 통치방식의 근본적 수정을 제기한 요시노의 글은 총독부가 평가하고 있던 것과 같이 결코 즉흥적이거나 감상적인 것이 아니었다. 그보다는 국제정세의 변화, 조선인의 저항, 일본인의 통치능력 등을 면밀히 분석한 후 결론에 도달한 지극히 이성적이고도 현실적이었다는 것은 그로부터 3년 후 나타난 3·1독립

---

41) 小松綠, "朝鮮統治の眞相―吉野博士の批評に答ふ", 『中央公論』, 1916年 8月, pp. 47-62.

운동으로 명확하게 증명되었다.

요시노가 동화정책의 실현에 의문을 제기하는 데는 몇 가지 이론적 근거를 바탕으로 하고 있었다. 그 첫째는 역사에 대한 통찰력과 세계 정세의 변화에 대한 그의 정확한 역사인식이었다. 정치사를 연구하였던 요시노는 한 민족이 또 다른 민족을 동화시킨다는 것이 얼마나 현실적으로 어려운 것인가를 역사를 통해서 잘 알고 있었다.

동화는 그동안 식민정책을 실시해 온 모든 나라가 최종의 목표로 삼아온 이상이었다. 그러나 최근에 이르러서는 독립을 유지해 왔고, 또한 고도로 발전한 고유의 문명을 소유하고 있는 다른 민족을 동화 시킨다는 것이 사실상 가능한가 하는 문제가 정치학상 커다란 의문으로 등장하고 있다. 특히 민족관념이 강렬하게 태동하고 있는 현대에 이민족을 동화시키는 것이 설령 가능하다 할지라도 이는 대단히 어려운 사업이다. 만일 동화정책으로서 얼마간의 효과를 얻은 나라가 있다면 이는 반드시 상당히 오랜 세월을 투자했음에 틀림없을 것이다. 그것도 통치민족이 피통치민족에 비하여 훨씬 고상한 품격과 우월한 재능을 충분히 구비했을 때 비로소 가능한 일이다.[42]

오랫동안 쇄국정책 속에서 세계문명과 등지고 살아온 일본민족이 다른 민족을 동화시킨다는 것은 현실적으로 대단히 어렵다고 판단하였다.

더욱이 그는 제1차 세계대전을 전후해서 강렬하게 대두하고 있는 민족주의의 물결을 정확하게 읽을 수 있었다. 민족주의가 세계 각 지역으로 점차 넓게 확산되면서 "종래에는 순종하던 민족도 최근에 이르러서는 독립을 위한 투쟁의 모습을 보여주고 있다"는 국제정세의 변화를 그는 간파할 수 있었다. 요시노는 영국의 통치를 받고 있었던

---

42) "滿鮮を視察して", p. 28.

인도와 이집트에서 국민들 사이에 점차 성숙되고 있는 '독립적 풍조'를 지적하고, 미국이 '이민족의 동화는 불가능' 하다고 판단하고 '가까운 장래(2-4년)' 에 필리핀을 독립시키기로 한 변화가 무엇을 뜻하고 있는지 그 의미를 깨달아야 한다는 것이었다. 이러한 역사의 변화 속에서 일본만이 무단통치에 의한 동화정책을 고집하는 것은 역사의 흐름과 세계조류에 역행하는 것이었고, 결국 이 정책은 조선 안에서 강력한 저항에 부딪칠 것으로 내다보았다.

동화정책이 적합치 못한 것이라고 판단하고 있었던 두번째 이유는 조선민족의 '부동화성' 이었다. 요시노는 일본이 아무리 '선정' 을 베푼다 하더라고 일본의 식민지통치에 대한 조선인의 불만과 저항은 결코 소멸되지 않을 것이라는 것을 직시하고 있었다. 오랫동안 독자적 문명과 문화를 유지했고, 또한 한때 일본에 문명을 전달해 준 조선으로서는 다른 나라의 지배를 받는다는 것은 독립국민이었던 조선인의 자존심이 용납지 않는다는 것을 간파하고 있었다.

조선인이 일본통치를 일본이 생각하는 것처럼 고맙게 생각하지 않고 있는 것은 실은 당연한 일이다. … 오늘날 조선인들이 말할 수 없이 무기력하다고 말하지만, 그들은 어찌 되었든 오랫동안 독립해 왔다. 독립문명을 유지해 온 독립민족이다. 그들은 과거 한때는 우리나라 문명의 선배였다고 알고 있다. 이토공(이토 히로부미―필자 주) 이래 오늘까지 여러 곳의 분묘 등에서 발굴된 고대미술품들은 조선의 고대문물이 얼마나 찬연했는지를 실물로써 우리에게 보여주고 있다. 설령 오늘날 그들이 얼마나 퇴폐하고 쇠잔했나를 자각한다 하더라도, 타국의 지배를 달게 받는다는 것은 결코 그들로서 떳떳하게 여길 수 없는 것이다. [43]

---

43) 위의 글, p. 13.

요시노는 일본이 '동화의 필요성'과 한 · 일 두 민족의 '인종학적 유사성'을 강조하고, '일본주의의 교육'을 실시한다고 해서 과연 조선이 일본에 동화될 것인가 하는 질문을 동화론자들에게 던지고 있었다. 요시노는 조선인을 "교육하면 할수록 점차 더 반일적 경향이 강화되고", 조선인을 "개발한다는 것은 오히려 일본에 반서(反噬)하는 자를 양성하는 것과 같다"고 비유했다. 그리고 그는 조선인들이 "일본에서 교육받은 후 그들이 친일적이라기보다는 오히려 열렬 애국정신을 가지고 귀국하고 있는 현실을 직시할 것"을 충고했다.[44]

동화정책이 결코 성공할 수 없다고 확신할 수 있었던 요시노의 셋째 근거는 일본인의 민족성에서 찾는다. 그는 일본국민은 타민족과 협조 · 협동하면서 함께 어울려서 살아갈 능력이 없다는 것이다. 즉 일본인과 같이 "이민족과 접촉한 경험도 짧고, 타민족을 열등시하여 그들의 반항심을 도발하는 협량(狹量)한 민족이 짧은 시간 안에 다른 민족을 동화할 수 있다는 것은 말로는 할 수 있지만 실현은 거의 불가능한 것"이었다.[45]

요시노가 "만선을 시찰하고"와 함께 『신진』에 발표한 짧은 논문은 일본인의 식민지를 관리할 자질과 능력이 '심히 유치'하다는 것을 지적하고 있다. 요시노에 의하면 일본인은 해외에 진출해서도 원주민과 어울려 살 줄을 몰랐다. 만주와 조선에 일본인이 수만 명 살고 있지만 일본인들끼리만 모여서 살 뿐 중국인이나 조선인 속에 묻혀서 그들과 함께 살지 못했고, 다만 국가의 보호 속에서 자신의 이익 증대만을 위해서 살고 있다는 것이었다.

만주와 조선에 있는 일본인의 부락은 일본의 부락을 그대로 옮겨 놓은 것에 불과하다. 일본인들은 영업이나 사교, 그 어느 면에서나

---

44) 위의 글, p. 30.
45) 위의 글, p. 28.

토민(중국인과 조선인을 뜻함—필자 주)과 거의 교섭을 하지 않고 있다. 그곳에 살고 있는 일본인의 가정에 조선인이나 중국인을 환대하는 설비를 갖춘 가정이 얼마나 될까? 토민과 장사는 하고 있지만 토민의 취미와 그들이 선호하는 물품을 연구하여 이를 바탕으로 그들과 끊으려야 끊을 수 없는 관계를 맺고 있는 사람이 과연 얼마나 될까? … 오늘 만주와 조선에는 수만의 일본인이 살고 있지만 그들이 경영하고 있는 영업의 대부분은 토민과의 거래를 위한 것이 아니라 일본인을 위한 것이다. 만일 만주나 조선에서 일본의 국가권력을 철거한다면 과연 일본인들이 안전한 생활을 계속할 수 있을까? 토민과의 무역을 여전히 일본인들이 장악할 수 있을까? 만일 일본인의 안전한 생활과 일본인의 무역이 관헌의 위력에 의하여 간신히 유지된다면 만주와 조선에서의 일본인의 기반은 필경 사상누각에 지나지 않는다.[46]

일본인들뿐만 아니라 식민통치를 실지로 담당하고 있는 관리들도 '식민적 능력이 결여' 되어 있기는 마찬가지였다. 총독부의 관리들은 열심히 도로를 깔고, 철도를 놓고, 학교를 세우고, 병원을 건설하지만, 이 모든 것이 '토민의 이익과 행복을 도모한다는 혼' 이 들어 있지 않다는 것이다. 이러한 것들은 대외전시용일 뿐 실제로 식민정책을 담당하고 있는 관리들은 조선인을 '압박하고 경멸' 하며 식민정책에 '맹종' 할 것을 강요하고 있다는 것이었다. 조선에 살고 있는 일본인과 식민정책을 담당하고 있는 관리들이 이러한 '통치철학' 과 '삶의 양태' 를 지속하면서 "조선인의 동화를 기대하는 것은 숲속에서 물고기를 찾는 것과 같이 실현 불가능하다는 것" 을 그는 단언했다.[47]

동화정책 부당론의 또 다른 특징은 '독립민족의 심리론' 이다. 오랫

46) "滿鮮植民的經營の批判", 『新人』, 1916年 6月, p. 58.
47) 위의 글, pp. 57-61; "滿鮮を視察して", p. 29.

동안 독자적 문명을 가지고 독립국가를 형성해 온 민족들은 아무리 어려운 상황에 처한다 하더라도, 그리고 아무리 좋은 조건이라 해도 근본적으로 다른 민족으로부터 지배받는다는 것을 결코 용납하지 않는다는 '독립민족의 심리'를 알아야 한다는 것이다. 즉 고통받을 당시는 누구든지 나타나서 자신을 어려움 속에서 구해 줄 것을 희망하고, 그리고 구원해 주면 무엇이든지 구원자의 뜻에 따를 것 같지만, 그러나 막상 외부의 지배가 시작되면 이에 강력히 저항하는 것이 독립인의 심리라는 것이었다.

조선인이 오랫동안 학정에 시달렸고, 또한 그 학정으로부터 자유로워지기를 갈망하고 있는 것은 사실이지만 그렇다고 학정 속에서 독립인으로 살아온 그 자유를 포기하지 않는다는 것이었다. 이러한 독립인의 심리를 일본인, 특히 총독부의 관리들은 깨달아야 한다는 것이었다.

일본인들 사이에는 자칫하면 중국인과 조선인은 오랜 학정의 고통 속에서 허덕여왔기 때문에 그 학정에서 벗어나게만 해준다면 모두가 무엇이든지에 관계없이 일본에 승복할 것으로 생각하는 사람이 많다. 이렇게 생각하는 것은 비단 일본인만이 아니다. 조선인과 중국인 자신들도 학정 속에서 어려움을 당하고 있을 때는 누구든 상관없이 이 곤궁에서 구해 주는 사람에게 승복할 것처럼 생각한다. … 그러나 조선인이나 중국인들에게 선정을 베푼다면 그들이 전혀 무조건 일본의 통치에 만족할 것이라고 단정하는 것은 독립민족의 심리를 모르기 때문이다. 물론 조선민족은 역사적으로 볼 때 일본민족과 인종적으로 가장 가까운 관계에 있고, 따라서 일·한 양국의 접근제휴라는 것이 대단히 유익하다는 것은 의심의 여지가 없다. 그러나 아무리 종래의 학정이 어렵다고 하지만, 상황이 바뀌어 외국의 지배를 받는다고 하면 독립국민의 자존심이 결코 이것을 받아들이지 않는다.[48]

그러므로 "쓰러지는 어려움이 있더라도 홀로 자유롭게 활동하고 싶어하는 것은 빼앗을 수 없는 인간의 본능"이기 때문에 일본이 조선을 통치하여 동화시킨다는 것은 '민족심리'에 부합되는 것은 아니고, 따라서 일본의 동화정책은 현실적으로 실현이 불가능하다는 것이었다.

2. 자치제

식민지정책의 근간이라고 할 수 있는 동화정책의 부당성을 지적하고, 독립민족의 심리를 통찰할 것과, 강압적 식민통치의 개혁을 강조한 그의 주장은 당시 시대적 상황에 비추어 볼 때, 또한 역사인식을 바탕으로 하고 있었다는 점에서 높이 평가해야 할 것이다. 그러나 그의 이러한 주장과 식민정책에 대한 비판은 결코 일본이 조선에 대한 식민지 지배를 포기하고 조선의 독립을 인정해야 한다는 것은 아니었다. 오히려 일본이 보다 합리적이고 효과적인 식민지 지배의 수행이라는 궁극의 목적을 항상 전제로 하고 있었다. "만한을 시찰하고서"에서도 요시노는 자신의 조선방문의 목적을 다음과 같이 명확히 밝히고 있다.

> 조선시찰의 주목적은 일본의 통치에 대한 조선인의 비평을 듣는 것이었다. … 그들의 의견을 듣고 오해가 있다면 그 오해를 풀고, 또한 그들의 비판 속에 진리가 있다면 그것을 수용하여 우리 식민정책의 참고로 삼으려는 데 있다. 그리고 또한 만일 조선인의 소위 불평의 감정(忿)이 극에 달하여 위험한 감정적 배일사상이 형성되어 있다면 그들 속에 숨어 있는 실제의 세력이 어떤 것이고, 이에 대응할 우리의 태도가 무엇인가를 연구하는 것은 우리들에게서 대단히 중요하고 필요한 것이다.[49]

---

48) 위의 글, p. 14.

즉 그의 목적은 조선사회와 조선인의 심층에 자리잡고 있는 반일의 원인을 규명하고 또한 그 현상을 정확하게 파악하여, 이에 보다 적절히 대응함으로써 협조가 아니라면 '최소한의 저항' 속에서 식민지통치를 효과적으로 실시한다는 데 있었다. 요시노가 정부와 총독부가 실시하고 있는 조선통치의 원칙과 방법을 비판한 것은 정부의 잘못을 폭로하여 정부를 어렵게 만들거나 또는 식민지통치 그 자체를 부인하기 위한 것은 아니었다. 오히려 '식민정책의 성공의 비결'을 찾기 위한 것이었고, '조선통치의 성공'과 '식민지통치의 성공'을 위함에 있다는 것을 기회 있을 때마다 그는 거듭거듭 강조했다.

요시노는 일본의 한반도 통치에 많은 문제가 있다는 것은 인정하고 있었다. 그러나 조선의 일본배척운동은 오히려 조선을 더욱 어렵게 만들게 될 것이라고 경고하는 것을 잊지 않았다. 조선인이 한반도에서 일본의 세력을 몰아내기 위하여 중국이나 러시아, 또는 미국과 연대한다는 것은 "마치 앞문의 호랑이를 막기 위하여 뒷문으로 이리를 들이는 것과 같고", 또한 "일본으로부터 빌린 100엔을 갚기 위하여 러시아에게서 120엔을 빌리고 다시 이를 변제하기 위하여 아메리카에서 150엔을 빌리는 것"과 같은 것으로서 "일본에서 러시아, 러시아에서 아메리카로 전전하는 동안 오히려 조선민족의 곤란만 증가"한다고 경고했다. 그는 일본을 향한 투쟁보다 조선인들이 일본의 통치라는 주어진 상황을 그대로 수용하고, 그 속에서 "민족 전반의 개발을 계획하고 평화롭게 실력을 양성하고 때를 기다려 적당한 해결을 일본에게 구하는 것이 가장 바람직한 방안"이라고 권고했다.[50]

요시노는 조선인들이 해외에서 전개하고 있는 독립운동에 관해서도 깊은 관심과 상당한 우려를 표시했다. 그에 의하면 '극단적인 위험사상'을 가지고 있는 조선인들이 국내에서 활동의 제약을 받게 되

---

49) 위의 글, p. 3.
50) 위의 글, p. 17.

자 가깝게는 봉천(奉天), 블라디보스토크, 멀리는 미국의 서해안까지 진출하여 활동을 계획하고 있다는 것이다. 그리고 그들의 활동에 관해서도 일본 당국은 주의를 기울여야 하고 그 실세를 정확히 파악하여 대책을 강구할 것을 촉구했다.

(해외에서 반일활동을 하고 있는)그들의 세력은 대단히 미약하다고 하지만 그 결과는 대단히 클 수도 있기 때문에 우리들은 그들을 전혀 무시할 수는 없다. 그러나 지금 우리는 그들을 손쉽게 찾아낼 수가 없다. 예컨대 그들을 회유하려고 해도 어디서 누가 반일의 사상을 가지고 있는지 알 수 없다. 그러므로 우리가 보다 세밀한 주의를 기울이지 않으면 안 될 것은 앞으로 이러한 패거리에 속해 있는 한 사람이라도 소홀히 해서는 안 된다. 이러한 패거리에 속해 있는 자들은 대부분이 청년들이다. 이 점이 조선통치 당국자들이 무엇보다 깊은 관심을 가져야 할 사안이라고 생각된다.[51]

민족심리를 강조하고 동화정책을 부인하면서도 요시노는 조선인의 독립운동을 부인했고, 당국에게 조선인의 반일활동을 사전에 통제할 것을 촉구했다.

요시노가 비판하고 있었던 것은 일본의 팽창정책과 식민통치 그 자체가 아니라, 다만 식민지 경영과 통치의 방법이었을 뿐이다. 그는 '조선통치 사업의 절반은 성공' 한 것으로서 평가하고 있었다. 총독부가 실시한 "정부의 조직, 교육의 진흥, 산업의 개발, 그리고 특히 가장 우려했던 질서와 공안 유지는 이미 성공한 것" 이고, 나머지 절반의 성공, 즉 "일본인과 조선인의 실질적 이익과 행복을 증진하기 위해서 정책의 개량" 이 필요하다는 것이었다.[52] 곧 그의 기본발상은 식민지통

---

51) 위의 글, p. 18.
52) 위의 글, pp. 19-20.

치를 포기하고 조선인의 주권 독립국 건설을 수용한다는 것이 아니라, 조선인으로부터 협조를 받지 못한다면 최소한의 저항 속에서 보다 합리적으로 지배할 수 있는 길을 모색하자는 것이었다. 즉 조선인의 '불만과 불평'의 원인이 강압적 동화정책이라는 잘못된 '통치수단'에 있다고 인식하고, 이를 개혁하여 새로운 방법을 모색하자는 것이었다.

요시노는 동화정책의 실현 불가능성은 명확하게 밝혔지만, 그 대안을 구체적으로 제시하고 있지는 않았다. 그러나 그가 종국적으로 추구한 것은 민족자결의 원칙으로 인한 조선의 독립이 아니라, 조선인들이 수용할 수 있는 보다 합리적인 통치방법을 모색했을 뿐이다. 즉 민족주의가 역사를 움직이는 하나의 동력으로 작용하고 있다는 국제정세의 흐름과 무력으로 억압할 수 없는 조선인의 저항을 수용하면서 조선을 통치할 수 있는 방안을 찾는 것이었다. 구체적인 대안을 제시하고 있는 것은 아니지만 이 시기에 그가 구상하고 있었던 것은 조선인에게도 '어떤 형태'의 참정권을 부여하는 방안, 특히 일본의 식민지통치에 조선인도 참여할 수 있는 길을 조선인에게 열어준다는 것을 생각하고 있었던 것 같다.

　이민족을 통치하여 이를 충분히 심복으로 삼는다는 것이 전혀 불가능한 것은 아니지만 대단히 어려운 일이다. 그러므로 개인적 생각으로는 이민족 통치의 이상은 그 민족으로서의 독립을 존중하고, 그 독립의 완성에 의해서 결국은 정치적 자치를 부여하는 방침에 있다 하겠다. 그러나 이는 다만 하나의 추상적 논의일 뿐이다. 구체적 문제로서는 정치상, 그 가운데서도 외교관계상으로부터 정치적인 자립을 허락하지 않는 방법도 있을 수 있다.[53]

---

53) 위의 글, p. 15.

일본의 지배하에서 조선인에게 자치권을 부여함으로써 식민지통치에 직접 참여하지만, 조선인에게 대외적 독립권을 인정할 수는 없다는 논리다.

요시노는 3·1운동이 일어나기 직전에 발표한 "조선통치책"이라는 짧은 글에서 이 자치제 문제를 다시 제기했다. 그는 교토대학의 야마모토 미오노(山本美越乃) 교수가 "조선인은 이미 과거에 고유의 문화를 소유하고 있었기 때문에 그들 사이에는 도저히 제거할 수 없는 굳은 독자의 사상·습관·제도·풍속이 있다"고 지적하며, 조선통치의 한 방안으로서 "50년 후가 될지 100년 후가 될지 모르지만 위정자는 조선인을 선도하여 장래 조선으로 하여금 자치식민지의 정도까지 진보하도록 하는 것이 필요하고 … 조선인의 문화가 점차 진보함과 함께 어느 정도까지는 그들에게 자치를 허락하여 그들로 하여금 조선 내부의 정치에 참가케 하는 것이 필요하다"는 주장에 적극적으로 동조했다. 요시노는 야마모토의 "탁견에 승복한다는 것을 고백"한다고 표현하며, 일본의 당국자들은 "이 문제에 깊은 주의를 기울일 것"을 당부했다.[54]

요시노는 힘에 의한 동화정치로써는 일본의 식민지통치가 성공할 수 없다는 확신을 가지고 있었으나, 이 시기에 확실한 대안을 가지고 있지는 못했다. 다만 일본은 기존의 동화정책을 포기하고 개혁적 정책을 수립하지 않으면 안 된다는 것은 확실히 인식하고 있었다. 이를 위해서 일본은 조선인의 민족심리를 이해하고, 일시동인의 선정정책을 실시하며, 그리고 일본 지배의 틀 안에서 '아일랜드의 영국화'와 같이 조선인에게 어느 정도의 자치권을 부여하는 것이 바람직하다는 것이었다.

---

54) "朝鮮統治策"(『中央公論』, 1918年 10月), 『選集』 9, pp. 50-51.

IV. 민본주의와 제국주의

요시노가 "만한을 시찰하고서"를 발표하기 6개월 전 '다이쇼 데모크라시'의 이념적 바탕이라고도 할 수 있는 "민본주의론"을 발표했다는 것에 우리는 주목할 필요가 있다. '인민의 의사에 의한 지배'를 본질적 요소로 하고 있는 민본주의는 '정권 운용의 목적은 일반민중의 이익과 행복'을 보장하는 데 있고, '정권 운용의 최종 결정은 민중의 의향'에 의해야 한다는 두 개의 원리를 확정하고, 이를 충족시킬 수 있는 정치형태로서 보통선거와 언론자유를 바탕으로 하는 정치체제를 지향하는 것이었다. 요시노의 표현을 빌리면 "결국 사상적으로 2원적 대립과 함께 정치세력이 2원적 대립을 승인하고, 그 사이에 세력을 서로 교체하는 틀이 가장 바람직하다는 결론"이었다.[55] 즉 민본주의는 정치에서 다원적 가치관을 전제로 하고 복수정당제를 바탕으로 하는 정당내각제를 이끌어내려는 것이라 할 수 있다.

그러나 요시노가 의미하고 있는 민본주의는 정치적 민본주의에 그치는 것은 아니었다. 그에 의하면 정치적 민본주의는 정신적 기초를 가져야만 하고, 그것이 '인격주의로서의 민본주의'라는 것이었다. 그가 말하고 있는 인격주의는 칸트적 의미의 인격주의로서 개인을 목적 가치로 하고, 이에 절대적 존엄성을 부여하는 것이었다. 그에 의하면 이와 같은 의미의 '인격주의'는 데모크라시의 본질일 뿐만 아니라, '정치적 민본주의도 이것으로부터 연원(淵源)'한다는 것이었다.[56] 요시노의 민본주의는 여러 가지 요소를 포함하고 있으나 그 핵심은 천

---

55) 요시노의 민본주의론은 그가 1916년 1월 『中央公論』에 발표한 "憲政の本義を説いて其有終の 美を濟すの途を論ず"라는 논문과 1918년 1월 역시 『中央公論』에 발표한 "民本主義の意義を說 いて再び憲政有終の美を濟すの途を論ず"라는 논문에 집약되어 있다. 『選集』 2, pp. 3-98, 99-142. Silberman과 Najita의 논문 참조.

56) "デモクラシーと基督敎"(『新人』, 1919年 3月), 『選集』 1, pp. 159-165; 三谷, 앞의 책, pp. 143-154.

황제라는 절대적 체제 속에서 인간의 존엄성을 확립하고, 국민의 참정권을 보다 확대하기 위하여 보통선거제도에 의한 정당내각제도를 수립하고, 이를 통하여 국민의 정치적 자유의 영역을 넓혀나간다는 것이었다.

이와 같이 요시노는 '인민의 의사에 의한 지배'를 국내정치의 보편적 가치로 제시하고 이 민본주의의 정착과 확산을 주장하면서도, 대외적으로는 '인민의 의사에 반하는 지배'인 제국주의의 길을 옹호하는 모순을 보였다. 그는 민본주의는 기본적으로 관료주의에 대립하는 개념일 뿐, 군국주의와는 서로 대립하는 것이 아니라 양립할 수 있다고 보았다.[57] 그러므로 요시노가 제국주의적 노선을 부인하지 않았을 뿐만 아니라, 오히려 대외적 팽창정책을 때때로 지지한 것은 당연한 귀결이라 할 수 있다. 요시노의 이러한 입장은 "만한을 시찰하고서"를 발표하기 전후의 그의 중국관이나 한국관에도 잘 나타나고 있다.

요시노는 일본이 지향해야 할 중국정책의 근본은 중국이 하루 속히 강해지고, 영토를 보전하여 자주독립국가로서의 지위를 확립하며, 국가로서 또한 국민으로서 그 능력을 충분히 발휘할 수 있도록 돕는 것에 있음을 강조하고 있었다. 그러나 강대국들이 중국에서 그들의 세력을 부식하기 위하여 서로 경쟁하고 있는 '현실상황'에서는 일본만이 '혼자서 팔짱을 끼고 추세의 변화를 방관'할 수 없다는 것이 요시노의 기본입장이었다. 즉 일본도 사태의 변화에 대한 '응급대책'이 필요하다는 것이었다.

우리의 근본정책은 중국의 보전을 도모하고 중국의 건전한 자주독립의 발달을 후원하는 것이다. 그러나 다른 한편으로는 세력범위를 확장하고 있는 강대국들의 경쟁 속에 뛰어들어야 할 실제상의 필요가 우리들을 독촉하고 있음을 또한 인정하지 않을 수 없다. 중국

---

57) "民本主義と帝國主義の兩立"(『中央公論』, 1918年 7月), 『選集』 5, pp. 328-334.

의 장래는 과연 우리들이 기대하고 있는 것과 같이 자주독립국가로 건전하게 발전할 수 있는지는 확실치 않다. 최소한 명백하지 않다는 논의가 있다면 우리는 만일을 대비하여 준비할 필요가 있다. 바로 이러한 점에서라도 강대국과 경쟁하여 중국에 제국의 세력과 이익을 확립한다는 것은 중대하고도 시급한 사업이라 하겠다.[58]

더욱이 요시노는 일본이 필요로 하는 자원은 모두가 중국에서 생산되고 있었기 때문에 일본은 "실로 이 중국의 자원을 이용함으로써 경제상 독립의 한 단위를 형성할 때 비로소 국가의 안전을 기대할 수 있다"고 판단하고 있었다.[59]

요시노는 일본이 중국에 세력을 확대해 나갈 때 취해야 할 태도와 방법을 제시하는 주도면밀함을 보였다. 세력과 이권을 확대해 나가는 데에서 '중국의 여론'과, 이미 중국에 상당한 이권을 확보하고 있는 '구미 강대국의 이해'와 충돌하지 않도록 신중히 대처해야 한다는 것이었다. 특히 중국인의 강력한 반대를 무릅쓰고 압력을 행사하는 것은 바람직하지 못하고, 외국의 세력이 아직 진출하지 않은 곳을 찾아서 이권을 확대해 나갈 것을 제시했다. 즉 점진적으로 세력을 확보해 나가야지, 한번에 모든 것을 취하려는 것은 바람직한 정책이 아니라는 것을 강조했다.

무엇인가 적당한 기회가 오고 중국에 대하여 우리들의 세력과 이권을 확장하기에 보다 적절한 상황이 나타날 때까지 기다리지 않을 수 없다. 일단 적절한 기회가 도래하면 우리들은 지체없이 주위의 사정을 참작하여 보다 민첩하고 적극적으로 행동해야 할 것이다. 다

---

58)『日支交渉論』(警醒社書店, 1915),『選集』8, p. 150.
59) "我が國の東方經營に關する三大問題"(『東方時論』, 1918年 1月),『選集』8, p. 298.

만 이때 주의하지 않으면 안 될 것은 힘을 믿고 불필요한 것을 강요
함으로써 중국으로 하여금 쓸데없이 반감을 갖게 할 필요가 없다는
것이다. 이를 위해서는 우리의 요구가 당시의 사정에 비추어볼 때
최소한도의 것이 아니면 안 된다.[60]

　일본정부가 1915년 1월 중국의 위안스카이(袁世凱) 정부에게 제시
한 제국주의의 상징인 '21개조 요구'를 요시노는 전적으로 지지했다.
그에 의하면 일본의 요구는 생존과 발전에 중대하고도 필요한 '최소
한도의 요구'로서, "적당한 시기에, 적당한 경우를 포착하여, 적당하
게 제시한 것"이었다. 그는 일본이 제시한 요구는 "피상적으로는 중
국의 주권을 침해하고 중국의 국제적 위상을 손상시킨 측면이 있지만
제국의 입장에서 본다면 최소한도의 요구"라는 것을 강조하고, 시기
도 적절하기 때문에 정부는 이 요구의 실현을 위하여 신속히 조치할
것을 촉구했다.[61]
　그는 또한 미국이 중국에서 일본이 특별한 이익을 가지고 있다는
것을 인정하고 있는 1917년 11월의 '이시이(石井)·랜싱 협정'을 적
극적으로 환영하면서, 요시노는 만주와 몽골에서 일본의 '특정 지위'
를 인정받은 것은 "의심할 여지 없이 일본이 획득한 하나의 성공"이
라고 외교적 성과를 높이 평가하고, 이 협정은 "중국에 대하여 극히
공명정대한 정책"이며, 그리고 이 협정의 이행으로 "중국이 받을 축
복은 측량할 수 없을 정도로 크다"고 주장하기까지 했다.[62] 그는 또한
일본은 만주와 몽골에 배타적 특수 권익을 가지고 있다고 믿었다. 그
는 "만주와 몽골은 우리 신영토인 조선과 접하고 있는 곳으로서 경제
상·국방상 대단히 밀접한 관계"가 있기 때문에, 일본은 "이곳에 외
국세력이 부식하는 것을 용납할 수 없다"고 주장하였다.[63]

---

60) 『日支交涉論』, pp. 150-151.
61) 위의 책, pp. 152-154.
62) "日米共同宣言の解說及び批判"(『中央公論』, 1917年 12月), 『選集』 5, pp. 246-266.

그는 조선문제에서도 일본의 식민지정책에 대해서는 신랄하게 비판했으나, 한번도 일본의 조선합병을 비판했거나 부정하지 않았다. 요시노도 후쿠자와나 타루이, 또는 합병론자들과 같이 일본의 안전을 위한 합병의 불가피성을 인정하였고, 합병을 바람직한 결과로 평가하였다. 대륙에 근접해 있는 일본은 '자신의 안전'과 '경제적 자급자족'을 위해 대륙으로 진출해야만 했고, 그 시발점이 조선이라는 데 그도 인식을 같이하였다. 그는 메이지유신 이후 일본이 조선의 독립을 강조해 왔으나 이는 '표면상의 이유'일 뿐, '본래의 목적'은 일본의 국방을 튼튼히 하고 경제적 기반을 확보하기 위한 것임을 솔직히 인정했다. 이 '본래의 목적'을 해결하기 위하여 '정부는 물론 지식인, 그리고 국민도 많은 고심'을 했고, 그 '고심의 결과'로 한일합병이 이루어졌다는 것이다.

일러전쟁의 결과로 일대약진을 보인 일본의 국방문제는 1910년 8월의 일한합병에 의해서 더욱더 강화되었다. 일한합병을 단행하기에 이르기까지 우리 당국자의 고심은 실로 말할 수 없이 깊었다. 1905년 8월 12일 제2차 일영동맹을 체결한 것도 실은 합병을 성사시키기 위해 필요한 한 단계였다. 그후 영국은 여러 차례 조선에 대한 일본의 자유행동을 명확하게 승인했으나, 러시아는 1910년 7월 4일 2차의 일러협상을 체결했을 때 비로소 조선의 합병을 승인했다. 당국자는 고심의 고심을 더하여 영국과 러시아 두 나라의 호의를 얻어서 결국 조선의 합병을 단행했다. 조선의 병합이 결국 국익에 이롭고 또한 정당한 것인가는 별문제로 하더라도 합병은 역시 일본국민이 오랫동안 고심해 온 국방문제를 해결하는 데 크게 기여했다는 것은 의심할 여지가 없다.[64]

---

63) "滿蒙除外論を排す"(『中央公論』, 1919年 9月), 『選集』 6, p. 80.
64) "我が國の東方經營に關する三大問題", p. 293.

요시노에게서 한일합병은 결코 정의롭지 못한 것도 아니고 부당한 것이 아니었다. 오히려 합병은 일본이 택해야 할 중요한 국가진로였다고 믿었던 그가 식민통치 그 자체를 비판하지 않은 것은 지극히 당연한 논리적 귀결이라 하겠다.

요시노는 '경제상의 필요'로 인한 일본의 대륙경영의 확장은 '국방적 견지'에서 추진되는 '동방경영의 범위'를 더욱 확장하지 않으면 안 되고, 국방 및 경제의 필요에 의한 '동방경영의 기초'는 '문화확충의 성공'을 통해 비로소 완전히 해결될 수 있다고 믿었다. 그는 아시아에 대한 일본의 사명을 다음과 같이 강조하고 있다.

> 전쟁이 막 끝난 지금 전후의 세계 형세를 예측하는 것은 용이한 일이 아니지만, 동양에서 일본의 지위는 전후 세계가 어떠한 형세로 나타나든 관계없이 한층 더 중요해진다는 것은 의심의 여지가 없다. 그리고 또한 이와 동시에 우리가 잊어서 안 될 것은 일본과 나란히 미국 또한 동양에서 일대웅국(一大雄國)으로 등장할 형세를 보이고 있다. … 동양의 문명에 독특한 세계적 사명이 있는 이상 동양의 문화적 개발은 우리 일본민족의 임무가 아닐 수 없다. 동양의 문화적 개발의 대임을 미국에 양도한다는 것은 일본의 면목을 실추시키는 것일 뿐만 아니라, 실은 동양문명의 멸망을 뜻하는 것이다. 우리들은 동양민족의 명예를 위하여, 또한 동양문명의 세계적 사명을 위하여 문화적 개발의 대임을 우리 일본민족의 손에 확보함으로써 우리들에게 주어진 고상하고 이 막중한 임무를 완수해야 할 것이다.[65]

일본은 '동양의 웅국'이고, 일본인은 아시아에서 가장 '뛰어난 민족'이기 때문에 일본은 아시아를 '계발하고 지도해야 할' 사명을 지니고 있고, 이 사명은 "실로 동방경영에 대한 제국의 마지막 이상이

---

65) 위의 글, pp. 312-313.

며, 이를 성공시킴으로써 동양문제의 해결에 근본적으로 성공할 수 있다"고 요시노는 자부했다.[66] 국내적으로는 민본주의를 주장했지만 대외적으로는 제국주의를 지지한 요시노가 식민지 정책을 비판했으나 그 저변에는 제국주의적 발상을 깔고 있었다. 그러한 의미에서 요시노도 다카다 사나에(高田早苗)가 1902년 일본은 "밖으로는 제국주의, 안으로는 입헌주의의 노선"을 택해야 한다는 국가진로에 동의하고 있었다.[67]

V. 3·1운동과 식민지통치

"조선문제는 가까운 장래에 국내정치상 가장 중대한 문제가 될 것"이라는 요시노의 예상은 1919년 3월 1일 현실로 나타났다.[68] 1919년 3월 1일 일본의 식민지지배를 부정하고 민족의 자주독립을 지향하는 조선인의 저항운동은 전국으로 확산되었고, 이는 일본에게 심각한 문제점을 안겨주었다. 식민지정책의 문제점을 지적하고 정책의 개선을 촉구했던 요시노는 3·1독립운동을 기점으로 보다 적극적이고 강도 높은 비판과 정책의 개혁을 요구하는 글을 발표했다. 조선문제에 대한 요시노의 평론은 대부분 3·1독립운동 이후 발표된 것이다.[69]

한반도에서 3·1독립운동이 일어나자, 일본 당국과 대부분의 지배계층은 이를 한민족의 자주독립을 지향하는 민족적 요구로 받아들이기를 거부했다. 오히려 '일부의 불량조선인'이 기독교인, 특히 미국 선교사의 선동에 의해서 일으킨 '맹목적 폭동'으로 평가하고, 엄격한

---

66) 위의 글, pp. 290-291.

67) 高田早苗, "帝國主義を採用する得失如何", 『太陽』 1902年 6月.

68) "朝鮮統治策"(『中央公論』, 1918年 10月), 『選集』 9, pp. 50-51.

69) 1916년 이후 1927년까지 요시노는 한국에 관한 글을 57편 발표했는데 그 중 40편을 3·1독립운동 이후 1921년까지 3년 사이에 발표했다.

강압정책으로 이를 진압할 것을 요구했다. 그러나 요시노는 그들과 달리 조선의 민족주의적 자각과 조선사회에 넓게 확산되는 배일분위기를 직시하면서 식민지정책의 개혁을 촉구했다. 그리고 일본의 조선통치는 독립민족이었던 조선인의 심리를 무시했기 때문에 실패했다고 단정하고, "조선통치의 중심목표는 '향상'이 아니라 '정의'의 실현에 있다"고 강조했다.[70]

요시노는 당시 그 누구보다도 인도주의적이고 양심적인 지성인으로서 조선인의 아픔을 이해하려 했고, 무단통치와 동화정책의 부당성을 지적했으며, 식민정책의 개혁을 강조했다. 3 · 1독립운동 직후 그는 일본정부와 국민은 "조선 방방곡곡에 배일사상이 충만"해 있다는 사실을 직시하고, 왜 이러한 사태에까지 이르게 되었는지 스스로 반성할 것을 촉구했다. 그리고 '종래의 통치'는 실패했다는 것을 인정하고 철저한 '자기반성'과 '조선인의 입장'에서 일본의 통치를 생각하지 않는 한 문제의 근본적 해결은 있을 수 없다고 경고했다.[71]

군국주의의 배척과 민주사상의 발흥은 세계의 대세이고, 일본도 '이 대세'에 역행할 수 없다는 것을 요시노는 누구보다도 일찍 간파하고 있었다. 그러나 그는 3 · 1독립운동이 지향하고 있는 것은 민족의 완전한 자주독립이고, 이것은 그 무엇으로도 막을 수 없는 한민족의 지상의 목표라는 역사적 의미를 정확히 깨닫지 못했다. 그는 조선인의 반일운동과 배일사상의 원인을 단순히 일본인들이 '조선을 망국'으로 취급하고, 일본인, 특히 관리들이 '정복자의 교만'으로서 조선인을 다스리며, 한반도 전체에 '헌병을 배치'하여 마치 계엄령 치하와 같이 강압적으로 통치하고, 심한 '차별대우'와 각종의 횡포를 자행하며, 강제적 · 억압적인 동화정책을 편 데에서 찾고 있었다. 그는 조선인들이 거부하고 있었던 합병과 조선의 식민지화는 정당한 기

---

70) "朝鮮統治に於ける「向上」と「正義」"(『中央公論』, 1919年 9月), 『選集』 9, p. 117.
71) "對外的良心の發揮"(『中央公論』, 1919年 4月), 『選集』 9, pp. 55-66.

정사실로 인정하고 다만 정책과 통치방법만 문제시하고 있었다.[72] 3·1독립운동의 원인을 단순히 일본의 식민지통치의 실패로 인식했을 뿐, 운동에 내재하고 있는 다이나믹한 동인을 보지 못했기 때문에 그는 '조선통치의 근본적 해결'을 주장하면서도 정책의 개선이라는 틀을 뛰어넘지 못하는 한계를 보였다. 그러한 의미에서 요시노의 한국관은 근본적으로 3·1독립운동 이후에도 1916년 "만선을 시찰하고서"를 발표할 때와 크게 다르지 않다.

그러므로 인도주의적 입장에 있었고 독립민족이었던 조선인의 심리를 중요시했던 요시노가 3·1독립운동을 끝까지 '폭동' 또는 '소요'로 평가했고, 또한 이 운동에 참가한 조선인을 '폭도'로 간주한 것도 당연한 귀결이었다.

1. 식민지통치의 실패와 반성

3·1독립운동 직후 '조선의 폭동'은 다이쇼 역사의 커다란 '오점'이고, 동양선진국으로서의 국가의 위신을 크게 훼손했을 뿐만 아니라 앞으로 국가운명의 발전과 중대한 관계가 있는 사건으로 인식하였던 요시노는, 일본의 식민지정책을 강도 높게 비판하며 정책의 개혁을 촉구했다. 그의 주장에는 당시의 시대적 상황이나 국민이 정서적으로 쉽게 받아들이기 어려운 몇 가지 특징을 지니고 있었다.[73] 첫째는 일본정부와 지배계층이 한반도 통치의 실패를 인정하려 하지 않았던 것과는 달리, 요시노는 합병 후 10년 동안 일본이 실시한 식민지통치가 실패했다는 것을 솔직히 인정하고, 이를 국민적 차원에서 깊이 반성하며, 정책의 획기적인 개혁을 촉구했다. 특히 그는 3·1독립운동을

---

72) "支那·朝鮮の排日と我國民の反省"(『婦人公論』, 1919年 8月), 『選集』9, pp. 106-107.

73) 3·1독립운동에 대한 당시 일본 각계의 반응에 대해서는 松尾의 논문 "吉野作造と朝鮮", pp. 132-140 참조.

보는 일본 지식인의 시각이나 언론의 태도, 그리고 정부의 안일한 대응에 대하여 신랄하게 비판하면서 일본인의 '자기반성'을 촉구했다.

　조선의 폭동은 두말할 필요도 없이 이 시대의 가장 커다란 불상사이다. 이 사건의 참다운 원인이 무엇이고, 또한 근본적 해결방법은 어떤 것인가에 대해서는 따로 견해를 밝히기로 한다. 다만 이런 것들을 명확히 밝힌다는 전제로서 우리들이 절규하지 않을 수 없는 것은 국민의 대외적 양심이 현저하게 마비되어 있다는 것이다. 폭동 발생 후 이에 대한 소위 식자계급의 평론이 여러 신문과 잡지 등에 나타났으나, 모든 평론이 다른 사람에게 책임을 전가하기에 급급하여 스스로 반성할 여유가 없다. 그와 같은 폭동이 있었음에도 불구하고 조금도 각성의 빛을 보이지 않는다는 것은 양심의 마비가 얼마나 깊어져 있는가를 상상할 수 있다. 일본의 장래에서 가장 중요한 이 문제의 해결도 도저히 기대하기 어렵다.
　한마디로 말한다면 이번 조선 폭동의 문제에 대해서도 국민의 그 어느 계층도 '자기의 반성'이 없다. 무릇 자기에 대한 반대운동이 일어났다면 이를 근본적으로 해결하기 위한 첫단계는 자기의 반성에서부터 시작하지 않으면 안 된다.[74]

　3·1독립운동 3개월 후 '레이메이카이'(黎明會)에서 실시한 강연회에서도 그는 정부당국과 국민이 함께 반성할 것을 거듭 촉구하고 나섰다. 그는 '조선에서 소동'이 벌어졌음에도 불구하고 문제의 근원을 찾아보려고 하기보다는 무력으로 이를 '진정'시킨 것에 만족해 하고, 수습을 위한 긍정적 대책을 강구하지 않고 여전히 '조선문제를 등한시'하고 있는 정부의 태도를 정면으로 비판했다. 특히 그는 일본헌병들이 수원의 제암리 교회를 방화하고 교인들을 무차별 살해한 것은

---

74) "對外的良心の發揮", p. 58.

일본인의 야만성을 유감없이 드러낸 사건으로서, 일본국민의 양심을 위해서 도저히 이를 묵시할 수 없다는 것을 지적하고, 일본인은 관리나 민간인 모두가 함께 반성할 것을 당부했다.[75]

'자기반성'의 구체적 실천으로서 요시노는 먼저 일본이 그동안 조선에서 실시한 '통치의 실패'를 솔직히 인정할 것, 일본의 통치가 '조선인의 심리에 어떠한 영향을 미쳤을까'를 찾아볼 것, 그리고 '폭동의 원인'을 '제3자의 선동'에서 찾으려는 잘못된 태도를 버릴 것 등을 강조했다.[76] 그럼으로써 그는 식민지정책의 구체적 개혁안을 제시했다.

'조선통치의 개혁'에 '당장' 필요한 '최소한도의 요구'로서 요시노는 네 가지 개혁안을 제시했다. 첫째는 조선인에 대한 차별대우를 철폐하는 것으로서 교육의 불평등과 관리임용의 불평등을 시정하며, 일본인들이 일반적으로 가지고 있는 조선인에 대한 우월의식과 멸시의 태도를 바로잡는 것이었다. 둘째는 강압적인 무인통치를 철폐하는 것이었다. 특히 억압을 통치의 주요 수단으로 삼고 있었고, 비판을 용납하지 않는 헌병통치는 속히 철폐되어야만 했다. 셋째는 동화정책을 포기하는 것이었다. 조선인에게 오랜 역사를 거쳐오면서 축적된 모든 전통과 문화를 버리고 일본인이 될 것을 강요하는 것은 무리한 것이고 불가능한 요구였다. 모든 반일활동의 근원이 되고 있는 동화정책은 하루속히 방기해야 한다는 것이었다. 마지막으로 넷째는 언론의 자유를 부여한다는 것이다. 조선문제에 관하여서는 정부가 철저히 언론을 통제하고 있었기 때문에 '조선인은 물론 일본인에게도 언론의 자유가 없었고', '조선은 완전한 암흑'이었다. 정책의 발전과 개선을 위해서는 비판이 용납되어야 하고 이를 위해서는 언론의 자유가 필수적이라는 것이었다.[77]

---

75) "先づ自己を反省せよ", 『黎明講演集』 3輯(1919. 5).
76) "對外的良心の發揮", pp. 56-65.

요시노가 제시한 개혁안은 이미 그가 1916년 조선과 만주를 시찰하고 발표한 것과 크게 다를 바 없었다. 그러나 3·1독립운동에 대하여 지식인과 언론을 포함한 일본의 지배계층이 침묵하거나 또는 이를 외부의 선동으로 몰고갈 때, 문제의 핵심을 바로 볼 것을 요구하면서 정부의 정책을 정면으로 비판하고 보다 인도주의적 통치를 요구한 그의 학자적 용기는 높이 평가해야 할 것이다.

그의 주장의 둘째 특색은 조선인의 '민족적 존재'를 인정하고, 그 차원에서 조선인의 행동을 일본이 '어느 정도' 양해해야 한다는 논리였다. 이는 동화정책을 근본으로 삼고 이 정책의 실현을 위하여 무단정책을 실시하던 당시의 정책과는 정면으로 배치하는 논리라 하지 않을 수 없다.

조선과 같이 긴 역사와 전통을 가지고 있는 조선인을 하루아침에 일본인으로 만든다는 것은 '무리'고 '불가능한 요구'이며, 불가능한 것을 가능케 하려고 하기 때문에 일본은 강압적인 통치를 실시했고, 이는 결국 조선에서의 배일사상을 더욱더 확대재생산시키는 원인이 되고 있다고 그는 판단하였다. 그러므로 일본정부는 무리하고 불가능한 동화정책을 고집할 것이 아니라, 조선인의 민족적 독자성을 인정해야 한다는 것이었다.

나는 오랜 학술적 연구의 결과로서 단언할 수 있다. 당장 동화를 이룩한다는 것은 거의 불가능하다. 만일 조선인을 형식적으로 일본인인 것처럼 만드는 것이 조선통치의 이상이라면 이처럼 비과학적인 일은 있을 수 없다. 그렇다면 조선통치의 이상은 일본과 조선 두 민족의 실질적 최고원리에 의해 제휴하지 않으면 안 된다. 여기서 우리들이 그들에게 임하는, 아니 그들과 우리들 사이의 관계를 규율

---

77) "朝鮮統治の改革に關する最小限度の要求"(『黎明講演集』 6輯, 1919年 8月), 『選集』 9, pp. 69-104; "新總督及び新政務總監を迎ふ"(『中央公論』, 1919年 9月), 『選集』 9, pp. 114-116.

하는 것은 반드시 보편적 기초 위에서 하나로 제휴할 수 있는 방안을 강구하지 않으면 안 된다. 특수적 입장에서는 결단코 융합이 이루어질 수 없다.[78]

'실질적 최고원리'나 또는 '보편적 기초'가 구체적으로 무엇을 의미하고 있는지 명확치 않으나, 동화정책을 강력히 부인하고 있는 것에 비추어볼 때 조선인으로서의 민족적 독자성을 인정해야 한다는 것을 강조하고 있음을 알 수 있다. '헌병통치'를 반대해 온 그가 사이토 마코토(齊藤實)와 미즈노 렌타로(水野鍊太郎)가 신임총독과 정무총감으로 임명된 것을 환영하면서 통치의 방향은 "조선민족으로 하여금 조선민족으로서 충분히 발달할 수 있도록 그 기초 위에서 그들이 우리의 진정한 믿음직한 친구가 될 수 있도록 인도하는 것이어야 한다"는 것도 같은 뜻이라 할 수 있다.[79] 합병으로 인하여 법률적으로는 일본의 '신민'이 되었을는지는 모르지만 실질적으로는 '야마토(大和) 민족'이 아닌 조선인에게 일본인과 같은 생각과 행동을 강요한다는 것은 현실적으로 불가능할 뿐만 아니라, 조선인의 저항을 더욱 강화한다는 것이었다. 더욱이 강제적 합병과 강압적 통치를 감안한다면 조선인의 저항도 어느 정도 이해할 수 있다는 것이었다.

조선인이 법률상 일본인이라는 것임에는 틀림없다. 그러나 사실에서는 조선인은 야마토 민족은 아니다. … 조선인이 일본이라는 나라에 대하여 우리들 일본인과 같이 충실한 마음을 갖기를 바라는 것은 우리들이 간절히 희망하고 있는 바이지만, 성급히 조선인이 일본에 충성하는 마음을 갖도록 강요할 수 없는 것은 물론, 또한 갖지 않는다고 해서 이를 괘씸하다고 하는 것은 대단히 가혹하다. 적어도

---

78) "朝鮮統治策に關して丸山君に答ふ"(『新人』, 1920年 4月), 『選集』 9, p. 149.
79) "新總督及び新政務摠監を迎ふ", p. 116.

일본인과 같은 혼(魂)을 가지지 않으면 안 되는 것처럼 그들을 취급하려고 하는 것은 대단히 온당치 못하다. 순수한 야마토 민족이 아닌 조선인이, 그리고 더구나 그와 같은 상태로 병합당하고, 또한 그와 같이 통치를 받는 조선인이 일본에 대하여 일본인과 같은 생각을 갖지 못하는 것은, 우리로서는 유감스러운 일이지만 자연스러운 것으로서 어쩔 수 없다고 생각된다.[80]

그러나 뒤에서 보다 자세히 보겠지만 요시노가 조선인의 민족적 독자성을 인정해야 하고, 조선인의 반일사상과 행동을 어느 정도 양해해야 한다는 것은 물론 일본이 조선의 독립을 수용해야 한다거나 또는 독립운동을 지지한다는 것은 아니었다.

요시노 논리의 셋째 특징은 조선인의 반일 또는 독립운동을 법률과 도덕적 가치로 구분하고, 이를 법률 및 정치적으로는 수용할 수 없으나 도덕적 차원에서는 일본의 이해가 필요하다는 입장이었다. 즉 조선인의 반일운동을 법만으로는 근본적으로 해결할 수 없다고 보았다. 법률적으로 일본 '신민'인 조선인이 일본의 지배를 벗어나려는 행동은 '국헌을 문란케 하고 국법을 유린'하는 '반역죄'이지만, 실질적으로 일본인이 아닌 조선인의 반일운동은 도덕적 차원에서는 일본이 이해하려는 태도를 보여야 한다는 것이다.

순수한 도덕적 입장에서 볼 때 조선인이 일본의 국법에 반항하는 것을 반드시 불령(不逞)의 폭행이라고만 말할 수는 없다. 만일 일본인이 반역의 죄를 범한다면 이는 법률적으로나 도덕적으로 용납될 수 없다. 그러나 조선인의 경우에 법률적으로는 배척해야만 하지만, 도덕적으로는 크게 양해할 수밖에 없는 이유가 있다. 이를 불령의 흉폭한 행위인 것처럼 오명을 덮어씌우는 것은 우리들로서는 도저

80) "朝鮮靑年會問題"(『新人』, 1920年 2・3月), 『選集』 9, pp. 132-133.

히 양심이 허락하지 않는다. 상대가 조선인인 이상 그들의 행위를 단순히 법률적 견지에서만 비판하는 것은 결코 그들을 정당히 취급하는 것은 아니라고 생각한다.[81]

특히 조선인이 개인 또는 민족의 자유나, 제도적 또는 사회적 정의를 확립하기 위한다는 신념 위에서 일본의 통치를 비판하고, 또한 그 근본 요구를 관철하기 위하여 여러 가지 주장을 하는 것이라면 외형적으로는 법의 질서에 반항하는 것이지만, 전적으로 이를 배척할 것은 아니라는 것이다. 단지 일본에 반대한다는 그것 하나 때문에 "조선인을 불령이라고 부르는 것은 극단적으로 편협한 국가주의자"와 같고, "일본에 반대하고 있기 때문에 조선인을 매도하고, 일본의 신민으로써 법률상 의무를 위반했다는 것 하나만으로 그들을 책한다면 진심으로 조선인을 일본통치에 승복시키지 못할 것"이라고 강조했다.[82]

조선인의 독립운동을 법률·정치적 영역에서 분리하여 도덕적인 시각에서 보아야 한다는 요시노의 논리는 마루야마 츠루키치(丸山鶴吉)와의 논쟁에서 잘 나타난다. 총독부 경무국의 사무관으로서 식민지통치를 직접 담당하고 있던 마루야마가 요시노의 '도덕적 수용론'을 공박하여, 조선이 일본에 합병되고 조선인이 일본인이 된 이상 조선인은 일본의 국법을 준수하고 따라야 한다는 것이 법률의 요구이고, 동시에 도덕상으로도 선한 것이기 때문에 조선인의 반일운동은 법률적으로 엄격히 다스려야 한다는 것을 주장했다.[83] 이에 대해 요시노는 "조선민족 독립운동의 근본적 동기에는 도덕적인 요소가 있다"고 평가하고, 조선인의 반일 및 독립운동을 도덕적으로 '양해'해야 하는 이유를 다음과 같이 설명하고 있다.

---

81) 위의 글, p. 133.
82) 위의 글, p. 134.
83) "朝鮮統治策に關し吉野博士に質す", 『新人』 1920年 3月.

법률은 반드시 도덕적 관념의 요구와 일치해야 하는 것이지만, 법률이 명하는 것이 반드시 도덕이 명하는 것과 일치하지는 않는다. 도덕적으로 양해되는 사안이 법률적으로 죄가 되는 것을 우리들 일상생활에서 얼마든지 경험할 수 있다. 그러므로 실제문제로서 법률과 도덕이라는 것은 일치하는 것이 아니다. 이것을 가능한 한 일치시키는 것이 곧 정치가의 수완이다. 예컨대 조선독립의 문제에서도 법률적으로는 역적이지만 도덕적으로는 그 심리를 이해하도록 정치가가 수완을 발휘하지 않으면 안 된다. … 마루야마 군은 "조선이 일본과 병합하고, 조선인이 일본인이 된 이상 일본의 국법을 준수하고 국헌을 따르는 것이 법률의 요구이고 동시에 도덕상의 지선(至善)이다"라고 말하고 있다. 법률의 요구가 도덕상의 지선이어야 한다는 것은 정치의 이상이지만 이를 현실에 적용시킨다는 것은 사상적으로 지나친 욕심이다. 뿐만 아니라 조선인에게 이와 같은 것을 요구한다는 것은 형식상으로는 당연한 것이지만, 정치가의 식견으로는 조선통치의 이상으로서 솔직히 현재의 조선인에게 이를 요구하는 것은 어렵다는 것을 알지 않으면 안 된다.[84]

더욱이 긴 역사와 독자적 문화를 가지고 있는 조선인이 강제적으로 합병당하고 또한 10년 동안 강압적 통치를 받았다는 것을 감안한다면 조선인의 반일과 독립운동은 어느 정도 이해할 수 있다는 것이다.

2. '마음을 얻는 식민정책'

일본의 식민지통치를 반성하고 개혁할 것을 촉구하며, 한민족의 독자성을 인정하고, 그리고 독립운동을 도덕적인 차원에서 이해할 것을 제의한 요시노의 진정한 의도는 무엇이었을까 하는 것은 우리의 중요

---

84) "朝鮮統治策に關して丸山君に答ふ", p. 147.

한 관심사가 아닐 수 없다. 그는 마츠오 다카요시가 결론내리고 있는 것과 같이 민족자결의 원리를 인정하고 조선의 독립운동을 지지하고 있었나? 또한 일본 당국에 식민지 조선의 포기를 권유하고 있었나? 아니면 보다 효율적인 통치를 위한 방법의 개선을 주장하고 있는 것이었을까?

요시노는 조선문제에 관하여 때때로 상호모순되는 논리를 전개하고, 또한 식민정책을 비판하면서도 이를 인정하는 애매하고도 이중적 태도를 취하고 있어 그의 진의를 파악하기가 대단히 어렵고 때때로 우리를 혼동시키고 있다.[85] 그는 "법률적으로나 형식적으로 조선인에게 노예와 같은 복종을 강제함으로써 조선과 일본을 결합시키려는 입장을 절대로 반대한다"고 주장하고 있는가 하면, "조국의 회복을 도모하는 것은 일본인이나 조선인이나 중국인이나에 관계없이 보편적으로 시인될 수 있는 도덕적 입장"이라고까지 강조하여 조선의 독립운동을 지원하고 있는 듯한 모습을 보였다.[86]

또한 1919년 11월 일본정부가 조선인의 반일운동을 완화시키기 위한 방책의 일환으로 상하이 임시정부의 여운형(呂運亨)을 일본으로 초청하여 환대한 것은 '국법을 파괴하고 국헌을 문란케 한 행위'라고 언론과 정치인들이 한목소리로 정부를 규탄할 때도, 요시노는 "조선인의 독립을 기도하는 그 속에 용서해야 할 그 무엇도 볼 수 없다"고 말하고, 여운형이 "제국이 용납할 수 없는 어떠한 계획을 했는지는 모르지만 그를 도덕적으로 불령의 사도라고 멸시하는 것은 도저히 양심이 허락하지 않는다"고 여운형을 높이 평가하며 언론의 비난을 역습하는 등 조선인의 입장과 행동을 옹호하는 태도를 취했다.[87] 그의 글 속에는 이와 같이 조선인이 독립을 지향하는 심정과 활동을 지지하는 표현을 여러 곳에서 볼 수 있고, 또한 바로 그 이유 때문에 그에 대한

---

85) 中塚明, 앞의 글, p. 49.
86) "朝鮮統治策に關して丸山君に答ふ", pp. 148-149.
87) "所謂呂運亨事件について"(『中央公論』, 1920年 1月), 『選集』 9, pp. 120-121.

긍정적 평가가 상존하고 있다.

그러나 3·1독립운동 이후에 발표한 그의 글을 종합해 보면 요시노가 조선의 독립을 지지했다기보다는, 보다 합리적이고 효과적인 식민지 지배와 통치를 위해 '지배의 방법을 개선'해야 한다는 1916년 당시의 근본적 한국관에는 조금도 변화가 없음을 알 수 있다. 요시노가 사회적으로 '배일내응자(排日內應者)'라는 비난을 받고, 또한 정부로부터 여러 차례 경고를 받으면서도 정부의 정책에 대하여 비판적 입장을 지속한 것은, 스스로가 여러 차례 강조한 것과 같이 '당국을 괴롭히기' 위한 것도 아니고 '조선방기론'을 주장하기 위한 것도 아니었다. 오히려 '성공적 식민통치'를 위하여 '조선인을 완전한 일본인'으로 만드는 데 있었다.

그는 일본의 잘못된 통치방법이 조선인의 반일감정을 강화하고 있었고, 이것이 '조선통치의 실패 원인'이라고 확신하였기 때문에 무엇보다도 식민통치는 조선인의 마음을 다스리는 정책을 택해야 한다는 것이었다. 그는 "어떠한 외형적 시설을 정비했다 해도 조선인의 '마음'(心)을 얻지 못하면 아무것도 아니다. 이는 지난해 3월의 대소동 이래의 교훈으로서 우리 일본국민이 심각한 경험을 하지 않았는가? 때문에 앞으로 진정으로 조선통치를 성공시키려면 가장 먼저 조선인의 '마음'을 얻도록 노력하지 않으면 안 된다"는 것이었다.[88] 즉 '조선통치의 성공'을 위해서 조선인들이 동조할 수 있는 정책을 택해야 한다는 것이었다.

그는 일본이 조선을 통치하는 데에서 조선인의 '민족심리'를 이해하고 '민족적 독자성'을 인정하며, 조선인이 조선인으로서의 능력을 발휘할 수 있도록 해야 한다는 것을 강조했다. 그러나 이는 조선이 일본으로부터의 독립을 뜻하는 것이 아니라, 일본의 국익을 보장하는 틀 안에서 보장되어야 한다는 것을 의미하였다.

---

88) "朝鮮靑年會問題", p. 124.

조선통치의 근본방침은 일본민족과 조선민족이 동양의 평화에 대한 공동사명, 또는 일본과 조선이 충분히 융합한 위에서, 하나의 커다란 목적을 정하고, 그 큰 목적을 위해 일본민족은 일본민족으로서, 조선민족은 조선민족으로서 각각 그 특징에 따라 공헌하는 길을 강구하는 데 있다. 눈은 눈으로서의 기능이 있고, 손은 손으로서의 역할이 있다. 각각 다른 조직이 다른 활동을 함으로써 비로소 인간이라는 하나의 유기체의 활동이 완성될 수 있다. 손은 손이기 때문에 제멋대로 움직이고, 눈은 눈이기 때문에 자기 좋을 대로 움직이는 것이 아니라, 하나의 높은 목적을 위하여 서로 다른 것들이 협동하여 움직이는 것과 같은 태도로써 일본과 조선의 관계를 만들어갈 때 비로소 일본과 조선이 높은 목적을 위하여 동화융합하고 제휴·협동하는 것이 가능하다고 생각한다. 지금까지의 동화정책은 손으로 하여금 눈의 역할을 요구하고 발에게 귀와 같은 활동을 요구한 것과 같이 무리한 것이고 불가능한 것이었다.[89]

'공동사명', '커다란 목적' 또는 '높은 목적' 이 구체적으로 무엇을 의미하고 있는지 명확치 않으나, 그것은 어디까지나 '일본제국주의의 이익' 을 뜻하고 있었음은 두말할 필요가 없다. 그는 또한 '조선민족은 조선민족으로서' 그 자주성이 인정되어야 한다는 것을 주장했으나, 이는 어디까지나 일본의 이익에 '공헌' 하는 범위 안에서만 인정되는 자주를 의미하였다. 즉 조선은 일본이라는 '유기체의 활동을 완성' 시키기 위한 손이나 눈이나 발과 같은 지체 이상도 이하도 아닌 존재였다.

도쿄 간다(神田)에 위치하고 있는 조선 YMCA를 조선독립운동의 '책원지'(策源地)로 간주하고 있었던 일본정부는 1920년 초, YMCA 회관을 총독부의 지원 속에서 '조선인 교화' 에 앞장서고 있는 일본조

---

89) "朝鮮統治の改革に關する最小限度の要求", pp. 97-98.

합기독교회로 하여금 관리하게 하였다. 또한 YMCA 부속 기숙사를 폐지하고 총독부가 관리하는 숙소에서 학생을 수용하는 계획을 추진하였다.

정부의 이러한 계획을 알게 된 요시노는 정부의 조치는 '대단히 어리석은 정책(愚策)'이고 또한 '조선 통치의 몽매함'이라고 비판하면서 정부의 조치를 전면적으로 반대하고 나섰다. 그는 반대하는 이유로 조선인의 행동, 즉 음모를 법률적으로만 제재하려 하기보다는 도덕적으로 수용할 것을 촉구하였으나 그 이면에는 지극히 전략적인 이유가 깔려 있었다. 그도 YMCA가 '각종 음모의 책원지'이고, 청년회의 중심인물들이 '상하이의 소위 독립정부와 연락'하고 있다는 것을 인정하고 있었으나, 이를 폐쇄하는 것은 오히려 조선인의 활동을 더욱 비밀스럽게 만들고 극렬하게 만들 우려가 있다는 것이었다.

청년회가 사실 여러 가지 음모의 책원지였기 때문에 이를 박멸한다는 것은 오히려 안전판을 제거하여 악성의 폭발을 촉진시킬 뿐이다. 청년회가 음모의 책원지가 되는 것이 싫다면 이를 박멸하기보다먼저 그들이 여러 가지 형태의 집회를 가지는 원인을 알 필요가 있다. 절대로 그들의 집회를 금지시켜서는 안 된다. 그들의 집회를 금지시키는 것은 여러 가지 점에서 보더라도 부당한 동시에, 또한 사실상 불가능한 것이다. 공공연한 집회를 그들에게서 빼앗는다면 비밀집회가 될 것이고, 한층 더 사회에 해독을 끼치는 위험한 병균(bazillus)이 양성될 것은 불을 보듯이 명백하지 않은가? 이 점을 고려하여 우리는 조선통치에 대해 당국의 보다 신중한 판단을 요구하는 바이다.[90]

요시노는 일본이 청년회관을 폐쇄하는 것은 "조선인의 심리를 거

---

90) "朝鮮青年會問題", pp. 127-128.

슬러 쓸데없이 평지풍파를 일으키는 처사"로 판단하였다.[91] 그는 청년회를 '조선인 청년학생의 울분'을 해소할 수 있는 '안전판'으로 방치하는 것이 오히려 '음모'를 위한 비밀집회를 사전에 방지할 수 있고, 청년회의 활동을 관리하기 용이하다고 보았다.

조선에 대한 일본의 지배가 계속되는 동안은 일본에 대한 조선인의 저항은 소멸되지 않는다는 것을 알고 있었던 그는 최소한의 저항 속에서 통치할 수 있는 길을 모색해야 한다는 것이었다. 이를 위해서는 일본에 반대한다고 해서 무조건 배척하고 억압하는 '압박 일변도'의 정책보다, 오히려 적절히 포용하는 정책을 택함으로써 협조체제를 구축해야 한다는 것이었다. 그리고 지난날의 통치당국이 조선인들 가운데 자신의 사회적 지위와 이익을 보존하기 위하여 식민지통치에 협조했던 '장래의 가능성이 전혀 없는 소위 쇠망계급'을 손에 넣기에 급급했던 것과 달리, 배일운동의 핵심이고 또한 앞으로 배일운동을 이끌 젊은 청년들과 어떻게 해서라도 연계해야 한다는 것을 강조했다.

오늘 조선인 청년학생의 동요는 우량한 분자가 중견을 이루고 있기 때문에 도저히 이를 억압해서 근절시킬 수 있는 문제가 아니다. 또한 이들을 끝까지 억압해서 다스린다는 태도를 지속한다면 결국 조선인은 영원히 일본을 멀리 할 뿐이다. 그들의 운동은 결코 외부의 선동결과가 아니라 전적으로 자발적인 것이다. 무턱대고 일본에 반대하는 것이 아니라, 일본의 실정에 반대하고, 확고한 정의의 이상을 가지고 움직이고 있기 때문에 외부로부터 동정을 받을 수 있고 또한 동포 민중의 후원을 받을 수 있다. 그들은 오늘 이미 조선민족의 중견에 위치하고 있을 뿐만 아니라 가까운 장래에 민중을 이끌 수 있는 자리를 충분히 차지하게 될 것이다. 그 위에 세계의 동정 또한 획득할 수 있을 것이다. 그렇다면 일본이 결국 조선과 진실로 정

---

91) "朝鮮統治策に關して丸山君に答ふ", p. 144.

신적 제휴를 갖기 위해서는 무엇보다 먼저 이들 중견분자들을 우리 손에 넣지 않고서는 안 된다. 그러므로 조선문제를 근본적으로 해결하기 위해서는 외면상 가장 맹렬한 배일적 분자와 먼저 제휴한다는 마음가짐을 가져야만 할 것이다.[92]

앞에서 이미 살펴본 것과 같이 3·1독립운동 후 요시노는 일본의 조선통치는 실패했다고 단정하고 반성과 개혁을 촉구했다. 그러나 그는 한번도 조선을 포기할 것을 주장하지 않았다. 일본정부가 총독과 정무총감을 새로 임명했을 때에도 요시노는 "통치의 개혁에 관하여 전도의 광명을 기대하기에 족한 인선"이라고 환영하며, "조선통치의 개발에 신기원을 긋는 계기"가 될 것을 기대했고,[93] 지난 10년의 통치는 실패했지만 "새로운 총독과 정무총감 아래서 재시험이 허가되었으니 우리들은 반드시 이 시험에 합격하여 참다운 문명국민이라는 면장"을 받아야만 했고,[94] 국제정세의 변화에 밝은 미즈노 정무총감이 있기 때문에 "머지 않아 조선통치의 국면도 새로운 모습을 갖출 것을 확신한다"는 등 한반도 지배의 강한 의지와 새로운 형태의 통치를 기대했다.[95]

그는 또한 사회 일각에서 자신을 '조선 방기자(放棄者)'로 보는 것에 대해서도 적극적으로 반론을 제기하였다. 예컨대 경무국의 마루야마가 요시노에게 "결국 일본이 조선을 방기할 것을 주장하고 있는가?"라고 질문했을 때도 그는 다음과 같이 자신의 입장을 밝혔다.

나를 조선 방기론자라고 하는 사람은 실제로는 조선 거절론자라고 생각된다. 말할 필요도 없이 나는 일본과 조선이 융합하는 것이

---

92) "朝鮮靑年會問題", p. 141.
93) "新總督及び新政務總監を迎ふ", pp. 114-116.
94) "朝鮮人の自治能力"(『中央公論』, 1919年 9月), 『選集』 9, p. 118.
95) "朝鮮靑年會問題", p. 142.

동양평화의 근간이고, 또한 일본의 대동양정책의 근거라고 생각한다. 이 이상은 마루야마 군과 동일하다고 생각한다. 서로 다른 것은 어떻게 이 이상의 실현을 가능케 할 수 있을까 하는 방법의 문제이다. 지금까지의 방법은 일본이 조선을 붙들고 있었지만, 실은 그들을 우리들로부터 더욱더 멀어지게 만들었을 뿐이다. 그러므로 우리는 종래의 방법을 근본적으로 개혁하고 보다 더 도덕적으로나 실질적으로 그들과 결합할 수 있는 길을 찾아야 할 것이다.[96]

이는 요시노가 조선이 일본의 식민지라는 것과 또한 일본의 식민지 지배를 부인하는 것이 아니라 조선인의 저항을 불러온 지난날의 정책을 개선하여 새로운 통치방법을 모색해야 한다는 것이었다. 요시노가 보다 더 확실한 그리고 영속적인 '조선인의 일본화'를 의도하고 있었다는 것은 그의 '출발점과 도달점'의 이론에서 잘 나타나고 있다.

일선융합(조선의 일본화—필자 주)의 이상은 우리가 최종적으로 도달해야만 할 목표라는 것은 의심할 여지가 없다. 그렇다면 조선인에게 일본인과 같은 태도를 요구하는 것은 최후의 도달점이지 결코 출발점은 아니다. 조선인이 법률상 일본인이기 때문이라는 전제 속에서 정책을 결정한다는 것은 법률은 알지만 정치는 모르는 것이고, 출발점과 도착지를 혼동하는 것이다. 출발점과 도착점의 혼동은 식민지통치에서 가장 조심해서 피해야 할 점이다.[97]

오랜 노력의 결과로 조선인을 완전한 일본인으로 만드는 것이 우리들 일본인의 도덕적 책임이고, 조선통치의 근본요체가 아니면 안된다. 그러므로 통치책의 출발점은 조선인이 아직도 일본인이 되지

---

96) "朝鮮統治策に關して丸山君に答ふ", pp. 148-149.
97) 위의 글, p. 147.

않았다는 사실에 입각해야 하고, 그들에게 완전한 일본인으로서의 의무를 요구하는 것은 우리들이 끊임없이 노력한 결과로 최종적으로 도달해야 할 귀착점이다. 만일 조선통치의 당국자가 이러한 논리를 이해한다면 조선인의 반일운동에 대해서도 다소의 이해가 없지 않을 수 없다. 일본인이 배일한다면 이것은 매국행위다. 그러나 조선인이 배일한다면 이는 다소 이해할 여지가 있다. 섭섭하지만 그들의 행동이 일본의 국법에 위반하더라도 왜 그들이 그와 같은 행동을 하게 되었나 하는 것을 도덕적인 시각에서 이해해야 할 부분이 있다는 것을 우리가 양해해야 한다. 관헌들은 일본인에 대한 것과 똑같은 태도로써 조선인들을 나무라고 있다. 법률상 일본인이기 때문에 일본인으로서의 완전한 의무를 요구하고, 이를 위반한다고 그들을 탄압한다. 일반국민이나 관헌의 이러한 태도는 대단히 잘못된 것이다. 그들은 이 문제에서 출발점을 잘못 택하고 있다. 조선인은 아직 일본인이 아니라는 사실을 출발점으로 하고, 그들이 완전히 일본인이 되는 것을 최후의 도달점으로 해야만 할 것이다. 조선인은 완전한 일본신민이어야만 한다는 가정 위에서 그들을 다스리려 하고 있기 때문에, 소위 출발점을 도달점과 혼동하게 되는 것이다. … 출발점과 도달점의 혼동이 조선통치에서 나타나고 있는 가장 큰 잘못이라고 생각된다.[98]

'조선인의 일본화'가 최종적 목적이라는 점에서는 요시노도 '동화론자'나 또는 '법률 우선 통치론자'와 의견을 같이한다. 다만 그 목표를 성취하기 위한 방법을 달리하고 있었을 뿐이다. 즉 요시노에 의하면 일본이 조선인의 일본화라는 최종적 목표에 도달하기 위해 법과 도덕을 일치시키려 하고, 최후의 도달점을 출발점으로 해온 기존의 정책은 잘못 된 것이었다는 점이다.

98) "朝鮮問題"(『中央公論』, 1921年 1月), 『選集』 9, pp. 167-168.

VI. 식민자치제

요시노는 일본의 식민지정책을 비판하고 차별대우의 철폐, 동화정
책의 포기, 언론 자유의 실시 등 정책의 개혁을 강조했으나, 조선인의
마음을 얻고 조선인의 협조를 받을 수 있는 구체적 대안을 제시하지
는 않았다. 앞에서도 지적했지만 요시노는 조선문제와 식민통치에 관
하여 많은 의견을 피력했다. 그러나 이 문제를 근본적으로 해결하기
위한 방안을 제시한 것은 극히 제한되어 있다. 이것은 그의 진의가 무
엇인지 혼돈케 하는 중요한 이유의 하나이기도 하다.

그는 점차 조선사회에서 격화되고 있는 일본에 대한 '불만과 불평'
을 해소하고, 나가서 독립운동문제를 해결하기 위한 하나의 방안으로
서 조선인에게 '자치권'을 부여하고, 한·일 두 민족은 민간차원에서
대화를 추진할 수 있는 '협동기관'을 설립할 것을 소극적으로 제시했
다. 물론 그가 뜻하고 있었던 '자치권'은 조선의 독립을 의미하는 것
은 아니었다.

3·1독립운동 직후 요시노는 '자치'의 방법과 범위와 시기에 관해
서는 별도의 연구가 필요하지만, 일본은 '일시동인정책의 필연의 결
과'로서 조선인에게 '어떤 종류의 자치'를 인정하는 방침을 강구해
야 한다는 것을 하나의 대안으로 제시하였다. 그리고 일본은 조선에
서 관리만능의 통치방식을 중단하고, 조선인이 최소한도 조선에 거주
하고 있는 일본인과 협동하여 일본의 통치를 감독한다는 기본방침을
확정하는 것이 '절대로 필요'하다는 입장을 보이고 있다. 물론 일본
이 조선에 자치권을 부여한다는 것은, 조선에서 일본의 지위와 이익
이 확실히 보장되어야 한다는 것을 전제로 하고 있었다.

(자치의)방침을 어느 범위까지, 그리고 어떠한 시기에 어떠한 방
법으로 실시할 것인가는 앞에서도 지적했지만 신중한 연구가 필요
하다. 이를 검토하는 데에서 다만 조선인의 입장만을 고려해서는 안

된다는 것은 두말할 필요도 없다. 조선인이 조선인의 손에 의하여 어떻게 다스리느냐는 일본의 이해나 휴척(休戚)과 대단히 밀접한 관계가 있다. 우리들은 종래의 통치방침이 지나치게 일본적으로 치우쳤던 것을 유감스럽게 생각하고 있지만, 그렇다고 전적으로 '조선인을 위한 조선' 주의로 방임할 수는 없다. 우리들이 어느 정도 일본의 입장을 참작할 것을 주장하는 것에 대하여서는 열렬한 조선독립당의 사람들도 양해할 것으로 생각된다.[99]

요시노도 조선의 지위 변화는 일본의 국익에 직결된다는 인식을 한국관의 밑바탕에 깔고 있었기 때문에 그가 제기하고 있는 자치라는 것도 일본의 식민지지배라는 틀 속에서 이루어지는 것을 의미하였다. 즉 '식민자치제'를 뜻하고 있었다.

또한 그가 제시하고 있는 조선인과 일본인으로 구성된 '민간차원의 기구'도 이러한 목적을 수행하기 위한 것이었다. 물론 요시노는 민간기구가 형성되면 이 기구가 3·1독립운동의 진상을 밝히고, 일본의 통치에 대한 기탄 없는 비평을 들으며, 서로의 오해를 예방하고, 장래의 해결책을 결정하는 역할을 할 수 있기를 기대했다. 그러나 그가 의도하였던 것은 이 기구가 조선과 일본의 협동을 위한 의사소통기관으로서의 역할을 담당하고, 이 기구를 통해서 조선인이 통치에 참여한다는 명분을 확보한 동시에 조선인의 협조를 모색한다는 것이었다.

그러나 일본에 대한 조선인의 감정과 당시의 상황을 고려할 때 이러한 기구를 설립하는 것이 대단히 어렵다고 판단하였던 요시노는 조선에 거주하고 있는 미국 선교사에게 중재를 의뢰할 것을 해결방안으로 구상하고 있었다. 즉 비교적 조선인의 입장을 이해하고 동정적 태도를 보여온 미국인 선교사들을 끌어들인다면 이 기구 구성이 크게 어렵지 않을 것으로 판단하였다. 물론 내부문제를 "제3자에게 의뢰하

---

99) "朝鮮暴動善後策"(『中央公論』, 1919月 4月), 『選集』 9, p. 53.

는 것은 불명예스럽고, 또한 선교사와 폭도의 관계를 생각하여 반대하는 세력"이 있을 수 있지만, "먼저 우리들이 외국인을 손에 넣는 일을 성공할 수 없다면 조선인을 손에 넣을 수 없고, 또한 외국 선교사의 힘을 빌리는 것은 곧 그들 선교사를 진정으로 일본통치하에 귀속시키는 것"이기 때문에 적극적으로 노력할 필요가 있다는 것이다.[100] 즉 미국인 선교사들을 개입시킴으로써 일본의 식민지통치에 비판적 시각을 가지고 있던 미국선교사들을 회유하는 한편, 그들의 힘을 빌려 조선인과의 관계를 개선해 나갈 길을 모색한다는 것이었다.

1. '아일랜드의 영국화'와 '조선의 일본화'

국제정세의 변화를 통찰하고 있었던 요시노는 영국이 아일랜드 문제를 어떻게 해결할 것인가에 깊은 관심을 가지고 있었고, 그곳에서 조선문제 해결의 실마리를 찾으려 했던 것 같다.

1800년 영국에 합병된 아일랜드는 영국과의 관계뿐만 아니라 내부적으로 구교와 신교 사이의 갈등 등 복잡한 문제를 안고 있었다. 그러나 영국의 지배 속에서 아일랜드인의 민족 각성, 지주(영국인)와 소작인의 갈등, 구교에 대한 사회적 탄압, 영국의 실정 등은 아일랜드인의 종교적·사회적 불만을 촉진시켰고, 이러한 변화와 불만은 영국에 대한 아일랜드인의 투쟁을 점차 강화시켜 나갔다. 특히 1845년부터 시작된 아일랜드의 대기근(the Great Famine)과 이에 대한 영국정부의 부적절한 대책은 약 100만에 가까운 아사자를 냈고, 또한 많은 사람들로 하여금 미국으로 이민의 길을 떠나게 했으나, 동시에 영국에 대한 아일랜드인의 저항을 조직적인 무장투쟁으로 전환시키는 계기가 되었다.[101]

---

100) 위의 글, pp. 53-54.
101) 이 기근으로 인하여 아일랜드의 인구는 1841년의 800만에서 1851년 650만

영국에 대한 아일랜드인의 투쟁이 강화되자 영국은 문제를 보다 근원적으로 해결하기 위하여 아일랜드의 자치제를 구상하게 되었다. 1886년 자유당(Liberal Party) 총리인 글래드스톤(William Ewart Gladstone)은 1886년 아일랜드의 자치제를 인정하는 제1차 자치법안(the first Home Rule)을 의회에 제출했으나 보수당의 반대로 부결되었고, 다시 1894년 제2차 자치법안을 제출했으나 하원(the Commons)에서는 통과되었으나 상원(the Lord)에서 부결되었다. 앞에서 지적한 것과 같이 1914년 제3차 자치법안이 통과되었으나 아일랜드 내부의 분규와 영국의 독일과의 전쟁 등으로 자치제의 실시가 사실상 무기한 연기되었다.

1916년 아일랜드의 무장봉기는 영국과 아일랜드의 관계의 전환점을 만들었다. 아일랜드 독립주의자들이 그해 4월 23일 아일랜드공화국(Irish Republic)을 선언하고 영국과 전쟁에 돌입했다. 그러나 이 봉기는 일주일 만에 진압되었고 아일랜드의 많은 민족주의자가 처형되는 결과를 가져왔다. 그러나 또한 이 사건을 계기로 국제적 비난을 면할 수 없었던 영국은 아일랜드문제를 보다 근원적으로 해결하기 위하여 아일랜드와 협상을 추진했다. '자치냐, 아니면 완전독립이냐' 등의 문제로 협상은 여러 차례 파국에 직면했으나, 결국 1921년 12월 6일 영국연방의 자치령으로서 아일랜드의 자치를 인정하는 조약(Anglo-Irish Treaty)이 체결됨으로써 문제해결의 한 단원을 정리했다.[102]

요시노는 영국과 아일랜드 사이에 중요한 변화가 나타날 때마다 깊은 관심을 보이고 추세의 변화를 주의 깊게 관찰하였음을 알 수 있다.

으로 줄었고, Young Ireland Movement(1848), Irish Republican Brotherhood(1858), Sinn Fein('ourselves alone') Movement 등과 같은 투쟁단체가 생겨났다.

102) 아일랜드의 투쟁에 관해서는, J. C. Beckett, *A Short History of Ireland* (London: Hutchinson & Co. Ltd., 1966, 3rd edtion), pp. 130-166; *Encyclopaedia of Ireland*(Dublin: Allen Figgis, 1968), pp. 86-103; Lawrence J. McCaffrey, *The Irish Question-Two Centuries of Conflict*(the University of Kentucky Press, 1995, 2nd ed.), pp. 110-152 참조.

물론 그의 관심은 영국과 아일랜드의 관계가 어떻게 변하느냐가 관심사가 아니라, 이 문제를 통해서 '조선문제의 해결'을 염두에 두었음을 알 수 있다. 아일랜드문제와 관련하여 그가 발표한 첫번째 논문은 1914년 5월 영국의회(하원)에서 제3차 아일랜드 자치법안(the Home Rule)이 통과되면서부터였다. 그는 의회에서 자치법안의 통과는 "30년 이래 영국 정계의 일대 현안인 영국과 아일랜드의 문제를 당당하게 해결할 수 있는 계기를 마련한 것"으로서 높이 평가하였다. 그는 이 글에서 아일랜드문제의 발전과 성격과 현상, 영국과 아일랜드의 역사적 갈등, 아일랜드민족 내부의 종교적·정치적 갈등 등을 비교적 자세히 설명하고 있다. 그러나 요시노의 주요 관심은 자치법안 통과를 계기로 서로의 입장과 정치적 의도가 다른 영국 보수당과 자유당이 어떻게 견해차를 좁혀나가고, 또한 영국이 아일랜드의 독립당과 어떻게 협상해 갈 것인가 하는 것이었다. 그는 일본이 앞으로 이 문제가 어떻게 발전할 것인가 그 귀추에 주목하고 그 변화를 국민들에게 다시 소개할 뜻을 밝혔다.[103]

요시노는 3·1독립운동 직후 전개된 조선인의 반일저항운동을 "거의 다른 생각 없이 철두철미 일본에 반항한다는 정신으로 맹진하고 있는 조선의 오늘은 아일랜드의 현상에 비할 수 있다"고 설명하였다. 그는 아일랜드문제 해결의 역사적 경험을 통해서 '민심이 더욱 험악'해지고 있고, 또한 '조직적 대규모의 폭동'으로 나타나고 있는 조선문제의 해결방안을 찾을 수 있다고 생각하였다.[104]

영국과 아일랜드의 협상을 '국기관(國技館)의 요코츠나(橫綱: 일본 씨름의 최강자—필자 주) 씨름경기에 비교할 수 있는 장관'이라고 높이 평가한 요시노는, 이 협상이 조선문제 해결의 교훈이 될 수 있다고 보았다.

---

103) "愛蘭問題"(『新女界』, 1914年 7月), 『選集』5, pp. 42-47.
104) "朝鮮の暴動について", 『中央公論』, 1920. 11.

아일랜드인(愛蘭人)은 다만 자치의 요구로서 만족하지 않고, 완전독립을 주장하고 있는 신페인(Sinn Fein)당을 지지하고 있다. 자치를 허락할 것인가 말 것인가를 가지고 곤경에 빠져 있던 영국이 지금은 아일랜드인의 완전독립 요구에 직면하여 그 어려움이 한층 더 심해졌다는 것은 상상하고도 남는다. 신페인당의 고집스러운 요구와 영국이 현재 직면하고 있는 내외적 어려움이 함께 어울려 영국정계에 어두운 그림자를 한층 더 짙게 만들고 있다. 그러나 과연 로이드 조지(David Lloyd George: 영국 총리)는 위대한 수완의 소유자이다. 이 어려움에 직면해서 발휘하고 있는 그의 솜씨는 훌륭하기 이를 데 없다. 이에 대한 자칭 대통령인 드 발레라(Eamonn de Valera, 아일랜드 대표)의 불굴의 태도 또한 감탄하지 않을 수 없다. 남아프리카의 인걸 스머트(Jan Smuts) 장군에게 중재를 당부하고, 그리고 당당한 두 영웅이 침착함을 잃지 않고 한발짝 한발짝 문제해결을 위하여 다가서고 있는 모습은 조선에 대해서 같은 문제를 가지고 있는 우리에게 커다란 교훈을 주고 있다.[105]

그러나 아일랜드가 완전 분리독립을 끝까지 주장함으로써 협상이 더 진전하지 못하고 파국의 단계에 접어들게 되어 요시노는 크게 실망했다. 그리고 그는 드 발레라가 이끄는 신페인당의 요구는 '소위 민족자결주의의 극단적인 고집'이고, 이와 같은 '민족주의의 노골적 주장'은 영국과 아일랜드의 문제로 국한되는 것이 아니라, '세계의 운명에 중대한 영향'을 미칠 수 있는 문제라고 우려했다. 특히 그는 '완전 분리독립'이라는 형식에 집착하여, '완전한 자치'라는 실리를 취하지 못하는 아일랜드의 선택을 잘못된 것으로 비판하였다.

그러나 아일랜드인들이 현실적으로 실현가능성이 희박한 완전독립

---

105) "愛蘭問題の世界的重要意義"(『中央公論』, 1921年 10月), 『選集』 6, pp. 212-216.

을 고집하기보다 '영국왕의 충성스러운 신민'이 되는 대신 광범위한 자치권을 확보하는 '자치제'(dominion status)를 택하고, 앞에서 지적한 영국과 조약(Anglo-Irish Treaty)체결의 길을 선택하자, 요시노는 협상의 결과를, 특히 아일랜드의 선택을 높이 평가했다.

　최근 아일랜드에서는 다수가 드 발레라의 강경한 태도에 반대하고, 실질적으로 확보할 수 있는 것에 만족하는 것으로서 문제의 해결을 선택했다. … 이는 드 발레라에 대한 로이드 조지의 승리이고, 또 어떤 의미에서는 아일랜드에 대한 영국의 승리라고 보는 견해가 있으나, 이를 승리 대 패배의 시각에서 평가하는 것은 크게 잘못된 것이다. … (이는 아일랜드가) 칼이 부러지고 화살이 없어서 도저히 싸울 수 없어 항복한 것과는 근본적으로 다르다. 아일랜드민족이 결코 진퇴유곡에 빠진 것은 아니었다. 로이드 조지의 제안을 타당하다고 다시 평가했고, 드 발레라의 입장을 고집할 필요가 없다고 판단해서 조약을 승인한 것이다. 즉 다른 방법이 없어서 적에게 항복한 것이 아니라, 문제의 해결이 필요하다는 것을 상당히 인정하고 타협한 것이다. 진정한 의미의 타협이지, 궁해서 타협한 것이 아니다.[106]

강한 적대감을 가지고 있었던 아일랜드가 타협적 태도로 전환하여 문제해결에 긍정적 입장을 가지게 된 원인이 무엇인지를 규명함으로써 요시노는 일본이 그곳에서 '커다란 교훈'을 찾을 수 있다고 보았다. 요시노에게서 아일랜드문제의 중요성은 바로 이 '교훈'에 있었고, 이 '교훈'을 통해서 점차 격화되어 가고 있는 조선문제의 해결의 실마리를 찾을 수 있다고 보았다. 그가 가장 중요시한 '교훈'은 타협에 임하는 당사자의 성의와 상호신뢰할 수 있는 사실을 약속한다는 것이었다.

---

106) "愛蘭問題解決の側面觀"(『中央公論』, 1922年 2月),『選集』6, p. 245.

아일랜드문제에서도 로이드 조지의 제안은 한때의 속임수가 아니라는 것을 아일랜드민족은 볼 수 있었고, 로이드 조지 또한 아일랜드민족이 일단 독립을 확보하면 무엇을 할지 모른다는 의심을 품지 않았다. 성의의 신뢰가 있었기 때문에 실질적으로 만족스러운 해결이 있다면 형식적인 것에 구애받지 않고 해결할 수 있음을 보여주고 있다. 바로 여기에 우리들이 크게 배울 수 있는 그 무엇이 있다고 생각한다.[107]

요시노는 조선문제를 해결하는 데에서도 영국과 아일랜드가 보여준 것과 같은 '타협적 태도'를 취할 것을 제시하고 있었다.[108] 요시노는 타협의 내용과 한계를 구체적으로 명시하고 있지는 않았으나, 영국과 아일랜드의 타협을 높이 평가하고 있는 것으로 미루어볼 때, 일본은 동화정책을 포기하고 조선인에게 자치권을 부여하고, 조선인에게는 완전한 자주독립을 고집하기보다 아일랜드가 영국의 제안을 수용한 것과 같이 '일본 천황의 충성스러운 신민'이 된다는 전제에서 자치권을 확보하는 선에서 타협할 것을 제안하고 있다고 볼 수 있다.

VII. 맺는 글

기독교적 신앙의 배경을 가진 요시노는 일본의 강압통치와 동화정책을 비판하고, 조선인을 일본인과 동일시하고, 조선인에게 보다 많은 자율권과 언론의 자유를 부여할 것을 요구했다. 그는 조선인에 대한 일본의 무력탄압을 부끄러워했고, 이에 대한 국민적 반성을 강조했다. 1923년 관동대지진 당시 많은 조선인을 학살했을 때도 그는

---

107) 위의 글, p. 246.
108) 위의 글, p. 247.

"남녀노소의 구별 없이 조선인을 오살(鏖殺)한 것은 세계무대에 얼굴을 들 수 없는 커다란 치욕"이라고 주장하며 일본인의 "국민적 회한 (悔恨)을 위한 구체적 대안을 강구할 것"을 촉구했다.[109] 그러나 그의 부끄러움과 비판은 인도주의자의 것 그 이상은 아니었다. 또한 요시노는 조선인의 반일사상과 운동에도 깊은 관심을 가졌다. 그러나 그의 관심은 일본의 지배의 틀 속에서 조선인의 반일운동을 축소하거나 해소할 수 있는 방안을 찾기 위한 관심이었다. 그는 결코 조선의 독립을 인정하지도 않았고 또한 지지하지도 않았다.

3·1독립운동 직후인 1919년 4월 도쿄에서 개최된 제2회 전국기독교청년회 대회에 연사로 참석한 요시노는 조선의 독립과 일본의 관계에 대하여, "(조선인의)독립운동에는 상당한 이유도 있고, 일본 또한 이에 대해 책임이 있다. 그러나 조선의 독립은 지난날 일청·일러 전쟁이라는 두 전쟁을 일으킨 것에서 알 수 있는 것과 같이, 일본을 대단히 위태롭게 한다"라고 솔직하게 인정하였다.[110]

조선을 일본 안전의 중요한 변수로 인식하고, 그렇기 때문에 일본은 어떻게 해서라도 한반도를 지배해야 한다는 사고와 논리는 메이지 시대의 계몽사상가인 후쿠자와 유키치 이래 계속된 한국관의 바탕이라 하겠다. 다이쇼 시대의 민본주의자이고 인도주의자였던 요시노 사쿠조도 이러한 한국관의 틀에서 벗어나지 못했다. 그는 조선에 대한 일본의 식민지통치의 성공 여부는 일본의 운명과 직결되어 있다고 믿었고, 바로 그러한 연유에서 식민지통치의 성공을 위한 정책의 대안과 개혁을 제시했다. 요시노는 조선인의 민족해방투쟁을 지지한 후원자였다기보다는, '조선인의 일본화'를 위한 식민통치의 개선론자였고, 개선의 대안으로 '조선의 아일랜드화' 즉 '식민자치제'를 제시했을 뿐이다.

---

109) "朝鮮人虐殺事件に就いて"(『中央公論』, 1923年 11月), 『選集』 9, pp. 199-204.
110) "政治問題のついての懇談會", 『開拓者』, 1919年 5月.

4 야나기 무네요시와
선린우호의 원형

I. 머리글

1945년 이전 일본인의 의식 속에 담겨져 있었던 한국상(韓國像)은 크게 두 가지로 나누어 볼 수 있다. 그 중 하나는 '지배의 대상' 이었고, 또 다른 하나는 '동화의 대상' 으로서의 조선이었다. 1873년의 정한논쟁 이후 1910년 한국을 합병하기까지 일본의 중대한 국가목표의 하나는 한국을 지배하는 것이었다. 앞에서 본 후쿠자와 유키치나 타루이 도키치와 같은 사람들은 이 '지배' 를 위한 이념적 틀과 동인을 제공했다.

그러나 1910년의 합병 후부터의 조선은 '동화' 의 대상이었다. 즉 민족의 주체로서 조선인은 영원히 소멸시키고 조선인을 일본인으로 만든다는 것이었다. "한국의 문자와 역사를 박멸하고, 나라의 이상을 파괴하며, 전통과 습관을 제거하고, 조선인을 완전히 새로운 틀에 넣어 교육과정을 통하여 삶의 양식과 사고를 일본인으로 개조" 한다는 동화정책은 식민지 지배의 전 기간을 통해서 줄기차게 전개되었다.[1] 물론 이러한 동화정책은 조선인의 끈질긴 저항을 받았고, 일본은 이 저항을 극복하기 위하여 더욱 잔혹한 무단통치와 간교한 문화통치를 실시했다.

'조선의 일본화'라는 것이 일본인의 보편적 한국관이었던 시대에 요시노 사쿠조와 야나기 무네요시는 일본이 실시하고 있었던 동화정책을 비판·부인했다. 그러나 이미 앞에서 본 것과 같이 '통치방법'으로서의 동화정책을 요시노가 부인하고 비판한 것과 달리, 야나기는 조선민족의 자주독립을 긍정하는 차원에서 동화정책을 부인했다. 예술가였던 야나기는 사회과학자였던 요시노보다 더 감정적일 수 있었으나 그가 보여준 한국민족에 대한 애정과 한국예술에 대한 존경의 마음은 일본의 지식인사회에서는 볼 수 없었던 '이단이고 희귀'한 한국관이라고 할 수 있다. 그리고 이는 한국과 일본이 지향해야 할 선린의 '원형'이기도 하다.

II. 한국의 아름다움과의 만남

야나기 무네요시(柳宗悅, 1889-1961)는 요시노 사쿠조와 같이 일본의 근대화가 성취된 사회에서 성장한 제2세대에 속하고 있다. 해군소장이었던 야나기 나라요시(柳楢悅)의 셋째아들로 태어난 무네요시는 부친이 걸어온 길과는 전혀 다른 종교와 예술에 관심을 가진 사상가의 길을 택했다. 귀족의 자제들만 다닐 수 있는 가쿠슈인(學習院) 초·중·고등학교를 졸업하고 도쿄제국대학(東京帝國大學)에서 철학을 전공한 무네요시는 일찍부터 문화활동에 적극적으로 참여했다. 다이쇼(大正) 지성인의 대표적 집단으로 평가되고 있는 동인지 『시라카바』(白樺)의 창간 멤버인 무네요시는 대학 재학시절부터 톨스토이,

---

1) E. Alexander Powell, "Japan's Policy in Korea", *Atlantic Monthly*(March, 1922), p. 397.

휘트먼(Walt Whitman), 플로베르(Gustabe Flaubert) 등의 문학과, 고흐·세잔·로댕 등의 미술과 조각 작품을 일본에 소개하는 데 정열을 쏟았다.[2] 유럽의 근대문학과 회화에 열중하던 무네요시가 언제, 또한 어떠한 계기로 동양, 특히 한국의 전통적 예술작품의 아름다움에 심취되었는지는 명확치 않다. 우부가타 나오기치(幼方直吉)의 표현대로 '젊은 야나기가 최대의 정열을 기울인'[3] 조선과의 인연을 뒷날 그는 다음과 같이 설명하고 있다.

> 내가 조선에 관심을 가지기 시작한 것은 학생시절부터였다. 나의 누이가 일러전쟁시기에 인천의 총영사를 역임하고 있던 가토 모토시로(加藤本四郎) 씨에게 시집을 갔고, 나의 여동생은 나중에 조선 총독부의 내무국장이 된 이마무라 다케시(今村武志) 씨에게 시집을 갔다. 그러한 인연도 있었지만 무엇보다 조선을 알 기회를 얻은 것은 아사카와 노리타카(淺川伯敎), 타쿠미(巧) 형제를 알고 난 이후부터였다. 서울의 아현리에 살던 타쿠미 씨의 집을 방문한 뒤부터 조선의 민예의 아름다움에 크게 눈뜨게 되었다.[4]

무네요시가 한국의 예술품에 처음으로 접한 것은 그가 학생시절인 1909년 "뭐가 뭔지도 잘 모르면서 3엔(円)이라는 많은 돈을 주고 산 모란(牧丹) 문양의 도자기"였다.[5] 그후 조선 도자기에 대해 본격적인

---

2) 有島武郎, 志賀直哉, 武者小路實篤, 長與善郎, 小島喜久雄, 柳宗悅 등 學習院 출신으로 시작된 동인지 『시라카바』는 근대일본의 문학운동뿐만 아니라 사상의 영역에서도 하나의 전기를 제공했다. 1910-23년까지 계속된 『시라카바』와 『시라카바』를 중심으로 한 그들의 활동과 그 역사적 의미에 관하여는, Tatsuo Arima, *The Failure of Freedom: A Portrait of Modern Japanese Intellectuals*(Cambridge: Harvard University Press, 1969), pp. 98-127.
3) 幼方直吉, "日本人の朝鮮觀―柳宗悅を通して", 『思想』, 1961年 10月, p. 66.
4) 『親和』, 1954年 3月; 高崎宗司, "解說", 高崎宗司編, 『朝鮮を想う』(筑摩書房, 1984), p. 254에서 재인용.

관심을 가지게 된 계기는 영국의 도예가 리치(Bernard Leach, 1887-1979)의 권유에 따라 그와 함께 1912년 우에노(上野) 공원에서 개최된 척식박람회(拓殖博覽會)에 전시된 조선의 명품들을 보고 나서부터였다. 그러나 그로 하여금 조선 자기의 아름다움과 신비함에 깊이 매료되어 학구적 태도를 보이게 된 것은 1914년 도쿄에서 개최된 로댕의 작품을 보기 위하여 조선에서 귀국한 아사카와 노리타카(淺川伯敎)로부터 이조 청화백자인 가을풀(秋草) 문양이 새겨진 6각의 자기를 선물로 받고나서부터였다. 야나기는 이 선물을 항상 옆에 두고 감상하면서 조선 도자기의 아름다움을 깨닫기 시작했다. 그로부터 2년 후인 1916년 아사카와 형제의 권유로 조선을 방문할 기회를 갖게되고, 한국의 문화와 예술품에 본격적으로 심취하게 되었다.[6]

1916년 8월 야나기의 첫번째 조선여행은 서양에 머물러 있던 그의 예술적 관심과 미의 시각을 동양으로 돌리는 계기가 되었고, 조선의 아름다움에 끝없이 매료되기 시작한 출발점이기도 하다. 특히 경주 석굴암에 숨겨져 있는 종교적 신비와 불상의 아름다움은 그에게 커다란 충격과 감격을 안겨주었다. 야나기는 석굴암을 답사한 지 3년이 지난 후 "석불사(石佛寺)의 조각(彫刻)에 대하여"라는 학술적 논문을 발표했다. 학술적 객관성을 견지하면서도 직관적 심미력이 충만한 이

5) 柳宗悅, "李朝陶磁の七不思議"(『民藝』, 1959年 11月), 『柳宗悅全集』(筑摩書房, 1981) 6, p. 530. 이하에서 『全集』으로 표시함. ( ) 안의 표기는 야나기의 글이 처음 실린 곳과 시기를 의미함; 阿滿利磨, 『柳宗悅—美の菩薩』(リブロポート, 1987), p. 15.

6) 야나기가 초기 한국예술의 아름다움을 깨닫게 되고 또한 한국민예품을 수집하는 데는 아사카와 노리타카(淺川伯敎, 1884-1964)와 그의 동생 타쿠미(巧, 1890-1964)의 도움이 컸다. 『시라카바』의 애독자였던 노리타카는 조선에서 소학교 선생으로 있으면서 조선의 도자기 연구에 몰두했다. 또한 그의 동생 타쿠미도 조선의 임업 시험장의 기사로 일하면서 도자기와 공예품을 연구했다. 아사카와 형제는 야나기가 朝鮮民族美術館을 처음 계획할 때부터 참여하여 그를 도왔다. 야나기는 석굴암 답사 후 발표한 최초의 논문인 "석불사의 조각에 대하여"를 "京城에서 지낸 반달 동안의 추억으로 이 한 편의 글을 淺川伯敎와 淺川巧 두 형에게 바친다"라고 할 정도로 아사카와 형제를 깊이 생각했다.

논문은 다음과 같이 시작하고 있다.

지금부터 3년 전—1916년 9월 1일 오전 6시 반, 찬란한 태양빛이 바다를 건너 굴원(窟院) 안의 불타(佛陀)의 얼굴에 닿았을 때 나는 그 곁에 섰다. 그것은 지금도 잊을 수 없는 행복한 추억이다. 불타와 그를 둘러싼 불상들이 그 놀라운 새벽빛에 의해 선명한 그림자와 흐르는 듯한 선을 나타낸 것도 그 찰나였고, 굴원 안 깊숙이 서 있는 관음의 조상(彫像)이 세상에서 보기 드문 미소를 지은 것도 그 순간이었다. 오직 이 새벽 햇살을 통해서만 볼 수 있는 그녀의 옆얼굴은 지금도 나의 숨을 죽이게 한다. … 나는 짧은 여행 동안 세 차례 석굴암을 찾았다. 그때를 돌아보는 것은 나에게 있어서 언제나 행복한 추억이다.[7]

야나기에게서 석굴암은 단순한 절(佛寺)이나 건축이 아니었다. 그에 의하면 설굴암은 "동양의 종교와 예술의 귀결"이었고, "불타와 그의 제자들이 사는 곳"이었으며, 동양종교의 신비와 비밀을 깨닫게 할 수 있는 가장 중요한 열쇠였다. 그리고 석굴암의 조각들은 "조선의 마음"을 통해서만 생겨날 수 있는 아름다움의 표현이고, 석굴암을 통해 "조선은 영원한 영예"를 나타내고, 또한 "인간의 무한한 깊이"를 드러내고 있었다.[8]

조선여행에서 돌아온 야나기는 여행에서 보고 느낀 것과 그동안 서양의 예술에만 치중했던 편집방향을 시정할 것을 『시라카바』의 편집 후기에 다음과 같이 쓰고 있다.

기대했던 것보다 훨씬 깊은 감명을 받았다. 언젠가 그것들을 기념하는 글을 잡지에 쓰고 싶다. 특히 고조선(古朝鮮)의 미술로서 우리

---

7) "石佛寺の彫刻に就て"(『藝術』, 1916年 9月), 『全集』 6, pp. 110-111.
8) 위의 글, pp. 113, 119, 142.

의 경탄과 주의를 끌 만한 것을 사진과 함께 잡지에 소개하고 싶다. 지금까지 우리는 서양의 예술만 소개해 왔다. 그러나 앞으로는 자주 동양의 작품을 새로운 눈으로 소개하고 싶은 생각이다.[9]

야나기는 약속한 대로 한국의 예술을 본격적으로 일본에 소개하기 시작했다. 주로 근대 유럽에 초점을 맞추고 있던 『시라카바』는 창간 10년째를 맞으면서 한국의 미술을 소개했다. 야나기는 1920년 2월호 『시라카바』에 신라시대의 금동반가좌상(金銅半跏座像), 백제시대의 미륵소상(彌勒小像), 그리고 석굴암에서 네 개의 불상 등 6장의 삽화를 실었다. 그리고 이를 게재한 이유를 다음과 같이 야나기는 설명하고 있다.

지난해 7월 처음으로 『시라카바』가 동양의 그림에서 삽화를 선택했을 때, 그 기획을 기뻐한 사람들이 기대 이상으로 많았다(개인적으로 나에게 호의적인 편지를 보내주신 여러분들에게 이곳에서 깊은 감사의 마음을 전한다). 이번에 두번째로 시도하게 된 것을 기쁘게 생각한다. 나는 조선의 조각에서 이들 삽화를 골랐다. …

이 작품들은 실로 조선의 명예를 말해 주는 영원한 걸작이라고 생각된다. 어떤 비평가는 중국의 예술과 대비하여 조선 예술의 독립성을 의심하고 있지만, 이는 아름다움에 대한 통찰력이 없는 비평일 것이다. 비록 조선과 중국이 깊은 역사적 관계를 맺었다 하더라도 아름다움을 표현하는 데는 그들 사이에 명확한 차이가 있었다고 나는 생각한다. 중국의 강력한 형태(形, form)의 미는 조선에서는 볼 수 없다. 그러나 흐르는 듯한 선(線, line)의 미는 오직 조선인만이 소유하고 있다. 아마도 이 선의 비밀을 풀지 못한다면 우리는 조선의 아름다움에 가까이 갈 수 없을 것이다. 나는 일본사람들이 조선

---

9) 『白樺』, 1916年 11月, 編輯後記. 高崎宗司, "解說", p. 254에서 재인용.

의 예술을 이해하는 것이 그 국민의 마음과 가까워질 수 있는 가장 확실한 길이라는 것을 알아주기 바란다.[10]

츠루미 슌스케(鶴見俊輔)는 야나기의 이 짧은 글은 "『시라카바』의 문학운동에 한 전기를 마련했을 뿐만 아니라, 일본의 근대사상에서 하나의 전기를 이루었고, 일본문화의 주류가 되어온 사고방식에 대한 하나의 전기를 이루었다"고 의미를 크게 부여하고 있다. 즉 그동안 일본에 전달된 중국문화는 '조선인에 의하여 다분히 조선화된 중국문화'였음에도, 일본인이 중국과의 직접 문화교류에 의하여 이루어졌다고 믿어온 기존의 생각을 바로잡는 전기가 되었다고 평가하고 있다.[11]

한국예술의 창조적 아름다움과 그 독자성을 일찍이 깨달은 야나기는 그 비밀을 밝히기 위하여 끊임없이 탐구해 나갔다. 그의 미적 관심은 조각과 도자기에서 나무(木)공예품·미술·민화 등으로 넓혀나갔다. 그러나 야나기는 단지 작품의 아름다움에만 몰입되지 않았으며, 보다 아름다운 예술품을 만들어낸 조선민족에게 끊임없는 존경과 애정을 보냈다. 그는 일본인들이 한국의 예술을 이해함으로써 조선인과 가까워질 수 있다고 믿었다.

그러나 일본은 조선을 탄압하고 있었다. 위대한 예술품을 만들어낸 조선민족에 대한 부당한 간섭과 억압, 그리고 조선인의 민족전통을 파괴하고 있는 일본의 행위를 야나기는 용납할 수 없었다. 특히 그를 분노케 한 것은 조선인을 일본인으로 만들려고 하는 일본정부의 동화정책이었다. 이것은 조선인의 창조적 미를 완전히 파괴하는 것이었다. 일본이 "조선어와 조선의 역사와 도덕을 빼앗고, 그대신 일본어·일본역사·천황숭배를 강제"하는 동화정책을 강화하면 할수록 "조선은 그들의 고유의 미를 키워온 전통을 잃어버리게 될 것"을 그

---

10) "今月の揷繪に就て"(『白樺』, 1920年 2月), 『全集』 6, pp. 169-170.
11) 鶴見俊輔, "解說·失なわれた轉機", 『全集』 6, pp. 678-679.

는 우려했다.[12] 야나기는 한국예술의 위대성을 알리면서, 민족문제에 대해서도 과감한 글을 쓰기 시작했다.

III. "조선인을 생각한다"

첫 여행 이후 한국의 예술에 대한 야나기의 관심은 더욱 커졌다. 그러나 그가 발표한 최초의 글은 한국의 예술에 관한 것이 아니라, 일본 식민지통치의 잘못을 비판하고 조선민족의 주체성과 독립의 필연성을 주장한 정치·사회적 발언이었다. 그의 이러한 지적은 해야 할 말이 언급되지 못하고, 또한 말하고 싶은 것이 있어도 허용되지 못하는 시대에 나타난 한 지식인의 용기 있는 발언이었다. 그리고 야나기의 이러한 발언은 츠루미가 지적하고 있는 것과 같이 '다이쇼 시대의 일본 지식인의 배경'을 고려할 때 독자적인 것이었다.[13]

1920년대 발표한 야나기의 글의 주제는 조선의 독립성을 부인하는 식민통치에 대한 비판과 한국예술의 아름다움과 이에 대한 보존, 즉 야나기의 표현에 의하면 "조선문제에 대한 공분(公憤)과 조선예술에 대한 사모(思慕)"라는 두 가지 주제에 초점을 맞추고 있다.[14] 특히 1920년대 초기에 발표한 그의 글들은 당시의 시대적 상황에 비추어 볼 때 대단히 민감한 정치적 의미를 내포하고 있었고, 또한 국내외에서 실제로 커다란 반향을 일으켰다. 야나기의 관심사가 정치나 사회 문제가 아니었음에도, 그가 정치적으로나 사회적으로 예민한 문제를 도외시할 수 없었던 것은 '생명의 문제와 운명의 문제'가 예술인이며 종교인인 자신이 다루어야 할 '가장 중요한 문제'라는 확신이 있었

---

12) 阿滿利磨, 앞의 책, p. 18.
13) 鶴見, 앞의 해설, p. 679.
14) 『朝鮮とその藝術』의 "序"(1922), 『全集』 6, p. 13.

고, 또한 그 문제가 '눈앞에서 구상화(具象化)' 되었음에도 일본의 지식인들이 이를 문제시하지 않고 있다는 현실이었다. 뒤에서 보다 구체적으로 설명하고 있는 것과 같이 이와 같은 현실이 오래 계속될 경우 한·일관계뿐만 아니라 일본의 장래도 대단히 암담하다는 위기감을 야나기는 절실하게 느끼고 있었다.

"조선인을 생각한다"라는 글은 이러한 현실과 문제의식 속에서 야나기가 발표한 조선문제에 관한 최초의 논설이다. 1919년 5월 20-24일까지 4회에 걸쳐 『요미우리신문』(讀賣新聞)에 연재된 이 글을 쓰게 된 직접적이고도 결정적인 동기는 1919년 한국에서 전개된 3·1독립운동과 이에 대한 일본의 가혹한 탄압이었다. 1922년까지 발표한 조선관계의 글들을 묶어서 출판한 책 『조선과 그 예술』의 서문에서도 밝히고 있는 것과 같이 "3년 전 그 무서운 사건이 일어나지 않았던들 이 글을 쓰지 않고 말았을 것"이라고 할 정도로, 야나기에게 3·1독립운동은 커다란 충격적 사건이었다. 그 사건 이후 야나기는 조선문제에 대한 '공분'과 예술에 대한 '사모의 정(情)' 속에서 조선민족의 자주와 예술에 관하여 글을 썼다.[15]

한민족의 자주와 독립을 선언한 1919년의 3·1독립운동은 전국적으로 확대되어 나갔고, 이에 대한 일본정부의 무력진압은 비인도적이고 무자비한 탄압이었다. 현장을 취재한 미국의 한 리포터는 당시 시위의 모습과 탄압의 현장을 다음과 같이 기록하고 있다.

(조선인의)시위는 리더의 지시에 따라 평화적으로 진행되었다. 노인·여자·젊은이 등 모두가 참여했고 그들은 아무런 무장도 하지 않았다. 흰옷을 입은 시위대열은 새로운 자유의 기운이 충만했다. 태극기를 들고 애국가를 부르며 만세를 외치는 사람들의 물결이 온 거리에 차고 넘쳤다. … 사태의 심각성을 깨달은 일본은 군대를 동원하

15) 위의 글, pp. 13-14.

여 진압했고, 그 결과 수백 명이 유린당하고 다쳤다. 해질 무렵에는 이미 한국에 있는 모든 감옥이 차고 넘쳤다. … 일본은 총과 칼로서 독립운동을 짓밟았다. 경찰과 헌병들은 방화하고, 파괴하고, 죽이고, 고문하며, 위협했다. 그러나 이 사건과 관련하여 가장 주목하고 실망시키는 현상은 한반도에서 발생한 이러한 사건이 일본에 알려졌음에도 불구하고 일본에서는 공적 반응이 전혀 없었다는 사실이다.[16]

츠루미가 지적하고 있는 것과 같이 일본이 통치하고 있는 한반도에서 이러한 비극적 사태가 벌어졌는데도 이것은 당시 일본인들의 사고와 행동에 아무런 영향도 미치지 않았고, 또한 이 사건을 공론화하고 문제시한 당시 일본의 학자·문인·종교인은 극소수에 불과했다.[17] 더욱이 조선문제를 잘 알고 있다는 일본의 지식인과 종교인들까지도 침묵으로 일관하고 있었다. 야나기는 크게 실망하지 않을 수 없었다.

나는 이번 사건(3·1독립운동—필자 주)에 대하여 적지 않은 관심을 가지고 있다. 특히 지식인들이 어떤 태도를 가지고 어떠한 생각을 말하는지 주의 깊게 지켜보았다. 그러나 조선에 대하여 경험도 많고 지식도 있는 사람들의 사상이 거의 아무런 현명함도 없고 깊이도 또한 따뜻함도 없었다는 결과를 알고 나는 조선을 위하여 종종 눈물을 흘렸다.[18]

야나기는 이 '불행한 사건'을 그냥 지나칠 수 없었다. '눈앞에서 안타까운 광경이 전개'되고 있었고, '있어서는 안 될 사건'이 벌어졌음에도 불구하고 침묵하고 있다는 것은 그에게는 '하나의 죄악'이었다.[19] 야나기는 "침묵을 깨뜨려야 할 때가 왔다"고 판단했고, 이와 같

---

16) Powell, *op. cit.*, pp. 406-408.
17) 鶴見俊輔, 『柳宗悦』(平凡社, 1976), pp. 163-164.
18) "朝鮮人を想ふ"(『讀賣新聞』, 1919. 5. 20-24), 『全集』 6, p. 23.

은 확실한 신념 위에서 그는 붓을 들었다.[20]

　앞에서도 지적한 것과 같이 조선에서 전개된 3·1독립운동과 이에 대한 일본의 탄압에 관하여 일본사회는 침묵하고 있었다. 겨우 의회에서는 가와사키 가츠(川崎克), 신문과 잡지에서는 요시노 사쿠조(吉野作造), 이시바시 탄잔(石橋湛山), 미야자키 도텐(宮崎滔天), 가시와기 기엔(柏木義圓), 그리고 야나기 정도가 문제를 제기했을 뿐이다.[21] 그러나 조선문제를 보는 기본 시각과 입장에 있어서 야나기는 다른 사람들과 근본적으로 달랐다. 야나기는 조선민족의 주체성과 독립을 인정하고 있는 데 반하여, 다른 사람들은 '조선은 일본의 일부'라는 전제 속에서, 다만 식민통치의 내용과 방법의 문제성을 지적하고 있었을 뿐이다. 이미 앞에서 살펴본 것과 같이 3·1독립운동 후 일본정부에게 '자기반성'을 촉구하고, "조선인이 일본의 통치를 어떻게 생각하고 있는가를 조선인의 입장에서 생각"할 것을 강조하며 언론통제·동화정책·차별대우·무단통치 등의 식민통치정책을 개혁할 것을 역설했던 요시노 사쿠조도 3·1독립운동을 '폭동'으로 규정했고, "조선인을 위한 조선주의를 방임해서는 안 된다"고 조선의 독립을 철저히 부정하고 있었다.[22]

　야나기의 비판은 요시노의 것과 같이 정책적 차원의 구체적인 것이 아니라, 보다 근본적인 '조선통치의 사상' 그 자체였다. 다카사키 소지(高崎宗司)가 지적한 것과 같이 그의 비판은 추상적이지만 보다 본질적인 것이었다.[23] 야나기는 식민통치의 본질을 다음과 같이 비판했다.

---

19) "序", p. 10; "朝鮮の友に贈る書"(『改造』, 1920年 4月), 『全集』 6, p. 33.

20) "彼の朝鮮行"(『改造』, 1920年 10月), 『全集』 6, p. 53.

21) 鶴見, 앞의 해설, p. 686.

22) 吉野作造, "對外的良心の發揮", "朝鮮統治の改革に關する最少限度の要求", 吉野作造·松尾尊兌編, 『中國·朝鮮論』(平凡社, 1970), pp. 137-192 참조.

23) 高崎宗司, 『「妄言」の原形』(木犀社, 1990), p. 73.

일본은 먼저 조선의 독립을 영원히 불가능하게 하는 고정된 방법을 택했다. 더구나 그들의 자율적인 정신을 인정하지 않고, 오로지 일본에 적합한 도덕과 교육을 베풀었다. 한마디로 말하면 물질적으로나 정신적으로나 그들의 자유와 독립을 빼앗았다. … 그러나 사람의 지위는 빼앗을 수 있어도 그 마음까지 빼앗을 수는 없다.[24]

야나기는 처음부터 조선인의 자유와 독립을 인정하고 있었다. 그에 의하면 조선은 "위대한 아름다움을 낳은 나라이고 위대한 아름다움을 가진 민중이 살고 있는" 독립 민족국가였다.[25] 물론 그가 인식하고 있었던 '민족'의 의미는 우부가타가 지적한 것과 같이 "정치적 또는 관념적인 것이 아니라, 아름다운 민예품을 만들고 그것을 이어가는 조선민중의 생활 속에서 느낄 수 있는 것"이었고, "독자의 문화와 전통을 가지고 있는" 공동체를 의미하는 것이었다.[26]

그러므로 야나기는 조선민족의 주체성과 독립성을 정치적 논리 위에서 주장한 것이라기보다는 예술적 논리 위에서 강조했다. 즉 영원히 지속되어야만 하는 위대한 아름다움을 창조한 조선민족은 다른 민족에게 예속되거나 또는 결코 소멸될 수 없다는 것이다. 그러나 예술적 논리의 독립은 정치적 독립 없이는 사실상 무의미한 것이었다. 특히 일본의 무자비한 탄압과 예술의 파괴는 야나기로 하여금 조선의 정치적 독립이 불가피한 것으로 인식케 했다.

불행하게도 일본은 (조선에) 칼을 들이대고 저주를 퍼부었다. 이것이 과연 상호이해와 협력을 이루고 결합을 실현하는 길이 될 수 있을 것인가. 당치도 않다. 조선의 전국민이 뼈에 사무치도록 느끼

---

24) "朝鮮を想ふ", p. 28.
25) "朝鮮에 來한 感想"(『曙光』, 1920年 9月), 『全集』 6 p. 652.
26) 幼方, 앞의 글, p. 74.

는 것은 끝없는 원한이고 반항이며, 증오이고 분리이다. 그러므로 독립이 그들의 이상이 될 것은 필연적인 결과일 것이다.[27]

야나기에 의하면 합병 후 조선의 고분을 파헤치고 옛날 예술품을 수집하는 일본인들은 많았지만 한국예술의 아름다움을 추구하는 예술가도 없었고, 고통받는 조선인의 영혼을 구제하려는 종교인도 없었다. 조선은 오직 일본의 '탄압과 수탈의 대상'이었고, 따라서 일본에 대한 조선의 반감은 '지극히 자연스러운 결과'였다. 그러므로 일본에 대한 조선인의 저항에 대해서는 '일본 스스로가 책임'을 져야 했고, 압제와 동화를 통해서 조선인을 통제하려는 '어리석은 짓'은 포기해야만 했다. 그리고 "비록 칼로 공격을 당하는 일이 있더라도 인간 그 자체가 조선의 운명을 굳게 보호할 것"을 확신하고 있었고, "언젠가는 조선이 인정으로 가득한 가장 따뜻한 나라의 하나가 된다"는 조선 독립의 필연성과 실현성을 믿고 있었다.[28]

한일합병으로 조선이 일본의 일부로 편입되었음에도 불구하고 야나기는 조선의 독립과 민족의 주체성을 인정하고 있었고, 이를 위한 조선인의 투쟁을 당연한 것으로 받아들였다. 그는 일본이 조선인의 입장에 놓여 있다고 가정하고 조선에서 전개되고 있는 현상을 볼 것을 일본인들에게 요구했다. 즉 일본이 조선의 식민지상태에 있다면 "의분을 느끼기 좋아하는 우리 일본인이야말로 가장 많은 폭동을 꾀하는 무리가 될 것이고, 어떤 도덕가는 지금이야말로 지사나 열녀의 이상을 실현할 때라고 부르짖을 것"이라고 예상했다. 그러므로 일본은 조선인이 독립을 위해 투쟁하는 것을 단순히 "내 일이 아니라고 해서 그것을 폭동이라고 매도"하고, "그들을 무턱대고 욕하고 구속하는 태도는 모순으로 가득찬 추하고 어리석으며 옹졸한 것"으로서 옳

---

27) "朝鮮を想ふ", p. 31.
28) "朝鮮の友に贈る書", p. 40.

지 않다는 것이다.[29] 야나기는 다음과 같이 계속하고 있다.

　이 세상에는 허용될 수 없는 모순이 얼마나 많이 그대로 행해지고 있는지 모른다. 나는 만일 일본인이 조선의 위치에 놓이게 된다면 어떻게 될까 하는 생각을 언제나 해본다. 애국심을 표방하고 충신임을 자처하는 일본국민은 당신들보다 더 높이 반항의 깃발을 휘두를 것임에 틀림없다. 우리들의 도덕은 예로부터 이러한 행위를 찬양하는 입장에 있다. 우리는 당신들이 자신의 나라를 위해 일으킨 의분의 행동을 책망하는 일에 모순을 느끼지 않을 수 없다. 진리는 반드시 보편적인 것이라고 말해야 하겠지만, 때로는 하나의 명분에 두 가지 명분이 주어져 어떤 때는 '충절'이라고도 하고 어떤 때는 '불령'(不逞)이라고도 한다.[30]

일본이 경복궁에 총독부를 건축하기 위하여 광화문을 파괴하려 할 때도, 일본인들에게 반대의 입장에 서서 상황을 생각할 것을 다음과 같이 요구하고 있다.

　조선이 부흥하고 일본이 쇠약하여 마침내 일본이 조선에 합병됨으로써 궁성이 폐허가 되고 그 자리에 서양식 일본 총독부 건물이 세워지고, 저 푸른 연못 너머 멀리 보이던 흰벽의 에도성(江戶城)이 헐리는 모습을 상상해 보라. 아니, 벌써 끌소리를 들을 날이 가까워졌다고 상상해 보라. 나는 기념할 만한 일본 고유건축인 저 에도성의 죽음을 슬퍼하지 않을 수 없을 것이다. 그 따위는 이미 쓸데없는

　29) "朝鮮を想ふ", p. 26.
　30) "朝鮮の友に贈る書", p. 36. 야나기가 지적하고 있는 '충절'과 '불령'의 이론은 민족대립과 사회적 대립이 내재해 있기 때문에 丸山眞男이 전개하고 있는 '충성과 반역'의 논리보다 더 심각하다고 우부가타는 지적하고 있다. 幼方, 앞의 글, p. 70. 丸山眞男, 『忠誠と反逆』(筑摩書房, 1992), pp. 5-109 참조.

물건이라 생각하지 않기를 바란다. 실제로 아름다움이라는 면에서 이것보다 더 우수한 건축을 요즘 사람들이 만들어낼 수는 없지 않은 가. 아아, 망해 가는 나라의 고통에 대해 내가 여기서 새삼스럽게 말할 필요는 없을 것이다. 모든 일본사람들은 틀림없이 이 무모한 조치에 대해 분노를 느낄 것이다. 그러나 이와 똑같은 일이 지금 서울에서 강요된 침묵 속에서 일어나려 하고 있다.[31]

일본인들이 정복자라는 자만심을 가지고 조선인을 천시하는 태도를 고치지 않는 한, 또한 조선의 주체성과 자주성을 인정하지 않는 한 일본에 대한 조선인의 저항은 계속된다는 것을 야나기는 확신하고 있었다. 그리고 이러한 '정의롭지 못한 관계'는 결국 일본의 운명을 위태롭게 할 것이라고 예상했다.

IV. '죄 많은 행위'

역사적으로 일본은 조선으로부터 많은 문물을 전래받았음에도 불구하고 끊임없이 조선을 괴롭혀 왔다. 야나기에 의하면 일본의 역사가들은 왜구의 침입과 임진왜란을 "흔히 조선을 정벌한 무사들의 용감한 행위로 기록하고 있지만, 그것은 단지 고대의 무사가 자신들의 정복욕을 충족시키기 위해 저지른 죄 많은 행위"였다. 그는 "조선의 옛 예술, 즉 건축과 미술품이 거의 황폐해지고 파괴된 것은 대부분이 실로 가공할 왜구의 소행"이라고 비판했다. 그리고 "중국은 조선에 종교나 예술을 전한 반면에, 그것을 파괴한 것은 일본의 무사들"이었다는 사실을 일본인들이 반성할 것을 촉구했다.[32] 그러나 일본의 '죄

---

31) "失はれんとする─朝鮮建築の爲に"(『改造』, 1922年 9月), 『全集』 6, pp. 145-146.

180   일본 지식인과 한국

많은 행위' 는 여전히 계속되었다.

이러한 '죄 많은 행위' 는 일본의 편의주의적 도덕관념에 근거하고 있다고 야나기는 비판하고 있었다. 즉 '보편적인 도덕률' 이 한 · 일관계에 적용되지 않는다는 것이었다. 그는 17세기의 유학자였던 야마자키 안사이(山崎闇齊)의 예를 들어 '인류 중심의 도덕' 과 '자국 중심의 도덕' 을 설명했다. 즉 야마자키는 "만일 공자와 맹자가 군대를 이끌고 일본을 침공한다면 일본을 공격하는 자가 공자이건 맹자이건 격퇴하지 않으면 안 된다. 그것이 공자와 맹자의 가르침이다" 라고 가르쳤고, 이 말에 "많은 젊은이들이 감격" 했다는 것이다. 일본인들이 진리로 받아들이고 있는 이러한 논리가 '보편적인 진실' 이라면, 야나기는 조선인에게도 이 논리가 그대로 적용되어야 하고, 따라서 조선은 반드시 일본을 격퇴해야 한다는 논리가 성립되어야 한다는 것이었다.

만약 조선에서는 안 되고 일본에서만 적용해야 할 도덕률이라면 보편적인 의미가 없는 편협하고 이기적인 가르침이 된다. 여기에서 벗어날 수 없는 하나의 딜레마에 빠진다. 이것이 올바른 도덕이라면 조선에서 적용해도 좋지만 일본에게는 좋지 못하고, 만약 일본에게만 적용한다면 일본에게는 좋겠지만 도덕률로서는 이기적이고 편협한 것이 된다. … 자신에게만 맞는 도덕을 내세워 자신을 정당화하는 비겁한 태도를 부끄러워해야 한다. … 이러한 도덕적 거짓을 씻어버리지 않는 한 일본과 조선문제의 어려움은 영원히 지속되고 영원히 반복된다. 두 국민 사이에 애정이 오가는 날은 결코 오지 않는다.[33]

'도덕적 거짓' 을 바탕으로 한 일본의 '죄 많은 행위' 는 두 가지 측면에서 두드러지게 나타났다. 하나는 일본이 조선인의 자유를 박탈하

---

32) "朝鮮を想ふ", p. 25.
33) "日鮮問題の困難に就て"(『國際知識』, 1923年 9月), 『全集』 6, p. 229.

고, 자주독립할 수 있는 정신을 인정치 않으며, 영원히 독립을 불가능하게 하고 있는 일본의 식민정책이었다. 이와 관련하여 야나기는 특히 일본이 실시하고 있는 동화정책을 신랄하게 비판했다. 동화주의와 동화를 위한 식민지교육에 대한 비판은 민족의 주체성을 인정하고 있는 야나기로서는 당연한 귀결이라 하지 않을 수 없다.

위정자(일본인—필자 주)는 당신(조선인—필자 주)들을 동화시키려 하고 있다. 그러나 불완전한 우리에게 어떻게 그러한 권위가 있겠는가. 이처럼 부자연스러운 태도가 있을 수 없고 또 이처럼 힘없는 주장도 없다. 동화의 주장이 이 세상에서 얻을 수 있는 것은 반항이라는 결과뿐일 것이다. 일본의 어떤 사람이 기독교화를 비웃듯이 분명히 당신들도 일본화를 비웃을 것임에 틀림없다. 조선 고유의 아름다움과 마음의 자유는 다른 것에 의해 침범되어서는 안 된다. 아니, 영원히 침범당하지 않을 것이 분명하다. 참다운 일치는 동화에서 오는 것이 아니다. 개성과 개성이 서로 존경으로 맺어져야 하나가 될 수 있다. … 나에게는 교화니 동화니 하는 생각이 얼마나 추하고 얼마나 어리석은 태도로 보이는지 모른다. 나는 이러한 말을 조선과 일본의 사전에서 삭제해 버리고 싶다.[34]

일본은 조선인에게서 자유와 독립을 탈취한 것은 물론, 자립할 수 있는 조선인의 정신을 퇴화시키고 오직 일본에 적합한 '도덕과 교육'을 주입함으로써 조선의 일본화를 추진하고 있었다. 그러나 일본정부의 이러한 동화정책이 '20세기 생활'에서 실현이 불가능하다고 확신하고 있었던 야나기는, '병탄'이라는 위협적 수단은 말할 것도 없고 '평화적인 정책'으로도 한 민족이 다른 민족을 동화시킬 수 없다는 것이었다. 더욱이 내부적으로 많은 모순이 있고 '불완전하기 이를 데 없

---

34) "朝鮮の友に贈る書", pp. 49-50.

는' 일본이 다른 민족을 동화시킨다는 것은 있을 수 없는 일이었다.[35]

일본이 실시하고 있는 동화주의에 입각한 교육은 세계예술에서 훌륭한 위치를 차지하는 조선의 명예를 보존하고, 훌륭한 작품을 다시 만들 수 있는 마음을 살리는 교육이 아니었다. 오히려 고유한 한국의 예술을 파괴하는 교육이었다. 일본이 실시하는 동화정책은 '가공(可恐)할 동화'였고, 동화를 위해서 실시하는 교육은 '조선인을 죽이기 위한 교육'이었다. 이러한 동화정책 속에서 예술적 소질이 풍부한 조선인은 '추한 세력' 때문에 고유한 성질의 포기를 강요당하고 있었다. 야나기로서는 이러한 '세계적 손실을 방관'하고 있을 수 없었다.[36]

'죄 많은 행위'의 또 다른 면은 '일본 최초 문명의 근원'이라고 할 수 있고, 또한 '세계예술에서 독특한 위치'를 차지하고 있는 한국의 예술과 그 예술을 창조한 민족의 독창성을 파괴하는 것이었다. 야나기에 의하면 한 나라의 예술과 그 예술을 만들어낸 '마음'(心)을 파괴하고 억압하는 것은 '죄악 가운데 가장 큰 죄악'이었다.

일본은 '가장 큰 죄악'을 저지르고 있었다. 자연과 건축의 조화가 이루어진 서울이 도시의 '구획개정'이라는 이름으로 그 전통적 예술이 파괴되고 있었고, 또한 귀중한 수공품이 그 자취를 감추고 있었다. 돈의문(敦義門: 서대문)과 소의문(昭義門: 서소문), 혜화문(惠化門: 동서문), 흥래문(興來門) 등이 이미 사라졌고, 서울을 둘러싸고 있던 성곽들이 무자비하게 파괴·소멸되었다. 특히 당시 신축되고 있었던 총독부 건물은 "북한산과 잘 조화를 이루고 있는 웅장하고 아름다운 건축인 경복궁(景福宮)을 파괴하는 무익하고 무모한 짓"이고 "민족적 반감을 사기 위한 일"이었다.[37] 그리고 한민족의 귀한 유산인 이러한 예술의 파괴는 커다란 죄악이었다.

---

35) "朝鮮에 來한 感想", pp. 651-655.
36) "朝鮮を想ふ", p. 29; "朝鮮の友に贈る書", p. 47.
37) "彼の朝鮮行", pp. 61-63.

일찍이 일본은 조선의 예술이나 종교에 의해 그 최초의 문명이 태어났다. 오늘날 이 사실은 감사의 마음을 가지고 기억되지 않으면 안 된다. 나는 유구한 조선의 예술적 사명을 존경하는 일이 일본이 취해야 할 정당한 태도라고 생각한다. 세계의 예술에서 독특한 위치를 차지한 조선의 명예는 앞으로 더욱 영속되어야 한다. 그 민족이 끊어지지 않는 한 이러한 예술은 몇 번이고 되살아날 것이다. 한 나라의 예술, 또는 그 예술을 낳은 그 마음을 파괴하고 억제한다는 것은 죄악 가운데 가장 큰 죄악이다.[38]

야나기는 보존되고 이어져가야 할 한국의 예술을 파괴하고 있는 일본의 '죄 많은 행위'를 그대로 방치할 수 없었다. 그는 한국의 예술품을 보존해야 한다는 확신을 가지고 있었다. 이미 그는 1920년에 벌써 한국의 예술품을 보존하기 위한 미술관의 필요성을 지적하고 있었다. 그의 이러한 구상에 조선에 거주하며 한국 예술품의 보전에 깊은 관심을 가지고 있던 아사카와 다쿠미가 적극적으로 동조하면서 추진력을 가지게 되었다.

그는 1921년 1월 『시라카바』에 조선민족미술관(朝鮮民族美術館)을 설립할 취지를 발표하고 이에 뜻을 같이하는 사람들의 협조를 당부했다. '민족' 미술관임을 강조하고 있는 설립취지에서도 야나기는 조선민족의 주체성을 인정하고 있을 뿐만 아니라, 조선이 언젠가는 일본과 대등하게 교류하게 될 것을 믿고 있었음을 확실히 밝히고 있다.

나는 조선 민족의 저 우수한 작품이 우리의 마음과 깊이 교류하는 날이 올 것임을 조금도 의심치 않는다. 그리하여 그 작자로서의 민족이 우리 마음의 벗이 될 것이라는 것도 의심치 않는다. 나는 그러

---

38) "朝鮮の友に贈る書", pp. 47-48.

한 희망과 신념을 완수하기 위해 '조선민족미술관' 설립을 드디어
계획했다.[39]

야나기는 미술관을 설립할 장소를 일본이 아니라 서울로 정했다.
그 이유는 "민족이나 자연과 밀접한 관계를 지닌 조선의 작품은 영원
히 조선 사람들 속에 두지 않으면 안 된다. 그 땅에서 태어나고 만들
어진 것은 그 땅으로 돌아가는 것이 당연"하고, 그리고 "북한산은 수
도를 지킴과 동시에 그 예술을 영원히 자기 밑에 두고 지키고 싶어할
것"이기 때문이었다.[40]
야나기는 설립의 뜻을 발표한 지 3년 만인 1924년 4월 경복궁 내의
건축물인 집경당(緝慶堂)에 조선민족미술관을 개관했다. 미술관 설
립을 위한 기금은 뜻을 같이하는 사람들의 기부금, 조선민족미술전람
회 수입금, 부인 야나기 가네코(柳兼子)의 음악회 수익금 등으로 충당
했다.[41] 미술관 설립을 계기로 그동안 등한시되었던 조선시대의 백
자 · 소반 · 목공예품 등을 비롯하여 평범한 가정에서 일상적으로 사
용되는 여러 가지 잡기(雜器)들의 예술적 가치가 점차 부각되었다.[42]
야나기는 또한 파괴되고 있는 민족예술품을 보전하기 위하여 총독
부에도 결연히 맞섰다. 1922년 신축하는 조선총독부를 위하여 경복
궁의 정문인 광화문을 파괴하려는 계획이 알려지자 야나기는 잃어서
는 안 될, 한 예술품이 사라지려는 운명을 애도하면서, 광화문을 만든
민족의 눈앞에서 그것이 파괴되는 것을 보지 않을 수 없는 서글픈 감
정과, 일본의 무모한 조치에 대한 분노를 담은 글을 발표했다. 그는

---

39) "「朝鮮民族美術館」の設立に就て"(『白樺』, 1921年 11月), 『全集』 6, p. 80.
40) 위의 글, pp. 80-81.
41) 미술관 설립을 위한 기부금의 자세한 내역에 관하여는 『全集』 6, pp. 641-650
참조.
42) 高崎에 의하면 이 조선의 전통 미술관은 "일본의 민예관이 설립되기 실로 10
여 년 전"에 만들어졌다고 한다. 高崎宗司 "解說", p. 258.

조선과 일본의 입장이 바뀌고 일본이 조선에 합병되어 에도성(江戶城)이 헐리는 모습을 상상해 보라고 대담하게 전제하고, "그대를 죽음에서 구하려는 자는 반역의 죄에 몰리고, 그대를 잘 알고 있는 사람은 발언의 자유가 없다"라고 하여 탄압받고 있는 당시의 상황을 설명했다. "아! 광화문(光化門)이여, 광화문이여, 그대의 생명이 얼마 남지 않았구나"라고 애도한 야나기는 입이 있어도 반대의 뜻을 표현하지 못하고 민족예술의 파괴를 감내해야만 하는 한국민족을 위해 대신 울어주었다.

광화문을 통해 가장 크고 중요한 건축인 근정전을 바라볼 날은 이제 두 번 다시 돌아오지 않을 것이다. 그 바로 앞에 동양의 건축과는 아무 관련도 없는 방대한 서양식의 건축, 즉 장차 총독부가 될 건물이 지금 준공을 서두르고 있다. 아아, 일찍 자연의 배경을 고려하고, 건물과 건물의 배치를 숙고하여 모든 것에 균등의 아름다움을 유지함으로써 순수 동양의 예술을 보전하려던 노력은 이제 모두 파괴되고 무시되었다. 그 대신 아무런 창조적 아름다움도 갖지 못한 서양식 건축이 별안간 이 신성한 땅을 범한 것이다. 이 때문에 광화문과 이어져 있던 홍례문(興禮門)은 이미 흔적조차 없어졌다. 저 아름답던 금천교(錦川橋)와 물줄기를 굽어보던 저 놀라운 석조의 괴물은 이제 무참히 제거되어 풀밭 속에 흩어져 있을 뿐이다. 위대한 경회루(慶會樓)는 앞으로도 남게 되겠지만 그것은 연회장으로 제공될 뿐인 것이다. 그리하여 남아 있는 광화문은 그 위치에 서 있어야 할 의의를 무참히도 빼앗기게 된 것이다. 원래 광화문은 그가 있어야 할 위치에 건설되어 있었다. 그러나 지금은 사는 자가 달라졌기 때문에 있어서는 안 될 것으로 여겨지고 있다. 저 서양식 건축이 광화문의 존재를 무시하고 설계되었다는 것을 누가 감히 부정할 수 있을 것인가?[43]

---

43) "失はれんとする―朝鮮建築の爲に", p. 150.

야나기는 왜 그리고 무엇이 일본인으로 하여금 세계에서도 그리 혼하지 않은 귀중한 건축의 하나인 광화문을 파괴해야만 하는 무모한 짓을 저지르게 되었는지 묻고 있다. 그는 파괴를 '변호할 변호다운 변론'이나, 파괴를 용인해야 할 만한 어떠한 '적극적인 이유'도 찾을 수 없었다.

야나기의 이 광화문 추도문은 그 위력을 발휘했다. 그의 글은 영어와 조선어로 번역되고 광화문 파괴에 대한 내외의 반대여론이 일어났다. 그 결과 광화문은 허물어져 없어지는 비참한 운명은 면하고 그 대신 동쪽의 건춘문(建春門) 위로 옮겨지게 되었다.[44]

V. '일본의 위기'

야나기는 한편으로는 일본의 '죄 많은 행위'에 대하여 반성의 뜻을 전하면서, 또 다른 한편으로는 그 '죄 많은 행위'가 일본국민 전체의 뜻이 아니라는 것을 변호했다. 그는 일본이 어떠한 변명을 하더라도 일본의 지배가 일본과 조선을 가깝게 하지 못했다는 사실뿐만 아니라, 조선인에게 일본에 대한 '거의 영원한 반감'을 가지게 했다는 것을 인정하고 있었다. 조선인을 괴롭히는 일본의 식민통치를 '나라의 치욕이고 또한 인류에 대한 모욕'으로 간주하였던 그는 일본의 '죄 많은 행위'를 대신 사과했다.

올바른 일본인이라면 이러한 행위를 시정하는 일에 주저해서는 안 된다. … 나는 그것이 나 자신의 행위는 아니었다 하더라도, 적어도 어떤 경우에 일본이 올바르지 못했다는 것을 생각할 때 일본에서

---

44) 뒷날 야나기는 "그 한 문장만은 公的인 구실을 다한 것"이라고 스스로 자부했다. 1954년 출판된 『朝鮮とその藝術』의 신판 서문에서.

태어난 한 사람으로서 이 자리를 빌려 그 죄를 당신들에게 사과하고 싶다. … 온갖 참혹한 일들이 당신들에게 가해졌다는 것을 알게 될 때 마음이 아프다. 고통을 말없이 참고 견디어야만 하는 당신들의 운명에 대해 나는 무어라 할 말을 찾지 못한다.[45]

그러나 야나기는 식민통치를 담당하고 있는 정치세력을 '일본국민'과 구별해 줄 것을 조선인들에게 당부했다. 그는 일본의 정치적 지배세력을 '부자연한 세력', '암흑의 힘', '악', '추한 세력'으로 규정했고, 조선에서 일본의 '죄 많은 행위'는 바로 이러한 부도덕하고 비인도적인 세력에 의해서 저질러진 것이고, 또한 많은 일본인들은 이에 찬동하고 있지 않다는 것을 강조했다. 그리고 도덕과 진리를 믿고 있고, 또한 따뜻한 마음을 가지고 있는 인간으로서의 일본인까지 거부하지 말 것을 조선인에게 당부했다.[46]

일본의 많은 국민들은 일본이 '정당한 인류에 입각한 나라'가 되어야 한다는 이상을 품고 있을 뿐만 아니라, 또한 일본이 '진리에 서게 될 날'이 온다는 것을 야나기는 확신하고 있었다. 특히 그는 일본의 젊은 세대에 많은 기대를 걸고 있었다. 젊은 세대는 일본을 진리의 나라로 승화시키려고 힘쓰고 있고, 도덕이 정치를 지배하는 일본 건설이라는 이상을 향해 노력하고 있다고 믿었다.

조선사람들은 일본이라고 하면 인정도 없는 폭력의 나라라고 생각할 것이다. 이러한 평은 당연한 결과라고 생각하고 있다. 그러나 젊은 일본인들은 진리의 수호자가 되기 위해 노력하고 있다는 것을 목격할 수 있다. 오늘날 그들의 마음은 영토나 권력문제에 쏠려 있기보다도 훨씬 강하게 민주주의 사상과 신앙의 문제, 또 평화의 의

---

45) "朝鮮の友に贈る書", p. 35.
46) 위의 글, p. 37.

미에 기울어져 있다는 것을 알 수 있다. 일본이 정치나 군대로 대표되는 나라로 알려지는 것을 유감으로 생각하고 있다.[47]

　나는 젊은 일본인들을 믿는다. … 정치에 의해 대표되는 일본과 젊은 사상의 일본에는 분명한 차이가 있다. 당신들이 미워하는 것은 전자이다. 그러나 그러한 일본인만이 일본의 전부라고 생각한다면 그것은 커다란 착각이다. … 우리는 늘 정치의 일본이 일본을 대표하는 데에 당혹감을 느끼고 있다. 일본인과 당신들의 적을 동일시해서는 안 된다. 일본의 젊은이들은 당신들을 이해할 준비를 하고 있다. … 나는 젊은 일본이 당신들의 벗이라는 것을 절대로 믿지 않을 수 없다.[48]

　야나기는 일본의 식민지통치가 조선을 위해서뿐만 아니라 일본을 위해서도 오래 지속되어서는 안 된다고 생각하고 있었다. 힘을 바탕으로 한 식민통치가 오래 지속될 경우 일본의 장래가 위험하다고 믿고 있었기 때문이다. 시대의 조류에 역행하고 있을 뿐만 아니라 정의롭지 못하고 또한 도덕적으로도 옳지 못한 식민지통치는 결국 군국주의에 그 바탕을 두고 있었고, 군국주의가 장기화하면 오히려 일본이 멸망의 길로 빠져들 수 있다는 것을 그는 간파했다.

　제1차 세계대전이 끝나고 자유주의와 민주주의 사상이 대두하고 있었던 이 시대에, 그는 일본만이 힘으로 다른 민족을 지배하려고 하는 것은 잘못된 것이라고 믿고 있었다. 즉 '자유에 대한 사모와 확립'이 거스를 수 없는 '세계사조의 본류'가 되었음에도 불구하고, 이 움직일 수 없는 흐름에 항거하려 할 때는 일본은 결국 '도태' 될 수밖에 없다고 인식하고 있었고, 야나기는 일본이 결코 세계사조에 뒤떨어지는 그런 '어리석은 길' 을 택하지 말 것을 희망했다.[49]

---

47) "彼の朝鮮旅行", p. 54.
48) "序", p. 19.

그러나 만일 일본이 새롭게 태동하는 '자유에 대한 무모한 사모'를 거부하고 조선을 향한 강압적 식민통치를 계속한다면 일본은 돌이킬 수 없는 비극적 운명에 부딪히게 될 것을 야나기는 우려했다. 왜냐하면 '영속할 수 있는 악의 번영'은 있을 수 없고, 옳지 못한 힘에 의해서 학대받은 나라가 있다면 '인간의 정의'가 일어나 학대받는 그 나라의 편이 되고, 그리고 학대하는 사람들이 학대받는 사람들보다도 '더 죽음의 종말'에 가깝다는 확실한 신앙을 가지고 있었기 때문이다.[50] 그리고 강압적인 식민지통치에 대해 반성을 게을리한다면, 일본은 마땅히 빠져야 할 멸망으로 스스로를 끌고 들어가는 결과를 가져오게 되며, 제국주의와 군국주의의 길에서 벗어나지 않는다면 일본은 망할 수밖에 없다는 것을 경고했다.

일본의 동포여, 칼로 일어선 자는 칼로 망한다고 예수는 말했다. 지극히 당연하고도 또 당연한 말이다. 군국주의를 빨리 포기하자. 약자를 학대하는 것은 일본의 명예가 되지 않는다. 약자의 정신을 존중하고 육체를 보호하는 것이 우의임을 깊이 깨달아야 한다. 남을 업신여기는 것이 무슨 자랑이 되겠는가. 사랑하는 벗을 갖는다는 것이 우리의 명예이다. 하지만 노예처럼 여기는 자를 갖는다는 것은 우리의 치욕이다. 남을 경멸하고 천대하고 학대하는 일에 조금이라도 시간을 쏟지 말자. 약자에 대한 우월에서 느끼는 쾌감은 동물에게나 맡기라. 우리는 인간답게 살아야 하지 않겠는가. 스스로의 자유를 존중하는 동시에 타인의 자유도 존중하자. 만일 이 인류를 짓밟는다면 세계는 일본의 적이 될 것이다. 그렇게 된다면 망하는 것은 조선이 아니라 일본이 아니겠는가.[51]

---

49) 위의 글, p. 18.
50) "朝鮮の友に贈る書", p. 38.
51) "序", p. 21.

그러나 젊은 세대에 대한 야나기의 희망과 신앙은 허상이었다. 그리고 그가 우려했던 결과는 역사의 현실로 나타났다. 일본은 군국주의를 포기하지 않고 식민통치를 계속했을 뿐만 아니라, 1930년대에 들어서면서부터 총동원체제를 지향하는 군국주의를 더욱 강화해 나갔다. 그리고 본격적인 침략전쟁을 수행했다. '진리에 역행' 하는 이러한 움직임에 대하여 야나기가 많은 기대를 걸었던 '젊은 세대' 도 무력하기만 했다. 그가 우려하고 예언한 대로 '타인의 자유를 존중하지 않고, 인류를 짓밟은' 일본은 결국 망하고 말았다.

VI. 한국의 예술과 '비애의 아름다움' (悲哀의 美)

조선에 대한 야나기의 관심과 애정은 한국의 예술을 접하면서부터 싹텄다. 그는 "조선과 그 민족에 대해 더할 나위 없이 애정을 느끼는 것은 그 예술에서 받은 충동"에 의한 것이었다.[52] 앞에서도 지적했지만 야나기가 한국의 예술품을 최초로 접한 것은 학생시절이었지만 (1909), 관심을 가지기 시작한 것은 1912년 도쿄에서 전시된 조선 도예전시회에의 관람과 1914년 아사카와 노리타카로부터 백자를 선물로 받아 옆에 두고 보면서부터가 아닌가 한다. 그러나 한국예술의 위대성을 깨닫고 또한 그 아름다움에 매료되어 본격적으로 연구하기 시작한 계기는 1916년 석굴암 답사였다. 그는 석굴암의 조각들은 '조선의 마음을 통해서만 생겨날 수 있는 아름다움의 표현' 이었고, '동양의 종교와 예술의 귀결' 이라고 찬탄했다.

---

52) "朝鮮の友に贈る書", p. 42.

1. '비애의 아름다움'

야나기는 한국미술의 특징을 곡선에서 찾았고, 그 곡선은 외국의 끊임없는 침략 속에서 고통받고 있는 조선민족의 쓰라린 감정에 그 뿌리를 두고 있었고, 현실에서 만족을 구하지 못한 사람들이 피안(彼岸)에서 기약을 얻으려는 기원으로부터 나온다고 설명했다. 그는 비애의 아름다움의 근원을 민족심리, 즉 민족의 자연과 역사에 대한 반응으로 파악하려고 했다.

'비애의 아름다움'이라는 한국예술에 대한 야나기의 본격적 미학(美學)은 1922년 발표한 "조선의 미술"에서 보다 구체적으로 설명되고 있다. 야나기에 의하면 조선·중국·일본의 동양 3국은 예로부터 부단한 문물의 교류가 있었음에도 불구하고 세 민족이 만들어 낸 예술의 특징은 확연히 달랐다. 그는 중국은 '의지의 예술'이고, 일본은 '정취의 예술'이었음에 반하여, 조선의 것은 '비애의 예술'이라고 하였다.[53] '비애의 예술'이라는 한국예술의 특질을 이해하기 위해서는 조선의 자연과 역사를 알아야 한다는 것을 그는 강조했다. 왜냐하면 "자연은 그 민족의 예술이 걸어야 할 방향을 정해 주고, 역사는 밟아야 할 경로를 부여"했기 때문이다.[54]

야나기는 '비애의 아름다움'의 생성을 조선의 지리적 여건과 자연에서 찾고 있다. 중국은 산수가 험하고 광풍노도가 몰아치는 거대한 대륙이었다. 그 속에서 살아가고 있는 사람들은 강인하며 지칠 줄 모르는 투쟁 속에서 위대한 흥망의 역사, 사상과 종교, 그리고 문학과 예술을 창조했다. 섬나라인 일본의 자연은 중국과 달리 부드럽고 온화했으며, 외침의 두려움을 모르는 섬나라 사람들은 자연에 순응하며 즐거운 삶을 추구했다. 중국이나 일본과 달리 조선은 대륙도 아니고

---

53) "朝鮮の美術"(『新潮』, 1922年 1月), 『全集』 6, p. 95.
54) 위의 글, p. 93.

섬나라도 아닌 반도였다. 대륙과 섬 사이에 끼여 있는 반도라는 특수한 자연적 조건은 "인정은 영주할 곳을 찾아 방황"하고 있고, "마음은 자유를 찾아 대양으로 나가려 하면서도 몸은 대륙에 꽁꽁 묶여" 있는 편안한 곳이 아니었다. 야나기는 이러한 자연적 여건에서 지속된 조선인의 역사를 고난의 역사로 보았다. 끊임없는 외국의 침입으로 나라의 평화는 오래 계속되지 못했고, 백성들은 힘 앞에 굽힐 것을 강요당하며 살아야만 했다.

그들은 믿어야 할 어떤 것도 지상에서 찾을 수 없었다. 주위의 모든 것은 그들을 학대하는 것처럼만 보인다. 아무도 그들의 기운을 북돋워주려고 하지 않는다. 자기 자신도 힘없이 지쳐서 오늘을 살고 있다. 그러니 내일도 산다고 누가 보장할 수 있겠는가. 하물며 자유롭고 쾌활하게 생명을 즐길 수 있다고 어떻게 말할 수 있겠는가. 정(情)은 안에서 불타지만 불꽃이 되어 밖으로 타오르는 힘은 갖지 못한다. 이리하여 마음은 흔들리고 어지러워져 있다. 괴로움과 외로움이 온몸에 배어 있다. 그들에게 있어서 지상의 희망은 희박해졌다. 남아 있는 피안(彼岸)에 희망을 걸지 않을 수 없게 되었다. 무언가를 꿈꾸고 무언가를 동경하며 고뇌를 안으로 감추고 있다. 동요와 불안과 고민과 비애가 그들이 사는 세계였다.[55]

이러한 자연과 역사 속에서 살아온 조선민족이 만들어 낸 예술의 아름다움은 애상(哀想)의 미였고, 이러한 특징이 잘 표현되고 있는 것이 선(線)과 백색(白色)이라고 야나기는 규정했다. 남산에서 내려다보는 서울의 모습은 "집들의 지붕에 나타나는 한없는 곡선의 물결"이고, 일본 법륭사에 보존되어 있는 백제관음상은 "하나의 형태라기보다 차라리 흐르는 선"이고, 석굴암에서 볼 수 있는 40여 개의 불상도

---

55) 위의 글, p. 95.

'몇 줄의 선'이며, 봉덕사의 종에 새겨진 선녀가 구름의 물결을 헤치고 흐르는 듯이 떠 있는 비천상(飛天像)은 '형태의 그림이라기보다는 선의 그림'이었다. 심정에서, 자연에서, 건축에서, 조각에서, 음악에서 기물에 이르기까지 모든 것에 선이 흐르고 있었고, '곡선의 피'가 통하고 있었다.

조선인의 삶 속에서 나타나고 있는 이러한 곡선은 남의 힘에 강요당하여 불안정하고 동요하는 마음의 상징으로서 무언가를 연연하게 동경하는 모습이었다. 바람에 흔들리는 모습인 곡선은 고독을 말해주는 선이었고, 끊어질 듯 이어지는 이 세상의 인연의 줄은 땅에서 괴로워하는 사람이 영원한 것을 피안에서 구하는 마음의 상징이었다.

야나기는 중국이나 일본에서 볼 수 있는 것과 같은 다양한 색채가 조선의 일상생활에서 보편화되지 않았다는 것을 강조하고 있었다. 즉 조선에서는 특수한 경우를 제외하고는 모두가 항상 아무런 색도 가지고 있지 않는 흰옷을 입고 있었다. '상복'인 흰옷은 고독하고 신중한 마음의 상징이었다. 이와 같은 흰옷을 남녀노소가 입고 있는 것은 고통스럽고 의지할 곳 없는 역사적 경험이 조선사람들로 하여금 전혀 색깔을 즐길 마음의 여유를 가지지 못하게 했기 때문이다. 즉 고통의 역사는 색채를 즐길 수 있는 마음의 여유를 빼앗았고, 그 결과 조선인들은 흰옷만을 입고 있다고 그는 해석했다.

색깔을 떠난 세계가 조선인들이 살아야 할 현실이었기 때문에 조선인들이 마음의 표현을 선에 더욱 집착할 수밖에 없었다는 것을 야나기는 다음과 같이 설명하고 있다.

모든 아름다움은 비애의 아름다움이었다. 그들은 자신의 쓸쓸함을 털어놓을 벗을 아름다움의 세계에서 구했다. 이 때문에 그들은 자신에 어울리는 길을 택하지 않으면 안 되었다. 형태의 강함이나 빛깔의 아름다움은 그들이 모르는 세계다. 필연적으로 이 민족은 표현의 제3의 길에서 나아가야 할 방향을 찾았다. 선이야말로 요구되는 길이었다. 불안하고 쓸쓸한 마음을 전하는 데 있어서 저 눈물겨운 선보다 더 어울리는 길은 없을 것이다. 선에는 그들에게 한없는 밀의(密意)가 있었다. 민족은 모든 것을 선으로 미화(美化)했다.[56]

그러나 '비애의 아름다움'은 마음을 억누르는 아름다움이고, 그 아름다움만큼 사람을 매혹시키는 것도 없을 것이라고 그는 찬탄했다.

2. '비애의 아름다움'에서 '건강한 아름다움'으로

'비애의 아름다움'과 '선의 예술'이라는 야나기의 미학은 비판 없이 그대로 수용된 것은 아니다. 한국의 미술은 "미술이자 곧 종교요, 미술이자 곧 생활"이라고 정의하고 있는 고유섭(高裕燮)은 이미 1930년대에 한국의 예술에는 쓸쓸한 아름다움만이 있는 것이 아니라, "적료(寂寥)와 명랑(明朗)이라는 두 개의 모순된 성격이 동시에 성립되어 있는 어른과 같은 아해"의 성격을 내포하고 있기 때문에 '선적'(線的)이라고 규정하는 것은 옳지 않다고 비판했다. 그는 또한 중국·조선·일본의 예술의 특징을 형태와 선과 색채로 구별하고, 그것을 실제적으로 예술품에 적용하여 "국민적·국가적 소유로 환부(還付)"시키는 것은 지나친 "시적구별"이라고 지적하여 구별의 현실성과 타당성을 부인했다.[57]

그러나 야나기의 미학과 한국관에 대한 본격적인 비판과 재평가는 1974년 최하림에 의하여 제기됐다. 최하림은 그의 글 "야나기 무네요시와 한국미술관에 대하여"에서 야나기의 미학을 깊이있게 분석하며 비판하고 있다.[58]

---

56) 위의 글, p. 107.

57) 야나기의 미관을 비판한 高裕燮의 두 논문인 "金銅彌勒半跏像의 考察"(1931)과, "朝鮮 古美術의 特色과 그 傳承問題"(1941)는 그의 저서인 『韓國美術文化論叢』(通文館, 1966)과 『韓國美術史乃美學論攷』(通文館, 1963)에 재수록되어 있다.

미술사가이며 시인인 최하림은 야나기가 한국미술의 특질을 '정신 사적' 입장에서 읽으려한 태도를 평가하면서도, 야나기는 한국미술의 특질이라는 선을 배태시킨 역사를 무시하고 "즉응적인 향수 속에서 파악하려는 오류"를 범하고 있다고 비판한다. 즉 식민지 백성이 된 조선인의 비애가 한국미술의 특질인 곡선미를 낳았다는 것은 현실(면)에 충족하지 못하고 선을 통해서 이상을 추구하는 동양인의 사유방식이 미술에 나타났다는 점을 부당하게 조선인의 비애와 연결시켰다고 반박하고, 선은 "비애에 젖은 자의 기구양식이 아니라 완성을 향한 정진의 의지"라고 주장했다. 그러므로 한국예술에 나타나는 곡선과 도자기나 옷에서 볼 수 있는 흰옷을 조선인의 비애와 연결시킨 야나기의 미관은 "한국인을 패배감으로 몰아넣으려 하는 술책과 한국사를 사대주의로 일관한 비자주적인 역사로 몰아넣으려는 일본제국주의의 정책관을 교묘하게 혼합시킨 사고방식"이고, "일본제국주의의 조선정책과 그의 센티멘털한 휴머니즘이 혼합배태한 것"이라고 비판했다.[59]

최하림은 당시 야나기가 지녔던 한국관의 바탕은 "현실로서의 문제 처리를 무의식중에 기피, 그것을 감상화시키고 무화(無化)시켜 버리려는 자기기만과 자기안위가 배면에 깔려 있다"고 지적하며, 이제까지 알려진 "우리 민족과 우리 예술을 마음으로부터 사랑하고 아껴준 한 양심적인 일본인"으로서의 긍정적 야나기상(像)[60]을 부인했다. 야나기는 조선에 대한 일본의 야만적 탄압행위를 받아들이기는 어려웠으나, 그렇다고 군국주의자들에게 적극적으로 저항할 용기를 가지

58) 최하림의 "解說/柳宗悅과 韓國美術觀에 대하여"는 1974년 李大源이 번역한 야나기의 『한국과 그 예술』(지식산업사)에 수록되어 있다. pp. 245-263 참조.

59) 위의 글, p. 255.

60) 긍정적인 야나기상에 대하여는 金元龍, "日本人「柳宗悅」의 韓國美觀—그의 生涯와 美의 世界", 『思想界』(1962); 朴在森, "譯者拔", 柳宗悅著 · 朴在森譯, 『韓國과 그 藝術』(1969); 李漢基, "柳宗悅과 韓國", 『新東亞』(1974年 9月); 宋建鎬, "譯者의 말", 柳宗悅著 · 宋建鎬譯, 『한민족과 그 예술』(1976) 참조.

고 있지도 않은 상황에서 "자신을 보호할 창구를 국가를 초월한 사랑과 믿음"이라는 톨스토이적 휴머니즘에서 그 길을 찾았다는 것이다. 압제받고 있는 민족에게 전하는 야나기의 이 사랑과 믿음의 논리는 "압제상태를 현실적으로 시인하고 그 분노와 슬픔을 종교에 의해서 여과시키는 역할"을 했다고 보았다.

최하림 이후 야나기의 미관(美觀)과 한국관에 대한 비판이 쏟아져 나왔다. 비판의 내용은 대체로 다음과 같은 세 가지 요점을 담고 있다. 즉 첫째, 일본의 조선통치에 대한 야나기의 비판과 입장은 '도덕적 자위'에 불과하고, 주인이 하인에게 베푸는 '동정'의 범위를 넘은 것이 아니다. 둘째, 한국 민속예술의 아름다움을 '비애의 미'로 보는 것은 식민지사관의 미학이다. 셋째, 한국의 역사를 고난과 패배의 역사로 단정하고 그 속에서 선과 흰색을 바탕으로 비애의 미를 창조한다는 것은 식민지사관의 한 변형이다.[61]

잘못된 역사관을 바탕으로 한 '비애의 아름다움'이라는 야나기의 미학에 대한 비판은 상당한 정당성을 가지고 있다 하겠다. 특히 한국의 역사는 고난과 고통의 역사이고, 그 속에서 살아온 백성들은 힘에 굴종을 강요당하며 지상에서 정착하지 못하고 피안에 희망을 걸었다는 비관적 사관을 바탕으로 한 야나기의 미관을 그대로 수용하는 데는 많은 문제가 있다. 물론 한국사는 외침으로 시련과 고통의 시대가 있었다. 그러나 그가 지적하고 있는 것과 같이 한국의 역사가 항상 외세의 억압 밑에서 전개된 것은 아니다. 만주를 지배했던 고구려의 역사, 신라의 삼국통일, 고려의 큰 뜻, 그리고 조선으로 이어지는 역사에서 보여준 것은 패배의식이 아니라, 시련을 극복하고 새로운 삶의 영역을 꾸려가는 투쟁성과 강인함이었다. 그리고 그 속에서 창조한

---

61) 李萬烈, "서평", 『숙대학보』, 1974. 9. 23; 김현, "조선문학의 전개와 좌표", 『文學과 知性』, 1976년 봄호; 金潤洙 외 "分斷時代의 民族文化", 『創作과 批評』, 1977년 가을호; 金兩基, "韓國의 美는 悲哀의 美인가", 『新東亞』, 1977년 9월호.

찬란한 문화와 예술은 조용함과 동시에 열정적인 것을 함께 지니고 있었다. 모든 위대한 역사가 영광과 좌절의 끊임없는 연속인 것과 같이 한국의 역사도 영욕의 교차 속에서 전개되어 왔다.

잘못된 사관을 바탕으로 한 야나기의 미관에 오류가 있었다는 것은 사실이지만, '비애의 아름다움'이 한국사 발전의 타율성에 근거한 식민지사관의 미학이라는 것은 지나친 논리의 비약이 아닐까? 물론 조선을 방문하기 전 야나기가 읽었다는 '두세 권의 조선 역사책'이라는 것은 한국사 발전의 '타율성'과 '정체성'을 강조한 책이었을 가능성이 높다.[62] 그러나 야나기는 그와 같은 역사책을 전적으로 믿고 있지 않았다는 것을 시사하는 흔적이 있다. "조선인을 생각한다"에서 그는 "나는 내가 아는 일본의 어느 역사가가 앞으로 조선인에게 읽힐 특별한 역사교과서를 편찬하고 있다는 사실을 알고 있다. 특별하다는 것은 말할 나위도 없이 일본이 앞서 조선을 괴롭힌 부분을 역사에서 삭제하는 것을 가리킨다"라고 하여 일본 역사학자들이 한국의 역사를 왜곡하고 있음을 이미 알고 있었다.[63] 그러므로 야나기의 한국미관이 식민지사관의 핵심이라고 할 수 있는 타율성과 정체성에 근거했다는 주장은 설득력이 미약하다.

또한 야나기의 '비애의 아름다움'을 시인한다는 것은 일선동조론 (日鮮同祖論)에 의거한 왜곡된 한국사관을 자연히 시인하는 것이고, 또는 조선인을 패배감으로 몰아넣기 위한 술책이라고 단정하는 것도 지나친 편견이 아닐까? 앞에서 이미 지적한 것과 같이 야나기는 한일 합병 후에도 조선이 일본의 식민지라는 것을 인정하지 않았다. 그는 위대한 예술을 창조한 조선민족의 주체성과 독자성을 인정했고, 일본

---

62) 在日 한국역사학자인 李進熙와 金兩基는 야나기가 당시 읽은 한국역사에 관한 책은 일본사 학자들이 "조선사 발전의 타율성을 강조"한 것이고, 야나기도 이에 영향을 받았을 것이라는 시각이다. 李進熙, "柳宗悅の朝鮮美術觀", 旗田巍先生古稀紀念會編, 『朝鮮歷史論集』下 (1979), pp. 363-380; 金兩基, 앞의 글 참조.

63) "朝鮮人を想ふ", p. 26.

의 조선지배라는 '부자연한 관계'는 언젠가는 반드시 시정되어야 한다는 것이 그의 신념이었다. 그리고 그는 일본의 동화정책을 부정하고 이를 추진하는 일본정부의 정책을 강하게 비판했다. "조선은 일본의 노예일 수는 없다. 그것은 조선의 불명예이지만 그보다 더 일본에게는 치욕 중에 치욕이다"라고 토로하고, "조선의 예술을 사랑하면서 어째서 그 예술을 만들어낸 조선민족에게 경의를 표할 줄 모르느냐"라고 반문하는 야나기의 마음을 식민지사관의 변형이라고 할 수 있을까?

그렇다면 야나기가 한국예술의 특질로 규정한 '비애의 아름다움'을 어떻게 설명하여야 할까? 야나기의 '비애의 아름다움'은 이성적 연구의 결과이기보다는 감정의 산물이었고, 지속적인 것이었다기보다는 일시적인 것이었다고 할 수 있다. 우리는 야나기가 비애의 아름다움을 강조했던 시대적 상황을 한번 되새겨 볼 필요가 있다. 야나기가 조선에 관한 글을 쓰게 된 직접적인 동기는 그가 확실히 밝히고 있는 것과 같이 한반도에서 전개된 3·1독립운동과 이에 대한 일본의 무자비한 탄압, 그리고 이로 인한 조선민족의 아픔을 인식하게 되면서부터라 하겠다. 그가 초기에 발표한 "조선인을 생각한다"(1919), "조선의 벗에게 보내는 글"(1920) 또는 "그의 조선행"(1920) 등은 한국의 예술을 논하기보다는 조선민족의 아픔과 일본의 식민지 지배가 정의롭지 못하다는 것을 강조하고 있었다. 물론 그는 한국의 예술을 통해 예술의 새로운 경지를 터득하기 시작한 것은 사실이지만, 위의 글들은 예술인이기에 앞서 종교인으로서 그리고 인도주의자로서 조선의 사정과 조선인의 아픔을 깨달으면서 쓴 글이라고 하겠다. 정서적으로 대단히 격해 있던 시기의 글이다. 다음과 같은 구절은 당시 야나기의 심정을 잘 대변해 준다.

나는 요즘 조선의 일에 대해서 거의 모든 마음을 빼앗기고 있다. 왜 이렇게 되었는지 나도 설명할 길이 없다. 이 심정을 어디에다 호소해야 할지 나는 모른다. 당신들의 마음과 쓸쓸함을 미루어 생각할 때 남모를 눈물이 내 눈시울을 적신다. 나는 지금 당신들의 운명을 생각하고, 또 이 세상의 부자연스러운 세력을 돌이켜 본다. 있을 수 없는 사건이 눈앞에서 벌어지고 있다. 나의 마음은 평화로울 수가 없다. 마음이 당신들에게로 향할 때, 나도 당신들이 당하는 괴로움을 맛본다. 무엇인지 알지 못할 힘이 나를 부르는 것 같다. 나는 그 소리를 듣지 않을 수 없다. 그 소리는 나의 마음속에 인간에 대한 사랑을 눈뜨게 해주었다.[64]

비애의 미학을 본격적으로 다루고 있는 "조선의 미술"도 이러한 생각과 감정의 연장선상에서 쓰여진 것이라 하겠다.

최초의 글인 "조선인을 생각한다"보다 늦게 발표되었으나, 3·1독립운동 이전에 집필된 "석불사의 조각에 대하여"에서는, 야나기의 '비애의 아름다움'이 한국예술에 대한 이성적 연구의 결과이기보다는, 강압적인 일본의 탄압 속에서 살아가는 조선민족의 아픔이라는 당시의 상황이 가져온 감정의 산물이라는 것을 설명하는 데 많은 도움을 주고 있다. 이 글은 석굴암의 건축과 불상들의 아름다움을 미학적 시각에서 분석한 역작이다. 석굴암을 답사한 것이 1916년이고 논문이 발표된 것이 1919년이니까 이 글이 나오기까지 3년의 시간이 흘렀음을 알 수 있다. 3년 동안 그는 이 글을 발표하기 위하여 많은 사색과 연구를 했음이 이 학술논문에 잘 나타나고 있다. 그는 이 글에서도 '선의 아름다움'을 설명하고 있지만, 이 선의 아름다움을 전혀 '비애의 아름다움'으로 연결시키지 않고 있다. 오히려 석굴암의 예술 속에서 '자연과 조화의 아름다움', '균제의 아름다움', '개체와 종합의 아름다움', '아름다움 속의 종교'를 발견했다. 그러므로 만일 3·1운동이라는 역사적 사건이 없었다면 '비애의 아름다움'도 태어나지 않았을지도 모른다.

---

64) "朝鮮の友に贈る書", p. 33.

'비애의 아름다움' 이라는 야나기의 미학은 한국예술을 보는 그의 시각이 성숙된 단계에 나타난 것이 아니라, 아직도 미숙했던 초기의 것이라고 하겠다. 더욱이 그 미숙함이 앞에서 지적한 그의 격정과 결합하면서 나타난 것이라 할 수 있다. 한국예술에 대한 이해가 깊어갈수록 그의 미학에서 '비애의 아름다움'은 점차 사라지고 있음을 알 수 있다.

앞에서도 지적했지만 야나기가 한국의 예술과 만나게 된 것은 영국의 세계적인 도예가 버나드 리치의 영향을 받아 1912년 도쿄에서 열린 척식박람회의 '조선 코너'에 진열된 도자기를 본 것이고, 직접 자기 손으로 만져볼 수 있었던 것은 1914년 아사카와의 선물을 받을 때였다. 그러나 그가 본격적으로 한국예술에 접할 수 있었던 것은 1916년 한국을 최초로 여행했을 때라 하겠다. 그후 그는 한국의 예술품에 깊이 매료되었다. '비애의 아름다움'이 본격적으로 나타난 것은 1922년이지만, 1920년에 발표한 "조선인을 생각한다"와 "조선의 벗에게 보내는 글"에 이미 나타나고 있었다. 이것은 한 나라의 예술을 단정적으로 평가하기에는 너무 짧은 기간이라 하지 않을 수 없다. 한국의 예술에 대한 그의 사색이 길어지고 심미안이 깊어지면서 비애의 아름다움보다 소박한 아름다움과 무조작의 아름다움, 즉 이진희(李進熙)가 지적하고 있는 것과 같이 '건강한 아름다움'을 발견할 수 있었다.[65] 1930년대 이후에 발표한 글에서는 이러한 미관(美觀)이 뚜렷하게 드러나고 있다. 1932년 야나기는 그가 발행하는 『코게이』(工藝)의 '조선도자기 특집호'에서 다음과 같이 설명하고 있다.

그토록 곡선을 사랑한 민족이 이때에 와서 비로소 단정하고도 엄숙한 직선의 아름다움을 접한다. 모양이 대지 위에 안정된다. 문양도 형태도 확실성이 더해진다. 그러나 중국의 것처럼 힘이 있는 것

---

65) 李進熙, 앞의 글; 李進熙, "柳宗悦と朝鮮の美", 『全集』 6 (月報, 3), pp. 3-4.

은 아니고, 일본의 것처럼 밝지도 않다. 보다 더 조용하고 소박하다. 행동에도 마음에도 서두름이 없다. 똑같은 확실성을 가지고 한결같이 부드럽고 소박하며 곧다.[66]

"모든 아름다움은 비애의 아름다움"이라는 한국예술의 미론(美論)을 발표한 후로부터 10년 사이에 "지상에 안주하기를 희망하면서도 안주할 수 없는 쓸쓸한 모습이 대지 위에 안정된 조용하고 소박한 모습"으로 변했다. 그리고 그 속에서 힘을 동반한 '야성적 취향'과 운치와 깊이가 있는 '조잡'한 아름다움을 찾을 수 있었다.[67]

1937년 민속예술품을 수집하기 위하여 전라도를 순회하면서 그는 서민적 삶 속에서 만들어진 토기 · 자기 · 수저 · 솥 · 김칫독 · 구유 · 소반 · 발 · 목공품 · 죽공품 등과 같은 일상용품에서 '건강한 아름다움'을 보았다. 그는 "자연을 벗삼아 지내는 나날, 위생 이전의 생활, 건강을 문제삼지 않는 건강, 이것이야말로 조선의 풍물이 지닌 그 불가사의한 수수께끼를 풀어줄 열쇠"로 보았고, "고난의 역사를 만들어낸 반도라는 쓸쓸한 자연은 신기하고 아름다운 자연"으로 바뀌었으며, 대지를 떠나려는 삶의 형태는 "사람과 자연이 서로 끌어안고" 살아가는 자연과 조화된 삶의 모습으로 바뀌었다.[68] 한국의 예술에 대한 변함없는 '존경의 마음'(敬念) 속에서 그의 미관의 변화를 볼 수 있다.

VII. 맺는 글

한국근대사에서 가장 암울하고 끝없는 억압 속에서 침묵을 강요당하고 있던 시대에 한국의 예술을 통하여 한국민족의 의지를 대변하

---

66) "本號の揷繪"(『工藝』, 1932年 1月), 『全集』 6, p. 249.
67) "「高麗」と「李朝」"(『工藝』, 1942年 10月), 『全集』 6, p. 355.
68) "全羅紀行"(『工藝』, 1938年 3月), 『全集』 6, pp. 394-395.

고 민족의 독립을 호소한 야나기는 오늘도 우리에게 귀중한 존재가 아닐 수 없다. 그의 주장에 '감상적인 허약함'이 배어 있는 것은 사실이지만 당시 그 어떤 종교가나 사상가나 문학가에서 볼 수 없는 진실과 애정이 담겨 있었다. 그러므로 야나기는 김달수(金達壽)가 표현하고 있는 것과 같이 우리가 "결단코 잊을 수 없는 희유(稀有)한 일본인"이었다.[69]

야나기 연구에 크게 기여한 다카사키 소지는 야나기가 사랑한 것은 "조선의 예술과 그 예술을 만들어낸 조선인이지, 독립을 위해 투쟁한 조선인은 아니었다"라고 비판하고 있다.[70] 그러나 예술을 창조한 조선인과 독립을 위해 투쟁한 조선인은 서로 다른 사람이 아니라 동일인이었다는 점을 잊어서는 안 된다. 또한 일제의 억압 밑에서 학대를 감수하지 않으면 안 되었던 시대에는 "학대받은 자의 울분과 슬픔을 대변해 주고 위로해 주는 따뜻한 정인(情人)"이었고, "학대받는 민족이 낳은 예술의 정수를 이해하고 그것을 지극히 사랑하였던 애호가"였지만, "독립국가의 주인인 오늘의 우리들에게 그의 감상적인 언설(言說)은 미문(美文) 이외에 아무것도 아니다"라고 최하림이 야나기의 현대적 의미를 평가절하하였으나, 조선인이 고통받던 시대에 자신의 나라가 저지르고 있는 잘못을 비판하고 반성하며 조선인의 편에 섰던 그의 진솔함과 용기는 오늘에 있어서도 대단히 귀중한 것이고, 그러한 '야나기적' 진솔함과 용기가 두 나라의 장래를 위해서 그 어느 때보다 필요하다고 생각된다.

그리고 조선인이 가장 어려웠고 수난의 역사를 걸어야 했던 시기에 야나기가 "우리들에게 보여준 모든 관심과 정애, 1920년대의 한국인에 대한 연민, 한국예술에 대한 따뜻하고도 이해성 있는 애정, 한국민예에 대한 본능에 가까운 사랑" 등 이 모든 것이 "다 버리지 않을 수

---

69) 金達壽, "柳宗悅との出會", 蝦名則, 『回想の柳宗悅』(八潮書店, 1979), p. 286.
70) 高崎宗司, "柳宗悅―1920年代を中心に", 『朝鮮史叢』 제1호(1979. 6).

없는 헛된 것"이라면 진정코 한·일 두 나라 사이에 '선린'은 존재하지 않을 것이다. 일본에는 옛날이나 지금이나 야나기와 같이 두 나라의 참된 우호를 위해 마음을 기울이는 사람들이 있다고 믿는다. 그렇기 때문에 한·일 두 나라의 장래에 대하여 우리는 희망을 가질 수 있다. 옛날이나 지금 똑같이 야나기는 두 나라의 선린을 위해서 추구해야 할 '원형'이다.

제 2 부
변형의 모습들

5 전후 진보적 지식인과 한국
—잡지 『세카이』를 통해 본 진보적 지식인의 한국관

I. 머리글

참다운 선린의 한·일관계를 구축해 나가기 위해서는 아직도 넘어야 할 장애물이 많이 있다. 그 가운데 중요한 것의 하나가 한·일 두 나라의 국민, 특히 지식인이 상대방에 대하여 어떠한 '이미지' (image)를 가지고 있고, 또 어떠한 '모습'(像)을 정립하느냐 하는 것이다.

이 글은 전후 일본의 진보적 지식인의 대변자라고 할 수 있는『세카이』(世界)가 30여 년에 걸쳐 어떠한, 그리고 어떻게 '한국의 상'을 축적해 왔는가 하는 것을 찾아보려는 데 그 목적이 있다. 일본의 대표적 종합잡지인『추오코론』(中央公論)이나『분게이 슌주』(文藝春秋)와 달리『세카이』는 전후에 시작된 잡지로서 '새로운 도의와 문화의 창조'를 추구하는 진보적 지식인들이 그 중심을 이루고 있다. 뿐만 아니라『세카이』는 전후 일본에서 발행된 정기간행물 가운데 그 어느 것보다도 한국문제에 관하여 가장 깊은 관심과 적극적인 의견을 표시해 왔다. 그런 의미에서 전후 일본사회의 여론형성에 중요한 기능을 담당한 진보적 지식인의 한국관을 살펴보기에는 『세카이』가 가장 적합하다.

물론 '진보적 지식인'에 대한 개념 정의에 논란이 있을 수 있고, 『세카이』에 글을 쓰고 있는 사람만이 '진보적 지식인'이냐, 또는 『세카이』에 투고한 사람은 모두가 '진보적 지식인'이냐 하는 데에는 이론이 있을 수 있다. 그러므로 이곳에서 사용하고 있는 '진보적 지식인'이라는 구분은 어디까지나 임의적·자의적인 것이라 하겠다.

이 글은 1946년 1월에서부터 1979년 12월(1-409호)까지 『세카이』에 게재된 한국에 관한 모든 기사를 종합·분석한 것이다. 한국에 관한 논문일지라도 일본인 이외의 제3국인의 것은 포함하지 않았다. 33년이라는 긴 시간의 내용을 자세히 분석한다는 것은 시간적으로나 공간적으로 쉽지 않은 일이다. 다만 이곳에서는 '한국상' 정립이 어떻게 변해 갔는가 하는 것을 보고자 한다.

II. 『세카이』의 성격과 한국기사의 빈도

1. 성격

잡지 『세카이』는 패전으로부터 4개월 후인 1946년 1월부터 시작된다. 당시 일본은 패전으로 인한 정신적 좌절감, 물질적 고통, 개국 이래 최초의 점령통치라는 국치(國恥)로 인한 '불안과 혼란', 그리고 '심각한 수난과 고뇌' 속에서 뚜렷한 국민적·국가적 좌표를 상실한 채 표류하던 때였다. 이러한 총체적 불안 속에서 『세카이』는 "도의와 문화가 확립된 새로운 질서의 창조만이 일본이 생존과 더불어 영광을 되찾을 수 있는 유일한 길"이라고 강조하며 출발했다. 『세카이』가 이처럼 도의와 문화가 확립된 새 질서의 창조를 절대적 가치로 추구하고 있는 이유를 『세카이』의 발행인 이와나미 시게오(岩波茂雄, 1881-1946)는 "일본의 개전과 패전은 우리나라의 도의와 문화의 사회적 수준이 낮은 데서부터 기인"하는 것으로 보았기 때문이다.[1] 도의와 문화가 본래의 지위를 상실하고 그 기능을 다하지 못하였기 때문에 민족적 불행과 국가적 굴욕을 자초했다는 것이다. 즉 도의와 문화에 봉사해야 할 정치가 그 반대로 도의와 문화를 노예로 부리려 했던 것이 불행의 근본이었다는 것이다. 그리고 이러한 노예화의 과정 속에서 '군벌의 횡포'와 '관료의 독선'을 보편적 사회가치로 호도하고 용납케 했던 것은 지배계급의 부도덕과 지식인의 무책임에서부터 시작되었다고 지적하고 있다. 그러므로 지배계급과 지식인은 그 사회적 책임을 반성함과 동시에 본래의 기능을 수행함으로써 도의와 문화가 본래의 위치를 차지하고, 그 바탕 위에서 정치가 이루어질 때 비로소 일본은 다시 일본의 영광을 찾을 수 있고 세계평화에 기여하며 인류의 진운(進運)과 복지에 공헌할 수 있다고 보았다. 창간사는 다음과 같이 밝히고 있다.

태평양전쟁은 우리나라 유사 이래 미증유의 굴욕적 항복으로서 그 막을 내렸다. … 군비를 잃고, 경제가 묶이고, 영토가 축소되고, 해외의 활동이 봉쇄된 국민은 이제 좁고 고달픈 문을 뚫고 나가 넓고 밝은 도의와 문화의 천지에서 생존해야 하는 것 이외의 길은 없다. 이 길은 고통스럽고 험난한 길임과 동시에 영광의 길이다. … 우리의 문화는 특히 지난 10여 년간 시국의 중압 아래서 왜곡되어 올바른 궤도에서 벗어났다. 본래 도의와 문화에 봉사해야 할 정치가 반대로 그것을 노예화했다. 이것은 일본의 군인·정치가·관료 그리고 그들의 추종자의 무지·단견·무교양·부도덕 및 인간으로서의 저열을 증명함과 동시에 우리나라에서 문화의 무력, 도덕의 무내용, 문화인·지식계급의 태만과 비겁함, 무책임을 보여주고 있음이 사실이다.
지금 강력한 문화국가 건설의 첫발을 내디디려 한다. 문화란 단순

---

1) 岩波茂雄, "『世界』の創刊に際して", 『世界』, 創刊号, 1946年 1月.호

히 향수(享受)하는 것은 아니다. 그 본질은 도의에 있고, 그 생명은 창조에 있다.

이러한 문화의 권위와 자주가 강력히 회복되지 않으면 안 된다. 우리는 정치가 중요하다는 것을 잘 알고 있다. 그러나 정치의 밑바탕에 도의와 문화가 엄존(嚴存)할 것을 요구하고 희망하고 있다.[2]

이와 같은 도의와 문화의 새 질서 창조의 바탕은 '진리' 일 수밖에 없다. 이와나미는 다음과 같이 말하고 있다. "천지에는 대의(大意)가 있고 인간에게는 양심이 있다. 진리보다 더 강한 것은 없다. … 일본 국민은 패전을 확인하지만 스스로 비겁함 없이 타는 듯한 정열로 진리를 향하여 직진해야만 한다" 라고 힘주어 말하고 있다.[3]

그는 진리를 바탕으로 한 도의와 문화의 새 질서 창조를 위하여 『세카이』가 택해야 할 4가지 사명을 제시하고 있다. 첫째, 전전(戰前)의 현상에 대한 솔직한 자기반성과 비판이다. 청일전쟁 이후 만주사변에 이르는 팽창과정 속에서 나타난 "국민의 부당한 자부정신, 겸허함의 상실, 그리고 군벌관료의 등장에 대한 비판과 반성"이다. 그리고 전전에 나타난 "무리와 허위, 허세와 부정을 폭로하여 국민 스스로가 패전에 이르게 된 현실의 진리를 깊이 성찰"해야 한다는 것이다. 그럼으로써 비로소 일본은 새로 태어날 수 있고 『세카이』는 그 기능을 담당해야 한다는 것이다. 둘째, 문화를 대중과 연결하는 사명이다. "학문에 담겨 있는 지성을 시대의 문제로서 국민의 운명에 결부시켜 그 발언을 국민의 눈앞에서 논하는 것"이다. 국가나 국민의 문제를 학문적 입장의 테두리를 벗어나지 못하고 국민과 연결시키지 못함으로써 학자는 고립되고 국민은 색맹상태가 되었던 전쟁 전과 전쟁 중의 전철을 다시 밟을 수는 없다는 것이다. 그러므로 『세카이』는 계몽적 활

---

2) "發刊の辭".
3) 岩波, 앞의 글.

동을 통하여 학문과 대중을 연결하는 교량이 되어야 한다는 것이다. 셋째, 전후 "국민의 새롭고 정통적 오피니언을 국내뿐만 아니라 국외에도 대표할 수 있는 평론잡지의 역할"을 다하는 것이다. 논조에서 왼편이나 오른편에 치우치지 않을 뿐만 아니라 대중에게 아부하지도 않고 또한 유행에 매이지도 않으며, 오직 정통적 여론을 대변하는 것이다. 『세카이』가 택해야 할 마지막 역할은 세대(generation)를 초월하여 전전의 "노장(老壯) 자유주의자(old liberalists)와 전후의 젊은 자유주의자 가운데 가장 훌륭한 학자들의 대화의 광장(forum)의 기능"을 하는 것이다. 그럼으로써 『세카이』는 "세대 위에 민주전선을 구축하고 새로운 일본의 철도를 부설하는 데 기여"해야 한다는 것이다.[4]

진리를 바탕으로 도의와 문화의 새 질서 창조를 목표로 한 『세카이』가 한민족과 한반도문제를 좌·우에 치우치지 않고 정통적 의견을 국민에게 제시했고, 계몽적 입장에서 국민에게 알려주려고 했나? 창간이념에 나타나 있는 자기비판과 반성은 있었나? 진보적 자유주의자라고 불리는 전후의 지식인들이 한국문제를 접근하는 데에서 본래의 이념에 충실했나? 그리고 새로운 한·일 유대에 얼마나 기여했나? 하는 것과 같은 문제에 대한 해답을 찾아보려는 것이 이 글의 목적이다.

2. 기사 빈도를 통해서 본 관심도의 변화

창간 후 1979년에 이르기까지 『세카이』에 나타난 한국에 대한 진보적 지식인의 관심도는 표에서 볼 수 있는 것과 같이 상당한 굴곡을 이루고 있다.[5]

---

4) 城戶又一·久野收·桑原武夫·中野好夫, "『世界』創刊のころ", 1966年 1月; 吉野源三郎, "創刊まで", 1966年 1月; 大內兵衛, "『世界』二十年", 1966年 1月.

5) 한국문제에 관한 기사목록에 관하여는 『世界總目次』, 1946-1985; "『世界』朝鮮問題記事の目次, I·II", 1979年 3·4月.

1946-49년의 4년 사이에 나타난 한국에 관한 기사는 단 3편뿐이다. 36년간 일본제국의한 부분으로 간주하고 통치해 온 한반도에 대한 관심도가 이렇게 적었다는 것은 기이한 현상이라 아니할 수 없다. 이와 같은 무관심은 패전 후 해결해야 할 제일의 당면과제가 국내문제였고, 그밖에 다른 점도 있었지만 한국인의 감정을 자극하지 않기 위한 의도적인 이유도 함께 포함되어 있다고 볼 수 있다.

한국전쟁을 계기로 한반도에 대한 관심이 점진적으로 높아지고 있다. 표에서 볼 수 있는 것과 같이 1950년 후반기부터 전쟁에 관한 기사가 점점 늘어나 휴전협정이 이루어지는 1953년에는 22개의 기사로서 1950년대에 정점을 이루게 된다.

내용분석에서 보다 자세히 살펴보겠으나 그들의 관심은 전쟁과 휴전으로 인한 한반도 내의 정세변화가 아니라, 일본에 미치는 영향에 그 초점을 맞추고 있다.

즉 한반도에서의 전쟁과 휴전이 당시 미국의 점령통치하에 있었던 일본의 국가진로에 어떠한 영향을 미치고, 경제발전에 어떤 역할을 할 것이며, 또한 휴전으로 인한 남북분단의 고착이라는 현실적 상황 속에서 일본이 택할 대한반도정책의 방향은 어떠해야 할 것인가 하는 것 등에 더 큰 의미를 부여하고 있다.

1953년 휴전과 동시에 한국에 대한 관심도는 급강하한다. 22편까지 올라갔던 한국에 관한 기사가 1954년에는 4편으로 줄어들 뿐만 아니라, 1955년부터 57년까지 3년 동안은 한국에 관한 기사가 단 한편도 실리지 않는다. 관심의 대상이 아니었던 것이다. 그러다 1958년 재일교포의 북송문제가 한·일 양국 사이에 중요한 현안문제로 등장하면서 한국에 대한 관심이 다시 고조된다. 한국 국내문제에 대하여서는 객관적이고 상황변화를 전달하던 이제까지의 논조와는 달리 이 시기(1950년대 후반기)부터는 보다 주관적으로 한국 국내정국(이승만의 자유당정권)의 변화에 대한 비판적인 글과 북한에 대한 긍정적 시각의 기사가 대조적으로 나타나기 시작한다.

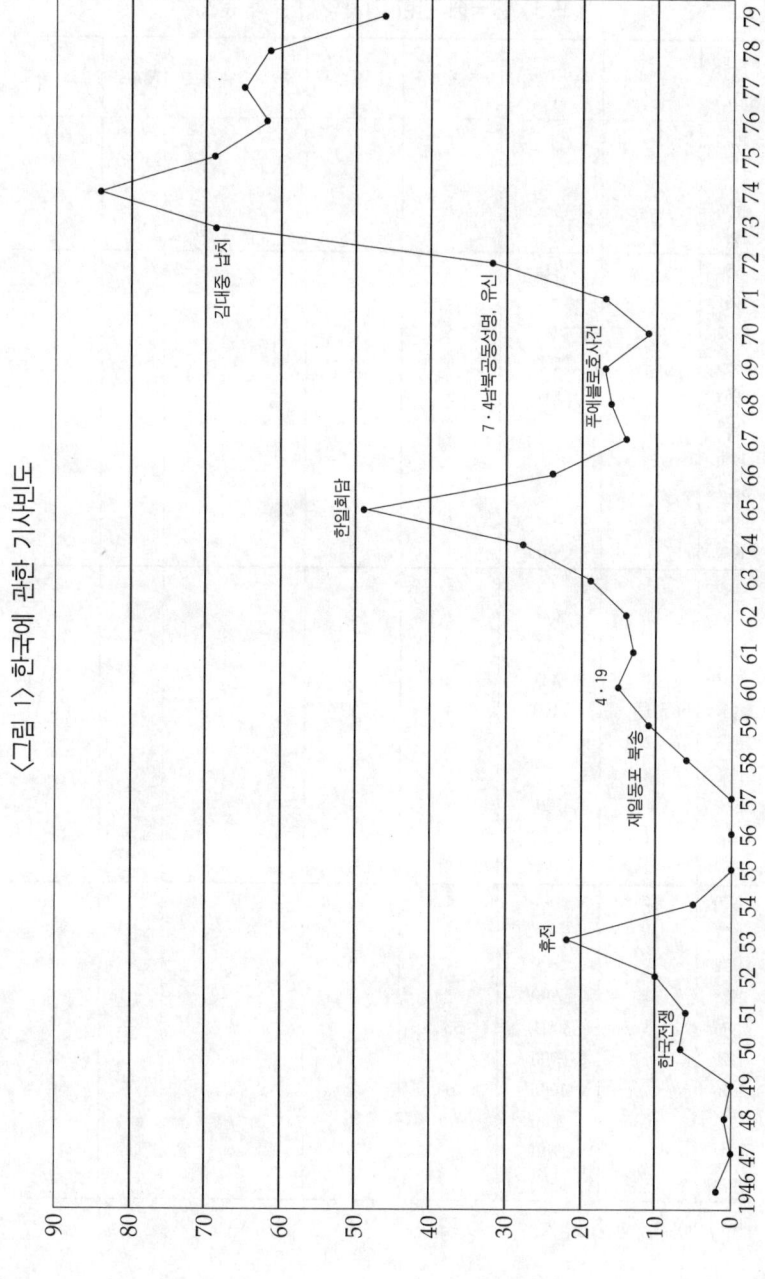

〈그림 1〉 한국에 관한 기사수

〈표 1〉 한국에 관한 기사의 구분과 분포

내용 \ 연도	그라비어	논문·수필	세계의 흐름	일본의 흐름	좌담·대담·토론	담화실	보고·자료
1946		1	1				
1947							
1948			1				
1949							
1950		3(1)	3				
1951		3	2				
1952		6(4)	3				
1953		12(2)	6		1		2
1954		2(1)	3				
1955							
1956							
1957							
1958		2(1)	1	1			
1959	1	5(4)	1	2			1
1960	3	4	4	2	1	1	
1961	1	8(4)	1	2			
1962		6(2)		4		2	1
1963	1	9(3)	2	5		1	
1964	1	14(3)	4	2	1		2
1965	2	26(2)	4	9	1		1
1966	3	5		7	1		2
1967		5(2)	4	2			
1968	1	8	2	1			1
1969	2	5	5	3			
1970	1	4	1	3	1		
1971		4	5	4			
1972		18(5)	4	3	1		1
1973	1	39(8)	3	1			2
1974	3	30(11)	3	3	3		8
1975	1	29(8)	2	1			2
1976		19(9)	1	1			8(6)
1977	3(2)	26(8)		1	1		4
1978		29(10)		3	1	1	
1979	3	15(6)		1			3

* ( ) 안은 외국인의 글임.

앙케이트	르포	창작	성명·요망	독서실	다큐멘터리	통신	인터뷰	한국통신	독자페이지	합계
										2
										0
										1
										0
		1(1)								7
		1(1)								6
						1(1)				10
						1(1)				22
										5
										0
										0
										0
									2(2)	6
									1	11
										15
									1	13
1										14
									1(1)	19
1	1		1						1(1)	28
2		1(1)	1	1					1(1)	49
1			1	2						24
				1					2(2)	14
				1	1	1				16
1		1(1)								17
		1(1)								11
	1	1(1)		1(1)			1(1)			17
				2(1)			3			32
		1(1)	1	1	3		5(4)	5	1(1)	64
		2(1)	4		11			12	5	84
	1		3		11		1	12	6(1)	69
		2(2)	4		9		2	12	4	62
		1(1)			12		1	12	4	65
			2		12			12	2	62
	1		1		9	1		12	1	47

한국의 국내정국이 4·19, 5·16으로 이어지는 1960년대에 들어서면서부터 한국정치에 관하여 『세카이』는 본격적으로 관심을 나타낸다. 뿐만 아니라 1962년부터 한국의 공화당 정부와 일본의 이케다 하야토(池田勇人) 내각 사이에 진행된 한·일 국교정상화를 위한 회담을 계기로 한국에 대한 기사의 수는 급상승한다. 한일회담이 조인된 1965년 한국에 관한 기사는 49편으로서 1960년대에 절정을 이루게 된다.

국교정상화 이후 기사의 빈도는 다시 크게 감소하고 있다. 그러나 1950년대와는 달리 한국에 관한 기사는 일정 수준을 지속하고 있다. 푸에블로호사건(1968년)을 전후하여 한반도와 동북아시아의 정세변화와 연결하여 생각하는 기사가 나타나고 있으나, 이 시기의 대부분의 관심은 한국 국내정치, 특히 박정희 정권에 대한 비판적 경향이 주류를 이룬다.

『세카이』 창간 후 진보적 지식인의 한국에 관한 관심의 절정은 1970년대에 나타나고, 당시 『세카이』의 가장 중요한 주제는 한국의 정치문제였다. 남한의 정치적 부패와 경제적 몰락을 극대화하는 한편, 북한에 대한 찬양기사가 나타나게 된다. 특히 김대중납치사건이 일어난 1973년 말부터 남한정권에 대한 『세카이』의 전면적 공격이 시작된다. 『세카이』는 마치 한국정부를 비판하고, 한국사회의 어두운 면을 파헤치기 위하여 만들어진 잡지로 인식될 만큼 한국문제를 집중적으로 다룬다. 이 당시 『세카이』라는 프리즘을 통해서 일본국민에 비쳐진 한국정치와 사회는 '대형'(big brother)이 통치하는 오웰(Georeg Owell)의 현대판 『1984년』과 같았고, 하나의 거대한 '수용소 군도'였다. 그러나 북한은 한국에 비해서 훨씬 살기 좋고 자유로운 사회로 묘사되었다. 『세카이』는 한국에 대한 일본의 경제협력을 단절하고 경제압력을 가함으로써 한·일관계를 재검토할 것을 요구하고 나섰다. 특히 1973년 5월호부터 나타나는 TK생이라는 익명의 "한국으로부터의 통신"은 한국 내의 온갖 유언비어의 원산지가 되었다. 1974년에는 84편의 한국관계 기사와 논문을 게재함으로써 그 절정을 이루고 있다. 그후 10 · 26사태로 박정희체제가 붕괴되는 1979년까지 평균 60편 이상을 게재함으로써 한국에 관한 관심도는 지속되었다.

III. 1940년대—식민통치의 긍정론

『세카이』가 한국에 대하여 최초의 관심을 보인 주제는 "조선통치에 대한 반성"이라는 논문이다.[6] 『세카이』에 발표된 한국에 관한 최초의 논문이라는 의미에서뿐만 아니라 36년에 걸친 한반도 통치에 대한 진보적 지식인이 지니고 있는 인식의 실마리를 찾아볼 수 있다는 점에서 논문의 내용을 분석해 볼 필요가 있다.

1. 식민지지배에 대한 변호

서울대학의 전신인 경성제국대학의 교수였던 스즈키 다케오(鈴木武雄)에 의하면 한국과 일본 두 민족의 '심적 결합'(心的結合)을 방해한 가장 커다란 장애는 한반도에 대한 일본의 영토적 지배였다. 이 영토적 지배로 인하여 일본인에게는 '우월감'이 배태되었고, 반대로 한민족에게는 '피압박 민족감정'이 배양되었다. 영토적 지배가 지속되고 이로 인한 우월감과 피압박 민족감정이 계속되고 있는 상태에서는 일본의 어떠한 성의 있는 정책도 한민족으로부터 공감을 거둘 수가 없었다고 분석하고 있다. 그러나 패전의 결과로 한반도에 대한 일본의 영토적 · 정치적 지배라는 대전제가 소멸됨으로써 우월감-피지배자 감정이 불식되고, 따라서 '두 민족의 정신적 결합'이 가능한 것으로 보고 있다. 즉 두 나라가 "독립국으로서 평등한 기반 위에 우정을 확립할 때 문화적으로나 경제적으로 두 민족의 복지를 반드시 증

---

6) 鈴木武雄, "朝鮮統治への反省", 1946年 5月.

대"시킨다고 보았다. 이와 같이 한·일관계의 "명랑한 재출발을 위하여 36년에 걸친 조선통치의 성격과 실적에 대한 심각한 자기반성"과, "일본의 진의에 대한 오해가 있었다면 이를 해소"시키려는 것이 이 논문의 근본목적이라고 필자는 밝히고 있다.

그러나 논문의 밑바탕에 깔려 있는 기조는 식민지통치에 대한 '심각한 자기반성'이 아니라 식민지통치의 정당화와 식민지지배의 시혜론을 강조하고 있다. 스즈키 교수에 의하면 "일본의 조선통치의 근본 철학은 일시동인(一視同仁)·내선일체(內鮮一體)로서 동화정책(同化政策), 모국연장주의(母國延長主義)"라고 규정하고 있다. 동화정책의 근본통치방침은 "조선의 정치적 지배를 완전히 확보하려는 의도"인 동시에 "식민지적 관계를 지양하려는 의도"의 상호배타적인 요소가 있었다고 설명하고 있다. 그럼에도 불구하고 동화정책의 근본철학은 선의적·긍정적이었다고 주장한다.

> 일시동인 또는 내선일체는 … 문자 그대로 조선인과 일본인을 전적으로 평등시하고, 일본인의 우월적 차별대우 또는 차별감정을 극복하고 소위 식민지관계를 지양한다는 이상주의적 성격을 지니고 있었다. 그곳에는 공식적으로 제국주의적 식민지지배에 대한 비판과 반항이 있거나 또는 한일합방의 대전제를 뒤엎을 수는 없으나, 같은 아시아인으로서 동지인 이상 문명인이 야만인을 지배하는 종래의 공식적 식민지체제가 재현되어서는 안 된다는, 다시 말해서 동포애적인 새로운 식민통치(植民統治)의 이념이 있었음을 부정할 수 없다(p. 44).

1938년부터 실시한 내선공학제(內鮮共學制), 전차를 기다리고 있는 승객의 대열, 영화관에서 입장을 기다리고 있는 행렬, 또는 전쟁상태에서 배급품을 사기 위해서 기다리는 대열에 일본인과 한국인이 구별 없이 섞여 있다는 것은 바로 '동포애적 새로운 외령통치의 이념'

을 실행한 것으로서 다른 식민지통치에서는 볼 수 없는 특이한 성격의 일면이라고 높이 평가하고 있다.

동화정책이 '전면적 실패'로 끝났다는 것을 스즈키는 인정하고 있다. 그러나 그 실패의 근본원인은 이념이 아니라 방법이 옳지 않은 것으로 평가하고 있다. 즉 상황에 대한 오판과 행정의 졸속 때문에 성공할 수 없었다는 것을 스즈키는 다음과 같이 설명하고 있다.

조선인의 대다수가 만주사변, 특히 중일전쟁[支那事變] 이래 일본인과의 운명공동체라는 의식이 짙어지면서 애국심의 앙양이 현저하게 나타났다. 이와 같은 애국심의 현저한 앙양은 부정할 수 없는 놀라운 사실로서 우리들을 감동시켰다. 그러나 이것은 결코 조선인의 민족의식이 쇠퇴했다는 것을 의미하는 것은 아니다. … 민족의식은 더욱더 강하게 각성되었으나 다만 자기민족의 생존과 행복을 위해서는 일본국민으로서 살아가는 길 이외에 다른 길이 없다는 운명공동체적 의식에 도달했다. 즉 민족의식에 앞서 점차 국민의식(복합민족국가적인 국민의 의미)을 자각하게 되었던 것이다. 이는 동화정책이라는 시각에서 볼 때 환영해야 할 현상이고 민족융합에의 한 단계 가까워진 것이 사실이다. 그러나 이것은 곧 조선민족이 야마토(大和) 민족화했다고 속단한 것이 커다란 잘못이다(p. 44).

이와 같은 '오판' 위에서 추진된 신사참배, 황국신민의 선서, 창씨개명 등 황민화운동은 실패할 수밖에 없었다고 지적하고 있다. 즉 민족의 존재를 간단히 부정한 동화정책, 총독정치의 치적을 과시하는 형식적·숫자적 황민화운동, 그리고 말단 행정당국의 졸속 등은 내선일체를 실패하게 했다는 것이다. 일본이 조선에서 실시한 일시동인적 동화정책은 그 근본이념에서는 선의였고 또한 성공할 수 있었으나 다만 상황에 대한 오판, 성과과시 위주의 총독정치, 졸속행정 등 방법의 잘못으로 결국 실패로 끝났다고 평가한다. 식민지통치라는 '원죄'에 대한 반성이 아니라 다만 그 '통치방법'에서 반성을 뜻하고 있다.

식민지통치의 정당화와 은혜화의 강조는 경제적 측면에서 더욱 선명하게 나타난다. 스즈키에 의하면 한국의 산업경제가 "일본통치하의 30년 간에 경이적인 약진"을 이루었고, 이 현상은 "널리 알려진 사실"로 인정하고 있다. 일본에 의한 합병이 이루어지기 전의 한국경제는 원시적 산업구조 속에서 정지적 정체가 지속되었으나 합병 후에는 농업과 공업이 함께 발전하는 산업구조로 발전되어 농업생산력이 획기적으로 향상되었을 뿐만 아니라, 광공업 등 근대산업의 기틀이 마련되기 시작했다고 평가하고 있다. 합병 당시(1910년) 한국의 GNP가 3억 8,100만 엔에 불과했던 것이 1943년에 이르러서는 64억 8,500만 엔으로 늘어났고, 농산물과 공산물의 비중이 80%:4%에서 32%:42%로 변하여 공업의 비중이 농업을 능가하게 됨으로써 "일종의 복잡한 종합경제체계"의 모습을 갖추게 되었다고 지적하고 있다. 이와 같이 식민지 통치기간을 통하여 산업의 후진성을 특징으로 하고 있는 아시아에서 "조선은 비교적 선진성을 과시할 수 있는 지역"으로 발전할 수 있었고, 이와 같은 산업의 발달은 "지금부터 일본을 대신해서 자주적으로 이것을 지배할 조선인에게 확실히 행복한 자산"이라고 강조함으로써 식민지통치의 시혜론을 주장하고 있다.

그는 일본의 한반도 식민지통치가 본질적으로 제국주의적 속성을 지녔음을 인정하고 있다. 그러나 식민지통치가 조선에 대한 일본의 제국주의적 착취와 일본의 이익을 위하여 조선인을 노예로 부렸다는 것을 부인할 뿐만 아니라 오히려 조선에 유익했다고 설명하고 있다. 예컨대 1920년부터 34년까지 대규모로 실시한 쌀증산계획(産米增産計劃)정책은 일본의 식량문제를 해결하기 위한 '이기적 정책'만은 아니었다고 주장하고 있다. 물론 이 정책은 일본의 식량문제에 많은 도움이 되었고, 또한 전쟁시에 식량의 원활한 공급의 기반이 된 것은 사실이지만 결과적으로 한국에 커다란 혜택을 주었다고 합리화하고 있다. 즉 쌀 증산정책의 결과 한국은 쌀 단종경작형(單種耕作型) 산업구조를 일찍이 확립할 수 있었고, 한국의 쌀이 일본으로의 이출이 많은 것은 비싼 쌀을 팔아서 싼 잡곡을 사서 먹어야 하는 "원시산업국가가 한 번은 거쳐야 하는 단계로서 경제현상의 결과"로 보고 있다. 그리고 무엇보다도 일본의 기술지도와 자본원조를 바탕으로 실시한 쌀 증산정책은 농업생산력을 비약적으로 증대시켰을 뿐만 아니라, 대규모의 토지개량사업, 수리시설, 간척사업 등을 실시함으로써 경작지를 확장했고, 이것은 전후 독립한 한국인에게 자산이 되었다는 것이다. 따라서 일본이 실시한 쌀 증산정책은 일본이 조선으로부터 쌀을 수탈하기 위해서 실시한 것이 아니라 조선에 크게 도움이 되는 정책이었다는 논리다.

스즈키에 의하면 동화정책의 궁극적 목표는 "일본인에 비교하여 저열한 조선인의 민도(民度)를 일본인의 수준으로 향상하는 것"이었다. 그러므로 36년 간의 식민지통치를 통하여 성취한 "조선의 현저한 경제발전"은 다만 물질적 풍요에 그치지 않고 한국인의 "민도 향상에도 크게 기여"했다고 자부하고 있다. 즉 경제발전은 정지적·정체적 경제체제에 있던 한국인에게 가득장소와 가득기회를 제공함으로써 전체적으로 국민의 생활수준 향상에 기여했다는 것이다. 인구의 증가 현상과 직업의 다양화를 제시하여 이러한 경제발전과 민도 향상의 관계를 설명하고 있다. 즉 경제가 피폐했던 합병 이전인 조선시대에는 인구가 감소추세에 있었음에 반하여, 합병 후 1943년까지 34년간 조선의 인구는 약 2배로 늘어났고 이것은 경제발전에 따른 영향이라고 평가하고 있다. 인구증가와 병행해서 식민지기간을 통해서 한국인의 직업도 다양해졌다고 설명하고 있다. 합병 이전 원시산업의 경제구조 속에서는 절대다수의 인구가 농업·임업·어업에 종사했으나, 합병 후 근대산업의 발전과 함께 한국인의 직업도 공업·광업·상업·교통업 등으로 확대되었고, 이것은 한국인의 민도와 생활수준을 향상시키는 결과를 가져왔다고 주장하고 있다.

전후 최초로 나타난 일본지식인의 한국관은 식민지통치의 미화로부터 시작된다. 즉 정체·낙후되어 있던 한국은 일본의 통치를 받으면서 비로소 발전·개명할 수 있었고, 통치의 근본철학인 동화정책은 긍정적·전향적인 것이었다. 다만 이것이 실패한 것은 형식주의·실적주의·관료주의라는 정책적·행정적 실책 때문이었고 그러한 점에서의 반성, 즉 '실패원인'에 대한 '반성'이었다. 그러나 경제·사회적 관점에서 볼 때 일본의 통치는 한민족에게 '은혜'가 되었고, 해방 후 발전의 기틀을 마련해 주었다고 보고 있다. 식민지화와 통치과정에서 나타난 인간적 손실, 정신적 고통, 언어의 말살, 전통과 문화의 날조와 소멸과 같은 근본적인 것에 대한 반성이나 사과는 찾아볼 수 없다. 동정론·비판론·체제부정론으로 일관된 전후 일본지식인의 한국관의 이러한 바탕은 구보타 칸이치로(久保田貫一郞), 다나카 가쿠에이(田中角榮) 등과 같은 정책책임자의 입을 통해서 현실적으로 나타났다.

2. 국내상황

창간 후 1949년까지 『세카이』는 국제정세를 소개하는 난을 통하여 한국 국내정세에 관하여 2편의 기사를 싣고 있다.[7] 『세카이』는 한반도에서 남과 북이 전혀 다른 별개의 코스로 발전하고 있음을 지적하고, 민족적 통합의 실현이 어려울 것으로 예측하고 있다.

해방 후 1년이 지나면서 남과 북의 모습이 확연하게 달라지고 있었다. 『세카이』의 관찰에 의하면 남한은 정치적으로 크게 혼란상태에 빠져들고 있었다. 해방 후 나타난 수백 개의 독립단체와 정당의 욕구와 무질서 그리고 이를 통합·조절할 수 있는 중앙정부의 부재로 인한 혼란, 이승만-김구노선에 대한 국내파와 좌익의 비판, 좌익과 우익의 갈등, 공산당의 세력확대, 우익진영 내의 분열 등으로 정치적·사회적 혼돈이 지속되고 있었다. 정계통일의 노력은 있으나 실현의 가

---

7) "朝鮮の政情", 1946年 12月; "朝鮮問題", 1948年 12月.

능성은 희박한 것으로 내다보고 있었다.

남한의 혼돈과 달리 북한은 짧은 시간 안에 그 체제를 확립해 가고 있었다. 북한은 김일성을 중심으로 소련의 군정 아래서 공산당의 확고한 지위를 구축해 나갔다. 즉 1946년 2월 평양에서 북조선인민위원회(위원장 김일성)를 설립하고, 11월에는 각 촌락까지 인민위원회를 확대하여 공산당의 확고한 지위를 구축해 나갔으며 사회적 안정도 이루어지고 있는 것으로 평가하고 있다.

이러한 변동을 겪으면서 남과 북은 두 개의 전혀 다른 정치체제로 발전했고, 따라서 정치적 통합은 사실상 어려운 것으로 예측하고 있다.

IV. 1950년대―어두운 사회

『세카이』는 1940년대와 달리 1950년대에는 한반도에 관하여 비교적 관심을 보이고 있다. 그러나 아직도 단편적이고 소극적인 관심에 머물고 있다. 한국전쟁을 계기로 그동안 잊혀졌던 한국에 대한 관심이 다시 살아나지만 휴전을 계기로 다시 침체된다. 그러나 이 시기부터 벌써 진보적 지식인은 이승만 정권의 강력한 배일정책이 민족감정을 바탕으로 한 것으로 인식하려고 하기보다는 다만 자신의 정치적 생명을 연장하기 위한 수단으로 매도하면서 남한은 미국에 예속되어 있고, 북한은 자주적이라는 편향된 한국상을 정립하기 시작했다.

1. 한국전쟁

(1) 전쟁의 의미

전쟁 발발로부터 4개월 후에 나타난 『세카이』의 첫 반응은, 미국이 취한 신속한 조치를 상당히 의외의 것으로 받아들이고 있다. 전후 미국의 동북아정책은 알류산 열도-일본-오키나와-필리핀으로 이어지는 방위선 이외의 지역에서 일어나는 무력분쟁에는 개입하지 않는다는 애치슨 선언(1950. 1. 12)으로 집약되고 있다. 그러나 미국은 기존의 정책을 뒤엎고 유엔안전보장이사회를 소집하여 북한의 침략을 평화파괴행위로 단정(6. 25), 미 해 · 공군의 한국군 지원을 명령한 트루먼 성명(6. 27), 유엔군 합동사령부 설치(7. 7) 등과 같이 예상을 뒤엎으며 신속하고 단호한 조치를 취했다.

『세카이』는 미국이 이와 같이 신속하게 한국전쟁에 개입한 것은 한국의 안전보장을 위해서라기보다는 미국의 세계전략의 일환으로 취한 정책이라고 평가하고 있다. 미국이 기존의 동북아정책을 파기하고 한국전쟁에 적극적으로 개입하게 된 첫째 이유는 북한에 의한 무력정복을 방치할 경우 전후 세계평화유지의 기구로서 만들어진 UN이 무력해지고, 이것은 곧 UN을 통한 미국의 세계정책에 차질을 가져오게 되며, 둘째로는 미국이 한국전쟁에 적극적으로 지원하지 않을 경우 아시아에서는 물론 서방 자유진영에서 미국의 지위가 크게 위축되는 결과를 초래하게 할 것이고, 셋째로는 소련의 배후조종에 의하여 북한이 남침한 것으로 판단할 경우 이를 적절히 저지하지 못하면 다른 지역에서 소련의 팽창을 유효하게 억제하기가 어려워지고, 소련이 본격적으로 팽창정책을 택한 후에 이를 저지하려면 전면전쟁을 피할 수 없는 상황이 전개될 가능성이 확대될 것이며, 넷째로는 소련의 팽창을 사전에 저지함으로써 평화유지가 가능한 것으로 판단하고 택한 것으로 평가하고 있다. 즉 한반도에서의 전쟁은 소련이 공산주의를 세계적으로 확대하기 위하여 미국의 의지를 실험하는 전초전으로 판단하고, 세계전략에서 지위를 확고히 하기 위하여 미국이 한국전쟁에 신속히 대처한 것으로 분석하고 있다.

『세카이』는 한국전쟁 발발 후 1년 동안은 "미국군대의 물량 대 공산군의 인체의 소모전쟁"이라는 치열한 전쟁으로 평가하고 있다. 그러나 1951년 6월 23일 소련이 휴전을 제의하면서부터 실질적 전투의 강도는 점차 약화되기 시작했다. 『세카이』는 다음과 같은 몇 가지 이유를 들어 소련의 휴전제안을 설명하고 있다.

첫째는 전쟁 시작 1년 후 한반도에서 점차 불리하게 전개되고 있는 전국(戰局)을 전환시키기 위해서 소련은 북한에 대규모의 원조를 실시하거나 또는 직접 전쟁에 개입해야 할 입장에 놓이게 되었다. 대규모 원조나 전쟁에의 직접 개입은 곧 전면전쟁을 의미하는 것이다. 소련은 미국과의 전면전쟁을 피하고 전쟁 이전의 상태로 환원시킬 수 있는 휴전을 최선책으로 생각하지 않을 수 없었다.

둘째는 소련은 한국전을 통하여 미국의 국력소모와 서방진영의 분열을 예상했으나 그와 반대로 한반도에서의 전쟁은 미국과 유럽의 재군비를 강화하는 계기를 만들어 주었고 서방진영의 결속을 이끄는 결과를 가져왔다. 한반도에서 전쟁이 계속될 경우 서방진영의 대소군사체제를 더욱 강화시킬 것으로 보았다. 따라서 한반도에서의 전쟁을 빨리 종식시키는 것이 서방진영의 군비증강을 약화시키고, 나아가서 정치적 결속을 분열시킬 수 있다고 판단했다. 소련이 휴전을 제안한 또 하나의 이유는, 무력에 의하여 성취하지 못한 것을 정치적으로 성취하려는 전술적 전환으로 평가하고 있다.

미국은 소련의 휴전제안에 대하여 회의적이고 경계적인 입장을 취하였지만 휴전제안에 응하고 휴전회담이 진전될 것으로 『세카이』는 예측하고 있다. 미국은 한국전쟁이 세계전쟁으로 발전하는 것을 원치 않았고, 또한 국지전이 오래 지속될 경우 미국 내에서 여론이 악화되고 이는 곧 국내정치에 또 다른 영향을 미칠 것으로 보았기 때문에 휴전을 택할 것이라고 분석하고 있다. 그러나 미국이 휴전에 응할 것으로 보는 가장 중요한 이유는 미국이 가지고 있는 전쟁목적의 한정성을 지적하고 있다. 즉 미국이 전쟁에 개입한 것은 어디까지나 완전승리를 통한 남북통일이 아니라 다만 미국의 영향권에 있는 남쪽의 안정을 유지하는 것을 그 기본목적으로 하고 있다는 것이다. 즉 남북통일을 바라고는 있으나, 공산주의에 의한 통일은 용납치 않을 뿐만 아니라 또한 무력을 통해서 통일을 성취하려는 것이 미국의 한반도정책

이 아니라는 것이다. 처음부터 미국은 군사적 목적과 정치적 목적을 확실히 구분하고 있었다는 것이다.[8]

한반도에서의 휴전은 이와 같이 미국과 소련의 이해가 일치하고 있기 때문에 성사될 것으로 『세카이』는 판단하고 있다. 예상한 것과 같이 휴전협상은 7월부터 시작되었다.

(2) 전쟁에 대한 평가

한국전쟁 초기와 달리 휴전이 현실화·구체화된 1953년에는 한국전쟁과 그것이 미치는 영향에 관하여 보다 구체적인 평가가 나타나고 있다. 한국전쟁은 미국의 적극적인 반공(反共)·배공(排共), 그리고 봉쇄정책의 구체적인 표현으로서 뒤에서 볼 수 있는 바와 같이 미국에 대하여 상당히 비판적인 입장을 취하고 있다.

참전국가의 수, 새로운 무기의 사용, 피해 등의 측면에서 볼 때 한국전쟁은 '작은 제3차 대전'이라고 평가하고 있다. 그럼에도 불구하고 한반도를 벗어나지 못한 제한전쟁이었고, 전쟁에서 휴전까지 3년 2개월 가운데 실질적인 전쟁은 1년이었으며, 나머지 시간은 휴전교섭을 위하여 소비하는 불균형의 전쟁이었다고 평가하고 있다. 또한 한국전쟁을 계기로 아시아·아프리카의 중립주의·민족주의가 국제정치무대에 등장하기 시작했고, 휴전에도 인도 등 중립주의 국가들이 크게 공헌한 것을 계기로 국제질서가 양극체제에서 다극체제로 변화해 갈 것으로 예측하고 있다. 한국전쟁과 휴전이 내포하고 있는 또 하나의 중요한 의의는 불안정하지만 세계정세가 전쟁상태에서 냉평화(冷平和)로 전환했다는 점을 지적하고 있다. 일본도 냉평화라는 국제추세에서 갈 길을 찾아야 할 것을 제시하고 있다.

유엔은 한국문제를 처음부터 잘못 처리한 것으로 평가하고 있다. 이리에 게이시로(入江啓四郞)에 의하면 유엔은 "많은 사람들에게 환

---

8) "朝鮮動亂とアメリカの態度", 1950年 10月; "朝鮮停戰問題", 1951年 9月.

멸감을 주었고 국제연맹과 같이 그 앞날이 밝지 않은 것으로 전망"하고 있다. 한국전쟁은 유엔이 개입할 성격의 사건이 아닌 것으로 보고 있다. 즉 남한이나 북한 모두가 유엔에 가입한 독립정부가 아닐 뿐만 아니라 둘 다 '국가'가 아니고 다만 점령관리의 편법상 38도를 경계로 한 2개의 정권지역에 불과하다는 것이다. 따라서 한반도에서의 전쟁은 두 개의 대립정권 사이에 일어난 무력충돌이며 내전의 성격을 지닌 것으로 평가하고 있다. 이와 같이 유엔에 가입하지도 않았을 뿐만 아니라 국가도 아닌 정권 사이에 발생한 무력충돌을 한 집단(북한)이 평화를 파괴하는 행위로 단정한 것은 그 출발 전부터 유엔이 크게 잘못 처리한 결과를 가져왔다고 보고 있다. 북한이 "조선반도를 통일하려는 것은 조선 내부의 일이지 유엔이 개입할 일도 아니고 평화를 파괴하는 행위로 규정할 수도 없다"고 지적하고 있다. 그러므로 한국전쟁이 국제적 성격으로 확대된 것은 유엔이 그 본래의 취지를 떠나 개입함으로써 나타난 현상이라고 평가하고 있다.

뿐만 아니라 유엔은 유일합법정부에 대한 무력공격이고 평화를 파괴하는 행위라고 단정했던 최초의 논리를 관철하지 못하고, 전쟁 이전 상태에서 다시 휴전을 성사시킨 것은 유엔의 한계성을 노출시키는 모순을 가져왔다고 보고 있다. 즉 유엔은 개입하지 않아야 할 '내란'에 개입함으로써 본래의 정신을 위배했고, 또한 개입의 논리에 배타되는 휴전을 택함으로써 유엔의 무원칙과 한계성을 노출시키는 결과를 가져왔다고 지적하고 있다.[9]

『세카이』는 한국전쟁과 관련하여 미국의 정책을 신랄하게 비판하면서 국제평화를 붕괴시킨 장본인으로 평가하고 있다. 츠르 시게토(都留重人)는 전후 냉전의 책임은 전적으로 미국에 있다고 비판하고 있다. 즉 전후 미국은 원자폭탄을 독점하고 이를 세계정책과 외교의

---

9) 入江啓四郞, "國際聯合の果した役割", 1953年 6月; 入江啓四郞 外 3人, "冷い戰爭から冷い平和へ", 1953年 10月; 山田禮三 外 3人, "座談會—朝鮮休戰から政治會議へ", 1953年 12月.

무기로 사용함으로써 소련의 불신을 조장하고, 사실상 소련으로 하여 금 원폭생산에 주력하도록 자극하여 실질적 냉전을 만들어냈다고 지적하고 있다.[10)]

미국은 또한 전후 침체된 국내경제(1950년 실업자수 470만 명)를 타개하기 위하여 전쟁의 가능성을 강조하고 무기생산을 확대하여 시장확보를 의도했다고 평하고 있다. 즉 소련침략의 가능성과 위험성을 강조하여 국방비를 증액하고, 무기생산을 확대하여 무기원조·무기판매를 통하여 경제적 문제를 해결하려고 노력했다는 것이다. 미국은 전쟁을 통하여 상당한 인적·물적 손실이 있었음을 인정하고 있다. 그러나 한국전쟁은 당시 대단히 어려운 입장에 있었던 미국 자본주의의 '구제의 신'과 같은 역할을 했다는 것이다. 제2차 세계대전 이후 나타난 순환공황(循環恐慌)은 1949년에 이르러서는 미국경제를 상당히 어려운 상황으로 이끌었다. 이러한 경제적 어려움을 극복하는 방안의 하나로 전쟁경제가 상당히 논의되었고, 바로 이 시기에 한국전쟁이 일어났다는 것이다. 제2차 세계대전을 통하여 미국이 '전쟁에 의한 풍요'를 누렸다면, 한국전쟁은 '동란이 가져다 준 풍요'였다. 그러한 의미에서 한국전쟁은 미국경제의 '구제의 신'이었고, '축복의 전쟁'이었다고 지적하고 있다.[11)] 휴전회담이 장기간 계속된 것도 미국이 구상하고 있는 세계전략의 틀을 구축하기 위해서였다고 비판하고 있다. 한국에서의 전쟁을 소련의 팽창정책의 일환이라고 판단하고 있는 미국은 이에 대응하는 전략을 구상하게 되었다는 것이다. 즉 미국은 소련의 팽창정책에 대응할 수 있는 유럽과 동아시아에서 집단안전보장체제를 강화하고 구축해 나가려는 것이 그 기본정책인 것으로 판단했다. 유럽에서는 나토(NATO)를 강화하고 당사국의 재군비

---

10) 都留重人, "冷戰の新しい段階", 1953年 10月.

11) 小原敬士, "朝鮮動亂とウオ-ル街", 1951年 8月; "朝鮮動亂とアメリカ資本主義", 1953年 6月.

를 촉진시키는 기회로 삼았다는 것이다. 만일 한반도에서 전쟁이 빨리 종식될 경우 NATO의 군비강화의 명분이 없어지고 내부 분열의 가능성을 예측하고 휴전회담을 장기간 끌었다는 것이다. 미국은 극동에서도 NATO와 같은 공동방위체제를 구상하고 있었으며, 미일안보조약(1951. 9), 일본의 보안대 창설(자위대의 전신)도 이러한 전략 속에서 휴전회담이 진행하고 있는 동안에 이루어졌다고 평가하고 있다. 그러므로 미국은 휴전을 위한 회담을 장기화하고 그동안 소련의 위협을 강조하면서 유럽과 아시아의 방위체제를 정비하고 군사력을 강화함으로써 공산진영에 대응한다는 미국의 세계전략을 구상했다고 분석하고 있다.

『세카이』가 미국에 대하여 비판적인 태도를 취하고 있는 것에 반하여 중국과 소련에 대해서는 호의적인 반응을 보이고 있다. 중국이 한국전에 개입한 것은 어디까지나 자체방위를 위한 것으로 평가하고 있다. 즉 전쟁 후 미국이 제7함대를 대만해협에 파견하고, 또한 전쟁 도중 미국의 비행기가 압록강을 넘어 중국의 영공을 비행한 것은 중국에 대한 미국의 침략행위이고, 이에 대한 대응으로 중국이 한국전에 개입했다고 주장하고 있다. 그러므로 중국의 개입을 "침략자를 원조하는 행위"라는 유엔의 결의는 전적으로 잘못된 것이고, 어디까지나 "자국방위를 위한 조치"라고 해석해야 마땅하다고 강조하고 있다. 그리고 휴전과 더불어 중국이 추진하고 있는 5개년 경제계획이 성공적으로 추진되었고, 이 계획이 끝나면 국제무대에 강대국의 모습을 드러낼 것으로 예측하고 있다.

스탈린 사망 후 등장한 마렌코프체제도 『세카이』는 긍정적으로 평가하고 있다. 스탈린 시대와 달리 소련도 평화와 경제발전을 추구하고 있는 것으로 분석하고 있다. 소련은 아시아적 농업국가를 탈피하고 사회주의적 중공업국가로 전환을 모색하고 있고, 국민의 물질적·문화적 욕구를 최대한으로 만족시키는 것을 제일의 당면과제로 삼고 있다는 것이다. 이를 위해서는 국제적으로 평화가, 그리고 국내적으로 개방정책이 필요하므로 미국이 평가하고 있는 것과 같이 소련이 위험한 존재가 아니라고 강조하고 있다.[12] 뒤에서 볼 수 있는 것과 같이 『세카이』는 중국 및 소련과의 관계개선을 강력하게 주장하고 있다.

(3) 일본의 입장

한국전쟁과 휴전을 계기로 일본의 진로에 관해서 『세카이』는 많은 것을 제시하고 있다. 휴전을 계기로 전반적인 국제정세는 불안정한 상태이지만 이상에서 정상의 방향으로 진전하고 있고, 냉전에서 냉평화로 전환되었다고 평가한다. 그리고 아시아 · 아프리카에서 중립국가나 민족주의가 등장함으로써 국제무대에 제3세계가 등장하였음을 지적하고 있다. 이러한 정세변화 속에서 미국의 극동정책은 유럽에서 NATO와 같이 태평양지역에서도 집단안전보장체제의 확립을 구상하고 있고 그 중심기반을 일본으로 상정하고 있는 것으로 분석하고 있다. 물론 일본은 군사적으로나 경제적으로 미국에 의존할 수밖에 없는 상황이지만 전적인 미국의 보호우산에서부터 벗어나 보다 독자적 지위를 모색해야 한다고 강조하고 있다. 군사적으로 일본은 미국의 ‘세계전략 및 정략의 작은 말(馬)’이 되어서는 안 된다는 것을 강하게 강조하고 있다. 경제관계는 원조에서 통상으로 발전시켜야 하고, 정치적으로는 중립주의를 택하며, 중국 및 소련과의 관계개선을 주장하고 있다. 특히 한국에서의 휴전은 일본이 중국과 관계개선을 시도할 수 있는 좋은 기회이고 본격적인 무역을 추진할 수 있는 계기로 삼을 것을 제시하고 있다.[13]

한국전쟁은 『세카이』가 표현하고 있는 것과 같이 경제적 어려움에 시달리고 있던 일본경제에 내린 ‘가뭄 속의 단비’였고, 문자 그대로 ‘전쟁 붐’을 누렸다. 한국전쟁을 계기로 일본의 경제발전에 디딤돌이

---

12) 入江啓四郞 外 3人, “冷い戰爭…”; 石川滋, “休戰と中國「五個年計劃」”, 1953年 10月; 原子林二郞, “マレンコフ演說とソ連經濟”, 1953年 10月.

13) 入江啓四郞 “冷い戰爭…”; 山田 外 3人, “座談會”, 1953年 12月.

된 '특별수요'(特別需要)는 대체로 세 가지 형태로 구분되고 있다. 첫째 유형은 UN군의 작전상 필요한 수요와 한국의 민생구제를 위한 물자를 충족시키기 위하여 미 국방성, 상호안전보장기관(MSA), UN 한국부흥기관(UNKURA)에서 발주하는 것으로서 1950년과 51년에 주종을 차지했다. 둘째 유형은 극동방위와 관련된 것으로써 군사 및 경제 원조와 일본 내의 군사기지 사용을 위하여 미 국방성과 MSA의 발주에 의하여 지속적으로 일본이 공급하고 있는 물자이다. 셋째 유형은 일본의 군사공업능력을 이용한 완제품의 무기생산이었다. '신특수'라고 불리는 이 카테고리는 국제적 군비확장의 추세에 힘입어 1951년 이후에도 상당히 신장했으며, 이 특수와 더불어 일본의 경제는 비약적으로 발전했다.

휴전과 더불어 일본 경제발전에 절대적인 영향을 미쳤던 특수도 많이 약화되었고 이것은 경제 전반에 타격을 주게 되었다. 일본은 그동안 한반도에서의 전쟁이 비교적 장기화한다는 판단 아래 산업합리화를 위한 본격적인 시설개선보다 투기적 설비확장에 치중했고 이는 종전과 더불어 내부적 모순을 발생케 했다. 『세카이』는 이러한 모순을 시정하기 위한 정부의 보다 적극적인 경제정책을 요구하고 있다. 즉 '특수'로 인한 경제적 촉진과 그 바탕을 장기적 경제발전으로 유도하기 위해서 정부는 근본적 산업대책을 수립하고 산업의 구조개혁을 보다 적극적으로 추진할 것을 강조하고 있다. 특수적 상황이 없어지더라도 국민적 결의와 정부의 합리적 정책이 결합될 때 경제발전은 계속될 수 있다고 강조하면서 정부는 기초산업의 합리화, 수출산업의 중점적 지원, 수입시장의 다변화, 물가안정정책, 중국과의 무역확대 등을 강력히 추진할 것을 제시하고 있다.[14]

한반도에서 일어난 전쟁과 그후 전개된 휴전협상에 관한 『세카이』의 논조를 통하여 진보적 지식인이 지니고 있는 한국관 인식의 일면

---

14) 久門英夫, "特需景氣の實態", 1951年 7月; 中原刀禰, "特需の三年間", 1953年 6月.

을 볼 수 있다. 한국전쟁은 식민지통치→일본의 패전→남북분단→내전질서 형성이라는 역사적 맥락에서 나타난 비극적인 민족상잔의 전쟁이고 이로 인하여 민족분단은 더욱 고질화·장기화되었다. 그럼에도 불구하고 『세카이』는 다만 전쟁을 둘러싼 미국이나 소련·중국의 정책과 입장을 비판하거나 지지하는 데 그칠 뿐 보다 본질적·핵심적인 문제에 대해서는 논의를 피하고 있다. 일본의 식민지통치와 연결되는 본질적인 문제는 가능한 한 취급하지 않으려는 태도이다.

휴전과 더불어 한국에 대한 진보적 지식인의 관심은 다시 하강곡선을 그리고 있다.

2. 재일교포 북송

3년 간(1955-57) 일체 중단되었던 한국에 관한 기사는 1958년 재일교포의 북송문제가 제기되면서 다시 등장한다. 1957년 12월 29일, 한국과 일본정부는 부산에 억류되어 있는 일본인 어부 오무라(大村)와 하마마쓰(浜松) 수용소에 감금되어 있던 한국인을 서로 석방하는 데 합의하게 된다. 이를 계기로 1953년 소위 '구보타 망언'으로 중단되었던 한일회담도 다시 시작되었으나, 재일교포 북송문제가 두 나라의 중요한 문제로 등장하게 된다.

1958년 1월 19일부터 억류자가 석방되기 시작했다. 그러나 석방자 가운데 일부가 북한으로 갈 것을 희망하였고, 이를 어떻게 처리할 것이냐는 것이 두 정부 사이의 중요한 문제로 등장했다. 『세카이』는 이들을 북한으로 보내는 것이 적십자정신에 부합할 뿐만 아니라 인도주의에 적합하다고 강조하며 북송을 촉구했다. 그러나 북송문제는 석방자에게 국한되지 않고 재일교포 가운데 희망자는 전부 북송한다는 것으로 확대되고, 일본정부는 이 문제를 9월 13일 한일회담 본회의에 상정키로 결정했다. 한국정부의 강력한 반대에도 불구하고 1959년 2월 13일 일본 국무회의는 외무성의 "재일 조선인의 북송문제는 기본적 인권에 근거하여 거주지 선택의 자유라는 국제통념에 의하여 처리한다"는 방침을 정책으로 택했다. 『세카이』에 의하면 일본국민은 '초당파적'으로 이루어진 정부의 결정을 적극적으로 지지하고 있는 것으로 강조하고 있다.

1959년 6월 11일 제네바에서 일본과 북한적십자 대표 사이에 재일교포 북송에 관한 교섭이 매듭지어지고, 이에 따라 그해 12월 14일 975명의 1차 북송이 이루어짐으로써 인도주의를 가장한 가장 비인도주의적 처사가 진행되었다. 『세카이』는 재일교포 북송을 '민족의 대이동', '인류역사상 볼 수 없었던 큰 평화운동', '제2의 8·15해방의 감동', '자유권으로부터 공산권으로의 집단 대이동', '일본과 북한과의 우호의 다리' 등등으로 찬양하고, '조국건설과 통일투쟁'에 참여하려는 '숭고한 정신'을 적극 지원하며 집단귀국을 계속 장려해야 한다고 강조하고 있다. 그리고 이 기간 동안 한국과 일본에서 벌어진 북송반대운동은 이승만 정권이 국내적 정치위기를 극복하기 위하여 배일감정을 부추겨 내적 불만을 외부로 돌리기 위한 하나의 술책이고, 민단 중심의 반대운동은 전혀 호응이 없는 것으로 평가하고 있다. 더욱이 『세카이』는 일본정부가 처음과 달리 한·일관계, 미·일관계라는 틀 속에서 북한과의 접촉과 귀환문제를 소극적으로 처리하려는 경향이 있는데 그것은 잘못된 처사라고 비난하고 있다. 일본정부는 북송을 계기로 북한과의 무역을 적극적으로 실시해야 하고 실리적인 측면에서도 남한보다 북한과의 무역이 일본에게 더욱 유익하다는 것을 강조하고 있다.[15]

재일교포 북송이 진행되는 동안 『세카이』는 북한을 적극적으로 선전하고 있다. 『세카이』에 의하면 천리마운동으로 표현되고 있는 경제재건은 '눈부시게' 이루어지고 있었다. 성공적인 3개년 경제계획을

---

15) 藤島宇內, "朝鮮人歸國と日本人の盲點", 1959年 10月; "朝鮮人歸國問題と人道主義", 1959年 5月; "在日朝鮮人歸國問題", 1959年 8月; "できるか日朝のかけ橋", 1960年 2月.

끝내고 제1차 5개년 계획을 시작하고 있는 북한은 이미 사회주의 경제적 기초를 확고히 하고 모든 사람의 기본적 의식주문제를 완전히 해결한 상태에 있었다.

자민당 의원으로서 북송 직후(1960년 3월 10일부터 4월 4일까지) 평양·함흥·청진을 방문한 이와모토 노부유키(岩本信行)에 의하면 북한은 인간이 가장 살기 좋은 곳이었다. 그에 의하면 북한은 사람들이 "그들의 희망에 따라 취직하고, 무료로 공급되는 주택, 국비 부담의 교육, 완전한 사회보장"이 확보되어 있는 극락정토(極樂淨土)였다. 그리고 일본 안에서 "차별대우와 실업상태에 있던 조선인들의 북송선택"은 현명한 것이었다고 찬양하였다. 그리고 "탁월한 지도력을 가지고 있는 김일성의 지도 아래 경이적인 건설과 발전의 길을 가고 있는 북한은 세계 그 어느 국가에서도 볼 수 없는 변혁의 가능성"을 보여주고 있다고 높이 평가하였으며, 430명의 일본인 처를 포함한 1만 6,000명(4월 8일 현재로 16차)의 귀국자는 모두 행복한 삶을 누리고 있다고 기록하고 있다.[16] 그러나 북한으로 송환된 재일교포들은 『세카이』가 주장했던 것과 달리, 그후 가장 폐쇄된 사회에서 비참하고 불행한 삶을 살아야만 했다.

3. 남과 북에 대한 시각

『세카이』는 1950년대에 들어서면서부터 남한은 '어두운 사회' 그리고 북한은 '희망찬 사회'라는 이미지의 틀을 만들기 시작했다. 남한의 이승만체제에 대해서 『세카이』는 부정적인 평가를 하였다. 더욱이 그동안 지속되던 한일회담이 완전히 결렬되자(1953. 10. 21) 이정권에 대한 비판은 더욱 고조되었다. 이승만 정권은 한반도에서 외국군대를 철수시키고 자유로운 국민의 의사에 따라 한반도의 평화정착

---

16) 岩本信行, "北朝鮮の印象", 1960年 6月.

과 통일문제를 처리할 자신을 가지고 있지 못하다고 평가하였다. 미국의 강력한 지지를 받지 못할 경우 붕괴될 것으로 보고 있는 이승만 정권은 미국에게 아시아대륙의 중요한 기지로 한국을 제공하는 대신 그 대가로 정권의 안정을 보장받는다는 것에 상호이해가 일치되고 있다고 보고 있다.[17]

한·일 간의 중요한 쟁점이었던 이승만 라인도 국내정국을 안정시키기 위한 정책이라고 평하고 있다. 전쟁의 결과가 분단을 해소하지 못하고 전쟁 전의 상태로 돌아가는 것에 대하여 국민적 불만이 고조될 것을 예상한 이승만 정권은 이러한 국내적 불만을 해소하고 국민적 긴장상태를 유지하기 위하여 만들어 낸 것이 이승만 라인이라고 강조하고 있다. 즉 북진통일이라는 이름으로 휴전을 반대해 온 국내의 긴장상태를 지속하고 국내의 불만을 대외적인 것으로 바꾸기 위하여 이승만 라인을 구상했고 국민감정을 일본으로 돌렸다는 것이다. 즉 자신의 정치적 생명을 연장하기 위한 수단으로서 배일정책을 택하였다는 것이다. 따라서 한·일관계의 개선은 이승만 정권이 지속하는 한 진전이 없을 것으로 단정하고 있다. 1953년 이승만 대통령이 자유중국에서 장개석 총통과 회담하는 것에 대해서도 남한과 중국이 반일에 대한 공동전선을 펴기 위한 포석이 아닌가 하여 민감한 반응을 보이고 있다.[18]

이승만 정권은 정치적으로 심각한 위기에 처할 것으로 예상하고 있다. 특히 1952년 8월 5일에 실시한 대통령선거가 국민적 요구에 의하여 이루어진 것이라기보다는 자신의 집권을 연장하기 위하여 이루어진 것이고, 각종 부정선거를 통하여 당선되었으므로 이승만 정권의 정치적 위기는 더욱 커질 것으로 평가하였다. 이승만 정권이 정치적

17) 入江啓四郎 外 3人, "冷い戰爭…."

18) 山田 外 3人, "座談會", 1953年 12月; "日韓抑留者の相互釋放", 1958年 3月; "李承晚臺灣へ行く", 1954年 2月.

으로 불안정한 근본원인은 독재의 강화와 경제적 어려움이라고 『세카이』는 지적하고 있다. 이승만 정권은 반공이라는 이름으로 조봉암의 사형, 진보당의 해체 등과 같이 반대세력을 탄압하는 정치적 독재를 강화하고 있어 국민적 지지를 잃어가고 있다는 것이다. 그리고 대외적으로는 반일정책을 택하여 국내적 불만을 반일감정으로 전환하여 일본에 대한 강경정책을 강화하고 있으나 이로 인하여 국제적 고립을 자초하고 있다는 것이다. 군사력 증강에 치중한 이승만 정권의 경제정책은 민생을 위한 안정경제에 실패함으로써 국민적 지지를 상실했다고 보았다. 따라서 독재로부터 정치적 해방을 희망하는 국민적 욕구가 증대하고 있고, 이와 동시에 가중되는 경제적 난관은 이승만 정권으로 하여금 머지 않아 파국을 맞게 될 것이라고 예상하였다.[19]

1954년까지 북한에 대한 기사는 나타나지 않는다. 다만 1946년에 실시된 토지개혁의 내용을 간단히 소개한 것과 한국전쟁이 남침이 아니라 북침의 가능성이 있다는 것을 서평의 형식으로 소개하는 것뿐이다.[20]

북한에 대한 본격적인 기사는 1954년에 나타나고 있다. 전후 세번째로 북한을 방문한 일본 노농당의 당수인 구로다 히사오(黑田壽男)의 방문기 형태로 수록된 이 기사는 이후 『세카이』에 나타나고 있는 장밋빛 북한관의 효시라 할 수 있다.[21]

구로다는 자신의 여행목적은 "이승만의 무력북진에 의한 통일방식"과 "조선민주주의인민공화국의 평화적 통일방침"이라는 "남북통일방식이 다른 조선에서 공화국측의 평화정책의 실체를 파악"하는

---

19) "南鮮の政治危機", 1952년 8月; 富重靜雄, "韓國の大統領選擧", 1952년 10月; 中保與作, "よろめく李承晩 政權", 1958년 5月.

20) "北鮮の土地革命", 1951년 6月; 杉捷夫, "ヌトーンの「朝鮮戰爭のかくされた歷史」など", 1952年 9月.

21) 黑田壽男, "朝鮮平和の旅", 1954년 12月; 전후 북한을 최초로 방문한 사람은 大山郁夫(1953)이고, 2차로 방문한 사람은 岡田春夫, 櫛田ふき(1954)이다.

것과, "공화국 인민들의 일본에 대한 기본입장을 인식하기 위한 것"
이라고 강조하고 있다. 구로다에 의하면 북한은 국민대중을 위한 전
후 복구사업이 활발하게 추진되고 있었다. 1954년 상반기만도 노동
자를 위한 150만 m²의 주택을 건설했다. 5인 1세대가 살 수 있는 노동
자의 아파트는 수세식 변소, 중앙난방(스팀)시설, 기타 생활에 필요한
일체의 설비가 갖추어져 "가방 하나만 가지고 들어가면 그날부터 생
활할 수 있도록 모든 시설이 완비"되어 있다. 17만 m²의 학교건설, 8
만 2,000석에 해당하는 극장 건설, 대동강변에 녹지대를 만들어 근로
자를 위한 휴식처를 만드는 등 평양과 그 주변은 눈부시게 부흥하고
있었다.

　구로다에 의하면 경제발전도 크게 진전되었다. 1945년 이후 전쟁
전까지 4년 동안 공업생산력이 4배로 신장할 만큼 크게 발전했으나
전쟁으로 인하여 평화적 경제발전이 크게 타격을 받게 되었다(일화 1
조 2,600억 엔에 해당하는 건물 · 철교 · 공장 등의 파괴). 그러나 휴
전 후 인민경제의 신속한 복구와 발전, 공업화의 기초 확립, 그리고
남북의 평화적 통일을 이루기 위한 3단계의 경제부흥대책을 수립했
다. 1년의 준비기간, 3개년 경제계획, 그리고 5개년 경제계획으로 구
성되어 있는 3단계 가운데 1단계는 이미 끝나서 1954년 4월부터 2단
계에 진입했다고 강조하고, 건설과 평화에 대한 국민과 지도자의 의
욕이 일치하고 있기 때문에 경제계획은 충분히 완수할 것으로 예상하
고 있다. 북한의 경제가 이렇게 신속하게 발전하는 이유는, ① 국가의
경제발전이 곧 대중의 경제생활의 향상을 약속하는 인민민주주의의
경제체제, ② 사회주의의 선진국인 소련, 인민민주주의의 선배 나라인
중국의 물질 · 기술 · 노동력의 강력한 지원, ③ 가장 중요한 요소로서
경제발전을 위한 평화유지노력, 즉 평화유지는 공화국의 경제발전과
대중의 행복에 불가결하다는 철저한 인식 때문으로 평가하고 있다.

　구로다는 북한의 지도자와 대중이 평화에 대한 집념이 강하고, 평
화를 바탕으로 한 경제부흥이 이루어지면 통일은 자연히 성취된다고

믿고 있다는 것이다. 구로다는 다음과 같이 북한을 대변하고 있다.

평화가 지속된다면 인민공화국의 경제가 발전되고 대중의 생활이 향상된다. 그들은 남쪽의 체제와 그 체제 밑에서 생활하고 있는 국민대중의 수준과 자신의 것과 많은 차이가 있다는 것을 잘 알고 있다. 평화주의와 평화경제에 기초하여 발전하는 방향으로 인심이 모이는 것은 당연하다. 무엇이 좋아서 위험한 무력남침을 감행할 필요가 있겠는가. 평화만 있다면, 평화가 지속하기만 한다면 인심은 반드시 한곳으로 모이고 통일될 것이다. 인민공화국의 사람들은 이 진리를 믿고 확신하고 있다. 이것은 참으로 강력한 확신이다. 이 확신을 기초로 하여 그들은 평화적 정책에 전념하고, 조선 반도를 통일할 수 있는 평화주의의 실현을 위하여 노력하고 있다. 그럼으로써 남조선 국민의 마음을 사로잡을 수 있다고 확신하고 있다. 인민공화국의 정치가들이 이승만과 같이 무력남진정책을 강조하지 않고 평화적 통일을 말하고 있는 것은 이와 같은 물질적이고 현실적인 기초가 있는 것이다. 나는 이것을 충분히 확인할 수 있었다(p. 204).

구로다에 의하면 휴전 후 북한의 신속한 경제성장과 이에 따른 복지정책이 잘 실시되어 모든 노동자가 충분한 생활을 즐기고 있고, 또한 북한의 정치지도자들은 평화신봉자였다. 이에 비하여 남한은 어려움 속에서 허덕이고 있고 '북진광환자'(北進狂患者)인 이승만으로 대변되는 정치지도자들은 전쟁광신자였다. 이때부터 이미 남과 북에 대한 이러한 시각의 틀이 이미 정립되기 시작했다.

일본에 대한 남북한의 인식도 전혀 다른 것으로 인식하고 있었다. 즉 이승만은 "다케시마(竹島: 獨島를 뜻함—필자 주)를 한국영토라고 주장하여 강점"하고 있고, "이승만 라인을 선언하여 일본어선을 압박"하는 등 한국 내에서 반일을 강화하고 있으므로 한국과의 국민·문화 교류는 어려운 것으로 평가하였다. 이에 반하여 북한은 제국주의시대의 식민정책에 대하여 비판하고 있으나 일본국민에 대하여서는 어떠한 거리낌도 가지고 있지 않을 뿐만 아니라 우호친선관계가 회복되고 문화와 경제적 교류가 재개되기를 희망하고 있다고 지적하면서 일본의 정책전환을 요구하였다. 즉 일본정부는 남한과의 관계개선을 모색하기에 앞서 북한과의 관계를 먼저 개선하는 것이 바람직하다고 제시한 것이다.

V. 1960년대─반(反)남한 · 친(親)북한

한 · 일 국교정상화가 이루어진 1960년대의 『세카이』는 한반도와 한국 국내정치문제에 대하여 많은 지면을 할애하고 있다. 그리고 1950년대와 달리 보다 주관적이며 적극적인 논조를 펼치고 있다. 『세카이』가 관심을 가진 1960년대의 주제는 한일회담 반대운동이었다. 동시에 한국 국내정치에 대한 비판적 시각을 강화하고 있고, 남과 북에 대한 편향된 보도가 더욱 확연하게 나타난다.

1. 한국관

(1) 인종적 편견에 대한 비판
1960년대의 진보적 지식인들은 일본인 속에 한국인에 대한 뿌리깊은 인종적 편견이 넓게 흩어져 있음을 인정하고 그 원인규명과 개선을 모색하고 있다. 또한 재일교포의 처우문제와 원폭피해자에 대해서도 관심을 표시하고 있다. 이러한 움직임은 두 민족의 관계개선을 위하여 바람직한 현상이라 하겠다. 그러나 또 다른 한편 일본인 속에 자리잡고 있는 식민지사관의 연속을 찾아볼 수 있다.

도쿄대학의 이즈미 세이이치(泉靖一) 교수가 실시한 여론조사에 의하면 표본으로 정한 16개국 가운데 흑인 다음으로 일본인이 '가장 싫어하는 민족'으로 한국인을 들고 있다.[22] 일본인이 한국민족을 싫어하는 이유는 '교활하고, 더럽고, 불친절하고, 뱃속이 검고, 그리고 문화적 수준이 낮기 때문'인 것으로 나타나고 있다. 이 여론조사에 의하면 16개의 인종 가운데 한민족은 '가장 교활하고, 문화수준이 낮은 민족'이다. 이즈미 교수의 분석에 의하면 일본인이 지니고 있는 이러한 편견은 지배자로서 가지고 있는 '우월감'과 패전으로 나타난 '열등감'이 결합하여 나타난 현상이라고 지적하고 있다.

한국인에 대한 일본인의 편견이 대단히 뿌리 깊은 것이라고 규정하고 있는 하타다 다카시(旗田巍) 교수는 편견의 모습과 그 원인을 보다 선명하게 규명하고 있다.[23] 하타다에 의하면 현재 일본인의 편견을 낳게 한 직접원인은 '조선에 대한 식민지지배'였다. 일본의 식민지지배는 '강력한 탄압'과 '동화정책'이라는 이중적 구조를 이루었고, 이로 인하여 배태된, 그리고 지금까지 지속되는 한국관의 특색을 다음과 같은 세 가지로 요약하고 있다.

첫째로 조선인을 독자적 가치를 지닌 민족으로 보는 의식의 결여이다. 조선인의 역사·문화·풍습, 그리고 언어도 조선인으로 존재할 수 있는 가치가 결여되었다고 보는 의식이 심어졌다. 둘째는 조선의 식민지지배에 대한 죄악감·책임감의 결여다. 조선지배는 열등한 조선인을 세계의 일등국민인 일본인이 인도했다는 생각이다. 즉 일본에 의한 지배는 조선인에게 고통스러운 것이 아니라 은혜를 베푼 것으로 생각하고 있다. 셋째로 조선인에 대한 우월감·멸시감이다. 동화되어도 현실의 지배·피지배의 관계는 명백히 존재하고 모든 면에서 일본은 압도적 우위를 차지했다. 그것은 모든 일본인에

---

22) 泉靖一, "日本人の人種的偏見─朝鮮問題と關聯して", 1963年 3月. 일본인이 가장 싫어하는 세 민족은 흑인·한국인·러시아인이고, 가장 좋아하는 세 나라는 미국·영국·프랑스이다.
23) 旗田巍, "日本人の朝鮮人觀", 1968年 9月.

게는 당연한 것이고 자연스러운 것으로 생각되었다(p. 71).

일본인들은 전쟁에서 구미의 제국이나 또는 중국에 대해서도 패했다는 의식을 지니고 있으나 오직 한국에 대해서는 전혀 그러한 의식을 가지고 있지 않다는 것이다. 다만 전쟁의 결과로 "조선을 잃어버렸다"고 생각하고 있을 뿐 옛날부터 지니고 있는 우월감을 바탕으로 한 한국관은 그대로 존속되고 있었다. 뿐만 아니라 가정과 TV에 의해서 나쁜 한국인상은 새로운 세대에도 그대로 이어지고 있다고 하타다는 지적하고 있다.

이와 같은 한국관은 정도의 차이는 있지만 기본적으로 보수주의자나 진보주의자 모두의 심층에 깔려 있었다. 오사카(大阪)외국어대학의 츠카모토 군(塚本勳) 교수는 보수주의자들은 "오만한 자세로 부끄러운 줄 모르고 조선을 내려다보고" 있고, 혁신주의자들은 "표면적 언동과 달리 실제로는 지배자적 의식이 심층에 깔려 있음을 부인할 수 없다"고 지적하고 있다.[24]

한국인에 대한 이와 같은 편견을 불식하기 위한 구체적 대안을 제시하지는 않고 있다. 다만 이즈미 교수는 "조선인에 대한 새로운 이해를 위해서 노력할 것"을 제시하고, 츠카모토는 "본격적·구체적인 조선문제에 대한 연구"가 필요하다고 강조하고 있다. 그리고 하타다 교수는 한국인은 "독자의 역사와 문화를 지니고 있는 존경해야 할 민족이고 대등한 입장에서 교제해야 할 외국인"으로 간주할 것을 주장하고 있다. 한국인을 보는 편견에 대한 자기비판과 함께 재일교포의 처우개선, 2세에 대한 교육문제, 그리고 원폭피해자에 대한 관심을 표시하고 일본정부의 보다 적극적인 대책을 요구하고 있다.[25]

---

24) 塚本勳, "日本人の朝鮮觀と朝鮮人の日本觀", 1966年 3月.

25) 예컨대 "朝鮮人學生への暴行事件", 1963年 11月; 中薗英助, "在日朝鮮人教育の再誕", 1966年 5月; 平岡敬, "韓國の原爆被災者を訪ねて", 1966年 4月; 吉岡攻, "韓國の被爆者は訴える", 1969年 2月; 淺野順一, "韓國の友へ", 1969年 8月.

한국을 보는 시각의 새로운 현상이 나타나고 있으나 또한 식민지사
관이 전후 지식인들의 심층에 그대로 연속되고 있음을 볼 수 있다.
『마이니치신문』(毎日新聞)의 한국특파원을 지낸 마츠모토(松本博一)
는 남한이 겪고 있는 정치적 · 경제적 어려움의 근본원인은 36년에 걸
친 일본의 식민지통치에 있다는 것을 솔직하게 인정하고 있다. 그러
나 해방 후 미군통치, 이승만 시대의 독재정치, 한국전쟁, 장면 정권
의 무능, 그리고 다시 군부독재체제의 시작이라는 정치적 변화를 볼
때, "남조선은 의식의 면에서나 또는 현실의 면에서도 '근대시민사
회'로 발달하기에는, 그리고 남조선을 구성하고 있는 사람들이 독립
국민이 되기에는 무엇인가 기본적인 결함"이 있는 것으로 마츠모토
는 설명하고 있다. 그는 '무엇인가의 기본적인 결함'을 '파벌의 의식
과 행동'에서 찾는다. 즉 조선시대 이후 나타난 동인 · 서인, 그리고
다시 남인 · 북인의 파벌정치는 '정치와 외교를 당쟁의 제물'로 삼았
고, 그리고 그것은 결국 "정치를 부패케 했으며 경제를 정체시킨 근본
원인"이라는 것이다. 그리고 이러한 파벌의식은 한국인들의 의식 속
에 깊이 뿌리박혀 있다는 것이다.[26]

이와 같은 파벌의식은 사회적으로 지연과 혈연에 지나치게 집착하
는 봉건적 사회제도가 그대로 남아 있고, 문화적으로는 유교적 전통
이 주류를 이루고 있기 때문인 것으로 분석하고 있다. 그러나 향당 ·
파벌 의식을 조장하는 무엇보다 더 중요한 원인은 "조선 말기 이후
빈번하게 나타난 내우외환 속에서 생존을 위한 치열한 자기방어 본
능"이라고 지적하고 있다. 그렇기 때문에 기업은 동족회사화(同族會
社化)되고 단기간 안에 이윤축적을 모색하며, 정치가도 자기의 지위
를 이용하여 자신의 친족의 이익을 도모하게 된다는 것이다. 이러한

---

26) 예로서 해방 후 정치가 시작될 때 126개의 정당이 출현했고, 장면정권시 신구
파의 대립, 그리고 5 · 16 이후에 나타난 장도영(평안도파)과 박정희(경상도파)의 대
립을 지적하고 있다.

정치·사회·경제적 의식과 제도가 그대로 존재하고 있는 남한이 "근대시민사회로 발달할 수 없는 것은 지극히 당연하고 상당한 기간은 후진적 사회형태를 면할 수 없을 것"으로 평가하고 있다.[27] 한반도의 분단과 한민족이 겪어야 하는 근원적 책임이 일본에 있는 것이 아니라 식민지사관의 바탕을 이루고 있는 한민족의 정체론의 탓으로 돌리고 있다.

(2) 남북한에 대한 시각

1960년대에 들어서면서부터 뚜렷하게 나타난 현상의 하나는 한민족과 한반도를 하나의 민족공동체로 인식하려고 하기보다는 이를 이분화하고 선(북한)과 악(남한)의 대결적 관계로 상정하고 있다. 그럼으로써 진보적 지식인들은 말과 글로써 그리고 논리적으로는 남북의 통일을 강조하고 있으나 실질적으로는 분단과 대결적 구도를 보다 증폭시키는 역할을 했을 뿐이다.

『세카이』에 나타난 남과 북에 대한 진보적 지식인의 시각은 남쪽은 반통일적·사대적·비인도적, 그리고 혼란한 체제이고, 북한은 통일지향적이며, 희망에 찬 사회로 인식하고 있다. 중국문제 연구가인 노무라 고이치(野村浩一) 교수에 의하면 남한은 '문자 그대로 혼란의 와중에 있는 사회'이며 '전형적인 군부독재체제"로서 "민족적 자립과 민족적 통일을 반대'하고 있는 체제였다.[28] 도쿄대학의 사이토 다카시(齊藤孝) 교수는 남한을 '외국에 종속된 권력이면서도 민중에 대해서는 식민지 지배가 지니고 있는 잔학성과 파시즘이 융합한 공포체제'인 '식민지형 파시즘체제'로 규정하고 있다.[29]

또한 남한은 경제적으로도 말할 수 없이 비참한 사회였다. 통계가

---

27) 松本博一, "南朝鮮の現實と日本人", 1962年 12月.

28) 野村浩一, "二つの朝鮮と日本人", 1961年 9月.

29) 齊藤孝, "三八度線と一七度線", 1968年 3月.

정확한 것인지는 알 수 없으나 노무라 교수에 의하면 남한의 총 농가 호수 220만 호 가운데 절반인 100만 호가 절량농가이며, 실업률은 30%, 수입은 수출의 24배, 그리고 수요물자의 대외의존도는 95.2%로서 정치적 · 군사적 · 경제적으로 미국에 예속되어 있는 종속국가이며 경찰국가였다. 그러므로 남한에 대한 시각은 『마이니치신문』의 한국 특파원인 마츠모토 기자가 표현한 것과 같이 "남조선이라는 단어가 연상시켜 주는 것은 빈곤과 정치사회의 불안정"이라는 부정적인 것이었다.

남한에 대한 이러한 시각과 달리 북한은 생동적이며 발전적이고, 그리고 안정적인 체제로 인식하고 있다. 노무라 교수에 의하면 "북조선은 사회주의국가의 적극적인 원조에 의하여 신속한 부흥과 공업화에 성공하였고, 이제는 명실상부한 공업국가의 위치를 확고히 한 체제"였다. 더욱이 통일문제에서 북한은 남한과 달리 적극적인 입장을 취하였을 뿐만 아니라 구체적인 대안을 제시하고 있다고 높이 평가하였다. 스미야 미키오(隅谷三喜男), 마루야마 마사오(丸山眞男), 사카모토 요시카즈(坂本義和) 등 진보주의적 지식인을 대표하고 있는 21명은 그들이 공동으로 만든 보고서에서 통일에 대한 남북의 입장을 다음과 같이 평가하고 있다.

전후에 있어서 조선통일을 향한 운동은 특히 1948년 8월 15일 한국 정부 성립 후 일관되게 북조선의 적극적인 이니셔티브에 의하여 추진되었다. … 북조선은 시종 탄력성 있는 태도로서 통일을 주장해 왔다. 그것은 경제적 · 정치적 안정에서 북조선은 한국에 비하여 항상 자신감을 가지고 임하기 때문이다. 이에 비하여 시종 소극적 · 부정적인 반응을 보이고 있는 것은 한국이고 그 배후에는 미국이 도사리고 있다. … (한국정부는) 통일을 염원하는 민족적 요구를 권력으로 근절하려고 해온 것이 이승만 정권이었고, 현재의 군사정권이다.[30]

북한과 달리 남한은 통일운동을 탄압하고 있을 뿐만 아니라 이를 간첩활동으로 조작하여 공포분위기를 조장하고 내부탄압으로 활용하고 있다고 보았다. 즉 "남조선의 군사정권은 남한에서 일어나고 있는 통일운동을 '공산주의에 동조, 국시에 대한 반역, 북조선의 앞잡이'라는 명목으로 탄압하고 있다"고 보고 있다. 1968년의 통혁당사건도 내부에서 일어난 통일운동의 구체적 표현인데 정부는 이를 간첩사건으로 조작·탄압하여 통일운동에 찬물을 끼얹고 있다는 것이다.[31]

진보적 지식인들에 의하면 북한은 사회주의국가로 성공한 체제이며, 남한은 민주주의국가로 실패한 체제였다. 이와 같은 진보적 지식인들이 남과 북의 관계를 선과 악의 대치관계로 규정하고 남쪽에 대한 무조건 비판과 북쪽에 대한 무조건 찬양은 통일을 위한 분위기 형성을 더욱 어렵게 만들고 남과 북의 긴장을 촉진시키는 역할을 했음을 부인할 수 없다.

2. 한일회담

1960년대 『세카이』가 다루고 있는 중요한 주제의 하나는 '한·일 국교정상화'이다. 국교정상화가 조인된 1965년에는 세 번이나 이 문제를 특집으로 상정하고 있고, 49편의 논문과 기사를 게재하고 있다. 이는 『세카이』가 창간된 후 동일주제를 가장 많이 그리고 집중적으로 취급하고 있는 것이다.

1951년 10월 20일 연합군 총사령부의 주선으로 시작된 한일회담은 여러 가지의 우여곡절을 겪고, 1965년 6월 22일 국교정상화의 조약이 체결되었다. 바야흐로 15년에 걸친 협상이었다.

1961년 한국에 박정희 정권이 들어서면서부터 한·일 교섭에 적극

---

30) "共同討議—日韓交涉の基本的再檢討", 1964年 4月, p. 45.
31) 藤島宇内, "南朝鮮統一革命黨事件の意味", 1969年 5月.

적으로 임했고, 일본의 이케다 내각 또한 "일·한 국교의 정상화를 창출해 내기 위하여 정치적 생명을 건다"라고 할 정도로 적극적이었다. 정부차원에서 회담이 진행되는 동안 『세카이』는 편집방향을 국교정상화 반대로 정하고 진보적 지식인과 더불어 강력한 반대 캠페인을 전개했으며, 체결 후에도 반대의 입장을 견지했다. 조약에 대한 의회의 비준을 "일본의 민주주의와 의회주의를 완전히 형해화(形骸化)"한 것이라고 비판하면서, 한·일 조약이 지니고 있는 "기본적 의문을 철저히 규명"할 것을 요구하였다.[32] 한·일 국교정상화가 조인되기 전후하여 『세카이』지에 나타난 반대의 논리는, 한·일 국교정상화는 ① 미국의 극동전략에 봉사하고, ② 외교적 실패이며, ③ 국익의 부당한 양보이고, ④ 한국 내의 여건이 성숙되지 않았으며, 또한 ⑤ 한반도 통일에 저해된다는 등의 여러 가지를 제시하고 있다.

(1) 미국의 극동전략에 봉사

『세카이』의 논조나 진보적 지식인들이 한·일 국교정상화를 집요하게 반대하는 중대한 이유 중의 하나는 한일회담이 미국의 동아시아 전략의 일환으로 추진된 것이고, 따라서 일본은 미국군사전략의 말(馬)의 기능을 하게 된다는 논리다. 한일회담은 그 시작(1951년) 자체가 일본이나 한국의 필요나 요구에 의해서 시작된 것이 아니라 동서 냉전 상황 속에서 미국의 동아시아 전략의 필요성에 따라 미국의 '지령'과 '중재'에 의해서 시작된 것으로 인식하고 있다. 그러므로 한일회담은 사실상 한미일 회담으로 규정하고 있다.

미국이 한일회담을 막후에서 조정·중재하고 있는 것은 크게 두 가지 이유가 있다고 보고 있다. 첫째는 한·일 국교정상화는 미국의 극동전략인 '극동 반공군사동맹 재건'의 전제가 되고 있다는 것이다. 미국은 동아시아의 반공체제 재편성과 극동군사전략체제의 강화를

---

32) "聲明—强行締結の慣行化を憂い, 國民の名において國會に要望する", 1966年 1月.

위해서 한국과 일본 두 나라의 국교정상화가 중요한 열쇠가 되고 있다고 판단한다는 것이다. 라오스·베트남 등지에서 일어나고 있는 '민족해방운동의 고양'은 동남아시아에서 미국의 위치를 크게 위태롭게 하고 있을 뿐만 아니라 극동에서 미국이 확립해 놓은 기존의 군사체제의 붕괴를 뜻한다는 것이다. 더욱이 월남정세의 약화와 중국에서의 핵실험의 성공 등은 극동반공체제의 전면적 붕괴를 뜻하는 것이었다. 미국은 이에 대항하기 위한 새로운 방위전략, 즉 중국과 소련을 반월형(半月形)으로 포위하기 위한 한국·일본·대만·필리핀·태국·말레이시아를 연결하는 방위체제의 구축이었다. 미국은 극동에서 중국과 소련의 진출을 억제할 수 있는 "반공의 벽을 재건"하는 것이고 그 바탕은 한국과 일본일 수밖에 없다는 판단에 따라 한·일 국교정상화를 통하여 일본을 반공군사동맹에 끌어들이기 위한 전략을 핀 것이라고 평가하였다.[33]

미국이 한·일 국교정상화를 조기에 타결하도록 조종한 또 하나의 중요한 이유는 미국의 '달러방위정책'과 관계가 있다고 분석하고 있다. 국제경제가 침체된 1960년대에 들어서면서부터 미국의 한국원조는 점차 감소하고 있을 뿐만 아니라 무상증여는 차관으로 교체하는 정책을 택하고 있었다. 그러나 미국은 극동방위의 제일선에 있는 한국에 대한 원조를 소홀히 할 수 없는 입장에 있었다. 한일회담의 조기타결을 통하여 미국은 경제원조의 삭감부분을 경제적으로 계속 발전하고 있는 일본에게 떠맡기려 하고 있다는 것이다.[34] 군사전략으로나 경제전략상 한·일 국교정상화는 미국의 국익에 도움은 될망정 일본에게는 조금도 도움이 되지 않고, 따라서 한일회담은 조기에 중단되어야 한다는 논리다.

---

33) 山本進, "池田內閣と日韓交渉", 1961年 3月; 山本進, "極東の緊張と朝鮮問題", 1962年 5月; 旗田巍 "日韓會談の再認識", 1963年 12月; "急がれた會談の背景", 1965年 5月.

34) 關山良, "「十年交渉」の經過", 1964年 2月.

『세카이』와『세카이』에 글을 쓰고 있는 진보적 지식인들은 미국의 극동전략을 강하게 비판하였고, 일본이 이에 협조하지 말 것을 촉구하였다.[35] 전후 일본의 대표적인 진보적 지식인의 한 사람으로서 한·일 국교정상화 반대의 이론적 틀을 제공했을뿐만 아니라 반대투쟁에 행동적으로 참여했던 도쿄대학의 사카모토 요시카즈(坂本義和)는 아시아에서 일어나고 있는 모든 긴장과 갈등의 핵심은 미국의 동아시아 전략으로 나타나는 미국과 중국의 대립으로 인하여 발생하는 것이라고 하였다.[36] 사카모토 교수는 전후 미국과 중국의 대결은 세 개의 전쟁형태로 나타났고, 이 전쟁을 통하여 미국은 '도덕적 패배'를 체험했다고 하였다. 즉 1945-49년 사이에 있는 중국의 국공내전(國共內戰) 당시 미국은 "반혁명적이고 부패한 장개석 정권을 지원함으로써 중국공산당에 의한 커다란 도덕적 패배"를 감수해야만 했다. 1950년의 한국전쟁 당시 미국은 중국을 "침략자로 규정함으로써 도덕적 우월감을 확보하려고 했으나 또다시 실패" 했다. 그리고 미국은 월남전쟁에서 "혁명적 민주주의세력을 억압하기 위하여 부패한 반공 정권을 지원"하는 '더러운 전쟁'을 수행함으로써 또 다른 '도덕적 패배'를 초래할 것이라고 예상하고 있다.

사카모토는 한국전과 월남전은 일본에게도 중요한 의미를 가지고 있다고 평가하였다. 한국전을 계기로 일본은 극동에서 미국의 작전·보급 기지가 되었고, 국내에서는 재군비의 시작, 공산주의자의 추방, 군국주의자의 추방해제 등과 같이 '권력의 우경화' 현상이 뚜렷이 나타났다는 것이다. 또한 월남전으로 인해 일본 본토와 오키나와는 아시아에서 미국의 작전·보급 기지로서의 비중이 더욱 커졌고, 국내에

---

35) 예컨대 石原榮夫, "日韓會談をめぐる米國のアジア政策", 1965年 10月; 野村浩一, "日韓條約と日本の國民的利益", 1965年 10月; 高野雄一, "「極東の平和」と日韓交涉の妥結", 1965年 11月.

36) 坂本義和, "日本外交への提言", 1965年 4月; 坂本義和, "日本外交の思想的轉換", 1966年 1月.

서는 군비의 양적·질적 증강을 촉진시키게 되었다고 보았다.

이러한 상황 속에서 체결되는 한·일 국교정상화도 미국의 극동전략, 즉 미국은 한국을 월남전에 끌어들이기 위하여 한국의 군사정권을 지지하는 한편 한국의 군사정권과 일본정부를 제휴시킴으로써 아시아에서 떨어지고 있는 도덕적·군사적 지위의 격상을 모색하고 있다는 것이다. 그러나 한국과의 부분제휴는 결국 일본과 북한의 대결을 의미하고, 나아가서 중국과의 적대관계를 강화하게 되고, 이것은 일본의 안전과 발전을 해치는 결정적 요인으로 작용하게 될 것이라고 경고하고 있다. 그러므로 "일·한 신시대라는 이름 아래 강행된 한·일 국교정상화는 일본을 미국의 극동전략의 하수인"으로 만들고 있는 "맹목적인 일본외교의 도박"이라고 비난하고 있다.[37]

(2) 기묘한 외교

한일회담을 '기묘한 외교', '국민부재의 외교' 또는 '편면외교'로 규정하고 있는 진보적 지식인들은 일본외교의 미숙성과 자주성을 신랄하게 비판하고 있다. 그들에 의하면 한일회담은 "반공이데올로기와 자본진출 의욕의 기묘한 결합에 의하여 회담촉진의 에너지가 생기고 성사된 것"이었다.[38]

『세카이』는 정부와 여당이 외교교섭의 명분으로 제시하고 있는 '반공방파제론' 또는 '부산적기론'을 신랄하게 비판하고 있다.[39] 자민당 내의 회담 추진파는 한반도가 적화될 경우 일본은 공산세력과 직접 대치하는 최전선이 되고 안보적 위협이 가중된다고 보았다. 한국은 일본을 공산주의의 직접적 위협으로부터 방어해 주는 '방파제' 또는 '방벽'의 역할을 하는 것이고, 그 방벽을 더욱 튼튼히 하기 위하

---

37) 藤島宇內, "日韓新時代への日本の賭", 1965年 9月.

38) 內田健三, "奇妙な外交", 1964年 2月; 福田歡一, "韓國の友への手紙", 1965年 5月.

39) 關山良, "日韓會談の强行とその矛盾", 1964年 5月; 加藤周一, "過則勿憚改", 1965年 4月.

여 조기 국교정상화가 필요하다는 논리를 제시하고 있다.

그러나 『세카이』는 보수진영의 이러한 논리는 국익을 해치는 외교라고 비난하고 나선다. 일본의 '국민적 이익'이라는 시각에서 볼 때 "일본의 공산화를 막는 것과 외국의 공산화를 막는 것은 전적으로 별개"의 것이라고 지적하고 있는 가토 슈이치(加藤周一)는 방벽론을 다음과 같이 비판하고 있다.

원칙의 문제로서 일본의 정치체제는 우리 자신이 결정하는 것이다. 외국의 정치체제는 일본의 좋고 싫은 것과 관계없이 그 나라 국민이 정하는 것이다. … 주변국가가 공산화되었다고 해서 그것이 곧 일본이 공산주의화하도록 하는 위협이 될 수 없다. … 일본국민의 압도적 다수가 공산주의체제를 바라지 않는 한 소련이나 중국이 공산주의혁명을 수출할 수 없다. … 뿐만 아니라 외국의 공산주의체제가 반드시 일본에게 불리한 것만은 아니다. 불리할 때도 있고 그렇지 않을 때도 있다. … 일본국민의 이익과 안전을 위하여 모험을 무릅쓰고 외국의 공산주의화를 방어해야 할 아무런 이유도 없다(p. 48).

『세카이』가 지적하고 있는 한·일 국교정상화의 외교적 실책의 또다른 한 면은 일본자본의 한국진출론이다. 보수집권세력과 재계는 한국시장의 확보와 저렴한 노동력을 일본경제의 확대발전에 이용하고 한국경제의 자립을 도와준다는 전제에서 국교정상화의 조기타결을 서두르고 있다고 보았다. 그러나 이와 같은 방침은 국민적 이익과 세계평화의 이상을 추구해야 할 일본외교의 기본원칙에 위배된다고 『세카이』는 지적하고 있다. 한·일 국교정상화 이후 반드시 나타나게 될 일본자본의 한국 진출은 제국주의적 성격을 띠게 될 것이고, 이러한 신식민지주의적 자본 진출은 한국민족주의를 고취하고 일본에 대한 불신을 고조시키는 결과를 가져오게 될 것이라는 것이다. 더욱이 한국국민의 새로운 반일감정이 식민통치라는 역사적 사실과 결합

할 때 배일분위기는 더욱 격화되고 이것은 미래의 한·일관계에 장애
가 될 것으로 보았다. 즉 정권 사이의 관계가 정상화된다 하더라도
한·일 두 국민의 정상화는 더욱 멀어지게 되고, 이것은 결과적으로
일본국민에게 유익한 것이 못 된다는 것이다. 더욱이 일본이 한국과
경제적으로 긴밀한 협력관계를 유지하면 할수록 북한과는 더욱 대립
과 항쟁의 관계가 형성될 것이며, 이는 극동의 긴장을 조성하고 일본
의 안보에 위협이 된다고 평가하고 있다.[40]

한·일 국교정상화가 중대한 외교적 실책이라는 것은 이로 인하여
중국과의 관계개선이 더욱 어려워졌다는 것이다. 『세카이』에 나타난
진보적 지식인들은 전후 일본의 외교정책 가운데 가장 커다란 '과오'
는 중국을 대표하는 정부로서 대만정부를 승인한 것이라고 지적하고
있다. 또한 한·일 국교정상화는 일본과 중국의 관계를 더욱 어렵게
만드는 또 다른 과오를 범하는 것이라고 지적하였다. 더욱이 미국이
한·일 국교정상화를 서두르는 것은 한국-대만-일본을 연결하는 극동
의 반공체제를 강화시킴으로써 일본과 중국의 관계개선을 사전에 저
지하려는 의도가 숨어 있는 것으로 분석하고 있다.[41] 또한 일본측에
서 볼 때 중국과의 관계는 한국과의 관계와 근본적으로 다른 것으로
평가하고 있다. 외교평론가인 오바타 마사오(小幡操)는 한·일, 중·
일관계의 차이를 다음과 같이 설명하고 있다.

일·중관계는 일본이 일찍부터 침략전쟁을 강행하고 눈이 뒤집힐
정도로 잔학한 행위를 감행한 나라―그럼으로써 일본이 무엇보다

---

40) "日韓交涉の經濟的背景", 1961年 10月; "日韓經濟協力の思想", 1964年 10月;
山本進, "會談の經濟的背景", 1964年 2月; 小幡操, "會談と朝鮮統一問題", 1964年 2月;
四方博, "日韓會談再開にみる新しい選擇", 1965年 2月; 野口雄一良, "對韓進出を競う
日本資本", 1965年 6月.
41) 小田實, "第三者の立場の上に立つて", 1964年 4月; 蠟山政道, "日韓關係の正常
化", 1964年 4月; 加藤周一, "過則…"; 小幡操, "日韓交涉への重大な疑問", 1962年 11月.

먼저 평화조약을 맺고 속히 보상을 해야만 하는 나라의 관계에 있다. 평화관계가 정식으로 수립되지 않는 한 법적으로는 아직 전쟁상태가 지속되고 있는 관계이다.

한편 일·한관계는 전략적으로 식민지화한 나라, 그리고 제2차 세계대전의 포츠담선언에 의하여 통치권을 포기하고 그 결과 일본으로부터 독립한 국가—조선의 남반부와의 관계로서 독립을 잃었던 국민에게 깊은 정신적 문제가 있으나 전쟁상태는 아니었다(p. 36).

식민지통치와 이것으로 인한 인도적·정신적·물질적 피해에 대한 반성과 책임은 전혀 보이지 않고 있다. 일본이 당면한 시급한 과제는 중국과 전쟁상태를 종식시키고 정상관계를 수립하는 것이지, 전쟁상태도 아닐 뿐만 아니라 분단된 남쪽과의 관계정상화가 아니라는 것이다. 더욱이 중국과 북한과의 관계를 고려할 때 한국과의 관계정상화는 중국과의 관계를 더욱 어렵게 만들 것으로 보고 있다. 따라서 한·일 국교정상화는 장기적으로 일본국익에 배치된다는 것이다. 더욱이 '폭거'이며 또한 '비극'인 한국의 월남파병은 동북아의 긴장을 더욱 고조시키고, 한·일 정상화는 일본으로 하여금 긴장의 중심부에 서게 되는 결정적인 외교실책으로 보고 있다.[42]

(3) 국익의 부당한 양보

『세카이』가 한일회담을 비판하고 국교정상화를 반대하고 있는 보다 구체적인 이유는 국가이익을 부당하게 많이 양보했다는 것이다. '지나친 양보'의 구체적 지적은, 첫째로는 청구권으로 간주하기에는 부당하고, 한국경제 실태로 볼 때에는 상환이 불가능한 많은 금액의 제공(8억 달러), 둘째로는 아직도 분쟁의 소지가 남아 있는 독도의 관

---

42) 福田歡一, "韓國の…"; 石田雄 外 3人, "討論會─戰後民主主義の危機と知識人の責任", 1966年 1月; 田畑茂二郎, "條約と國會", 1966年 1月.

할권에 관하여 한국측의 주장을 수용하고 있는 것, 셋째로는 한국측이 주장하고 있는 12해리까지를 영해로 간주함으로써 일본어선의 활동을 억제하는 것, 그리고 넷째로는 "대한민국을 조선의 유일한 합법정부"로 인정함으로써 북한과의 관계개선이 어렵게 되고, 나아가서 중국과의 관계개선이 어렵게 될 뿐만 아니라, 관계개선에 장애물이 된다는 것이다.[43]

정치권 안에서 반한운동의 핵심적 인물의 한 사람이었던 자민당의 우츠노미야 도쿠마(宇都宮德馬)는 일본의 부당한 국익양보를 다음과 같이 주장하고 있다.[44]

국제 간의 통례에 의하면 독립된 국가는 지금까지 지배한 국민의 사유권은 그대로 인정하고 있다. … 일본국민은 막대한 사유재산과 그와 관련된 일체의 권리와 청구권을 샌프란시스코조약에 의하여 포기했고, 따라서 한국의 소유가 되었다. 그러나 한국국민이 일본에서 가지고 있는 소유권과 그 수익권은 그대로 보장되고 있고, 더욱이 현재 일본에 살고 있는 한국인은 그 자식을 포함하여 일본영주권이 인정되고 있다. 이에 반하여 한국측은 법적 근거가 명확치 않은 막대한 청구요구를 하고 있다. … 한국어업의 근대화를 위하여 거액의 융자를 약속하고 있는데 증산되고 있는 한국 해산물은 일본어업을 압박할 것이라는 것은 해태(海苔)를 보아 확실하다. 어민을 포함하여 일본국민의 입장에서 말한다면 그와 같은 자금은 생활고에 시달리고 있는 일본의 영세어업의 근대화나 어업자원의 증식을 위하여 사용되어야 할 것이다(p. 59).

43) "共同討議", 1964年 4月; "討論", 1966年 1月; 野口雄一郎, "日韓經濟協力の虛構", 1965年 9月.

44) 宇都宮德馬, "日韓條約と日本外交", 1965年 11月.

일본정부가 국교정상화의 중요한 명분으로 삼고 있는 경제협력을 통한 한국경제의 안정과 발전은 근본적으로 잘못된 것으로 지적하고 있다. 한국경제의 구조와 실태를 볼 때 재기가 불가능한 것이라고 판단함으로써 일본의 경제적 지원은 상환이 불가능한 것으로 보고 있다. 한국경제는 미국의 원조에 의존하고 있는 기형적 재정구조이고, 농업경제가 점차 파국의 방향으로 진행되고 있고, 제조업의 가동률이 떨어지고 있기 때문에 도저히 재기할 수 없다고 판단하였다. 뿐만 아니라 박정희 정권이 추진하고 있는 경제정책은 그 실패의 모습을 드러냈고, 정책의 실패는 한국경제의 파국을 더욱 가속화시켜 일본이 제공할 정부나 민간의 차관을 회수하는 것이 불가능한 것으로 보았다.

(4) 한국 내의 여건

1961년 박정희체제가 들어선 후 전개된 정치·경제·사회적 여건이 국교정상화에 바람직하지 못하다고 『세카이』는 평가하고 있다. 무엇보다도 한국국민의 한일회담 반대여론을 주시해야 한다는 것이다. "계층과 입장을 초월하여 모든 국민"이 "격렬하게 반대"하는 한·일 국교정상화를 일본정부가 "적극적으로 추진할 필요도 없고 또한 추진해서도 안 된다"는 것이다. 군사독재정권으로 규정하고 있는 박정희체제와의 정상화는 한국국민을 적으로 삼는 결과를 가져오고, 이는 결과적으로 국가이익에도 반한다는 것이다. 『세카이』 편집부는 한국의 신문이나 잡지에 나타나고 있는 반대여론을 발췌하여 2회에 걸쳐 소개하고 있다.[45]

국민적 반대뿐만 아니라 박정희로 대표되고 있는 한국정권은 회담과 정상화의 적법한 대상이 아니라고 평가하고 있다. 박정희 정권이 적합치 못한 이유는 군사독재정권이고 국민적 지지를 받지 못하고 있으며, 또한 통일보다 분단지향적이라는 데 국한하지 않고 있다. 보다

---

45) "韓國の主張と世論(Ⅰ·Ⅱ)", 1964年 2月 3.

더 중요한 이유는 회담추진자인 박정희의 전력에 문제가 있다는 것이다.[46] 일본군인의 한 사람이었던 박정희는 한국을 대표할 수 없을 뿐만 아니라 일본군인이었던 인물이 이끄는 정부와 일본정부가 교섭을 진행한다는 것은 있을 수 없는 일이라는 것이다. 하타다 다카시(旗田巍)는 다음과 같이 주장하고 있다.

무엇보다 먼저 일·한 교섭은 교전국 사이의 교섭이 아니다. 일본은 한국과 전쟁을 하지 않았다. 한국은 일본의 일부였기 때문에 한국과의 전쟁은 없었다. 오히려 한국인을 군대 또는 공장에 동원하여 전쟁에 협력케 했다. 군사정권의 대표자이고 일한회담의 추진자이며 또한 최근에 대통령이 된 박정희는 일본군의 장교였다. 즉 일본군인을 수반으로 하고 있는 정부와 교섭하고 있다. 이러한 점에서 볼 때 일본은 한국에 대하여 어떠한 책임도 질 필요가 없는 것처럼 보인다. 이것은 일본에게 있어서는 대단히 유리한 논리다. 한국정부가 이것을 인식하고 있는지 알 수 없으나 한국의 민중은 이것을 납득하지 않을 것이다(p. 51).

따라서 박정희 정권과의 회담과 국교정상화는 근본적으로 잘못된 것이고, 성사된다 하더라도 진정한 정상화는 결코 이루어지지 않을 것으로 보았다.

박정희체제를 '언제 무너질지 모르는 불안한 체제'로 평가하고 있다. 진보적 지식인들은 야당과 재야의 반정부투쟁, 여권 내 파벌 사이의 갈등, 집권세력의 부패현상, 경제정책의 실패 등으로 박정희체제는 "조만간 파국"을 맞이할 것으로 예상하고 있다. 언제 무너질지도 모르는 정권과 국교정상화를 위한 회담을 진행할 필요가 없다는 것이다.[47]

---

46) 武田清子, "韓國をアジアの孤兒にしてはならない", 1962年 12月; 旗田巍, "日韓會談の再認識", 1963年 12月.

47) "昏迷する日韓交渉", 1963年 4月; "韓國の政情不安と日韓會談", 1963年 6月;

국민적 반대, 박정희 정권의 정통성 결여, 정치적 불안 등 한국 내의 여건을 감안할 때 일본정부는 국교정상화를 위한 회담을 서두를 필요가 없다고 주장하고 있다.

(5) 한반도 통일의 장애물

분단상태에 있는 한반도에서 남쪽의 한국정부와의 단독 국교정상화는 '두 개의 조선'을 영구화하는 것이고 통일에 방해가 된다는 논리다. 분단이 식민지 통치에서 유래되었다고 인식하기보다는 단순히 냉전의 결과로 나타난 현상으로 이해하려고 하고 있는 진보적 지식인들은 한반도 통일에 대하여 희망적인 견해를 가지고 있다. 한반도의 입지적 조건, 즉 지세·인구·부존자원의 관계 등을 고려할 때 한국의 통일은 불가피하다고 전제하고 있다. 물론 통일의 방식에서 남북 간의 차이가 있으나 "분단의 근본원인인 동서냉전으로부터 탈출"할 경우 한반도의 통일은 독일이나 베트남의 통일보다 그 가능성이 크다고 평가하고 있다. '냉전으로부터의 탈출'이 무엇을 의미하고 있는지 명확치 않으나 대체로 한반도의 '중립화'를 뜻하고 있는 것으로 보인다. 일본의 역할은 한반도가 냉전으로부터 탈출(중립화)할 수 있는 조건을 형성하는 데 기여해야 한다는 것이다. 스미야 미키오(隅谷三喜男) 등 21명의 지식인이 참석한 공동보고서는 이를 위한 2개의 구체적 역할을 제시하고 있다. 첫째는 남북한 사이의 군사적 긴장을 완화하기 위하여 국제적 조건을 만들어내는 데 기여해야 한다는 것이다. 즉 남북한의 경제적·문화적 교류, 불가침 협정, 남북연방 형성을 보다 구체화할 수 있는 '관계국 국제회의'를 구축해야 한다는 것이다. 또 하나의 중대한 역할은 일본이 아시아·아프리카의 여러 나라에 호소하여 냉전의제인 조선문제에 대하여 국제적 관심을 환기시키고, '한국—정통정부', '북한—침략자'의 등식을 깨고 대등한 입장으

新井寶雄, "韓國の政治的安定 度について", 1964年 2月.

로서 유엔에 초청하여 교섭을 진행시켜야 한다는 것이다.[48] 중국문학자 다케우치 요시미(竹內好)는 일본이 이와 같은 역할을 수행하는 것이 한반도의 "전 통치자였던 일본이 보상하는 길이고 책임을 다하는 것"이라고 역설하고 있다.[49]

그러나 일본정부가 추진한 한일회담은 냉전으로부터의 탈출이 아니라 한국정부를 "조선에서 유일한 합법정부"로 인정함으로써 북한과의 대결을 강화하는 것이고, 또한 남한의 반통일 집권세력을 강화시킴으로써 통일을 위한 여건을 조성하는 것이 아니라 통일에 역행하여 분단을 고착시키는 역할을 할 뿐이었다. 이러한 회담은 파기되어야 한다는 것이다.

이러한 논리 위에서 전개된 한일회담 반대를 위한 여론형성과 투쟁은 식민지통치에 대한 한국 내의 비판을 희석시키는 한편, 한국에 대한 어두운 이미지를 심어주는 데 중대한 역할을 했다. 한일회담 반대를 계기로 형성된 기류는 조약체결 후에는 반남한정부로 전출(轉出)되었고, 1970년대에 들어서서는 그 절정을 이루게 된다.

3. 남한의 정국

1960년 8월에 출범한 제2공화국은 5·16군사혁명으로 인하여 1년도 못 되어 그 막을 내렸다. 2년 간의 군정을 끝내고 5·16의 주체인 박정희가 1963년 제5대 대통령으로 취임하면서 제3공화국이 시작되었다. 그러나 제3공화국의 전반기라고 할 수 있는 1960년대의 국내정국은 한일회담 반대로 인한 계엄령 선포(1963년), 월남전 참전과 한일회담 비준(1965년), 6대 대통령선거와 국회의원 총선거(1967년), 3선 개헌과 국민투표(1969년) 등으로 이어지는 격동기를 겪었다.

---

48) "共同討議", 1964年 4月; 小幡操, "日韓會談と朝鮮統一問題", 1964年 2月; 四方博, "日韓會談再開にみる新しい選擇", 1965年 2月.

49) 竹內好, "日韓交涉私感", 1962年 12月.

이러한 국내정세의 변화에 대하여 『세카이』는 1950년대와 달리 직접적·적극적인 비판의 논조를 강화하기 시작했다. 『세카이』는 한국의 정국은 대단히 불안하고, 그 불안의 근원은 정권의 정통성 결여와 경제적 파탄이라고 평가하였다.

(1) 정통성 결여

『세카이』는 제3공화국이 형식적으로는 민정이양의 형태를 갖추었으나 실제로는 '군정'의 연장이고, 미국에 예속되어 있는 '종속국가'이며, '경찰국가'로 인식하였다. 도쿄대학의 사이토 다카시 교수는 제3공화국은 "외국에 종속된 권력이면서 민중에 대해서는 식민지지배가 지니고 있는 잔학성과 파시즘이 융합된 공포체제"로서 "식민지형 파시즘체제"라고 규정하고 있다.[50] 사이토는 제3공화국의 성격에 대해 다음과 같이 설명을 덧붙인다.

(한국정권은) 자립의 군사독재가 아니라 (미국의) 무력과 조직에 종속되어 있다. 그리고 민중에 대해서는 파시즘적 방법과 식민지 특유의 폭력과 사형(私刑)에 의하여 그 정권의 존립을 유지하고 있다. 외부로부터 받는 압력과 피식민지시대의 경험을 국내에 투입하여 지배의 방법으로 전용하고 있다. 지배민족으로부터 당한 민족적 멸시에 의한 테러방법을 지금은 자기 민족에게 행사하고 있다. … 군대는 '저렴한 용병'의 울분을 사형적(私刑的) 수단에 의하여 풀고 있다. 월남전에서 보여준 잔학한 장면도, 군대의 대학난입도 바로 식민지형 파시즘의 체질적 표현이다(pp. 44-45).

정통성이 없는 박정희체제에 정면으로 도전하고 있는 세력으로 학생을 설정하고 있는 진보적 지식인들은 학생의 잠재력을 높이 평가하

---

50) 齊藤孝, "三八度線と一七度線", 1968年 3月.

고 있다. 그들은 한국학생의 저력은 마치 "압축하면 할수록 폭발력이 높은 마력을 내는 디젤 엔진과 같다"고 보았다. 학생들에 의하여 이승만체제가 붕괴되는 것을 본 일본의 지식인들은 박정희체제도 결국 학생들에 의하여 붕괴될 것으로 예측하고 있다. 특히 1964년 한일회담을 반대하는 학생데모로 인하여 정부가 계엄령을 선포하는 것을 보고 체제붕괴의 가능성이 높은 것으로 보았다.[51]

『세카이』는 정통성이 없는 박정희체제가 미국과 종속관계에 있다는 것을 가장 극명하게 보여주는 것이 한국의 월남참전이라는 주장을 개재하였다. 미국의 '요구'에 따라 한국은 '인신제공'으로 보답했다는 것이다. 『세카이』는 한국정부가 월남에 군대를 파견한 것을 신랄하게 비판하면서 이로 인한 국내정국의 변화를 비교적 자세히 설명하고 있다. 『마이니치신문』의 한국특파원이었던 곤도 류노스케(近藤隆之輔)는 박정희는 세 가지 목적을 계산하고 파병을 결정했다고 지적하고 있다. 첫째로는 소위 "베트남 특수로서 파병을 통하여 베트남 수출과 미국 AID자금의 증액요구", 둘째로는 "파월군인의 봉급 본국 송금", 그리고 셋째로는 "돈 주고도 살 수 없는 미국의 지원"이었다는 것이다. 그러나 이 모든 것은 결국 "인간의 존엄성과 가치를 무시하고 정권의 유지와 안보강화만을 위한 조치"였다고 비난하고 있다.[52]

곤도 기자는 한국군의 파월을 1930년대 일본이 중국을 침략하기 위하여 일본군대를 중국대륙으로 보낸 것에 비유하고 있다.

'환송식'이 끝나자 시가행진이 시작되었다. 길가에는 수많은 시민이 문자 그대로 환호의 목소리로 송별하고 있다. 나는 어렸을 때

---

51) 背黑忠勝, "韓國の學生たち", 1962年 8月; 龜山旭, "朴政權を搖るがす韓國學生", 1965年 6月; 近藤隆之輔, "韓國日記―朴政權と學生デモ", 1967年 9月; "朴政權と對決する韓國學生", 1964年 6月.

52) 近藤隆之輔, "韓國日記抄(上)", 1968年 1月; "ヴェトナム派兵と韓國政情", 1965年 3月; "韓國のヴェトナム派兵と言論", 1965年 4月.

일중전쟁에 출정하는 병사들을 송별하는 광경이 생각났다. 시민의
표정은 그때 그대로다. 당시 일본은 '동양의 평화' 때문에 '폭지응
징'(暴支膺懲)의 전쟁을 주도했다. 전쟁으로 인하여 전사자가 늘어
났으나 경제는 전쟁으로 인하여 활기가 넘쳤다. 지금 한국은 월남의
땅에서 '세계의 평화'를 위하여 '포악한 공산주의자'와 싸우고 있
다. 또한 전사자는 늘어나고 경제는 활기를 띠고 있다. 신문은 월남
에서 한국군의 '용감한' 전투와 '대전화'(大戰火)의 전쟁을 주도했
다. 전쟁으로 인하여 활기가 넘쳤다. 당시 일본정부는 '성전'(聖戰)
을 완수하기 위하여 언론의 통제를 강화하고 국민으로부터 하나하나
씩 자유를 빼앗았다. 지금 이 정부는 '자유'를 수호하기 위하여—아
니 이 나라에 수호하지 않으면 안 될 자유가 존재하는가—국민의 피
의 희생을 요구하고 있다. 그리고 국민은 한국의 역사가 시작한 이래
의 이 해외원정을 열광하고 있다(p. 228).

한국의 파병을 1930년대 일본이 저지른 침략전쟁과 동일시함으로
써 일본의 식민지통치를 희석시키고, 해외원정을 한국인이 열광하는
것으로 묘사하여 한국인의 호전성을 우회적으로 부각시키고 있다.

(2) 경제적 파국
한국의 정국불안을 가중시키고 있는 또 하나의 결정적 요인을 경제
적 불안으로 지적하고 있다. 1960년대 전반기 『세카이』는 한국의 경
제는 도저히 재기 불가능한 것으로 평가하고 있다. 한국경제가 이처
럼 어렵게 된 데는 많은 이유가 있지만, 무엇보다 중요한 원인은 한국
경제가 '종속적 상태'를 벗어나지 못하기 때문이라는 것이다. 즉 일
본에 종속되어 있었던 한국경제는 해방 후에도 자주성을 확립하지 못
하고 다시 미국에 예속됨으로써 경제구조나 재정상태가 '기형적'으
로 변질됐고, 이러한 구조 속에서 진정한 경제안정은 불가능하다는
것이다. 특히 전후 한국의 정치와 경제를 지배해 온 미국은 '매판자

본의 육성'을 주요한 수단으로 삼아왔기 때문에 자립적 경제구조 구축을 위한 근본적 개혁 없이는 한국경제의 소생은 불가한 것으로 보고 있다. 경제적 어려움을 가중시키고 있는 또 다른 요인은 "군사정권이 추진한 경제정책의 실패"를 지적하고 있다. 자주성의 확보보다 종속적 구조를 택한 군사정권의 경제정책은 결국 물가의 급등, 농업정책의 부진, 금융정책의 실패, 경제 5개년 계획의 파탄 등의 결과를 가져왔다고 지적하고 있다. 이러한 경제적 어려움에서부터 벗어나기 위한 하나의 긴급대책으로서 군사정권은 한일회담의 추진을 적극적으로 추진하는 것으로 보고 있다.[53]

그러나 『세카이』가 예상했던 것과는 달리 1960년대 후반기로 들어서면서부터 한국의 경제가 상승곡선에 들어서기 시작했고, 또한 공업화가 비교적 순조롭게 추진되기 시작했다. 그러나 『세카이』는 이를 긍정적으로 평가하려 하지 않았다. 제1차 5개년 경제개발계획기간에 8.5%라는 고도 경제성장을 이룬 것은 인정하고 있으나, 이것은 "실적의 의문"이 있는 성장이라고 평가하고 있다. 첫째, "박 정권의 실적의 최대의 것인 공업화"는 사실상 "외채(외자의존)에 의해서 이루어진 것"으로써 자립경제구조의 확립과는 거리가 먼 것으로서 종속경제구조를 더욱 심화시킨다고 평가하고 있다. 둘째, 경제성장을 나타내고 있는 "통계숫자에 대한 의혹"을 제기하고 있다. 통계의 가장 기초가 되고 있는 숫자를 정부가 장악하고 있기 때문에 민간기관이 이를 입증할 수 있는 방법이 없다는 것이다. 따라서 정부가 발표하고 있는 통계숫자는 조작의 가능성이 있다는 것을 은연중에 나타내고 있다. 성장의 셋째 허구로서는 분배의 문제를 지적하고 있다. 즉 8.5% 경제성장이라는 숫자에 문제가 없다고 가정하더라도 경제성장의 결과가 국민들에게 골고루 분배가 이루어지는 것이 아니라 일부재벌과 특권계

---

53) 中川信夫, "激動する韓國情勢の底に", 1963年 4月; "韓國經濟の窮狀", 1963年7月; 野口雄一郎, "日韓經濟協力の虛構".

급에게 귀속되기 때문에 경제성장이 국민과는 무관한 것이라고 평가하고 있다.[54]

『세카이』에 의하면 이와 같이 정치적으로나 경제적으로 파국에 직면한 박정희 정권은 종속지배체제를 강화하고 있고, 또한 위장된 공포를 조장하고 있다는 것이다. 박정희 대통령을 암살하기 위하여 무장유격대가 청와대 근처까지 나타난 사건(1968), 통일혁명당사건(1968), 그리고 무장게릴라가 경상도 울진에 침투한 사건(1969) 등 한국정부가 발표한 것은 모두 조작·확대된 것이고, 더욱이 이 당시 일어난 미국의 정찰함 푸에블로호의 납치(1968)와 정찰비행기 C121이 북한에 의하여 격추(1969)된 사건을 계기로 위장된 공포를 더욱 극대화하고 있다고 비난하고 있다. 즉 남북관계의 긴장을 고조시키거나 또는 간첩사건을 조작하여 발표함으로써 국민들 사이에서 위기의식을 촉발시키고 이를 계기로 국민의 불만을 억누르고 있다는 것이다. 그러나 불만이 누적되어 폭발할 경우 박정희 정권은 붕괴될 것이며, 그 시기가 결코 멀지 않은 것으로 예측하고 있다.

VI. 1970년대—남한 타도

한국에서 1970년대는 격동의 시대였다. 7·4남북공동성명(1972), 10월유신(1972), 김대중 납치사건(1973), 유신체제를 강화하기 위한 긴급조치 발표(1974), 유신헌법에 대한 찬반을 묻는 2·12국민투표, 부마사태(1979) 등으로 혼란스러운 정국은 드디어 박 대통령의 암살로 이어졌다. 이에 더하여 베트남의 공산화, 워터게이트사건으로 인한 닉슨의 퇴진, 그리고 도덕정치를 내세운 카터의 등장은 국내정국

---

54) 近藤隆之輔, "韓國日記", 1967年 9月; 中川信夫, "韓國工業化の虛構と現實", 1969年 2月.

을 더욱 어렵게 만들었다.

『세카이』도 이 기간에 한반도문제를 제일 많이 취급했다. 그리고 한국정부의 권위를 전면적으로 부정했으며, 또한 해외에서의 체제전복을 위한 전위대적 역할을 했다. 앞의 〈표 1〉에서 볼 수 있는 것과 같이 7·4남북공동성명과 유신이 실시된 1972년부터 한국에 대한 관심도가 크게 높아졌으며, 1973년 김대중 납치사건 후 한국에 관한 기사는 급증하였다. 『세카이』는 박정희체제에 대한 적극적인 부정과 비판을 강화하는 한편, 북한의 김일성체제를 긍정적으로 평가하고 선전했다. 남한에 대한 비판이 고조되는 것과 정비례해서 북한을 찬양한 것이다.

1. 남한의 현상

(1) 정치·사회

『세카이』가 상정하고 있는 1970년대 한국의 대표적인 모습은 부정·부패·독재·인권유린이라는 단어로 집약되고 있다. 그리고 한국은 '중대한 위기'에 당면한 것으로 단정하고 있다. 박정희체제는 정권이익을 국가이익과 동일시하는 "독재정권이며 범죄집단"이고, "보지 않고, 듣지 않으며, 말하지 않는" 3대 원칙이 사회규범으로 통용되고 있는 "나치체제의 재현"이며, 미국에 의하여 양성된 "군사정권의 독재집단"이었다. 일본의 대표적 지식인의 한 사람인 작가 오에 겐자부로(大江健三郞)는 자기의 운명을 자기의 자유의사에 의하여 결정할 수 없는 현상이 한국사회의 참모습이라고 하였다.[55]

박정희체제는 정권을 유지하기 위하여 부정·부패적 수단과 모략, 그리고 탄압·정보 통치라는 두 개의 수단을 활용하고 있다고 단정하

---

55) 大江健三郞, "愚者の船", 1973年 10月; 中川信夫, "朴政權下にむける體制的腐敗", 1977年 4月; 宮崎繁樹, "獨裁と主權と人權と", 1974年 7月; 中野好夫 "最小限の感想", 1973年 10月; 宇都宮德馬, "ベトナムの急變と朝鮮政策", 1975年 6月.

였다. '구악'(舊惡)을 훨씬 능가하는 '신악'(新惡)을 창조했고, 부정과 부패는 보다 제도화·조직화됨으로써 '권력범죄'의 양상을 드러냈다는 것이다. 특히 권력과 재벌의 '검은 유착'은 경제적 성장의 과실이 일반국민에게 전혀 돌아가지 않고 오직 정치·경제 특권층만이 독점하고 있다는 것이다. 사회적 불만이 더욱 누적되고 있고, 이 불만을 통제하기 위하여 정부는 탄압과 억압을 강화하여 더욱 흉폭화되고 있다는 것이다. 지식인들은 사회정의를 실현하기 위하여 노력하기보다는 박정희 정권에 빌붙어 자기 영달의 길을 모색하고 있다는 것이다. 작가 오다 마코토(小田實)에 의하면 박정희의 "양자이고 또는 최상급이면서도 가장 현명한 자식들인 미국의 유명한 대학에서 훈련받은 '테크노크라트'들은 민족의 운명보다 박정희 정권의 운명을 더욱 중요한 것으로 생각하고 있다"는 것이다.[56]

민주주의의 마지막 보루라고 할 수 있는 사법부도 권력과 유착하여 "죄 없는 죄인을 끊임없이 생산"하고 있었다. 국민적 저항의 중심세력인 기독교도들은 전도의 자유조차 박탈당하는 박해를 받고 있었다. 그리고 월남전쟁에서 죽어가고 있는 '청년들의 생명'과 외국인들에게 몸을 팔고 있는 '젊은 여성의 육체'가 정부의 중요한 수입원이 되고 있다는 것이 『세카이』가 그리고 있는 한국의 모습이다.[57]

『마이니치신문』의 한국 특파원으로 만 3년 간 취재활동을 하다가 한국정부에 의하여 강제퇴거명령을 받은 마에다 야스히로(前田康博)는 한국 내의 삶의 한 형태를 다음과 같이 과장해서 설명하고 있다.[58]

일본 특파원과 교제했다는 것이 알려지면 그들에게 '재앙'이 돌아가게 된다. … 서울에 체류하는 동안 명함을 교환한 사람들은 일

---

56) 小田實, "息子たちがやって來た", 1977年 10月.
57) 早川公二, "弟はとりかえす", 1975年 3月; 淺野順一, "信仰と自由—韓國の現狀をみて", 1974年 5月; 高橋喜久江, "妓生觀光を告發する", 1974年 5月.
58) 前田康博, "ソウル特派員の三年(1)", 1979年 6月, p. 239.

본 기자와 교제하더라도 불이익이 돌아가는 것을 두려워하지 않는 사람이거나, 또는 지배계층의 사람들이다. 또한 전화번호와 주소를 나에게 알려준 사람들은 외국인과 연결되어 있다는 것 하나만으로도 여러 가지 불이익 조치를 받을 수도 있다. … 그러므로 출국하는 날 아침 철저한 검사에 대비하여 그들의 이름이 기록되어 있는 전화번호와 메모를 전부 처분했다. 만일 압수될 경우 내가 알 수 없는 어떤 조치가 그들에게 돌아갈지 모르기 때문이다(p. 239).

그 시대에 제약과 통제가 있었던 것은 부인할 수 없다. 그러나 한국사회가 과연 마에다가 묘사한 것과 같이 한 일본기자와 친분관계가 있었다고 해서 불이익을 받는 그러한 전체주의적 사회는 결코 아니었다. 대한민국을 경찰국가, 그리고 밀고와 도청을 수단으로 하고 있는 정보정치·공포정치가 자행하고 있는 국가라고 서술하고 있는 마에다는 한국의 부정적 이미지를 극대화하고 있다. 마에다에 의하면 사회 전체가 다양한 밀고망에 의하여 유지되고 있을 뿐만 아니라, 지배계층 내부에도 이중·삼중의 정보망과 밀고망이 장치되어 있어 이 기능에 의하여 정부요인이 실각·숙청·경질되고 있다는 것이다.

성경책을 들고 교회를 갈 경우 곧 '정보원의 미행'이 시작된다고 주장한 마에다는 '경이적 발전'이라고 평가받고 있는 한국의 경제발전은 국내외에서 정부의 선전이 만들어낸 하나의 '허구'라고 강조하였다. 그리고 그는 한반도의 분단은 일본의 한반도 강점과 그후 실시한 식민지통치와는 무관하고, 오직 '비정한 국제적 요인'의 결과라고 주장하고 있다. 뿐만 아니라 한국과 일본 사이의 국민적 차원의 상호이해를 바탕으로 한 정상적 관계가 육성되지 않는 것 역시 한국측의 문제라고 지적하고 있다.

즉 한국은 일본을 이해하거나 또는 일본에 대한 관심을 높일 수 있는 영화·가요 등과 같은 문화의 교류를 억제하고 있고, 또한 인적 교류도 체제지지가 명확한 정부관계자 또는 무역업자 등 특권층에 국한

하고 있다는 것이다. 뿐만 아니라 정부당국은 국민들 사이에 반일감
정과 오해와 편견을 조장하는 정책을 실시하고 있기 때문이라고 한국
측을 비난하고 있다. 한국정부나 민간기관들은 한국선전에 도움이 될
것으로 평가되는 학자·언론인·평론가·문화인을 "공작적 차원에
서 초대"하여 "매수대접을 베풀고 있다"고 비난하고 있다.

　　날마다 아침·점심·저녁 회식과 호화로운 연회, 동업인의 초대
　　파티, 그리고 관광지까지 자동차로 안내한다. 그리고 북한의 '위협'
　　을 '백 번 듣는 것이 한 번 보는 것보다 못하다'는 것을 실감케 하기
　　위하여 군사경계선의 지하땅굴을 견학하게 된다. … 평균 3박 4일에
　　서 일주일 간의 '정식코스' 가운데 30분의 자유시간도 주어지지 않
　　는 바쁜 일정이다.[59]

과연 한국의 초청을 받아 방문한 일본인이 30분도 자유로운 시간을
갖지 못했을까? 박정희를 중심으로 한 한국의 지배계층을 범죄집단으
로 규정하고 독재체제로 인식하고 있는 진보적 지식인들의 대전제는
한국의 정치체제가 붕괴되어야 한다는 것이다. 박정희체제의 붕괴를
위해서 일본의 역할을 강조하고 있다. 일본정부는 박정희 정권의 중
요한 유지기반인 경제원조를 중단해야 한다는 것이다. 작가 오다는
일본이 실시하고 있는 대외원조는 "어떤 국가 또는 정부의 존재 및
유지를 위해서 실시하는 것이 아니라 그 국가에 살고 있는 국민을 돕
기 위한 것"이라고 전제하고, "박정희 정권에 대한 일본의 원조는 정
부는 존재하게 할지는 모르지만 국민들에게는 고통을 가중시키고 있
으므로 이를 중단해야 한다"는 논리를 펴고 있다.[60]

체제의 붕괴를 위해서 민간차원에서는 조직적인 연대행동이 필요

---

59) 前田康博, "ソウル特派員の三年(2)", p. 231.
60) 小田實, "「助ける」ということについて", 1973年 10月; 小田實, "六十年が經つ
た", 1979年 4月.

하다고 강조하고 있다. 즉 한국의 신문을 관보화(官報化)라고 단정하고 있는 이들은 일본의 매스미디어가 한국의 상황을 구체적이고 과감히 보도·폭로해야 하고, 민주정당과 노동조합은 박정희 정권의 파쇼정권을 탄핵하고 한·일 두 나라의 반동세력의 결탁을 폭로하며, 한국 민주세력의 투쟁을 지원하고, 학생과 지식인은 한국 민주세력과의 연대성명을 발표해야 한다는 것이다. 민중적 저항을 이끌고 있는 학생·지식인, 그리고 종교인과 연대할 것을 제기하고 있다. 특히 일본의 기독교인들은 나치즘에 대항한 독일의 교회투쟁과 같은 상황에 있는 한국 교회의 아픔을 일본 교회의 아픔으로 인식하고 연대적 투쟁을 전개할 것을 강조하고 있다.[61]

『세카이』에 의하면 한국은 위기적 상황에 처해 있고, 이 위기적 상황은 박정희 정권의 비민주적이고 부도덕한 독재로부터 시작되고 있었다. 따라서 박정희를 정점으로 한 정치체제는 붕괴되어야 하고 이를 위해서는 민중폭력혁명도 불사해야 한다고 인식하고 있었다. 한국 국민이 직면한 '위기적 상황'을 극복할 수 있도록 일본정부와 국민은 직·간접으로 체제붕괴에 협조해야 한다는 논리다.

(2) 경제

한국정부가 추진한 산업근대화 정책을 부정적으로 평가하던 1960년대와는 달리 1970년대에 들어서서는 한국경제의 고도성장과 공업화의 성공을 인정하고 있다. 그러나 연평균 GNP 10% 이상의 성장을 지속한 경제발전은 외형적으로만 화려할 뿐 실질적으로 국민생활과는 무관할뿐만 아니라, 오히려 정치·사회적으로 더 많은 모순과 문제점을 안고 있다는 비판적 입장을 지속하고 있다. 도쿄대학의 스미야 미키오(隅谷三喜男) 교수와 경제평론가 나카가와 노부오(中川信

---

61) 倉塚平, "民主主義のための連帯", 1974年 5月; 中川信夫, "一九七十年代の韓國學生運動", 1972年 4月; 飯坂良坂明, "キリスト者の自由と抵抗", 1973年 11月.

夫) 두 사람이 지속적으로 발표한 경제관계 논문이 일관해서 지적하고 있는 것은 한국정부가 추진하고 있는 공업화정책과 수출산업을 바탕으로 한 고도경제성장은 결과적으로 한국경제를 '자립형'으로 발전시키기보다는 '종속형'으로 전락시키고, 정치·사회적으로 심각한 위기적 상황을 재생산하고 있다고 비판하고 있다.[62]

1962년 이후 한국정부가 추진한 제1, 2차 5개년 경제개발정책과 1972년부터 실시된 제3차 개발정책은 한국경제의 경이로운 성장을 이룩하게 했고, 또한 세계적 주목을 받게 만들었다. 경제성장정책의 핵심은 수출우선의 공업화였고, 이 정책은 1960년대 후반부터 1970년대에 걸쳐 연평균 10% 이상의 GNP 성장을 가능케 한 고도경제발전의 견인차로 기능했다.

그럼에도 불구하고 『세카이』의 분석에 의하면 고도성장의 결과 한국경제는 심각한 위기에 직면하게 되었고, 붕괴의 수렁으로 빠져들고 있다는 것이다. 외형상으로는 성장을 이룩했으나 실질적으로는 보다 많은 모순과 문제를 심화시키고 있다는 것이다. 박정희 정권이 추진한 수출 중심의 고도성장정책은 물량 중심의 지표 지향적인 것으로서 국민경제의 성장과는 무관한 것으로 평가하고 있다. 즉 공업화정책은 결과적으로 대외종속형 경제체제로 바뀌었고, 민생과 직접적으로 관계가 깊은 농촌경제와 중소기업은 퇴화 및 정체의 현상을 만들었고, 계층 간의 불균형과 불평등을 더욱 확대·격화시켰고, 정경유착은 정

---

62) 中川과 隅谷 두 사람은 1970년대의 한국경제와 한·일 경제관계를 중점으로 한 논문을 지속적으로 발표했다. 대표적인 것으로는 中川信夫, "70年代の日韓經濟協力", 1970年 11月; "「日韓經濟圈」形成の政治的歸結", 1971年 11月; "日韓一體化の政治經濟學", 1971年 5月; "日本株式會社と朴政權", 1973年 4月; "日韓經濟協力の現段階", 1973年 10月; "韓國のなかの「日本株式會社」", 1974年 1月; "韓國經濟の現段階", 1974年 5月; "伏魔殿としての商業借款", 1976年 12月; "「日韓纖維戰爭」の實態をみる", 1978年 3月; 隅谷三喜男, "危機深まる韓國經濟", 1974年 10月; "追いつめられた韓國經濟", 1975年 9月; "日韓經濟關係－轉換の方向", 1975年 11月; "韓國經濟の危險な選擇", 1977年 4月.

치·사회적으로 부정과 부패를 더욱 심화시켰다고 보고 있다.

1960년대 후반 이후 1970년대에 걸쳐 급속도로 발전한 수출산업은 자본과 원료를 외국에 의존한 결과로 나타난 것일 뿐 한국의 공업력이나 자본과는 관계없이 이루어졌다고 분석하고 있다. 1970년대 한국의 정치와 경제에 대하여 강한 비판적 입장을 취해 온 스미야 교수는 수출급성장의 메커니즘을 다음과 같이 설명하고 있다.

(한국의 기업은) 기술은 물론 원재료에서부터 부품에 이르기까지 거의 모든 소재를 상대국으로부터 수입해 오고 있다. 한국은 다만 공장과 동력, 그리고 노동력을 제공하여 최종적으로 가공하여 수출하고 있다. 한국의 수출산업은 이러한 형태로 1970년대 이후 급속도로 발전했다. 이것을 간단히 말하면 외국자본을 계속 도입할 뿐 한국의 공업력과 관계없이 한국의 수출이 증대하고 있는 구조를 만들고 있다. 이것이 한국의 수출급성장의 메커니즘이고 수출증대를 촉진시킨 고도성장의 비결이다.[63]

경이적인 성장은 곧 '경이적인 외자도입'을 의미하고 있었고, 고도성장은 곧 '거액외채'를 의미하고 있었다.

수출산업 중심의 경제정책이 고도성장을 이끌었다는 것은 인정하고 있다. 그러나 자본과 기술을 전적으로 외국에 의존한 수출산업의 무리한 육성은 생산력의 체계와 기반을 정비하지 못하게 했고, 이는 결국 산업의 구조적 모순을 더욱 심화시켰다. 정부는 그동안 수출산업에는 각종의 특권과 특혜를 주어 육성·보호했으나 수출과 관계없는 중소기업은 전혀 육성하지 않고 방치해 놓았다. 외국자본과 정부의 적극적인 보호 속에서 기술과 원자재를 도입하여 급속도로 성장하는 수출산업과, 자금과 시장의 부족으로 경영과 기술이 정체된 구태의

---

63) 隅谷三喜男, "危機深まる…", p. 87.

연한 국내시장 중심의 중소기업이 병존하는 경제의 2중적 구조를 형성하게 되었다고 분석하고 있다. 국내중심의 공업—중소기업의 발전을 침체시키는 이와 같은 2중적 구조는 한편으로 수출기업이 필요로 하는 부품이나 재료를 국내에서 조달할 수 없고 외국으로부터 수입할 수밖에 없게 만들며, 이는 또한 부품공업을 더욱 침체시키는 악순환을 계속케 하고, 다른 한편으로는 국민경제에 커다란 타격을 주었다고 지적한다. 그러므로 스미야는 "외국의 자본과 기술과 원자재에 의존한 수출산업 중심의 한국경제는 성장하면 성장할수록, 수출이 증대하면 할수록 위기의 상황은 더욱 심화" 되고 있고, 한국정부가 추진한 "공업화정책의 결과는 한국경제가 자립경제의 방향으로 진전하지 못하고 오히려 매판경제, 또는 매춘경제" 로 전락하고 있다고 평가했다.

수출 중심의 공업화정책의 또 다른 결과는 농업생산의 정체현상을 가져온 점을 지적하고 있다. 공업화에 치중한 수출 중심의 성장정책은 농업생산을 무시했고, 따라서 농촌경제가 대단히 어려운 현상에 처하게 되었다. 기본적으로 농업국가이고 인구의 50% 이상이 농촌에 있음에도 불구하고 식량의 자급자족을 이루지 못하고 수입하는 기이한 현상도 무분별한 정부의 공업정책의 결과로 판단하고 있다. 나카가와가 제시하고 있는 통계에 의하면 1962-72년 사이에 수출을 위한 제조업은 연평균 18%의 고도성장을 지속했음에 반하여 농업은 3.8%에 그치고 있다. 농업경제가 이와 같이 침체하게 된 근본원인은 정부의 무관심과 생산개발을 위한 투자를 하지 않아서 생산력의 정체현상이 나타났고, 미국의 잉여농산물을 무절제하게 도입함으로써 농산물 가격이 저하되고 생산의욕을 감소시키는 결과를 가져왔다. 또한 공업화과정에서 나타난 농촌 청년의 이농현상은 농촌을 더욱 황폐화시켰다고 지적하고 있다.

한국경제를 위기로 몰고가는 또 하나의 중요한 요인으로서 정경유착에서 나타나는 부정과 부패의 현상을 지적하고 있다. 스미야 교수에 의하면 한국경제의 고도성장은 '리베이트', 증수뇌, 부정축재, 정치헌금 속에서 이루어지고 있었다. 수출산업에 가장 필요한 것은 외국으로부터의 차관을 확보하는 것이고, 이 차관선의 결정과 배당은 정치적 힘에 의해서 결정되고, 그 반대급부가 특정권력층과 집단에 집중된다는 것이다. 그러므로 한국경제가 10% 이상의 경제성장을 지속하고 있음에도 불구하고 국민경제와 서민생활에는 별다른 영향을 주지 못하고 다만 정치권력자·재벌, 그리고 일본을 비롯한 외국자본가들이 고도성장의 결과를 즐기고 있다는 것이다.

근본적·구조적 모순을 안고 있는 한국경제는 1973년 말의 오일쇼크와 1974년 이후 계속되고 있는 국제경제의 불황을 계기로 심각한 위기에 직면하고 있는 것으로 평가하고 있다. 즉 국민총생산의 75%가 수출에 의존하고 있는 한국경제는 원자재가격의 상승과 수출의 부진으로 더욱더 문제가 확대될 것으로 보고 있다. 따라서 심각한 위기에 직면한 한국경제를 타개하기 위해서는 성장정책을 근본적으로 재검토하지 않으면 안 될 시기에 도달했다고 경고하고 있다. 한국이 행해야 할 경제개혁은, 첫째 지금까지 지속해 온 양적 확대의 정책을 중단하고, 둘째 식량의 자급자족과 농가의 생활수준을 향상시키는 식량생산의 증강정책을 택하며, 셋째 국내 중심의 중·소공업의 육성을 촉진시키고, 넷째 부정과 부패의 제거, 그리고 다섯째로 국방비의 축소를 제시하고 있다. 그러나 스미야 교수는 두 가지 이유 때문에 경제정책의 개혁과 방향전환이 어려울 것으로 판단하고 있다. 즉 첫째는 지금까지 지속해 온 성장정책에 대한 수정은 고도성장을 이끌어온 정치지도층의 책임문제와 연결되고 이것은 곧 반정부운동으로 발전될 수 있는 위험부담이 있기 때문에 방향전환이 어려울 것으로 보고 있다. 또 다른 이유는 지금까지 정치적 목적으로 강조해 온 북의 위협에 대항하기 위해서는 경제적 우위를 지속해야 한다는 논리 때문에 기존의 정책을 고수할 것으로 보고 있다. 그러므로 내용은 어찌되었든 고도성장을 지향하는 한국경제는 머지않아 파국에 도달할 것으로 예측하였다.

2. 북한관

1970년대의 북한을 보는 『세카이』의 진보적 지식인들의 시각은 1950년대나 1960년대보다 훨씬 더 긍정적·찬양적이다.

1970대의 남한은 정치적으로 불안정하며, 경제적으로 파탄의 벼랑에 이르고, 사회적으로 혼란한 것으로 평가하고 있음에 반하여, 북한은 정의롭고, 안정적이고, 활력이 넘쳐흐르고, 통일지향적이고, 밝은 미래를 약속하고 있는 '지상의 낙원'으로 묘사하고 있다. 특히 1973년 김대중사건을 계기로 한·일 간의 미묘한 분위기가 조성되면서 『세카이』는 북한에 대한 옹호·선전으로 일관하고 있다. 1970년대에는 『세카이』가 7번이나 "김일성 회견기"를 수록하여 김일성의 주체사상·혁명관·통일관 등을 부각시킴으로써 그를 '민족의 위대한 지도자'로 분장시키고 또한 북한의 통일노선을 적극적으로 선전하고 있다.

『세카이』에 나타난 북한에 관한 기사에는 그 어느 것 하나 부정적이고 어두운 것이 없다. 1970년대 북한을 방문한 일본인들의 눈에 비친 북한사회는 눈부신 발전을 이룩하고 있었고, 정치·경제·사회의 모든 부분이 안정되어 있었다. 평양을 방문한 정치인·교수·언론인·노동지도자 등 모두가 하나같이 북한의 발전을 극찬하고 있다.

『세카이』에 나타난 최초의 "김일성 회견기"에서 도쿄도 지사인 미노베 료기치(美濃部亮吉)는 북한을 사회주의국가 건설의 상징으로 추대하고 있다. 북한이 이룩한 '신속한 사회주의 건설'과 이를 가능케 한 '김일성의 영도력'을 높이 찬양하고 있는 미노베는 "자본주의와 사회주의의 경쟁에서 평양의 현상만 보아도 그 결론은 명확하다. 자본주의가 졌다는 것이 현실로 나타났다"라고 지적하고 있다. 자본주의와의 경쟁에서 북한이 승리할 수 있는 것은 "김일성을 중심으로 한 사회관계의 확립", "정치에 대한 국민의 신뢰", "김일성 수상에 대한 신뢰감" 그리고 "청소년과 김일성 수상과의 일체감" 때문인 것으로 평가하고 있다. 미노베는 김일성체제의 북한이 이상적인 국가로

발전할 것을 믿어 의심치 않고 있다.[64]

3년 만에 다시 평양을 방문한 일조협회(日朝協會) 사무국장인 도카사 후미오(唐笠文男)는 북한의 발전상을 보고 "깊은 감명과 커다란 감동을 받았다"고 강조하고 있고, 1년 만에 다시 방문한 『아사이신문』의 미야타 히로토(宮田浩人)에 의하면 북한은 말이나 글로 표현하기 어렵게 신속하게 발전하고 있었다.[65]

여러 면에 있어서 문자 그대로 천리를 달리는 천마(天馬)의 기세로 발전하고 있었다. 작년의 평양은 이미 오늘의 평양이 아니었고, 오늘의 평양은 또한 내일의 평양이 아니다. 조선민주주의인민공화국을 말할 때에는 몇 년 몇 월 며칠의 시점인가를 명시하지 않으면 알 수 없을 정도로 각 방면이 신속하게 발전하고 있었다. … 세계에서 유례를 찾아볼 수 없는 빠른 속도로 발전된 사회주의 국가로 그 모습을 달리하고 있다(p. 109).

연 14%의 고도경제성장을 지속하고 있는 북한의 경제발전은 '독창적인 노선'을 지니고 있다는 것이다. 즉 남한과는 달리 북한은 중공업을 선두로 해서 경공업과 농업을 동시에 발전시킴으로써 자립적 민족경제의 토대를 확립했다는 것이다. 1975년 가을 약 보름 간 북한 사회를 돌아보고 귀국하여 북한의 경제발전에 관하여 4편의 논문을 연속적으로 발표한 와세다대학의 니시카와 준(西川潤)에 의하면 "북조선의 경제적·사회적 발전은 인류역사상 찾아볼 수 없는 하나의 기적"이고, 이 기적은 "김일성 주석의 위대한 지도력과 조선민중의 정열이 합친 초인적이고, 서사시적 노력"의 결과라고 극찬하고 있다.[66]

1970년대 『세카이』의 편집장을 역임하면서 잡지의 논조에 중대한

---

64) 美濃部亮吉, "金日成首相會見記", 1972年 2月.
65) 宮田好人, "平壤再訪―1972年秋", 1972年 12月.
66) 西川潤, "北朝鮮の經濟發展 I-IV", 1976年 2-4月, 6月.

영향을 미쳤고, 세 번의 김일성과의 단독회견을 가졌던 야스에 료스케(安江良介)에 의하면 북한의 발전은 "단순한 경제적 발전만을 뜻하는 것이 아니라 인간문제를 포함한 발전"이라는 것이다. 야스에의 방문기록에 의하면 북한은 한마디로 표현해서 불안과 불편이 존재하지 않는 '지상의 낙원'이었다. 평양은 전체의 25%가 녹지인 전원도시였다. 공해를 막기 위하여 평양시 전체를 집중난방시스템으로 개조했고, 공해와 무질서를 방지하기 위하여 주변에 위성도시를 건설하고 있었다. 도시 전체의 구조가 시민생활 중심주의로 계획되어 있었다. 시내는 2층 이상이 주택이고, 한 블록 가운데 탁아소·유치원·집회장·진료소 및 작은 공원이 있는 하나의 독립된 생활권·행정권으로 꾸며져 편리한 구조로 되어 있다는 것이다.

평양을 벗어나면 아름다운 농촌이 전개되는데, 녹화사업을 철저히 하여 어디를 가나 산림이 우거졌고, 관개사업을 대대적으로 실시하여 저수지가 많아 아무리 가물어도 농업에 지장이 없었다. 협동농장은 100% 달성되어 완전한 사회주의화를 성취했고, 농업활동도 완전히 기계화되어 풍요롭기 이를 데 없었다. 어디를 가나 노동자가 휴가를 즐길 수 있는 휴양소와 소년야영소가 있었다.

이러한 환경 속에서 살고 있는 인민들의 생활은 풍족하고 안락한 것이었다. 중앙난방시설이 되어 있는 고급 아파트, 값이 싸고 풍족한 소비재, 완전한 의료시설과 충분한 의료진이 제공되는 완전한 무료의료제도, 3시간의 점심휴식(오후 1-4시까지 생산현장을 제외하고는 점심 휴식시간으로 즐기고 있고, 이 시간 동안 집에 돌아가 점심식사를 하거나 또는 산책을 하거나 낮잠을 잔다고 한다), 그리고 시내 주택가, 협동농장, 공장 등 그 어느 곳에도 유치원, 탁아소, 연령별 놀이터, 목욕탕, 진료소, 온수 수영장, 실내운동장이 구비되어 있었다.

특히 야스에는 북한의 교육제도와 그 내용을 높이 평가하면서 "전 인민의 인텔리화를 추진하고 있는 학습의 나라" 또는 "교육의 나라"라고 하였다. 교육의 기본이념은 '인간존중'이고, 이를 위해 '지육·

체육·덕육'을 강조하는 11년의 의무교육(유치원 1년, 소학교 4년, 고등학교 6년)은 수업료·교과서뿐만 아니라 제복·학용품까지 국가에서 공급하고 있다. 열등아에 대해서는 특별한 배려를 베풀고 있다고 한다. 즉 교사가 직접 가정을 방문하여 개인지도를 해줌으로써 부족한 부분을 보충해 단 한 사람의 낙오자가 생기는 것도 방지한다는 것이다.

교육은 단순히 학교교육으로 끝나는 것이 아니라 다시 사회교육으로 이어진다. 학교교육이 끝난 후 학생들은 연령별·그룹별로 토론과 체육활동을 하고 있고, 이러한 사회교육을 위한 훌륭한 설비가 완벽하게 갖추어져 있다는 것이다. 또한 이러한 사회교육은 집단교육을 의미하는 것이 아니라 개인의 능력을 개발하는 데 근본적 의도가 있다고 한다. 야스에에 의하면 "건강한 놀이와 공부가 일체화되어 있었고, 학생들은 교실에서 학습하는 것 이상으로 열중"하고 있다는 것이다.

또 인민경제대학을 통하여 간부의 양성과 재교육을 철저히 한다고 한다. 인민경제대학은 장래의 간부를 양성하는 한편 도의 인민위원장·부위원장, 장·차관, 국장급 등 고등간부의 재교육을 실시하고 있다. 1년에 1개월씩 합숙교육을 실시하는 이 교육의 목적은 (1)사대주의와 관료주의의 극복을 위한 주체사상의 끊임없는 재확인, (2)인간관계의 문제, 그리고 (3)기업과 행정체제를 어떻게 민주적·효율적으로 운영할 것인가를 모색하는 데 있다는 것이다.[67]

1976년 북한을 방문한 쇼가대학(創價大學)의 기도 마타이치(城戶又一)에 의하면 북한은 "사회주의사회의 완성을 위하여 그리고 공산주의사회의 실현을 위하여 도시와 농촌 모두가 열심히 학습"을 하고 있었다.[68]

북한이 이렇게 짧은 기간 동안에 "기적적인 발전을 이룩하고 인민

<hr>

67) 安江良介, "金日成首相會見記", 1972年 12月; 安江良介·岩井章, "日朝交流への課題—朝鮮民主主義人民共和國を訪ねて", 1972年 12月.

68) 城戶又一, "學習の國—ピョンヤン再訪 II", 1977年 2月.

이 안락한 생활을 할 수 있는 근본"은 자주적 혁명노선의 기초인 "김일성 수상의 주체사상"과 "김일성 수상의 현지지도" 때문인 것으로 『세카이』는 분석하고 있다. 주체사상은 북한의 존립근거이고 또한 부단한 발전의 가능성을 안고 있는 위대한 사상으로 높이 평가하고 있다. 김일성도 수차례에 걸친 인터뷰에서 주체사상을 강조하고 있다. 1973년 김일성을 만난 이와나미 서점의 상무이사인 미도리가와 토루(綠川亨)는 김일성의 주체사상을 다음과 같이 설명하고 있다.[69]

주체사상은 이미 1930년대 (김일성의) 항일무장투쟁과정에서 마르크스 · 레닌주의에 근거하여 조선민중의 해방과 혁명의 이름으로 출발하여 오늘에 이르기까지 혁명노선의 축을 이루고 있다. 처음부터 사대주의를 배척하고 극좌모험주의를 비판하며, 외국에 의존하지 않고 오직 인민에 근거함으로써 이 노선을 확대 · 강화해 왔다. 인민은 한 사람 한 사람 모두가 혁명의 주체가 되고, 힘을 배양하며, 혁명을 수행하여 사회주의국가 건설에 매진해야 한다. 뛰어난 실천적 철학요소를 내포하고 있는 것으로 생각되는 이 혁명사상은 이 나라에서는 모두가 체현화하기 위하여 노력하며 청소년으로부터 간부에 이르기까지 학습이 행해지고 있다. 생산의 형태로부터 문화의 모습에 이르기까지 각 분야에 공통되는 규범이다(p. 87).

주체사상을 바탕으로 추진되고 있는 혁명과 발전은 '김일성 수상의 현지지도'로 그 속도를 더하고 충실하게 된다는 것이다. 즉 김일성은 농업 · 공업 · 어업 · 교육의 현장, 또는 예술 · 문화 등 각 분야의 활동에 직접 나타나 지휘한다는 것이다. 작게는 협동주택이나 탁아소에서 크게는 거대한 공장이나 김일성종합대학에 이르기까지 먼저 김일성의 '현지지도'에 의해서 시기 · 조건 등을 상정한 모델을 만들고

---

69) 綠川亨, "「會見記」に關連して", 1973年 11月.

그것을 견본으로 하여 확대해 나간다는 것이다. 따라서 모든 활동의 기본은 김일성이 직접 진두에서 지휘한다는 것이고, 김일성은 모르는 것이 없고 불가능이 없는 전지전능한 존재였다.

오늘 조선민주주의인민공화국에서 무엇이든지 김일성 주석을 빼놓고서는 아무것도 논할 수 없다. 그 정도로 모든 부분에서 한 사람의 지도자가 필요하다. 정치·경제·사회에서부터 외교는 물론 공업·농업·수산·식목·도시계획·예술·교육 등 나열하면 끝이 없을 정도로 주석의 지도에 의하여 추진되고 있다.[70]

야스에에 의하면 전문가나 현장지도자와 끊임없이 대화하고 있는 김일성은 "전문가들이 알지 못하고 있는 것까지 잘 알고 있는 보기 드문 지도자"였다.

일본지식인들의 북한 방문기나 김일성과의 회견기를 읽고 있으면 일본지식인들의 눈에 비친 1970년대의 북한(평양)은 그들이 묘사하고 있는 것과 같은 지상의 낙원이었을까? 정말 그들은 북한이 남한보다 더 인간다운 삶을 누릴 수 있는 곳이라고 생각했을까? 참으로 그들은 김일성의 주체사상과 현지지도로 국가발전이 이루어질 수 있다고 믿었을까? 왜 북한을 유토피아(utopia)로 상정했을까? 하는 문제에 대한 의문이 제기된다. 『세카이』는 결국 북조선의 선전잡지이고 김일성사상의 홍보지와 같은 역할을 했다. 또한 남한의 정치적 혼란을 기대하고 있는 김일성의 하수인적 기능을 했다고 평가하는 것은 지나친 것일까?

3. 한반도정책의 전환

1970년대에는 한반도를 둘러싸고 있는 주변정세와 한·일 사이에

---

70) 城戸又一, "淸潔な都市―ピョンヤン再訪 III", 1977年 3月, p. 224.

직·간접으로 영향을 미칠 수 있는 사건들이 많이 일어났다. 7·4남
북공동성명, 문세광사건, 김대중 납치사건, 인도차이나반도의 공산
화, 미중·일중 관계 개선 등의 사태진전은 일본 대외정책의 재검토
를 요구케 했다. "조선문제가 일본이 당면한 최대의 과제"로 인식하
고 있던『세카이』와『세카이』에 투고한 많은 진보적 지식인들은 한국
에 대한 비판적 입장을 강화하는 한편, 한반도정책을 근본적으로 재
검토할 것과 정책의 대전환을 촉구했다.

　일본이 택하고 있는 한국 및 북한에 대한 정책을 근본적으로 다시
검토·수정해야 한다는 발상은 지금까지 지속되어 온 일본과 남북한
과의 관계가 '비정상적'이라는 전제에서 시작된다. 북한과 아직까지
적대관계를 지속하고 있는 것은 물론 비정상적이지만, 남한과의 관계
도 비정상적이라는 것이다. 물론 1965년 한일조약 체결의 결과로
한·일관계가 법률적으로는 정상화되었다는 것을 인정하고 있다. 그
러나 '기묘한 외교'로 불리는 한일조약은 일본·북한의 적대관계를
강화했고, 일본·남한의 관계도 국민적 차원에서는 비정상화를 더욱
심화시켰다고 평가한다. 국교정상화 이후 전개된 한·일관계는 무샤
코지 긴히테(武者小路公秀) 교수에 의하면 "현상고착적인 대세영합
주의"였고, 도쿄대학의 후쿠다 칸이치(福田歡一) 교수에 의하면 "통
일에의 철저한 배반"이었고,『마이니치』의 아라이(新井寶雄) 편집위
원에 의하면 "경제적 종속국가로 전락"시키는 결과를 가져왔다. 한일
조약은 처음부터 잘못된 것이고, 따라서 일본은 한반도정책의 재검토
와 수정이 불가피한 것으로 보고 있다.[71]

　그러나 한국에 대한 일본의 정책전환을 본격적으로 촉구하게 된 중
요한 계기는 김대중 납치사건이다. 1973년 8월 당시 일본에 체류하고
있던 김대중이 한국기관원에 의하여 납치된 이 사건을 계기로『세카
이』는 박정희 정권의 정통성을 전면으로 부정하고 타도의 대상으로

---

71) 新井寶雄, "朝鮮政策の轉換を求める", 1971年 10月.

간주하게 되며, 보다 적극적인 친북한 노선으로 급선회하게 된다.

『세카이』에 투고하고 있는 진보적 지식인들은 김대중 납치사건은 "박정희에 의한 김대중의 인권의 침해"이고 동시에 "한국공권력에 의한 일본주권의 침해"로 규정하고 있다.[72] 국가주권이 침해당한 것에 대해서는 물론이지만 일본영토 안에서 나타난 인권의 침해에 대해서도 일본정부는 이를 해결해야 할 중요한 책임을 지고 있다고 제기한다. 『아사히신문』의 논설고문인 모리 쿄조(森恭三)는 인권침해에 대한 정부의 책임을 다음과 같이 지적하고 있다.

… 지금 문제가 되고 있는 것은 우리나라에서 중대한 인권침해가 일어났다는 사실이다. 만일 직접적 피해자가 일본인이 아니라는 이유로 이 문제를 가볍게 처리한다면 재앙은 머지않아 반드시 일본인의 것이 될 것이다. 외국인이 우리나라에 체류할 때 일본국민과 같은 완전한 권리를 누릴 수는 없으나 최소한의 인권옹호는 우리나라의 의무일 수밖에 없다(p. 22).

즉 일본정부가 적절한 대응책을 취할 것을 촉구하고 있는바, 인권의 침해를 해결하기 위해서는 만족한 조치는 아니지만 일본정부는 어떻게 해서든지 김대중이 다시 일본으로 돌아오도록, 즉 납치 이전의 상태로 원상회복시킬 것을 요구하고 있다. 그리고 주권의 침해에 대한 한국정부 책임의 해제는 "진사(陳謝), 관계기관의 국외퇴거, 재발방지의 보장, 그리고 책임자의 처분"을 실현함으로써 가능한 것으로 보았다. 이러한 두 가지 조치는 최소한의 것으로서 일본이 반드시 실

---

72) 진보적 지식인들은 주권침해라는 논리를 거듭 강조하고 있다. 예컨대 石本泰雄, "日韓關係における國家主權", 1973年 10月; 森恭三, "日韓における眞の連帶を", 1973年 11月; "眞の解決と日本の責任", 1973年 12月; 今津弘, "日本外交の體質と軌跡", 1973年 11月; 田畑茂二郎, "金大中氏事件の法理論", 1974年 1月; "共同報告—日本の對朝鮮政策の轉換を", 1978年 11月.

현시켜야 할 권리이며 또한 의무라고 강조했다.

  그러나 이러한 조치가 한·일관계를 근본적으로 해결할 수 있는 것으로 보지는 않았다. 왜냐하면 김대중사건으로 구체화되었으나, 이러한 현상은 결코 우연히 발생된 것이 아니라 1965년 이후 지속된 비정상적 관계의 축적으로 나타난 필연의 결과로 인식하고 있다. 즉 김대중사건은 일본의 '조선분단 고정화정책'과 한국과 일본 사이에 진행된 정치·경제·군사·문화의 "추악한 유착" 또는 "검은 일체화"의 틀 속에서 발생된 것으로 인식하고 있다. 따라서 보다 근본적인 해결은 비정상적 관계를 청산하고 새로운 관계를 정립할 수 있는 정책의 대전환이 필요했다.

  『세카이』에 의하면 1965년 이후 지속된 한·일관계는 한국 내의 국민적 반일감정을 고조시키고 있었고, 한반도의 평화적 통일과 동북아시아의 안정에 장애가 되고 있으며, 또한 전후 일본이 추구해야 할 평화적 역할에 배치되는 비정상적인 것이었다. 김대중사건은 이 비정상적 관계를 보다 극명하게 드러낸 사건이었다. 한반도정책의 근본적인 재검토와 새로운 선택을 촉구하고 있다. 더욱이 월남의 패망, 미국과 중국의 관계개선 등 1970년대에 나타난 새로운 국제환경은 일본으로 하여금 방향전환을 불가피하게 만들고 있다는 것이다. 즉 한일조약은 동아시아의 냉전구조 속에서 이루어진 것인데 미국과 중국의 관계개선으로 이 구조가 근본적으로 바뀌었고, 따라서 한·일관계도 새로운 조정이 필요하다는 것이다. 1978년 11월 츠루미 슌스케(鶴見俊輔)를 위시한 21명이 공동으로 집필한 보고서는 다음과 같은 구체적인 정책전환을 제시하고 있다.[73]

---

73) "共同報告―日本の對朝鮮政策の轉換を", 1978. 11; 이외에 평론가 小幡操는 한반도에 남북통일을 촉진시키기 위하여 'UN군을 철수'시키고, 보다 합리적인 '김일성의 연방안을 기초로 논의할 것'을 제시하고 "朝鮮統一―と日本外交の再出發", 1973. 9, 宇都宮은 일본은 미국과 협력하여 한국에 자유민주주의를 회복토록 압력을 가할 것을 제시하고 있다. "ベトナム …".

1. 일본정부는 일·한관계의 비정상을 인정하고 그 개선의 노력을 명확히 할 것.
2. 정부는 김대중씨사건과 그와 관련된 기록을 위시하여 일·한관계의 현상에 관하여 조사보고서를 국회에 제출할 것.
3. 국회는 일·한관계 소위원회를 설치하고 정부의 보고서심의 및 독자적 조사활동을 진행할 것.
4. 정부는 북조선과의 관계개선을 위한 교섭을 시작할 것.
5. 정부는 북조선과의 민간어업협정을 보장할 것.
6. 정부는 북조선과의 호혜평등의 경제관계를 구축·확대하고 냉전구조에서 벗어나기 위하여 경제적 기반을 만들 것.
7. 재일 한국인·조선인에 대한 처우개선을 적극적으로 추진할 것.
8. 정부는 유엔을 위시하여 모든 국제회의에서 남·북 그 어느 쪽도 지지하지 말고 중립적 입장을 취할 것.

그러나 정부가 방향전환을 위한 이와 같은 조치를 취할 것이라는 데 대해서는 회의적이다. 더욱이 북한과의 관계정상화, 또는 한·일 경제협력의 재조정과 같은 사안은 한국과 일본 사이의 특수한 관계 때문에 기대하기 어렵다고 판단하고 있다. 그럼에도 불구하고 정부가 정책의 전환을 택하도록 하기 위해서는 국민적 차원에서 압력을 가해야 한다는 것이다. 일본의 한반도정책의 성격과 정책전환을 위한 국민운동 전개의 필요성을 무샤코지 교수는 다음과 같이 설명하고 있다.

유감스럽지만 일본과 한국의 정치적·경제적 유착은 재계나 정계가 현상고정의 지속을 요구하는 강력한 이해집단과의 결탁을 진행해 나가고 있고, 관료집단이 대세영합주의를 추구하고 있으므로 더욱 강화되고 있다. 이러한 현상에 대한 강력한 압력을 가하지 않는한 근본적인 정책의 재검토는 불가능하다. 일본정치의 정체성을 탈피하고 남·북 조선에 대한 일본외교의 새로운 방향을 설정하는 것은 쉬운 일이 아니다. 그러므로 정책의 재검토와 전환을 위해서는 광범위한 국민운동을 전개할 필요가 있다. 이와 같은 국민운동이 정부와 정부 사이의 외교관계의 궤도수정뿐만 아니라 정부차원에서 진행되고 있는 정책결정에도 영향을 미치기 위해서는 힘을 구비하지 않으면 안 된다(p. 22).

인도차이나 반도의 공산화를 "베트남 인민의 승리"라고 규정하고 있는 도쿄대학의 와다 하루키(和田春樹) 교수는 일본의 국민운동은 한편으로는 "박정희체제에 저항하고 있는 한국민중과의 연대를 강화"하고, 다른 한편으로는 일본정부에 "경제협력을 중단하도록 강력히 촉구"해야 한다고 강조하고 있다.[74] 즉 일본에서 전개해야 할 국민운동은 정책전환을 위하여 정부에 국민적 압력을 가하는 것과 동시에 한국 내에서의 체제변화를 위하여 투쟁하고 있는 한국인들과 국민적 연대를 추구해야 할 두 가지 역할을 촉구하고 있다.

4. "한국으로부터의 통신"

1970년대 『세카이』가 두드러지게 특색을 나타내며 독자들에게 가장 인상적인 잡지로 부각되기 시작한 것은 "한국으로부터의 통신"(이하에서 "통신"으로 약칭함)이 연재되면서부터라 하겠다. 특히 1973년 김대중사건을 계기로 한국에 대한 일본의 관심이 그 어느 때보다도 고조되었을 때 나타난 "통신"은 마치 고기가 물을 만난 것처럼 활개를 치며 대한민국 타도의 기수적 역할을 했다. TK생이라는 익명의 필자가 한국에서 기사를 보내는 형태로 연재된 이 "통신"은 전후 일

---

74) 和田春樹, "日韓連帶の思想と展望", 1975年 11月. 이러한 논리는 여러 논문에서 나타나고 있다. 예컨대 森恭三, "日韓における…", 1973年 11月; 小田實, "一本の竿を立てよう―「北」と「南」と「われわれ」", 1977年 4月; "共同報告", 1978年 11月.

본인에게 부정적인 한국상을 심어주는 데 결정적인 역할을 했고, 한국에서는 많은 유언비어의 진원지가 되었다.

1973년 5월부터 시작된 이 "통신"(1972년 11월 15일, 서울에서 보낸 것으로 되어 있음)은 다음과 같이 시작하고 있다.

지난 10월 17일(1972) 저녁부터 갑자기 실시된 계엄령하의 한국의 상황에 대하여 누구도 말할 자유를 갖지 못하고 있다. 어떤 친구가 "한국상황에 관한 보고"라는 영문서류를 보여주었다. 1주일 전쯤 어떤 외국선교사가 자기 나라로 몰래 보낸 보고서의 사본인 것 같다는 것이었다. 그는 외국인의 보고서는 객관적인 것으로서 신뢰할 수 있다고 덧붙였다. 그 내용 가운데 몇 구절을 인용하면서 나의 제1신을 쓰기로 정했다.

이렇게 시작된 "통신"은 1988년 3월까지 176회 계속된다. "통신"은 대체로 어떤 '친구', '언론인', '학생', '목사', '외국인'으로부터 들은 이야기, 반체제의 유인물과 성명의 내용, 그리고 필자인 TK생의 감상으로 구성되어 있다. 200자 원고지 1만 8천 장에 달하는 방대한 내용의 본격적이고 자세한 분석은 다음 기회로 미루고 이곳에서는 다만 개괄적인 흐름만 보기로 한다.

"통신"은 대체로 세 가지 요소를 내포하고 있다. 첫째 요소는 박정희와 그의 정권이 얼마나 비인간적·비인권적·비도덕적이고 그리고 극악무도한 정권인가 하는 것을 모든 수단과 표현을 동원해서 극대화하는 것이다. 한국은 정치·경제·사회·문화의 모든 것이 끝없이 황폐화·퇴폐화되어 가고 있는 암담하고 처참한 사회였다. 둘째 요소는 포악한 박 정권을 붕괴시키고 인간다운 사회를 다시 만들기 위해서는 결집된 민중적 저항운동을 전개하고 나가서 민중폭력혁명을 성취해야 한다는 것이다. 그리고 셋째 요소는 박 정권을 타도하기 위해서 일본의 의식 있는 사람은 한국민중과 더불어 한국과 일본에서 연대투쟁운동을 전개할 것을 강조하고 있다.

"통신"의 TK생이 거듭거듭 강조해서 서술해 나가고 있는 것은 박정희와 그를 떠받들고 있는 지배집단의 부도덕성과 비인간성이라 하겠다. 박정희를 '악의 상징'으로 설정해 놓고 그를 매도할 수 있는 모든 단어를 동원하고 있다. "통신"에 의하면 박정희는 '악성피해망상증환자', '미친 놈'(狂人), '짐승', 그리고 '미친개'(狂犬)였다. 그리고 그가 이끌고 있는 한국은 '거대한 정치감옥', '겨울공화국', '병영국가', '광인국가'였고, 박정희 자신은 독재자로 불릴 자격도 없는 야비한 인간이었다. TK생에 의하면 독재자에게는 "무엇인가 거대한 이미지—어리석지만 다소 영웅적인 이미지"가 있는데 박정희에게는 그것조차 없다는 것이다. 또한 그는 "왜소하고 비열하며 그리고 악한 일을 뒤에 숨어서 몰래 저지르는 인물"이기 때문에 독재자가 될 수도 없다는 것이다(1976. 6). 문세광의 총에 맞은 육영수의 죽음도 "악인인 남편을 대신"한 것이었다(1974. 11). 박정희라는 인물은 항상 "배신하는 사람, 숨어서 악을 행하는 사람, 국민에게 등을 돌리는 사람, 그리고 정권 유지를 위해서는 무슨 짓이라도 하는 사람"이었다(1974. 8). "통신"에 의하면 그는 국민을 '적'으로 삼고 있기 때문에 그의 통치방법도 항상 무자비하고 전쟁을 하듯 기습적이었다(1978. 11). 박정희가 "민중을 잠재적인 적"으로 간주하고 있기 때문에 그를 떠받들고 있는 지배계층 또한 국민을 "위로부터의 사리에 맞지 않는 엉뚱한 지시로 인하여 쌓인 스트레스를 해소하는 대상으로 생각하고 있고 또한 수탈의 대상"으로 삼고 있다는 것이다(1979. 9). TK생은 지배계층의 중추집단의 성격을 다음과 같이 설명하고 있다.

대통령 관저인 청와대에 정권안보를 위한 협의회가 열렸다. CIA부장, 검찰총장, 대통령경호실장, 보안사령관, 내무부장관이 박정희 주재 아래 모였다. 이곳에서 '적이다, 부셔라'라는 지령이 내리면 그들은 수단과 방법을 가리지 않는다. 그들은 폭력의 권화(權化)였다. 개인적으로 볼 때 비열하기 이를 데 없고 부패한 인간집단이다. 그들은 권력과 돈과 향락에 저항하는 것은 무엇이든지 박멸해야 할 적이라고 생각한다. 그들과 개인적으로 접촉해 본 정상적인 인간은 누구나 그 비열한 말투에 눈살을 찌푸리지 않을 수 없다. 이러한 인간들 때문에 한국의 비참함은 끝없이 계속된다(1979. 11).

"통신"은 야당과 야당을 이끌고 있는 지도자들을 신랄하게 비판하고 있다. TK생에 의하면 신민당이나 민주통일당과 같은 야당은 박 정권을 무너뜨리기 위하여 투쟁하기보다는 박 정권이 더욱 공고해질 수 있도록 협조하고 있다는 것이다. 유진산시대의 신민당은 "민중을 기만하고 있는 야당이라는 이름의 여당"이고(1973. 11), 이철승시대에는 막후에서 CIA와 협력하여 실질적으로 정부의 정책을 지원하고 있었다. 1979년 김영삼이 신민당 총재로 선임된 후 그를 중심으로 한 야당의 투쟁에 관하여 약간 평가했다. 그러나 김영삼이 1975년 5월 박정희와 단독으로 만나 박 대통령으로부터 "야당 당수의 자리를 영구히 보장"한다는 확약과, 정권을 이양할 경우에는 "절대로 김대중에게 넘기지 않고 김영삼에게 넘긴다"는 약속을 받고, 그대신 박정희체제를 지지해 주었다고 김영삼의 투쟁의 허구성을 비난했다(1975. 11). 야당은 국민이 희망을 걸 집단이 못 되었다.

부패한 것은 관료·야당뿐만 아니라 군인집단도 마찬가지라고 단정하고 있다. 박정희는 쿠데타를 가능케 할 수 있는 원천인 군부를 CIA로 하여금 은밀히 감시하는 한편, 군부가 반란을 일으킬 수 있는 마음을 품지 못하게 적당히 '부패'하게 만들고 있다는 것이다. 박정희가 정의롭고 양심적인 군인은 다 몰아내고 그들을 부패하게 만들고 있는 것은 "박정희적 부패에 빠지게 되면 공범자가 되고 박 정권의 운명에 목을 걸지 않을 수 없다는 발상"에서부터 나온 것이라고 TK생은 쓰고 있다(1974. 8).

언론과 지식인 사회도 부패하기는 마찬가지였다. 어느 해직교수를 통하여 TK생은 "오늘의 교육은 권력에 복종하고 사리사욕을 위하여 진리도 체면도 헌신짝처럼 버리고 파렴치한을 생산하는 공장"이고 (1979. 11), 언론은 "정부와 더불어 북의 위협을 강조하여 민중을 불안하게 하는 것 이외에는 아무것도 없다"고 강조하고 있다(1975. 9). TK생에 의하면 박 정권은 권력유지와 강압적 통치를 지속하기 위하여 국민정신의 철저한 퇴폐와 자신과 같이 부도덕해지도록 국민훈련까지 전개하고 있었다. 1970년대 한국사회에서 진행된 새마을운동을 국민의 혼을 빼기 위하여 계획된 '혼빼기작전'이라고 규정하고, 그 결과 대학의 혼은 이미 빼앗겼고, 국회의 혼과 기능은 완전히 잃어버렸으며, 종교의 혼을 빼앗기 위하여 마지막 노력을 경주하고 있다는 것이다(1974. 10).

대다수의 국민은 생활고에 허덕이고 있었다. TK생은 오일쇼크 이후 한국의 생활고와 이로 인한 민중혁명의 가능성을 다음과 같이 쓰고 있다.

석유위기는 정말로 심각하다. 차가운 방에서 잠을 자야 한다는 것은 정말로 참을 수 없다. 연탄을 사기가 어렵다. 주부들이 데모를 하기에 이르렀다. 기차와 버스가 운행을 중단하는 사태도 일어났고, 수출산업이 아닌 중소기업이 문을 닫는 지경이다. 정부는 신문이 석유위기와 물가에 자극하는 보도를 금지하고 있다. 학생데모 때문이 아니라 생활고 때문에 봄이 오기 전에 생각지도 않았던 사태가 일어날지 모른다고 말하고들 있다. 만일의 사태가 벌어지면 정부는 더 심한 탄압의 구실을 찾게 될지도 모른다. 그러나 그러한 사태에 학생의 데모가 합류하게 되면 박 정권은 종말을 맞이하게 될 것이다(1974. 2).

국민과 정부를 적대관계로 설정하고 있는 TK생은 국민과 국민 사이를 또한 적대관계로 규정하고 있다. 봉건귀족과 같은 가진 자와 착취를 당하고 있는 못 가진 자의 갈등과 증오, 그리고 생활고의 불만은 결국 혁명으로 이어질 수밖에 없다는 것을 "어떤 친구"의 입을 통하여 TK생은 다음과 같이 쓰고 있다.

정말 광적인 시대다. 어쨌든 뛰지 않으면 불안한 사회다. 복부인이 한국경제를 좌우하고 있다. 호화 아파트에는 24시간 수돗물이 넘쳐흐르고 있다. 서민의 집에는 쫄쫄 나온다. 서민은 어떤 호화 아파트가 물을 낭비하기 때문이라는 것을 알고 있다. 폭력으로 누르고 있기 때문에 평화로운 것처럼 보일 뿐이다. 실은 혁명전야와 같다. … 모두가 입을 다물고 있지만 혁명적 상황이 나타나기를 희망하고 있다(1978. 11).

한국의 언론은 이미 진실에 대하여 침묵을 지킬 수 있도록 잘 길들여져 있다고 보고 있다. 한국의 언론뿐만 아니라 한국 내 정치상황과 인권문제에 대하여서는 군사적으로 지원하고 있는 미국언론과 경제적 유착관계에 있는 일본언론도 침묵을 지키고 있다는 것이다. 그렇기 때문에 "구속되었다가 석방된 한 사람"의 입을 통하여 TK생은 "국내사정을 알기 위하여 북의 방송을 들을 수밖에 없다"고 쓰고 있다(1979. 12). 민중혁명을 선동하고 있는 북한의 대남방송을 남한의 상황을 이해하고 판단하는 준거로 삼고 있다. "통신"은 여러 곳에서 북의 정권이 남의 정권보다 정의롭고 인간적이며 우월하다는 것을 강조하고 있다. TK생은 북으로부터의 전쟁은 있을 수 없다고 믿고 있으나 "북의 전면적 공격도 박정희의 부패한 파시즘의 그늘로부터 해방될 수 있기 때문에 찬양받을 수 있다"는 북의 남침을 고무하고 정당화했다(1975. 7). 그리고 월남의 패배과정이 실질적으로는 한국에서도 진행되고 있다고 판단하고 한반도의 공산화까지를 예견하고 있다(1975. 9).

또 박정희의 권력을 강화하는 반공의 논리와 구조, 미국과 일본의 지원, 그리고 그 벽을 깨지 못하고 있는 한국 지식인의 나약함이 비극적 상황을 계속시키고 있다는 것이다. TK생은 '어떤 언론인 선배'의 입을 통하여 다음과 같이 말하고 있다.

한국인이 지니고 있는 반공 알레르기가 항상 박 정권에 대한 전의 (戰意)를 둔화시키고 있다. 북은 그 반공의식을 자극하고 있다. 박 정권은 그 덕택에 전시라고 거짓강조를 강화하고 있다. 그뿐이 아니다. 미국과 일본까지도 같은 알레르기 반응을 보이고 있다. 박 정권 이 무엇을 하더라도 돕지 않을 수 없게 됐다. 파시즘과 공산주의라면 오히려 공산주의를 선택한다는 서구의 자유주의자와 같지 못하다는 데 한국 지식인의 불행이 있다(1975. 9).

한국을 파시즘체제로 규정하고, 지식인들로 하여금 공산주의를 선택할 것을 촉구하고 있다. 북한의 김일성 정권에서 볼 때 "통신"은 외국에서 북한의 노선을 적극적으로 지원하고 있는 '믿음직한 전우'가 아닐 수 없다.

"통신"에 묘사되고 있는 한국의 모습은 참담하기 그지없고 끝없이 황폐해 가고 있었다. '악의 화신'인 박정희와 CIA의 억압과 통제 밑에서 신음하고 착취당하고 있는 한국인에게는 아무런 희망도 없었다. 오직 희망이 있다면 반체제의 '영웅적 투쟁'으로 박정희체제가 붕괴되기를 기다리는 것뿐이다. TK생이라는 익명의 필자가 그리고 있는 한국과 한국인은 이 지구상에서 가장 낙후되고, 야만적이며, 짐승과 같은 인생을 살고 있는 곳이었다.

진보적 지식인들이 거듭 주장하고 있는 한국의 민주화 · 인권보호 등에 "통신"이 얼마나 기여했는지 측정할 길이 없다. 그러나 분명한 것은 "통신"이 두 가지 중대한 기능을 했다는 것이다. 하나는 많은 지식인들이 "통신"에 비쳐진 한국의 모습을 통하여 자기안심과 위로받는, 즉 카타르시스의 기능이다. 일본인, 특히 일본 지식인들에게는 한국이라는 '특수한' 나라는 항상 열등하고, 후진적이며, 혼란한 상태에 머물러 있을 때 비로소 안심하고 위로를 받는 심정을 심층에 지니고 있다. 아무리 발버둥쳐도 한국인은 별 수 없고 또 별 수 없어야 한다는 인식이 지식인들의 밑바탕에 깔려 있다. 그럼으로써 일본은 비로소 한국을 개화시키고 바로잡아주어야 할 사명과 역할이 있고, 지도자 또는 인도자로서의 지위를 구축할 수 있다고 생각하고 있다. 이러한 인식은 19세기 말 후쿠자와 유키치(福澤諭吉)를 위시한 대다수의 지식인들이 가지고 있던 한국관에도 잘 나타나고 있다. "통신"에 나타난 한국의 모습은 지식인들로 하여금 안심하고 또한 지난날 식민통치의 죄악을 위장하는 자기 기만적인 역할을 모색하도록 하기에 충분했다.

"통신"의 또 다른 기능은 일본인에게 한국이 얼마나 참담하고 암울한 것인가 하는 부정적 이미지를 심어주었다. 『세카이』가 한·일 두 나라 사이의 국민적 화합, 국민적 이해, 또는 국민적 연대를 강조하고 있으나 실질적으로는, 의식적이든 또는 무의식적이든 일본독자들에게 한국에 대한 이질감을 더욱 심화시켰다. "통신"에 나타난 한국사회는 부도덕·불의·부조리로 뭉쳐 있는 모순의 집단이었고, 국민과 지배계층은 투쟁적·대결적 관계였으며, 지배의 방법은 법치가 아니라 강압·투옥·고문 그리고 살상이었다. 일본인, 특히 새로운 세대에 비쳐진 한국은 결코 선린과 연대의 대상이 될 수 없었다. 한국에 대한 어두운 이미지는 독자들이 편집자에게 보낸 편지에 잘 나타나 있다. "통신"을 읽은 21세의 한 학생은 "흰 것은 희다"는 "자명한 진리를 말하기 위해서는 생명을 걸어야 하는 것"으로 한국의 현상을 인식하고 있었다(1975. 8). 20대 후반의 한 회사원은 박 정권은 "남조선 인민의 투쟁에 미증유의 파쇼적 탄압을 가하고 있다"고 비판하면서 한국의 이러한 현상에 대하여 "일본정부는 방관만 하지 말고 적극적으로 가담"할 것을 촉구하고 있다(1975. 8). 한국에서 전개된 "민중의 투쟁"에 크게 "감동"했다는 30대 중반의 한 주부는 TK생의 노력과 통신의 역할을 다음과 같이 쓰고 있다.

… (한국상황에 대한) TK생의 절망적인 코멘트와는 반대로 이 "한국으로부터의 통신"은 독자의 가슴에 커다란 자리를 차지하게 되었다. … 한국민중의 끊임없는 저항과 TK생의 끊기지 않는 "한국으로부터의 통신"을 기대해 마지 않는다. "한국으로부터의 통신"이 끝날 때는 한국에 민주화가 이루어질 것을 믿어 의심치 않는다 (1975. 4).

"통신"은 일본인들이 한국을 왜곡되게 인식하도록 하는 길잡이가 되었고, TK생은 진정한 선린과 연대를 희망하는 한국과 일본의 많은 사람들에게 커다란 죄를 범했다.

VII. 맺는 글

35년 동안(1946-79) 『세카이』를 통해서 볼 수 있는 전후 일본의 진보적 지식인의 한국관은 식민지통치 긍정론으로부터 시작하여 의식적 무관심과 반남한-친북한의 단계를 지나 남한정권 타도로 발전하고 있음을 볼 수 있다. 물론 이 기간 동안에 식민통치에 대한 진보적 지식인의 비판적 시각과 반성의 논리가 없는 것은 아니다. 그러나 그것은 어디까지나 지극히 단편적·추상적인 것에 지나지 않았다.

『세카이』에 최초로 나타난 한국에 관한 논문도 그 제목과는 달리 식민지통치의 의도와 철학을 높이 평가하고 있고, 다만 '통치기술'에 문제가 있었음을 반성하고 있을 뿐이다. 식민지통치로 인하여 한민족이 감내해야만 했던 정신적·물질적 고통과 인간적 손실에 대하여, 그리고 『세카이』가 즐겨 강조해 온 인도주의적 입장에서 진지하고 솔직한 반성과 사죄의 글은 한 편도 보이지 않고 있다. 1960년대 중반까지도 대한민국을 '남선'(南鮮), 그리고 수도 서울을 여전히 '경성'(京城)으로 표기하고 있음은 전후의 일본 지식인이 가지고 있는 한국에 대한 인식은 식민지시대의 연속임을 극명하게 드러내 준다.

『세카이』는 진리를 바탕으로 한 도의와 문화의 새 질서 창조를 표방했고, 이를 위해서 지난날에 대한 솔직한 자기반성과 비판을 강조했다. 그러나 이러한 창간의 정신도 한국에 대해서는 적용되지 않았다.

전후 상당 기간 『세카이』는 한국문제에 대하여 무관심의 태도를 취해 왔다. 그러나 그 무관심의 성격은 자연적인 것이기보다는 인위적인 색채가 더욱 짙어보인다. 물론 패전 후 일본이 직면한 국내적 상황이 외적인 것보다 내적인 것에 더 많은 관심과 주의를 기울일 수밖에 없었다. 그러나 36년 간 일본제국의 한 부분으로 간주하고 통치해 온 한반도에 대한 관심이 없을 수 없었다. 감정적으로 미묘한 성격일 뿐만 아니라 반성과 사죄 이외에 주장할 것이 없는 일본으로서는 가능한 한 이 문제를 옆으로 밀어놓고 싶었을 것이다. 1950년 한반도에서 전쟁이 일어났을 때도 『세카이』는 본질적인 문제를 떠나 주변 강대국의 정책에 초점을 맞추고 한반도의 분단과 전쟁의 책임을 미국의 극동전략과 냉전의 탓으로 돌리고 일본과는 무관한 것으로 설정하고 있다. 한반도 분단의 원죄가 식민지통치에서부터 나타나고 있다는 사실을 의식적 무관심으로 위장하고 있다.

이승만시대의 성격을 규정하는 특징의 하나는 강력한 배일정책이었다. 이 박사의 이러한 배일정책은 국민들 사이에 형성된 공감대 위에서 이루어졌고, 국민적 지지를 받고 있었다. 그러나 『세카이』는 한국 내의 상황과 국민적 감정을 인정하려고 하지 않았다. 이승만 정권은 국민의 불만을 밖으로 돌리고 독재체제의 연장을 위한 수단으로서 배일정책을 택하고 있다고 비난하였다.

남한에서의 강력한 반일 분위기와 정부의 배일정책에 직면한 진보적 지식인들은 점차 북한으로 편향하는 태도를 보였다. 뿐만 아니라 한반도에서 남과 북의 대결적 구도를 설정해 놓고 남한에 대한 비판적 시각에 반하여 북한에 대한 긍정적·후원적 입장을 취했다. 특히 1958년 재일교포의 북송문제가 한국과 일본 사이에 중대한 문제로 등장했을 때 『세카이』는 북한의 입장을 대변하면서 인권과 인도주의를 내세워 북송을 강력히 지지하고 나섰다. 그러나 오늘 재일교포의 북송은 『세카이』의 당시 주장과 달리 인도주의라는 이름 아래 진행된 가장 비인도주의적인 처사였고, 북송된 교포들은 그후 가장 폐쇄된 사회에서 비참하고 불행한 삶을 살고 있다는 것이 입증되었다.

1950년대 말기부터 형성된 진보적 지식인의 반남한-친북한의 시각은 1960년대에 들어서면서부터 명확하고 확고하게 드러내고 있다. 남한은 정치적으로 불안하고 경제적으로 파국에 도달했고 사회적으로 혼란하며 반통일적·사대적·비인도적 체제로 그리고 있다. 이에 반하여 북한은 정의롭고, 안정적이며, 통일지향적이고 밝은 미래를 약속하고 있는 지상의 낙원으로 묘사하고 있다.

『세카이』에 글을 쓰고 있는 지식인들은 진실로 북한이 남한보다 더욱 인도적이고 인권이 보장되어 있으며 인간적인 삶을 누릴 수 있는 환경이 마련되어 있다고 믿었을까? 과연 그들이 묘사하고 있는 것과 같이 남한은 암담하고 희망이 없는 곳이며, 북한은 무한한 가능성과 희망을 품을 수 있는 사회로 믿었을까? 정말 그렇게 믿었다면 그것은 역사인식에 대한 오류였고, 그렇지 않았다면 그것은 지식인의 교활한 자기기만이었다.

'반남한-친북한'이라는 『세카이』의 기본논조는 1970년, 특히 김대중 납치사건 이후에는 '남한정부 타도'를 공개적으로 선언하고 일본의 각계각층이 남한의 반체제집단과 연대할 것을 표방하고 나섰다. 1970년대의 『세카이』는 마치 남한을 비판하고 북한을 찬양하기 위하여 만들어진 잡지로 착각할 만큼 한국에 관한 기사가 주류를 이루고 있다. 정기간행물 역사상 하나의 특정잡지가 이와 같이 장기간 특정한 주권독립국가의 정통성을 전면적으로 부정하며 그 권위에 도전한 유례를 찾아보기 힘들 것이다.

한국정치사에서 1970년대는 명암이 교차하는 시대였다. 박정희체제의 장기집권과 유신으로 불리는 강력한 통치구조와 이에 대한 강한 국민적 저항은 통치 및 사회적 갈등을 심화시켰고 정치불신을 조장했다. 그러나 아이러니컬하게도 독재로 불렸던 이 시대에 경이로운 경제성장을 이룩할 수 있었고, 또한 이 시대는 후진국 대열에서 벗어나 선진대열의 문턱에 도달할 수 있었던 역사의 도약기이며, 성장의 전환기였음을 또한 부인할 수 없다.[75] 이러한 성장과 도약은 남한체제를 구성하고 있는 모두의 노력의 결과였다.

그러나 『세카이』는 이것을 인정치 않고 있다. 성장도 허구였고 도약도 거짓이라고 주장하고 있다. 1950년대 후반부터 남과 북의 대결구조를 정립한 것과 같이 1960년 후반부터는 남·북의 대결구조와 함께 남한 내의 사회구조를 수탈계급(지배계층)과 저항계급(국민대중)으로 이분화하고 이들 사이에 끊임없는 갈등과 투쟁관계로 설명하려하고 있다. 『세카이』는 남한정권을 타도의 대상으로 삼고, 이를 위한 연대투쟁(폭력민중혁명 포함)을 제창하고 있다.

『세카이』가 한국 내의 인권신장과 민주화에 기여하였을지는 알 수 없다. 그러나 한 가지 명확한 것은 남·북관계를 선과 악의 대결, 그리고 남한의 사회구조를 탄압과 저항의 대결적 관계로 설정한 『세카이』는 창간의 이념과 달리 '진리'라는 가면을 쓰고 남·북의 분단과 대결적 구도를 더욱 증폭시켰으며, 또한 불특정다수의 한국인의 자존심과 인권을 침해했다. 그리고 더욱 중요한 것은 일본국민들에게 부정적인 한국상을 심어주는 데 크게 공헌했고, 식민지시대를 체험하지 못한 새로운 세대의 정신 속에 일그러진 한국의 모습을 부각시키는 데 결정적인 역할을 수행했다.

---

75) 『중앙일보』, 1989. 10. 25; 『주간조선』, 1989. 10. 22; 『시사저널』, 1989. 10. 29.

【보론】

지식인의 가식

1.

1997년 11월 8일 밤 나리타(成田) 국제공항에는 15명의 할머니들이 40년 가까이 헤어져 있던 가족들과 눈물겨운 상봉이 이루어졌다. 1959년 이후 재일교포를 좇아 북한을 찾아 일본을 떠났던 '일본인 처'와 그들을 맞이한 가족들의 재회였다. 2시간이면 갈 수 있는 고향 땅을 다시 밟는 데 38년이라는 긴 세월이 걸렸다. 고향방문단이라는 이름으로 1주간의 일본 체류가 허락된 그들의 최연장자는 84세, 그리고 최연소자가 55세로서 '일본어를 기억하지 못하는 사람이 대부분' 이었다. 1959-60년대에 걸쳐 진행된 재일교포의 북송사업[1]을 당시 적극적으로 지지했던 『아사히신문』(朝日新聞)도 "(북조선을 선택한 일본인들이) 이와 같이 오랫동안 고향에 돌아올 수 없는 고통을 감내해야 할 것이라고는 그 당시 누구도 상상하지 못했다"라고 고백하면서, "소식이 두절된 대부분의 일본인 처나, 또는 같은 형태로 북한을 찾아간 일본 국적의 남성들은 경제와 식량위기 속에서 허덕이는 전체주의 국가에서 지금 어떻게 살아가고 있는가?"라고 그들의 안부를 묻고 있다.[2]

---

1) 1959년부터 1967년 사이에 본격적으로 추진된 북송사업(155차)은 1968-70년에는 잠시 중단되었다. 그리고 1971년 재개된 북송사업은 1974년까지 계속되었다.

2) 『朝日新聞』, 1997. 11. 10.

물론 당시 『세카이』(世界)도 당시 재일교포의 북송을 적극적으로 지원하고 나섰음은 두말할 필요도 없다. 생사를 확인할 수 없는 것은 물론 고향을 찾아 성묘하는 것까지 허락되지 않는 곳을 『세카이』는 "노동이 즐거운 나라"라고 찬양하며 인도주의를 내세워 약 10만 명의 재일교포와 약 7,000명의 일본인들을 가장 비인도적인 전체주의 사회에서 고통에 허덕이는 삶을 살아가도록 일본에서 몰아내는 데 기여했다. 당시 『세카이』는 재일조선인의 귀국문제는 "인도와 평화와 우호의 이름으로 제기"되었다고 강조하면서, 일본정부는 "책임지고 인도주의를 실행할 것"을 촉구했다. 그리고 한국에서 전개된 북송반대운동은 "반일감정을 유도하여 국민여론을 통일하고 이를 밖으로 돌려 정권위기를 극복하려는 이승만 정권의 술수"라고 비판했다.[3] 제1차 북송이 실현된 직후 『세카이』는 북송의 의미를 다음과 같이 높이 평가하면서 미래의 북한과 일본의 관계가 우호적으로 발전할 것을 기대했다.

　북조선에 귀환하는 재일조선인 975명을 실은 제1차 귀국선 크리리온호와 도보리스크호는 염려했던 방해도 없이 14일 니가타(新潟)항을 출발하여 16일 청진(淸津)항에 도착했다. 이는 세계의 주목을 집중시킨 '자유권으로부터 공산권에의 집단대이동'의 활기찬 첫걸음을 내디뎠다. 이번에 귀국한 사람들 가운데는 일본에서 40년 이상 생활한 사람도 있고 또한 일본에서 태어나 자란 사람들도 있다. … 이번 귀국이 실현된 것은 귀국을 희망해 온 재일조선인들에게는 더없는 커다란 즐거움이다. 조국에 돌아가는 즐거움, 조국의 건설에 참가할 수 있는 즐거움, 그리고 무엇보다도 조국을 되찾았다는 기쁨은 지금까지 일본에서 받았던 서러움과 고통을 한번에 해소할 수 있었다. … '사람은 누구나 자기가 살고 싶은 곳에서 살 수 있고, 또한 살고 싶은 곳으로 가야만 한다'라는 인도주의적 입장에서 이번의 귀국

---

3) 『世界』, 1959年 5月, pp. 50-51.

국운동을 보아야 한다. … 우리들 일본인은 귀국한 재일조선인이 평화롭고 행복한 삶을 누리기를 진심으로 기원한다. 그리고 가능한 한 일본과 조선 사이에 우호의 다리를 건설하는 데 노력해 줄 것을 기대한다.[4]

그러나 재일교포는 물론 그들과 함께 북한으로 가게 된 일본인도 고통과 억압 속에서 40년의 세월을 보내야만 했고, 북송은 결과적으로 '우호의 다리'가 아니라 고향조차 찾을 수 없는 단절과 궁핍과 억압의 삶의 시작이었다.

일본정부와 언론과 조총련이 선전한 것과 같은 "행복하고 활기찬 삶"을 누릴 수 있다는 희망과 꿈을 안고 북한으로 간 사람들의 삶은 고통과 후회의 연속이었다. 재일교포와 함께 북송된 일본인 처가 일본에 있는 자신의 부모형제에게 보낸 편지는 그들이 얼마나 어려운 생활을 감내해야만 했고, 고향에 대한 그리움이 어떠했나를 잘 설명해 주고 있다. 1967년 동생에게 보낸 편지에서 한 일본인 처는 "우동과 생선을 한 번 먹어보고 싶다"라고 쓰고 있는가 하면, 또 다른 일본인 처는 1973년 자신의 형제들에게 보내는 편지에서 "이곳에서 살아가고 있는 참모습을 이야기한다 해도 너희들이 믿을 수 없다는 것이 비극이다. 아! 정말 보고 싶고 또 보고 싶다. 날개가 있다면 지금 당장이라도 새가 되어 바다를 건너 다시(일본으로) 돌아가고 싶다"라고 북한에 온 것을 후회하고 있다. 1973년 어머니에게 보낸 편지에서 딸은 "다시 한번 어머니를 만날 수 있는 날이 오기를 매일 기도하며 그것을 가장 큰 꿈으로 삼고 살아가고 있습니다. 언제나 다시 만날 수 있을까요? 저의 가슴은 메어지는 것같이 고통스럽습니다"라고 호소하고 있다.[5]

---

4) "できるか日朝のかけ橋", 『世界』, 1960年 2月, pp. 105-109.
5) 池田文子編, 『鳥でないのが殘念です―北鮮歸還の日本人妻からの便り』(日本人妻自由往來實現運動會, 1974), pp. 9, 94, 159.

1974년 구성된 민간단체인 일본인처자유왕래실현운동회(日本人妻自由往來實現運動會)는 일본정부에게 북한으로 간 일본인 처의 안부를 확인할 수 있는 조사단을 구성하여 파견하고 그들의 자유로운 왕래가 성사될 수 있도록 조치를 취할 것을 촉구하면서 그 이유를 다음과 같이 설명하고 있다.

> 1959년부터 오늘에 이르기까지 15년간 171차에 달하는 북조선 귀환선(歸還船)에 남편을 따라 북선(北鮮)으로 간 일본인 처는 6,000명에 이르고 있다.그러나 그들의 대다수는 소식이 끊어져 그 행방을 알 수 없고, 소식을 알 수 있는 사람들은 상상을 초월한 억압된 생활과 생활필수품의 결핍으로 일본으로 돌아갈 것을 원하고 있는 비통한 모습이다. 일본에 살고 있는 우리들도 이국땅의 우리들의 딸·어머니·자매를 생각할 때 하루도 마음이 편한 날이 없다. 이것은 한 개인의 문제가 아니라 인도적으로도 묵과할 수 없는 사안이다.
>
> 마침 르완다섬의 오노다(小野田) 전 소위를 구출하기 위하여 언론이 총동원하여 여론을 환기했고, 정부는 4억 엔의 경비를 사용했다. 한 사람을 위하여 4억 엔이나 사용한다면, 정부는 6,000명에 이르는 북한에 살고 있는 난민인 일본인 처를 구출하기 위해서도 최소한의 성의를 보여야만 할 것이다. 왜냐하면 1959년 1월 당시의 외무장관인 후지야마 아이이치로(藤山愛一郎) 씨는 인도주의에 근거하여 북선귀환사업을 시작할 것을 양해했고, 2월 각의(閣議)에서 그 실무를 적십자위원회에 의뢰하여 8월에 일본적십자사와 북조선적십자사 사이에 귀환협정을 체결했기 때문이다.[6]

재일교포 북송을 "인류역사상 볼 수 없었던 큰 평화운동"이라고 찬양하면서 이를 적극적으로 지원했던 것과는 달리, 『세카이』는 15명의

---

6) 위의 책, pp. 1-2.

'일본인 처'의 일시귀국을 맞아 "일·조(日朝)의 새로운 교류의 제1 보가 이루어졌다"라고 지적하고, "일본사회의 조선인에 대한 차별과 편견 때문에 관심 밖으로 밀려나 일본인 처의 왕래가 늦어졌다"라고 간단히 보도하고 있을 뿐이다.[7] 그리고 '인도주의'의 이름으로 일본에서 내몰려 고통과 억압 속에서 살다 죽어야만 했고 지금도 살아가고 있는 많은 북송 한국인에 대해서는 침묵하고 있다. 『세카이』는 이들에 대하여 어떠한 책임감도 느끼고 있지 않는 것일까?

2.

『세카이』의 위세가 당당했던 1970년대 특파원으로서 한국의 현장을 발로 취재하며 『세카이』와 달리 사실 그대로의 한국을 일본사회에 전달하려고 노력했던 한 지한(知韓) 언론인의 기록은 우리들로 하여금 많은 것을 생각케 하고 있다. 『마이니치신문』(每日新聞)의 시게무라 토시미츠(重村智計) 특파원은 북조선의 주장과 보조를 같이했던 잡지 『세카이』와 달리 당시 한국사회의 명암과 어려움과 가능성을 균형있게 보도함으로써 한국의 실상을 일본인들에게 전달하려고 노력했다. 『세카이』의 애독자이기도 했던 그는 한국문제를 스스로 취재하면서 잡지 『세카이』가 한국문제를 "의도적 거짓(嘘)과 운동론적 입장에서 취급"한다는 것을 간파했다. 그리고 『세카이』의 허구와 정면으로 대치한 시게무라는 조총련의 최대의 적으로 간주되었고, 동시에 『세카이』로부터도 미움받은 신문기자가 되었다. 그의 회상에 귀를 기울여 보자.[8]

— 이와나미(岩波) 서점의 잡지 『세카이』는 조선문제에서 '벌거벗

---

7) 『世界』, 1998年 1月, p. 150.
8) 重村智計, 『朝鮮病と韓國病』(光文社, 1997).

은 임금님' 현상을 확대하고 추진했다. 일찍이 일본에는 '북조선 선진국론'이나 '지상의 낙원론', '조선전쟁은 한국이 시작했다', '김현희의 대한항공기폭파사건은 한국의 자작극이다' 등의 주장이 소리 높여 주장됐다. 그 당시 이러한 주장에 반대하는 입장을 취하면 'KCIA의 끄나풀', '친한파' 등의 온갖 비난과 더러운 욕설을 받아야만 했다(p. 21).

– 일본의 학자나 평론가의 많은 사람들은 1970년에서 1980년대 초에 이르러 '한국에는 먹을 것도 자유도 없다. 북조선에는 자유는 제한되어 있으나 먹을 것은 충분하다'는 발언을 거듭했다. … (『세카이』에 기고한 학자와 평론가들은) 한국의 민주화 탄압과 인권문제를 극렬하게 비판하고 운동을 전개하면서도 북조선의 민주화와 인권문제에 대해서는 철저하게 침묵했다. 이것은 학자로서 정직한 자세가 아니고 또한 학문적인 태도도 아니다(p. 29).

– 한때 한국을 방문하지 않는다는 태도가 진보적 학자나 문화인들 사이에 유행했다. 그러나 이상한 것은 그들이 북조선에는 간다는 것이다. … 그들은 한국을 방문하는 것은 한국정부를 지지하고, 민주화운동의 탄압을 도와준다는 구실을 제시했다. 이러한 구실의 이면에는 '나는 그 정도로 중요한 인물로서 한국은 자신의 행동에 움직이는 소국이다'라는 차별의식이 깔려 있다. 그런데 그들은 한국의 민주화를 주장하면서 북조선의 민주화에 대해서는 입을 다물고, '정보가 없다. 반정부운동이 없다'라고 거짓말을 했다. … 이러한 한국과 북조선을 차별하는 입장과 언동을 적극적으로 지원하고 선동한 것이 이와나미 서점의 잡지 『세카이』였다. 『세카이』는 당시 매스컴의 조선 보도에 관해서 현재의 주간지 이상의 영향력을 가지고 있었다. 그렇기 때문에 오늘에 있어서 그 죄가 더 크다(pp. 30-31).

– 당시 조총련과 이와나미의 주장에 동조하지 않는 사람은 'KCIA의 끄나풀'이라는 비판을 받아야만 했다. 이와나미라는 것이 이와 같이 무책임한 비방과 중상을 일삼을 수 있었을까를 생각하면

화가 난다(p. 31).

— 일본에는 북조선의 스파이나 게릴라 사건을 '한국의 날조'라고 거리낌없이 말하는 언론인·평론가·학자가 적지 않았다. 그 중심에 있던 것이 잡지『세카이』였다(p. 32).

— 최근 북조선을 예찬했던 사람들이 지난날 자신의 발언을 솔직히 반성하지 않은 채 한국에 바싹 다가가는 언동을 거침없이 하고 있다. 심한 사람의 경우 '한국의 경제는 붕괴된다' '한국은 붕괴한다. 북에 의해서 통일이 이루어진다'라고까지 말했는데 지금은 침묵하고 있다(p. 34).

— 북한이 일본기자의 입국을 결정할 경우 조총련은 물론『세카이』의 편집장 의견을 들어 결정했다고 한다. … 이것이 사실이라면 편집장은 북조선의 첩보원이나 다를 바 없었다(p. 112).

— 최근 북조선을 그렇게 예찬하며 그 대변자임을 자처했던 잡지『세카이』나 한국을 극렬하게 비난했던 와다 하루키(和田春樹) 도쿄대학 교수 등의 진보적 문화인들은 침묵하고 있다. 도리로 본다면 그들은 북조선이 어려운 지금, 보다 확실히 북조선을 옹호하는 발언을 해야 함에도 불구하고, 반대로 그렇게 극렬하게 비난했던 한국을 방문하고 한국에 아첨하고 있다. 철저한 기회주의자들이다. 이것은 그들이 학문이나 국제정치의 대상으로서 조선문제를 보지 않았다는 것을 무엇보다 확실히 입증하고 있는 대목이다(p. 172).

1946년 5월호에 일본의 '한국 식민통치 찬미론'을 게재했던『세카이』가 1960년대 이후 민주화·인권·평화 등의 대의명분을 내세우면서 북한을 찬양하고, 남한을 매도하는 일관된 논조를 계속했다. 그러나 그 논조는 사실에 근거한 것도 아니고 학문적 분석을 바탕으로 한 것도 아니라는 것이 이미 입증되었다.

당시『세카이』의 편집책임자였던 야스에 료스케(安江良介)는 일본 사회에서『세카이』의 역할과 사명은 "의견을 달리하는 지식인들이 서로 다른 견해를 솔직하게 교환할 수 있는 공동의 장(場)을 제공하는 것"이었음을 강조하고, 또한 『세카이』가 "공동의 장으로서 전후 일본 정치에 여러 가지 영향"을 미쳤음을 자부했다.[9] 그러나 한국문제에서 만은 이견(異見)이 공존할 수 있는 '공동의 장'이 전혀 아니었다. 『세카이』는 오직 북한사회의 이념과 체제를 긍정적으로 평가하고, 남한을 비판·부정하는 글과 지식인에게만 지면을 할애했다. 『세카이』에 참여한 진보적 지식인들을 중심으로 형성된 소위 '이와나미 문화', 적어도 한국문제에서 '이와나미 문화'는 시게무라가 지적한 것과 같이 일본인들의 감정 속에 자리잡고 있는 '차별감정'을 '합리화'하려는 의식의 표출에 불과했다. 그들은 겉으로는 민주화와 인권을 내세우면서도 가슴 속 깊은 곳에서는 "한국인은 일본인에 뒤떨어진 민족이다. 따라서 일본인은 한국인을 지도하고 가르쳐야 한다"라는 '사명의식'을 끊임없이 확인하려 했고, 한국의 혼란과 불안정을 내심으로 반기면서 그러한 상황에서 자신들의 역할을 확대재생산했다. 그들은 자신의 가슴 속에 자리잡고 있는 '차별의식'을 합리화하고 분식(粉飾)하기 위하여 남한을 비난하고 북한을 찬양하는 태도를 취했다. 보수적 지식인이나 정치인들과 달리, 진보적 지식인들은 일본의 식민통치를 신랄하게 비판함으로써 자신의 대외적 정당성을 확보하고, '정의'라는 이름으로 남한과 북한의 대결구도를 촉진시켜 나갔다. 남한의 인권문제에 대해서는 사실 이상으로 과장하면서도 북한사회의 비인도적 억압에 대해서는 침묵했다. 한반도문제를 취급하는 '이와나미 문화'에는 냉정하고 공평한 시각도, 또한 이웃(隣人)에 대한 애정도 찾아볼 수 없었고, 다만 거짓과 차별의식만이 존재했다. 이미 『세카이』는 시게무라가 강조하고 있는 것과 같이 시류에 영합할 것을 거부하고, 일본의 새로운 문화를 창조한다는 창업자 이와나미 시게오(岩波茂雄)의 창업정신은 상실했다.

---

9) 『敗戰50年と解放50年』(『世界』 8월 臨時增刊號), p. 96.

3.

『세카이』의 편향된 논조를 이끈 중심인물은 1972년부터 편집장의 자리를 맡았던 야스에 료스케(安江良介, 1935-1997)였다. 1958년 카나자와(金澤)대학을 졸업하고『세카이』의 편집부에 입사한 야스에는 1967년 일본사회당과 일본공산당의 합동후원으로 도쿄도(東京都) 지사에 당선된 미노베 료키치(美濃部亮吉)의 특별비서로 재직한 3년 반을 제외하고는, 이와나미 서점과 평생을 함께 했다. 1972년부터『세카이』의 편집장을 역임하면서 그는 전후 진보적 지식인들과 함께 소위 '이와나미 문화'를 본격적으로 이끌었다.

사회주의적 성향이 농후했던 야스에는 처음부터 '반한(反韓)-친북(親北)'의 노선을 확실히 하고 있었다. 그가 이끄는『세카이』는 인권·민주·정의라는 이름으로 남한정권을 신랄하게 비판하면서, 미국에 종속되어 있는 한국은 정치적으로나 경제적으로 희망이 없는 나라라는 것을 부각하기에 노력했다. 그리고 그 속에서 살아가고 있는 국민들의 삶의 모습을 처참하고 어둡게 묘사하기에 모든 수단과 방법을 동원하기에 주저하지 않았다. 반대로 북한은 자주적이고, 정의가 강물처럼 흐르고, 인권이 보장되어 있으며, 부(富)가 공평히 분배되어 있는 사회로 묘사했고, 그리고 그 체제를 이끌고 있는 김일성의 존재를 높이 찬양했다. 이러한 편집방향의 중심에 바로 야스에가 서 있었다. 1972년 첫번째 북한방문기에서 야스에는 다음과 같이 북한사회를 평가하고 있다.

일본의 식민지지배로부터 해방된 조선민족은 그 북반부에서 사회주의국가를 건설하기 위하여 전진했으나 조선전쟁은 모든 것을 한 줌의 재로 돌려버렸다. 그러나 그 황폐 속에서 '자력갱생'(自力更生)을 목표로 하여 오늘의 경제발전과 국민생활의 안정을 스스로 확보할 수 있었던 조선민주주의인민공화국의 역사는 자연히 개성이 넘쳐흐르는 사상과 제도를 확립할 수 있었다. … 의식주는 물론 교육 또는 의료와 같이 국민생활의 기본적인 과제가 충분히 보장되어 있다. 또한 이러한 발전은 지난날의 역사와 비교하여 국민에게 강한 자신감과 장래에 대한 낙관을 주었다. 그리고 국제교류에의 적극적인 자세와 통일에의 구체적 지향을 가질 수 있게 되었다.[10]

야스에는 북한사회가 이와 같이 발전할 수 있었던 것은 북한의 모든 인민이 김일성의 '주체사상'으로 철저하게 '사상적으로 무장' 되어 있었기 때문이고, 이를 실현할 수 있었던 것은 김일성의 '위대한 지도력'이었다는 것을 강조하고 높이 평가했다.

김일성에 대한 그의 찬양은 냉전종식 후에도 계속되었다. 1991년 야스에가 마지막으로 북한을 방문하여 김일성과 대담을 가진 회견기에서도 그는 김일성을 "제2차 대전 후 오늘에 이르기까지 일관해서 톱리더로서 민족을 이끌고 국제정치의 변전(變轉)을 보아온 세계에서 그 예를 찾아볼 수 없는 정치가"라고 세계적 지도자로 높이 평가하고, 그가 이끄는 "조선민주주의인민공화국은 일관하여 민족통일을 지상과제로 삼고 모든 것을 이 지상과제를 기준으로 행동해 온 것이 커다란 지지"를 받게 되었다고 찬양하였다. 그리고 야스에가 "일찍부터 탄복하는 이유"가 바로 여기에 있다는 것이었다.[11]

야스에는 1972년 이후 북한을 다섯 번 방문하여 김일성과 회담을 가졌고, 그 기록을 『세카이』를 통해서 발표했다.[12] 회담을 통해서 야스에가 강조하고 있는 북한사회의 모습과 김일성 찬양은 대체로 네 가지로 집약되고 있다. 첫째는 북한사회와 인민은 지속적 경제발전

---

10) "金日成首相會見記", 『世界』, 1972年 12月, pp. 66-67.

11) "歷史の轉換を求めて", 『世界』, 1991年 12月, p. 173.

12) 야스에는 1972년 이후 다섯 번 북한을 방문하고 김일성과의 단독회담을 가졌다. 그의 방문 시기는 1972년 10월, 1976년 3월, 1978년 10월, 1985년 6월, 그리고 1991년 9월이었다.

속에서 안정적 생활을 영위하고 있다는 것이다. 북한사회의 국민생활은 착실하게 성장을 지속하고 있고, 경제적으로 풍요로운 생활을 영위하고 있으며, 의료나 교육과 같은 기본적 사회보장이 확립되어 있다는 것이다. 중화학공업·농업·임업 등 모든 분야가 조화를 이룬 발전을 이룩하고 있어 미래에 대한 밝은 전망을 가지고 있다는 것이다. 둘째는 김일성의 탁월한 지도력이다. 북한사회가 이와 같이 정치적으로 안정되고 경제적으로 발전할 수 있는 것은 김일성의 '주체사상'에 의하여 국민들에게 '조선혁명의 역사와 사상'을 철저하게 교육시킴으로서 사회주의혁명을 완수하였기 때문이다. 그리고 무엇보다 김일성이 '현장지도'를 통해서 사상을 구체적으로 실천하고 있기 때문이라는 것이다. 셋째는 자주적·평화적인 통일의 희구하고 있다는 것이다. 김일성은 통일에 대한 뜨거운 열정을 가지고 있으며 자주·평화 통일에 자신을 가지고 있을 뿐만 아니라, 강대국의 영향과 관계없이 통일과 민족 자주성의 일관된 원칙과 유연한 현실대응으로 슬기롭게 한단계 한단계 발전시켜 가고 있다는 것이다. 그리고 한반도는 종국적으로 김일성의 자주노선에 따라 통일될 것이라는 것이다. 넷째는 김일성은 남한정부의 반통일정책과 민주화세력에 대한 탄압을 우려하고 있다는 것이다. 남한정부의 통일정책은 자주적이기보다는 외세의존적이고 체제유지적이며, 자주적 통일을 지향하고 있는 민주화세력을 탄압하고 있다는 것이다.

야스에는 김일성의 지도력과 북한의 체제와 삶의 환경을 높이 평가하고 있는 데 반하여, 남한은 정치적 탄압과 경제적 어려움으로 국민이 살아가기 어렵고, 빈부의 갈등과 도덕적인 타락으로 사회는 붕괴 직전에 있는 것으로 선전했다. 그는 김일성의 대변인이고 『세카이』는 북한의 대변지나 다름없었다. 야스에는 진실로 김일성의 '주체사상'과 북한체제에 신념을 가졌던 것일까?

『세카이』는 1973년 5월부터 "한국으로부터의 통신"을 연재했다. 이 "통신"의 내용은 이미 앞의 논문에서 분석한 것과 같이 어두운 한국의 이미지를 극대화시켰을 뿐만 아니라 일본의 전후세대에게 부정적 한국상을 심어주는 데 결정적인 역할을 담당했다. 이 "통신"은 1988년 3월까지 장장 15년 동안 TK생이라는 익명의 한국인이 한국에서 전개되고 있는 민주화를 위한 국민적 저항과 정부의 탄압을 현장에서 기록하여『세카이』에 송신하는 형태로 연재되었다. TK생이라는 이 "통신"의 필자가 누구인지 아직 밝혀지지 않고 있으나, 그 중심에 야스에가 있었다는 데 의심을 품는 사람은 아무도 없다. 시게무라의 평가를 들어보자.

이와나미 서점의 조선문제에 대한 태도는 한국이나 일본에서 매스컴 연구의 대상이 될 수 있다. 또한 이와나미 서점의 역사 가운데 문제가 되고 있는 가장 어두운 부분('暗部')일 것이다. 잡지『세카이』에 게재된 "한국으로부터의 통신"의 저자 'TK생'이 누구인지 아직까지 이와나미 서점은 밝히지 못하고 있다. 이미 한국은 민주화를 이루었다. 사실이라면 그 저자는 한국의 영웅으로 대접을 받을 것이다. 그렇지 못하는 이유는 무엇 때문일까? 일본과 한국의 언론인이나 전문가의 대부분은 그 이유를 '일본인이 썼기 때문'이라고 보고 있다. 당시『세카이』의 편집장을 중심으로 일본인, 일본에 체류하는 한국인, 그리고 북조선과 가까운 인물 등의 그룹이 꾸며낸 것이라고 추측하고 있다. 아마도 이 추측이 틀리지 않을 것이라고 나는 생각하고 있다.[13]

한국과 일본의 많은 사람들이『세카이』는 왜 아직까지도 "통신"의 필자를 밝히지 못하고 있나 의문시하고 있다.

---

13) 重村, 앞의 책, pp. 33-34.

4.

1995년 2월 야스에는 그의 생애 처음으로 한국을 방문했다. 그의
방문은 한국의 크리스천 아카데미와 함께 "해방 50년과 패전 50년—
화해와 미래를 위하여"라는 주제의 심포지엄을 서울에서 개최하기
위해서였다. 그는 『세카이』의 오랜 필자인 노벨 문학상 수상자인 오
에 겐자부로(大江健三郎)와 도쿄대학 명예교수 사카모토 요시카즈
(坂本義和)와 함께 한국을 찾았다.

그는 심포지엄 개최의 인사를 통해 『세카이』가 지난 50년 동안 일
관되게 추구한 편집의 중요한 목표는 "세계 평화의 실현, 핵 병기의
철폐, 아시아 민중과의 화해와 협력, 일본의 민주화"에 있었고, 그 가
운데서도 특히 "남·북 조선과 일본과의 참다운 화해를 가장 중요한
과제"로 삼았음을 강조했다. 그러나 지난날에 대한 자기성찰 없이 그
가 강조하고 있는 일본과 한국의 진정한 "화해와 협조"는 어쩐지 공
허하게만 들렸다.

야스에는 40년 가까이 『세카이』가 계속한 '친(親)북한-반(反)남한'
이라는 편향된 편집 방향, 보지도 않고 체험하지도 않은 남한의 현상
을 진실인 양 전달한 것, 비인도적·억압적인 북한의 정치체제와 사
회의 모습을 지상의 낙원으로 선전한 것, 김일성의 주체사상을 대변
한 것, 한국의 민주화를 강조하면서도 북한에 대해서는 침묵한 것 등
에 대해서는 아무런 설명이나 해명도 하지 않았다. 야스에의 이러한
가식에 대하여 『마이니치신문』의 서울 지국장은 제3자의 입을 빌려
"그의 방한은 한국을 더이상 무시할 수 없다는 것을 의미하고 있다.
북한에 대한 명확한 결과가 나타났음을 보여주는 것이다. 북한 지도
부는 일본 저널리스트의 최후의 보루가 무너졌다고 생각할 것이다"
라고 평가하고, 야스에는 한국방문에 앞서 "먼저 자신의 과거를 청산
하는 것이 순서다. 일본의 진보적 문화인에 대한 자세의 궤도수정의
상징이다. 그는 비판을 피하기 위하여 오에 씨를 방패막이로 삼아 한

국에 왔다"라고 한국방문의 의미와 문제점을 지적했다.[14]

그는 자신이 발표한 논문 "일한조약의 본질—일한관계의 기본문제"에서 식민통치의 긍정론을 주장한 스즈키 다케오(鈴木武雄)의 논문이 『세카이』(1946년 5월호)에 실린 것은 당시 진보적 지식인도 "조선지배의 잘못을 그 근본부터 추궁해야 한다는 것을 자각하지 못하고 의식 속에는 전전과 전후가 계속"되고 있었음이라고 지적하며 비판했다.[15]

그러나 남북분단과 남북한을 보는 야스에의 역사인식의 근본 시각에는 아무런 변화가 없음을 보여주고 있다. 그는 여전히 남북분단의 결정적 책임이 남쪽의 이승만 정권에게 있는 것으로 규정하고 있다. 그에 의하면 한반도는 "일본의 패전으로 남·북 조선은 분할되고 소련과 아메리카의 영향하에 놓이게 됐으나, 얼마 동안 외형상으로는 통일체제를 지속"할 수 있었다. 그러나 "1948년에 이르러 이승만 정권이 대한민국의 성립을 강행했기 때문에 북에 조선민주주의인민공화국이 성립되고, 결국 남북분단이 고착"되었다고 주장함으로써 한반도 분단의 책임이 남쪽에 있음을 강조하고 있다. 그후 남북이 걸어온 국가진로도 그는 북한은 자주적이고 통일지향적이었음에 반하여, 남한은 외세의존적이고 반통일적이라고 본다. 즉 북한의 경우에는 "일관되게 통일이라는 민족의 문제를 최상위의 과제"로 삼고 이를 자주적으로 해결하기 위하여 노력했음에 반하여, 남한은 '미국 의존의 종속체제'였다. 즉 이승만 정권은 '전면적인 대미의존의 부패' 체제였고, 이승만체제를 계속한 '군사정권'은 "정권유지를 위하여 미국에 추종"하면서 '자립'이라는 이름 아래 "개발독재"를 지향했다고 비판하고 있다.[16] 바로 그러한 이유 때문에 통일에 대해서도 북한은 적극

---

14) 薄木秀夫, "記者の目", 『每日新聞』, 1995. 2. 15.

15) 安江良介, "日韓條約の本質—日韓關係の基本問題", 『敗戰50年と解放50年』, pp. 32-33.

16) 위의 책, pp. 205-206.

적극적이었음에 반하여, 남한은 항상 수동적이고 정권유지의 수단으로 삼아왔다는 것이다. 그는 1980년대에 남북한 사이에 대화가 활발히 추진될 수 있었던 것은 "한국 내부의 고조된 민주화투쟁이 전두환 체제로 하여금 거부할 수 없이 남북대화에 나오게 했고, 조선민주주의인민공화국이 적극적으로 대응했으며, 중국의 움직임을 중심으로 극동정세의 변화의 조짐"이 보였기 때문에 가능했다고 하였다.[17]

5.

지성사학자 E. 실스(Edward Shils)는 지식인이 수행하는 가장 중요한 사회적 기능의 하나는 "각 영역에서 신념의 전통('tradition of beliefs')을 이어가고, 설명하고, 수정하고, 그리고 그것을 공통의 문화로 전환하여 사회전반으로 확산하고 다음 세대로 전수하는 것"이라고 정의하고 있다.[18]

지식인의 사회적 기능이라는 측면에서 볼 때 전후 일본의 진보적 지식인의 결집체였다고 할 수 있는 『세카이』는 한반도문제를 한국인과 일본인에게 호도(糊塗)하는 '죄'를 범했다. 일본의 어느 언론매체보다 한반도문제를 집중적으로, 그리고 지속적으로 취급한 『세카이』는 창간 이후 1980년대에 이르기까지 40여 년 동안 민주·인권·진리·평화라는 이름 아래 남북한을 '남한―절대 악, 북한―절대 선'이라는 도저히 융합할 수 없는 대결구도로 설정했다. 그리고 북한 사회주의체제를 이상향(理想鄕)으로, 남한의 사회변동을 '수탈계급과 저항계급의 갈등과 투쟁'이라는 '그릇된 신념의 전통'을 왜곡하여 설명하고, 수정하며, 확대하여 그것을 일본사회의 공통의 문화로 확산

---

17) "解放四十年を迎えて", 『世界』, 1985年 8月.

18) Edward Shils, "Intellectuals", David L. Sills (ed.), *International Encyclopedia of the Social Science*, Vol. 7 (The Macmillan Company and the Free Press, 1968), p. 410.

했고, 또한 다음 세대로 전수하는 데 크게 기여했다. 『세카이』는 남북의 이질성을 사실 이상으로 확대했고, 김일성의 주체사상과 체제를 찬양했으며, 한국사회의 변화와 발전을 부정했고, 어두운 한국상을 일본인들에게 심어주었다. 의도적이었든 의도적이 아니었든 『세카이』의 이러한 편집은 결과적으로 한반도의 분단을 더욱 고착화시키고, 남북이 융합할 수 없는 이질적 존재로 부각하는 데 기여했으며, 일본인의 심층에 자리잡고 있는 차별의식과 우월의식을 더욱 강화했다.

그동안 『세카이』가 지상의 낙원으로 그려왔던 북한은 인간이 살기 어려운 '동토(凍土)의 사회' 라는 것이 드러났고, 붕괴될 것으로 예견했던 한국은 사회적 진화를 거치면서 발전하는 모습을 보였다. 허상을 쫓고 있던 『세카이』는 더이상 설 곳을 잃게 되었다. 1980년대 말 이후 『세카이』는 과거와 달리 한반도문제에 대해서 대단히 소극적 태도를 취하고 있고, 『세카이』의 지면을 덮어온 소위 진보적 지식인의 '북조선 찬양' 의 논조도 그 자취를 감추었다. 그러나 『세카이』와 '이와나미 문화' 를 형성하는 데 적극적으로 참여했던 지식인들은 한반도와 한국인에 대한 자신의 잘못된 '신념의 전통' 에 대하여 반성이나 수정 없이 침묵하고 있을 뿐이다. 이러한 자기 기만의 껍질을 깨지 않는 한, 그들은 '실생활과 사상의 괴리' 로 인하여 나타나는 가식과 이중성의 한계를 극복할 수 없고, 나아가서 한 · 일 두 국민의 진정한 화해의 주체적 역할을 기대하기 어려울 것이다.

6

전후 보수지배계급과 한국
— '망언'(妄言)과 '유감'(遺憾) 사이에서

I. 머리글

패전 후 오늘에 이르기까지 일본을 이끌어온 지배계급의 주류는 보수세력이다. 그들은 안으로 경제발전을 주도했고 밖으로 일본의 국제적 지위를 쌓아올려 나갔다. 이 보수지배계층은 한국과의 긴밀한 관계유지와 정치적 · 경제적 협력을 강조해 왔다. '친한파'로 알려진 이 세력은 대체로 전전 일본제국주의의 팽창에 기여했고 식민통치에 참여했던 사람들이거나 또는 그들과 맥을 같이하고 있는 사람들의 후예들이다.

이들은 1965년 한 · 일 국교정상화를 성사시키는 데 공헌했으며, 그리고 그후의 한 · 일관계를 움직여 온 주체세력이기도 하다.

친한파로 알려진 보수지배계급은 한 · 일관계를 지속 · 발전시키려고 애쓰면서, 다른 한편으로는 끊임없이 식민통치를 정당화하고, 전전의 황국사관을 부추기며, 한민족에 대한 일본민족의 우월의식을 끊임없이 고취시키고 있다.

전후 38년 동안 정권을 장악할 수 있었던 자유민주당을 출범시킨 보수통합의 한 주역인 오노 반보쿠(大野伴睦)는 1958년 "가능하다면 한국·대만과 더불어 일본합중국을 형성해 대동아공영권을 재건했으면 좋겠다"고 말해 그들의 속마음에 자리잡고 있는 제국주의적 속성을 드러냈다. 뿐만 아니라 1963년 박정희 대통령의 취임식에 경축사절로 한국에 오면서 그는 "나와 박정희 씨는 피차 부자지간이라고 할 만큼 친한 사이이며 그의 대통령 취임식에 가는 것은 마치 아들의 경사스러운 자리에 가는 것처럼 기쁘다"라고 표현해 그들이 갖고 있는 우월감을 보여주었다.

이케다 하야토(池田勇人) 총리는 "한일합방을 위해 노력했던 이토 히로부미(伊藤博文)의 예를 따라 일본은 한국에 새롭게 파고 들어가야 한다"라고 함으로써 한국을 여전히 '지배의 대상'으로 설정하고 있고, 사토 에이사쿠(佐藤榮作) 수상은 "한일합방 등의 구조약은 당시 일본과 대한제국 사이에 체결되었다. 조약이 존재하는 한 두 나라 사이의 완전한 자유의사와 평등한 입장에서 체결됐다는 것은 이론의 여지가 없다"라고 일본의 한반도 강점을 부정하며 식민통치를 정당화했다. 다나카 가쿠에이(田中角榮) 수상은 "일본은 한국에서 김 양식과 의무교육제도를 가르치는 등 지금도 훌륭하게 생각되는 기여를 많이 했다"라고 식민통치의 은혜론을 폈다.

전후 일본 보수지배계급의 한국인을 향한 소위 '망언'(妄言)은 오늘날까지 거침없이 계속되고 있다. '망언'을 통해 확인할 수 있는 것은 소위 친한파로 알려진 보수지배계급의 한국관이 지난날의 역사적 사실에 대한 반성 위에서 참된 선린관계를 모색하고 있는 것이 아니라, 오히려 역사왜곡을 통해 과거사를 정당화하고 나아가 한국을 아직도 지배대상으로 설정하고 있다는 점이다. 일본사회를 지배하고 있는 주체세력이 이와 같은 역사인식을 그대로 가지고 있는 한 21세기의 한·일관계도 암울하고 불행한 관계의 연속일 수밖에 없다.

이 글에서는 전후 지속된 망언의 시발점이며 원형이라고 할 수 있는 구보타 칸이치로(久保田貫一郎), 경제계의 거물이며 한일회담의 대표였던 다카스기 신이치(高杉晋一), 문부대신이었던 후지오 마사유키(藤尾正行), 그리고 오쿠노 세이스케(奧野誠亮) 전 국토청장관의 발언을 정리해 봄으로써 오늘날 일본을 실제로 지배하고 있는 보수진영의 한국관과 그 한국관의 바탕을 찾아보려고 한다.

II. 구보타 발언과 야츠기의 사과

1. 구보타 발언

한국과 일본 두 나라의 관계개선을 위한 한일회담은 1951년 10월 20일부터 시작되었다. 이 회담은 당시 일본을 점령통치하고 있던 연합군 최고사령부(SCAP)의 주선으로 이루어졌다. 한국으로서는 일제로부터 해방된 지 6년 그리고 정부수립으로부터 3년 만에 이루어진 정부 사이의 첫 대좌였다.

그동안 회담의 중재를 맡았던 연합군 최고사령부의 시볼드 (William J. Sebald) 외교국장은 "오늘 이 자리는 바로 역사적 순간이라 할 수 있습니다. 한·일 두 나라가 서로 어둡고 괴로웠던 과거를 잊고 새로운 미래를 창조할 수 있을 것으로 본인과 연합군사령부는 기대하고 있습니다. 서로 성의를 다해 회담에 임한다면 양국간에 영원히 해결 못할 일이란 결코 없을 것입니다"라고 회담 개최의 뜻을 간단히 밝혔다.[1]

그러나 시볼드의 희망과는 달리 회담의 타결은 15년이라는 긴 세월이 걸렸다. 그리고 회담이 성사된 오늘에 이르러서도 "어둡고 괴로웠던 과거를 잊고 새로운 미래를 창조"하는 것은 아직도 먼 미래의 일로 남아 있다. 그것은 일본 지배계급의 가슴 속에 숨겨져 있는 한국관

---

1) 김동조, 『회상30년—한일회담』(중앙일보사, 1986) pp. 21-22.

에 변화가 없었기 때문이다.

한·일 두 나라의 본 회담은 9차례에 걸친 예비회담을 끝내고 1952년 2월 15일 시작되었다. 예비회담에서 양측이 합의한 의제는 (1) 외교관계를 포함한 한·일 두 나라의 기본관계 수립, (2) 재산 및 청구권 문제 해결, (3) 어업협정 체결, (4) 해저전신의 분할, (5) 통상·항해 조약의 체결, (6) 기타 의제 등 크게 6개항이었다.

그러나 청구권 문제를 둘러싼 일본의 역공세는 한일회담을 어렵게 만들었다. 2월 20일부터 시작된 청구권위원회에서 한국측은 8개항의 "한·일 간 재산 및 청구권협정 요강"을 제시했다.[2] 그러자 일본측은 한국측의 청구권에 대한 역청구권을 제기해 왔다. 즉 일본측은 대일 강화조약 제4조 2항에 규정된 "재한미군정 및 그 시행령에 의해 이루어진 재한일본재산처분의 효력을 승인한다"는 조항은 "국제법상 점령군에게 인정되지 않는 처분까지 승인하는 것이 결코 아니다"라고 조약해석에 이의를 제기했다. 그리고 "재한일본인의 재산은 그 처분으로 인하여 발생한 대가 및 과실에 대해 원권리자인 일본에 청구권이 남아 있다"고 주장했다. 뿐만 아니라 한국이 이미 그 재산을 이양받아 처분 또는 소유하고 있으므로 일본은 당연히 한국에 청구할 권리를 가지고 있다고 강조했다. 결국 1차 회담은 4월 25일 결렬되고 말았다. 그로부터 1년이 지난 1953년 4월 15일 재개된 2차 회담도 아무런 진척이 없이 끝났다.

구보타 칸이치로(久保田貫一郎)의 발언은 이러한 배경을 가지고 진행된 3차 회담에서 터져나왔다. 1953년 10월 6일부터 시작된 3차 회담의 일본측 수석대표인 구보타의 발언은 한일회담에 임하는 일본 정부의 한국관을 잘 설명해 주고 있었다. 구보타의 발언은 다섯 가지로 요약된다.

첫째로, 일본의 식민통치는 한국인에게 유익했으며 일본의 한국점

---

2) 元容奭,『韓日會談十四年』(삼화출판사, 1965), pp. 235-239.

령은 불가피했다는 논리다. 구보타는 "한국측이 36년 간의 통치에 대한 배상을 요구한다면 일본측에서는 총독정치의 긍정적인 면, 예를 들면 벌거숭이산을 푸르게 녹화하거나, 철도를 부설했다거나, 항만을 축조하거나 또는 쌀농사를 증식시킬 수 있도록 한 것에 대한 대가를 요구하여 한국측의 요구를 상쇄시킬 수 있다"라고 주장했다. 뿐만 아니라 그는 "만일 그때(합병 당시) 일본이 한국에 진출하지 않았다면 한국은 중국이나 또는 러시아에 의해 점령되었을 것이다. 그리고 일본에 의한 점령보다 훨씬 비참했을 것이다"라고 한국 점령의 필요성과 당위성을 강조했다.

둘째로, 일본통치하 한국국민의 삶의 모습을 '노예상태'라고 규정한 카이로선언에 대한 전면부정이다. 구보타는 한국민족의 노예상태를 지적한 "카이로선언은 전쟁 중의 흥분상태에서 연합국이 작성한 것으로서 나는 노예라고 생각하지 않는다. 그리고 현재 연합국이 작성한다면 그와 같은 문구는 사용하지 않았을 것이다"라고 주장하며 카이로선언의 내용을 부정하고 나섰다.

구보타가 주장하고 있는 나머지 3개항은 국제법에 관한 것이다. 즉 셋째로, 한국에 살던 일본인들이 총독정치 아래서 축적한 사유재산을 제2차 세계대전 후 미군정이 몰수한 것, 넷째로 종전과 더불어 한국에 거주하던 모든 일본인을 발가벗긴 채 강제로 일본으로 내쫓은 것, 그리고 다섯째로, 한국의 독립은 사실상 샌프란시스코조약의 효력 발생과 더불어 시작되는 것임에도 불구하고, 그 이전에 한국을 일본으로부터 분리·독립시킨 것은 국제법 위반이라는 주장이었다.[3]

3차 회담을 결렬시킨 구보타의 이와 같은 발언은 단지 구보타 개인의 견해에 그치는 것이 아니라 당시 일본정부와 지배계층의 강력한

---

3) 구보타는 한일회담에서 피력한 자신의 견해를 10월 27일 열린 참의원 수산위원회에서 다시 확인했다. 김동조, 앞의 책, pp. 53-59; 원용석, 앞의 책, pp. 37-40; 高崎宗司, "第三次日韓會談と久保田發言", 『思想』, 1985年 8月.

지지를 받고 있었다. 구보타는 5개항 발언의 취소나 사과를 요구하는 한국측 대표의 요구를 묵살했다. 그는 자신의 발언이 "잘못된 것이라고 생각하지 않으며 철회할 의사가 전혀 없다"라고 확실히 했다. 뿐만 아니라 구보타는 자신의 발언이 "사적(私的)인 것이 아니라 공적(公的) 자격으로 말한 것"이라는 뜻을 재확인함으로써 정부의 의사라는 것을 명확히 했다.

일본정부도 구보타를 지지하고 나섰다. 오카자키 가즈오(岡崎勝男) 외상은 기자회견에서 "구보타의 발언은 당연한 것"이라고 옹호하고 나섰고, 외무위원회에서는 "우리가 전혀 틀린 것을 말한 것이 아니기 때문에(구보타 발언에 대하여) 사과할 이유가 하나도 없다"라고 보고함으로써 구보타의 발언이 정당하다는 정부의 입장을 확인했다.[4] 더욱이 오가타 다케토라(緒方竹虎) 부총리, 오카자키 외상, 기무라 도쿠타로(木村篤太郞) 보안청장관 등은 주일한국대표부의 폐쇄를 포함한 8개항의 한국에 대한 보복조치를 취했다.[5] 일본정부가 이와 같이 구보타 발언을 강력하게 지지하고 나선 것은 구보타가 한국에 대한 보수지배계급의 견해를 대변하고 있음을 보여주는 것이다.

'구보타 발언'으로 결렬된 한일회담은 1958년까지 중단되었고 두 나라 간에는 긴장상태가 지속되었다. 한일회담이 결렬된 후 한국정부는 평화선(李라인)을 침범하는 일본어선의 나포를 강화했고 억류된 일본선원이 크게 증가했다.[6] 뿐만 아니라 1954년 7월부터는 형기를

---

4) 高崎, 위의 논문.

5) 8개항은 ① 주일대표부의 즉시 취소, ② 김용식 공사 이하 전 공관원의 강제 축출, ③ 대한원자재 수출 전면금지, ④ 한국선박의 수리 거부, ⑤ 한국수산물 수입 금지, ⑥ 불법한국인 강제송환, ⑦ 재일한국인에 대한 생활보장법 적용금지, ⑧ 출어선단에 대한 무장경비선 출동 등이었다. 그러나 이 조치는 실행단계에까지 들어가지는 않았다. 김동조, 앞의 책, p. 65.

6) 평화선 침범으로 나포된 어선과 어부의 수는 다음과 같이 늘어났다. 53년—47척, 585명; 54년—34척, 454명; 55년—30척, 498명; 56년—19척, 235명 (김동조, 앞의 책, p. 87).

마친 사람도 일본으로 돌려보내지 않고 부산 외국인수용소에 계속 억류하였다. 물론 이 기간 일본도 독도의 영유권을 주장하고, 또한 밀입국자 단속을 강화하여 오무라(大村) 수용소에 많은 한국인을 억류하고 있었다.

5년 간 단절되었던 한·일관계는 기시 노부스케(岸信介)가 집권하면서부터 크게 달라지게 되었다. 기시는 수상에 취임한 직후인 1957년 2월 당시 일본을 방문하고 있던 김동조 외무부 정무국장에게 관계개선의 뜻을 다음과 같이 피력했다.

나는 서부 일본의 야마구치(山口)현 출신이오. 잘 아시다시피 야마구치현은 예로부터 한반도와 왕래가 잦았던 곳이지요. 특히 야마구치현의 하기(萩)항은 도쿠가와(德川)막부 때의 무역선인 주인선(朱印船)이 조선과 잦은 내왕을 하던 기착항구였지요. 그런 만큼 그곳 사람들의 핏속에는 한국인의 피가 적지 않게 섞여 있는 것이 사실이고, 내 혈통에도 한국인의 피가 흐르고 있는 것으로 판단될 정도랍니다. 말하자면 두 나라는 형제국인 셈이지요. 그러니 오늘날 일·한 양국이 국교도 맺지 않고 서로 구적(仇敵)처럼 으르렁대고 있는 것은 몹시 안타까운 일이 아닐 수 없습니다. 그래서 나는 일본의 과거 식민통치의 잘못을 깊이 뉘우치고 조속한 관계정상화가 이루어질 수 있도록 최대의 노력을 다할 각오이니 부디 이 대통령께 나의 이와 같은 뜻을 전해 주기 바라오.[7]

기시 수상은 참의원 외무위원회에서도 한일회담 재개의 걸림돌이 되고 있는 "구보타 발언을 취소하고 양국이 가까운 장래에 정식회담을 추진"하는 것이 바람직하다는 뜻을 밝혔다.[8]

---

7) 위의 책, p. 92.
8) 高崎宗司, 『妄言の原形』(木犀社, 1990), pp. 248-249.

전전(戰前)에는 도조(東條) 내각의 상공대신이었고 전후에는 보수진영 거두의 한 사람으로서 정국을 이끌었던 기시 수상이 진심으로 "식민통치의 잘못을 깊이 뉘우치고" 있었는지 확인할 수는 없다. 그러나 확실한 것은 당시 기시에게는 한일회담을 가능한 한 속히 재개시켜 부산에 억류되어 있는 일본어민들을 빨리 석방해야 할 현실적 과제가 있었다. 부산에 억류되어 있는 일본인 어부의 상당수가 야마구치(山口)현과 후쿠오카(福岡)현 출신이었다. 야마구치현은 기시 총리의 그리고 후쿠오카현은 이시이 미츠지로(石井光次郞) 부총리의 선거기반이었다. 선거구민들로부터 "하루속히 어민들이 돌아올 수 있도록 해달라"는 압력을 받고 있던 기시 수상은 선거구민대책을 위해서도 한일회담을 재개하여 어민석방을 위한 노력을 해야만 했다.[9]

2. 야츠기의 사죄 방한

기시 수상은 이승만 대통령의 마음을 누그러뜨리고 한일회담을 재개할 수 있는 분위기를 만들기 위하여 보수정객의 거물인 야츠기 가즈오(矢次一夫, 1899-1983)를 1958년 5월 19일 수상의 특사로 서울에 파견했다.

야츠기는 고등교육은 받지 못했지만 일본 정계의 보수진영의 막후 실력자로서 막강한 지위와 영향력을 행사하고 있었다. 정계의 낭인이었던 야츠기는 항상 막후에서 중대한 정치적 역할을 담당했다. 전전 그는 '국책연구회'(國策硏究會)를 설립하여 대동아공영권 건설구상과 그 기본원리를 만들어 대동아전쟁의 이론적 틀을 공급했다. 그러나 전세가 일본에게 불리해지고 일본의 패전이 눈앞에 보이기 시작할 때 그는 소수의 학자·언론인·관리와 은밀히 "종전처리안"(終戰處

---

9) "日韓抑留者の相互釋放", 『世界』, 1958年 3月, pp. 128-133; 岸信介·矢次一夫·伊藤隆, 『岸信介の回想』(文藝春秋社, 1981), p. 219.

理案)을 작성하여 전후 일본이 살아갈 길을 준비했다. 전후 그는 다시 국책연구회를 재건하여 막후에서 국가정책에 영향력을 행사했다. 야츠기가 대표로 있는 이 연구회에는 나카소네 야스히로(中曾根康弘), 후쿠다 다케오(福田赳夫), 세지마 류조(瀬島龍三), 나가노 시게오(永野重雄), 기우치 노부타네(木內信胤), 마쓰시타 고노스케(松下幸之助) 등 우리에게도 잘 알려진 정·재계의 인물들이 상임이사 또는 이사로 관여하고 있었다. 국가이익을 위해서 "정부가 어렵다면 민간인이 나서야 한다"고 믿고 있는 야츠기는 한·일관계가 벽에 부딪치자 이 문제를 해결하기 위하여 나섰다.[10]

야츠기는 5월 19일 기시 수상의 개인특사자격으로 한국을 방문했다. 비공식방문이기는 하지만 해방 후 한국을 찾아온 일본 고위 정계 인사로는 첫 방문객이었다. 야츠기는 김동조 외무차관과 유태하 일본 공사의 안내로 오늘의 청와대인 경무대(景武臺)로 이승만 박사를 예방하고 기시 수상의 친서를 전달했다.

이 친서에서 기시 수상은 첫째로 이 박사의 반공투쟁과 그 위대한 성과에 동양인으로서 경의를 표한다는 뜻을 확실히 하고, 둘째, 한·일관계로 어려움이 중첩되고 있지만 성의를 가지고 이야기를 나누면 무난히 해결될 수 있으며, 셋째로 일본은 경제력이 허용하는 범위 안에서 한국의 경제발전을 위하여 최대한의 성의를 보이겠다고 밝혔다.[11] 이어서 야츠기는 다음과 같이 이 박사의 영도력을 찬양하고 일본의 식민통치를 사죄했다.

각하께서 영도하지 않았더라면 한국은 아마 오래 전에 공산화되었을 것으로 많은 일본인들은 믿고 있습니다. 기시 수상은 저를 보

---

10) 야츠기가 한·일관계의 중간적 역할을 하게 된 경위와 과정에 관하여는 李度珩, "怪物야츠기의 幕後工作",『月刊朝鮮』, 1986年 2月, pp. 312-336 참조.

11)『서울신문』특별취재반,『한국외교비록』(서울신문사, 1984), p. 317.

내면서 "아시아는 물론 전 자유세계진영의 위대한 반공투사인 이 대통령에게 본인의 간곡한 안부를 전하고 가능한 빠른 시일 내에 도쿄나 서울에서 이 대통령을 만나 흉금을 털어놓고 한·일 양국의 현안을 논의할 수 있는 기회가 있기를 기대한다는 나의 뜻을 정중하게 전해 달라"고 당부했습니다.

기시 수상은 특히 한·일 간의 현대사에서 양국관계를 악화시킨 이토 히로부미(伊藤博文)가 같은 고향 사람으로서 한국에 대해 저지른 잘못을 유감스럽게 생각하고, 그 잘못을 시정하려고 노력하고 있습니다. 그러니 각하께서도 기시 수상의 진심을 이해하시고 새로운 한·일관계의 수립을 위해 도량을 베풀어 주시기를 간곡히 청합니다.[12]

야츠기는 21일 한국을 떠나기에 앞서 기자회견을 갖고 다시 한번 사죄의 뜻을 밝혔다. 즉 야츠기는 기시 수상은 과거 일본의 군국주의자들이 한국에 대해 범했던 과오를 유감스럽게 생각하고 있다는 것, 기시 수상은 한·일 양국관계의 개선을 위하여 진정으로 노력하고 있다는 것, 기시 수상은 이토 히로부미와 우연히도 동향인인 까닭에 그의 선배인 이토가 지난날에 저지른 과오를 씻기 위해 노력하고 있다는 것, 그리고 자신이 한국의 위대한 지도자이고 반공세계의 영도자인 이 대통령을 만난 첫번째 일본인임을 자랑스럽게 여기고 있다고 강조했다.

이는 일본이 식민통치에 대하여 표시한 최초의 '유감' 성명이었다. 물론 이 '유감'의 뜻은 일본정부가 직접 표시한 것이 아니라 야츠기라는 개인을 통하여 발표한 것이므로 공적 성격은 희석되고 있다. 그러나 기시 수상의 개인특사인 야츠기의 방한은 '사죄사절'의 성격이 강했다. 야츠기는 이러한 뜻을 귀국한 후에도 명확히 했다. 그는 『분

---

12) 김동조, 앞의 책, pp. 117-118.

게이 슌주』(文藝春秋)에 이 대통령에게 한 얘기를 다음과 같이 쓰고 있다.

일본군벌의 제국주의적 지배로 인하여 많은 폐를 끼친 것을 항상 유감으로 생각하고 있다는 것, 그리고 일한합방을 감행한 이토 히로 부미로 말하면 당시로서는 극동정세가 부득이한 사정에 있었다고 생각하더라도 한국에게는 폐해가 아닐 수 없는 것이며, 일본의 입장으로 봐도 실책이었음이 분명하다. 기시 수상은 같은 야마구치현 출신인 이토의 후배로서 그 뒤처리를 하고 싶은 충정에 있다.[13]

그러나 야츠기의 발언이 의회에서 문제화되었을 때 기시 수상은 이를 분명하게 부인했다. 6월 24일 중의원 예산위원회에서 사회당 의원(今澄勇)이 야츠기가 서울에서 가진 기자회견과 『분게이 슌주』의 내용을 언급하면서 야츠기의 발언이 기시의 의사를 대변한 것인가를 기시 수상에게 물었다. 기시는 이 질문에 대하여 명확하게 "그 견해는 야츠기 군 개인의 견해를 말한 것이며 나의 뜻은 아니다"라고 밝힘으로써 야츠기를 통해 밝힌 '유감'의 뜻을 부인했다.[14]

기시 수상의 '유감'과 '노력'이 얼마나 가식적이었는가는 야츠기의 방한으로부터 6개월이 지난 후 일본정부가 재일교포 북송을 감행함으로써 드러났다. 야츠기가 밝힌 기시 수상의 "한·일 두 나라의 관계개선을 위한 진정한 노력"과 "지난날 저지른 과오를 씻기 위한 노력"은 한국과 한국국민의 의사를 전적으로 무시하고 재일교포를 북송함으로써 하나의 허구라는 것이 드러났다.

---

13) 矢次一夫, "李承晚大統領會見記", 『文藝春秋』, 1958年 7月.
14) 日本國第29回國會, 『衆議院預算委員會議錄』第3號, 1958, p. 7.

III. 다카스기 발언과 시이나의 사죄

1. 다카스기의 발언

여러 가지 우여곡절을 겪고 또 상당한 시간을 보낸 후 1965년에 한·일 국교정상화가 이루어졌다. 그러나 한일회담이 마무리되어 가는 막바지 단계에 한·일 국교정상화를 추진하는 보수지배세력이 지니고 있는 한국관의 속마음을 극명하게 보여주는 망언사건이 또다시 일어났다.

6차 회담까지 일본측 수석대표였던 스기 미치스케(杉道助)가 사망하자 사토 수상은 자신과 친분이 깊고 또 재계의 거물인 미쓰비시(三菱)전기의 상담역인 다카스기 신이치(高杉晋一)를 제7차 한일회담의 일본측 수석대표로 임명했다. 다카스기는 수석대표 취임 권유를 받고 여러 번 고사했으나, "이제 나이 72세에 일한회담 타결로 흠이 좀 간들 무슨 상관이냐"는 재계 중진들의 종용을 받고 수락을 결심했다고 한다. 다카스기는 자신이 수석대표를 수락한 과정을 다음과 같이 설명하고 있다.

나는 이번 일한회담의 수석대표의 임무를 맡게 됐으나 내가 좋아서 그 임무를 수락한 것은 아니다. 또한 내 스스로 그 임무를 감당하기에 적합한 인물이라고 생각하지도 않았다. 다만 주위의 여러 가지 사정이 나로 하여금 수석대표직을 맡지 않을 수 없게 만들었다. 즉 사토 총리는 1월 10일 미국을 방문해 존슨 대통령과 정상회담을 가지기로 예정되어 있었다. 이 회담에서 일·한 문제가 논의될 것은 필지의 사실인데 아직 일본측 후임 수석대표가 결정되지 않았다는 것은 미국에 주는 인상이 좋지 않을 것이라는 사토 총리의 입장도 고려하지 않을 수 없었다. 또한 재계와 자민당으로부터도 강력한 권유를 계속 거부할 수만은 없었다.[15]

다카스기는 도쿄제국대학을 졸업한 후 미쓰비시은행에 입사한 이래 미쓰비시전기 회장 상담역, 미쓰비시경제연구소 이사장 등 평생을 미쓰비시 재벌 안에서 일해 온 일본금융자본주의의 영웅이자 일본 재계의 거물이었다. 그는 또 일본 재계의 총사령부인 케이단렌(經團連)의 경제협력위원장직을 맡고 있었다. 사토 내각 탄생에 적극적으로 협조한 다카스기는 일본 정계에 항상 영향력을 미쳐온 재계 인맥 중에서도 우익으로 평이 나 있었다. 그의 일본민족우월감과 국수적 사상의 일면을 다음과 같은 글에서 볼 수 있다.

> 일본인은 동양의 향기 높은 정신문화로 미국이 추구하고 있는 유물주의를 때려부숴 놓을 때이다. 미국인들은 물질로만 살 수 있다는 마음을 가지고 있다. 그들 가운데는 모든 것을 돈으로 해결할 수 있다고 생각하는 사람이 많다. … 빛은 동방에서부터 온다고 생각한다. 일본의 사상가들은 분발해야만 한다. 상아탑 안에만 머무르지 말고 세계 인류를 구제하기 위해서는 바로 이 유물사상을 때려부술 수 있는 기개를 가지고 세계를 향해 나가야 할 것이다.[16]

1월 6일 일본측 수석대표의 취임을 승낙한 다카스기는 한일회담에 대하여 적극적인 태도를 취했다. 그는 한·일 교섭은 소위 막후절충을 배제하고 정식외교창구를 통해야 하며 또한 경제협력과정에 있을 수 있는 여러 가지 의혹을 일소해야 한다는 회담의 기본원칙을 밝혔다. 그는 사토 수상에게 회담에 임하는 일본정부의 확실한 방침을 요구했고, 사토 수상으로부터 정부는 3월 내에 핵심부분을 타결하고 5월 중순께 비준을 완료할 뜻이라는 시간표까지 받았다. 다카스기는 수석대표로 임명되면서 평화선과 독도문제 등 사소한 문제는 뒤로 미

15) 高杉晋一, "日韓會談に臨むに當って", 『民族と政治』, 1965年 2月.
16) 高杉晋一·中谷式世, "EEC·OAECそして禪の話―共同哲學, 五輪思想, 光は東方より", 『民族と政治』, 1962年 4月.

루고 대국적 견지에서 양국간의 국교는 조기 정상화되어야 한다는
것, 한·일 문제를 그대로 방치해 두고 일본의 아시아 외교는 있을 수
없다는 것, 그리고 한일 두 나라의 경제협력을 위해서는 무엇보다 먼
저 국교정상화가 필요하다는 것을 강조하고 나섰다.[17] 그는 "나는 지
난번의 수석대표처럼 죽을 때까지 회담대표로 남아 있지 않을 것"이
라고 할 정도로 조기타결의 의지를 과시하기도 했다.

그러나 한일회담 추진에 대한 긍정적인 태도와 조기타결에 강한 의
지를 지니고 있었던 다카스기의 속마음에는 식민통치의 긍정과 일본
민족의 우월의식이 뚜렷하게 자리잡고 있었다. 다카스기는 자신의 속
마음을 취임직후 일본 언론과 가진 회견에서 다음과 같이 드러냈다.

일·한 문제는 지금 최종 고비에 와 있는데 이 교섭은 보다 배짱
을 세워 대국적 입장에서 추진하지 않으면 안 된다. 일본은 이 기회
에 형이 된 기분으로 회담에 임해야 할 것이다.

일본이 조선에 대한 과거의 통치에 대하여 사과하라는 이야기도
있지만 일본으로서도 할 말이 없는 것은 아니다. 일본은 분명히 조
선을 지배했다. 그러나 일본은 좋은 일을 하려고 애썼다. 조선을 보
다 더 좋게 하려고 한 일이었다. 지금 한국에는 산에 나무가 하나도
없다고 한다. 이것은 조선이 일본으로부터 떨어진(해방 의미) 때문
이라고도 할 수 있다. 20년쯤 더 일본과 상종(병탄의 연장 의미)했더
라면 그렇게 되지 않았을지도 모른다. 일본의 노력은 결국 전쟁으로
인하여 좌절됐지만 20년쯤 더 조선을 가지고 있었더라면 좋았을 것
이다. 대만의 경우는 성공했다고 볼 수 있지 않은가.

일본이 사과해야 한다고 하는 이야기는 타당한 말이 아니다. 일본
은 조선에 공장·가옥·살림 등을 모두 그냥 두고왔다. 창씨개명만
해도 그것은 조선인을 동화하여 일본인과 같이 취급하려고 취해진

---

17) "隠された 高杉發言", 『世界』, 1965年 3月.

조치였으므로 나쁜 짓이었다고 말할 수는 없다. 과거를 따지자면 한 국측이 할 말이 없을 수 없지만 이쪽에도 할 말은 있다. 따라서 과거 를 들추는 것은 좋지 못하다. 일본은 차제에 친척이 된 기분으로 이 야기를 결말지어야 할 것이다.[18]

구보타 발언을 능가할 만한 망언이었다. 그러나 기사화하지 말아달 라는 다카스기의 요청을 받아들인 일본의 모든 언론은 이를 보도하지 않았다. 그러나 일본공산당의 기관지인 『아카하타』(赤旗)만이 회견 의 내용을 보도했고, 이를 받아 북한의 『로동신문』이 비판하고 나섰 다. 19일에는 『동아일보』도 다카스기의 망언을 크게 보도했고, 이는 다시 한국사회에 '2중 3중의 중대한 영향' 을 미쳤으며, 한일회담의 전망은 다시 암담해졌다. '20년 간 더 한국을 지배했으면 좋았을 것' 이라는 발언이 어떠한 결과를 가져오게 될 것이라는 것을 깨닫게 된 일본 외무성과 다카스기는 사건의 확대를 막기 위하여 이는 '사실무 근' 이라고 밝히고 발언 자체를 부인하고 나섰다.[19] 다카스기는 18일 도쿄 주재 한국기자들을 외무성 수석대표실로 초청하여 "지금 문제 가 되고 있는 뉴스는 전혀 사실무근" 이라고 설명하고, 『아카하타』의 기사는 "하나의 작문이고 모략" 이며, 또한 "내가 36년 간 일본이 한

18) 김동조, 앞의 책, pp. 269-270.

19) 당시 한국을 대표했던 김동조 회고록에 의하면 일본으로 하여금 다카스기 발 언이 '사실무근' 이라고 하게 한 것은 자신의 아이디어였다고 말하고 있다. "이제 다 시 일본 인사들의 잠재된 대한우월의식의 표출 때문에 다 되어 가는 한ㆍ일 관계정상 화를 수년간 후퇴시킬 수 없다는 확고한 생각" 을 하게 된 김동조는 당시 일본의 차석 대표였던 우시바 노부히코(牛場信彦)에게 "우리 언론이 이를 보도하기 전에 다카스 기 수석대표로 하여금 한국특파원들과 회견토록 해 무조건 그런 발언을 한 일이 없다 고 부인하도록 하되 다카스기 대표가 또 무슨 실언을 할지 모르니 외무성이 부인해명 발언을 아예 작성해 주어 읽도록 하는 게 좋을 것" 이라고 대책을 일러주었다고 밝히 고 있다. 그리고 김동조가 이와 같이 "다카스기 발언을 유야무야시키기로 독단적 결 정을 내린 것은 한ㆍ일관계의 조기 정상화가 우리 국익을 위해 보다 부합된다는 판단 에서였다" 라고 기록하고 있다. 위의 책, pp. 270-271.

국을 통치한 것은 유익했다고 말한 것으로 인용보도한 평양『로동신문』의 기사는 터무니없는 것이며 공산당측이 회담을 방해하기 위한 트집"이라고 공산당에게 책임을 전가하는 등 발언 자체를 부인했다. 뿐만 아니라 다카스기는 한 걸음 더 나가서 "일본은 과거의 한국지배가 아직도 한국국민에게 마음의 상처가 되고 있는 데 대해 책임을 느껴야 하며 앞으로의 교섭이나 양국관계에서 행동으로 사과해야 한다"라는 사죄발언을 덧붙였다.[20]

1월 20일 개최된 1차 수석대표회담에서 다카스기는 다시 "일·한 문제에서 내가 한국국민의 감정을 무시한 터무니없는 발언을 한 것처럼 공산당계 뉴스와 그외 일부 언론에서 보도한 것을 알고 정말 놀랐다. 이 작위적인 보도가 일·한 교섭의 앞날에 어두운 그림자를 드리울 것을 염려해서 이 기회에 나의 각오와 신념을 피력하고 싶다"라고 전제하고, "나는 한국국민이 일·한 간의 역사적 관계에 대하여 지극히 민감한 감정을 가지고 있다는 것을 충분히 이해하고 있다. 나는 한국국민의 이러한 기분을 어떻게 하면 대일우호감으로 가져가느냐에 관해 밤낮으로 고심하고 있다. … 이런 신념과 각오를 가지고 있는 내가 어떻게 일부에서 보도된 바와 같은 말을 할 수 있겠는가"라고 해명했다. 다카스기의 이와 같은 발언에 대하여 한국측 대표는 "설명하는 취지를 이해할 수 있다"고 응답함으로써 다카스기의 발언은 정부대표 차원에서 정치적 타결로 매듭지어졌음을 시사했다.[21]

다카스기 발언이 1월 19일『동아일보』에 크게 보도되면서 한국사회에서는 반일 캠페인이 거세게 일어났다. 그러나 발언 자체에 대한 다카스기와 외무성의 강력한 부인,[22] 다카스기의 부인을 묵시적으로

---

20) 高杉晋一, "日韓會談に臨むに當って", "日韓交涉妥結の經過を顧みて",『民族と政治』, 1965年 6月.

21) "隱された 高杉發言".

22) 시이나 에쓰사부로 외상은 2월 8일 중의원에서 "다카스기가 그러한 발언을 한 일이 없었다고 부인하고 있다". 또한 2월 15일 "다카스기 대표의 일한회담에 대한 인

지지한 일본언론의 입장,[23] 그리고 한일 두 수석대표의 외교적 · 정치적 타결로 인해 다카스기의 발언은 엄청난 폭발성을 지니고 있었음에도 불구하고 회담에 영향을 미치지 않고 회담이 진행 · 타결될 수 있게 하였다.

2. 시이나의 사죄

다카스기 발언이 있은 지 한 달 후인 2월 17일 일본 외상 시이나 에쓰사부로(椎名悅三郎)가 해방 후 처음으로 일장기가 펄럭이는 JAL특별기를 타고 김포공항에 도착했다. 시이나의 방한목적은 한 · 일 두 나라의 국내에서 일어나고 있는 거센 반대 움직임 속에서 한 · 일 기본조약의 가조인을 체결하기 위한 것이었다. 시이나는 도착성명에서 "일 · 한 양국의 공동관심사에 관해 흉금을 털어놓고 이야기할 것을 기대한다"고 말하고, 이어서 "두 나라 사이의 오랜 역사 가운데 불행한 기간이 있었던 것은 참으로 유감스러운 일이며 깊이 반성하는 바이다" 라고 식민통치에 대한 반성의 뜻을 표했다.

시이나의 이와 같은 반성은 해방 후 공직을 담당하고 있는 일본의 지도자가 과거 한국통치행위에 대해 반성의 뜻을 공식으로 표시했다는 점에서 의미가 있다고 하겠다. 그러나 시이나가 표시한 '유감과 반성' 은 진정 일본국민과 정부의 뜻을 대변한 것이 아니라, 당시 상황을 유리하게 전개하기 위한 지극히 임기응변적인 것에 불과했다.

시이나가 김포공항에서 발표하기로 한 도착성명서의 원안에는 '36

식이나 또는 그 열의로 봐서 있을 수 없는 일이다" 라고 다카스기의 부인을 강력히 지지하고 나섰다.

23) 다카스기의 보도관제 요청(off-the-record)을 받아들인 일본의 언론은 다카스기의 발언을 보도하지 않았을 뿐만 아니라 이 발언이 한국과 북한에서 크게 문제가 되었을 때도 "문제가 되고 있다" 는 정도로만 가볍게 취급하고 발언의 진상과 내용에 대해서는 계속 침묵을 지켰다.

년 간의 식민통치'에 대한 일본의 반성표현이 한 마디도 없었던 것으로 알려져 있었다. 그래서 당시 한국측은 일본 외무성에 "지난 역사에 대해서 뭔가 없으면 곤란하다"고 지적하고, 국민이 납득할 수 있는 문구를 강력히 요구했다.[24] 그러나 성명서에 '유감과 반성'이 들어가기까지에는 상당한 진통이 뒤따랐다. 당시 서울에 파견되어 있던 외무성의 마에다 리이치(前田利一: 후에 주한 일본대사가 됨) 조사관은 당시의 상황을 다음과 같이 회고하고 있다.

시이나 대신이 방한할 때 김포에서 성명을 발표하기로 되어 있었다. 현지에 있는 우리들은 그 성명서 속에 두 나라 사이의 '과거'에 관하여 언급해 줄 것과 언급 없는 방한은 아무런 효과가 없다는 의견을 여러 번 도쿄에 전했다. 그러나 도쿄는 우리의 의견을 받아들이지 않았다. 도착 일이 임박해서 보내온 성명서를 읽어보니 듣는 한국인의 심금에 와 닿는 것이 아니었다. 이것으로는 곤란하다고 생각했고 솔직히 말해서 서울주재팀으로서 무너지는 기분이었다.[25]

그러나 사과 없는 방한은 있을 수 없다는 한국국민의 감정을 인식한 일본은 최후순간에 '유감과 반성'의 구절을 삽입했다. 그러므로 시이나의 유감은 선린의 관계를 건설하기 위한 첫단계가 아니라 다만 외교적 수사에 불과했다. 뒷날 시이나는 이것을 스스로 입증했다. 그는 자신이 발표한 성명서안의 "'불행한 기간'이라는 고심한 표현과 '깊이 반성하고 있다'라고는 했지만 그 주체가 누구인지, 일본정부인지 외무성인지 또는 시이나 외상 개인인지 구체적으로 드러나 있지 않은 점이 바로 '요점'이었다"라고 회상하고 있다.[26] 시이나는 또한

---

24) 椎名悅三郞追悼錄刊行會, 『記錄椎名悅三郞(下)』 1982, p. 71.
25) 前田利一外, "けわしかった韓國の對日觀", 『現代コリア』, 1985年 5月, p. 24.
26) 『記錄椎名悅三郞 (下)』. p. 52.

참의원에서 "일한합방이라는 것이 어떠한 상황 아래서 이루어진 것인가?"라는 질문에 대하여 "나는 양국간에 서로 이것이 살아갈 수 있는 길이라는 합의 아래 그러한 병합조약이 이루어진 것이라고 생각한다"라고 답변함으로써, 일본의 한국합병이 한국인의 의사에 반하여 강압적으로 이루어진 것이었다는 것을 부인했다. 전전 일본의 침략과 팽창정책에 참여했던 시이나의 철학과 역사관은 전후에도 지속했다. 한일회담의 조인을 위하여 한국을 방문하기 2년 전인 1963년 시이나는 자신의 신념의 일면을 다음과 같이 드러내고 있다.

일청전쟁은 결코 제국주의전쟁이 아니었으며, 일러전쟁은 러시아 제국주의에 대한 통쾌한 반격이었다. … 오늘날에도 일본이 지향하는 바는 원하든 원치 않든 간에 아시아·아프리카 제국과 운명공동체적 관계를 구축하는 것이며, 그들의 해방과 독립, 그리고 공존·공생의 길을 모색하는 것이다. 일본이 메이지 이후 저 강대한 서구제국주의의 이빨로부터 아시아를 지키고 일본의 독립을 보존하기 위해 대만을 경영하고 조선을 합방하고 만주에 오족협화(五族協和)의 꿈을 기탁한 것이 일본제국주의라면 그것은 영광의 제국주의라 하지 않을 수 없다.[27]

거침없는 일본민족의 우월감, 아시아 침략의 당위성, 그리고 한일 합방의 정당론을 볼 수 있다. 이것은 시이나 개인의 생각이라기보다는 보수지배계급의 사상을 시이나가 대변하고 있을 뿐이다.

---

27) 椎名悦三郎, 『童話と政治』, p. 58.

IV. 후지오와 오쿠노의 발언

1. 후지오 발언과 파면

누구보다도 지성적이고 도덕적이어야 할 문부(文部)대신 후지오 마사유키(藤尾正行)는 1984년 7월 25일 공개적으로 "일본의 교과서 왜곡에 대해 불만을 말하는 놈('야츠')들인 한국과 중공은 세계사 속에서 그 같은 일을 한 번도 안 저질렀는지 생각해 봐야 할 것이다"라고 말했고, 이어서 9월 7일에는 다시 "일한합병은 형식적으로나 사실상으로 두 나라의 합의 위에 성립됐고, 따라서 한국측에도 책임이 있다"라는 충격적인 발언을 서슴없이 행했다. 82년 일본정부가 역사적 사실을 은폐 · 왜곡함으로써 한국인뿐만 아니라 중국 등 아시아의 여러 민족을 뜨거운 분노의 도가니로 몰고 갔던 '교과서 검정사건'의 망령을 잊어버리기도 전에 또다시 나타난 이 발언은 한 · 일관계와 일본의 장래를 우려하는 많은 사람들을 크게 실망시켰고 보수지배계급의 진의를 의심케 했다.

후지오는 일본이 저지른 인접국가에 대한 침략행위가 세계사적 관점에서 볼 때 결코 비난의 대상이 될 수 없다고 강변하고 있다. 그의 논리를 살펴보자.

내가 생각하고 있는 가장 나쁜 침략의 형태는 아편전쟁과 같은 것이다. 마약이나 아편이라는 것은 나라 전체와 민족 전체에 커다란 악영향을 미친다. 그와 같은 것을 팔기 위하여 무리하게 전쟁을 일으키고 민족을 안으로부터 멸망시키는 것은 인도상 도저히 용납될 수 없는 것으로서 이것은 가장 악질적인 침략전쟁의 형태이다.

그런 것과 비교하여 생각해 볼 때 소위 일본이 저지른 죄, 예를 들면 일본이 범한 침략의 제일 나쁜 것으로 이야기하고 있는 난징(南京)학살사건이라는 것이 어떤 것인가? 어째서 이 난징사건이 지금까지 확실히 알려지지 않는 것인가? 어떤 사람은 30만 명이 살해당했다 하고, 어떤 사람은 20만, 10만, 2만, 수천, 아니 1,500명이었다고도 말하고 있다. 이와 같이 불명확한 사건인 이상 아편전쟁이나 인도침략, 미국과 스페인 전쟁, 아프리카 침략, 현재 소련의 아프가니스탄 침략에 비할 때 그 규모에서도 특별히 취급될 만한 사건이 아니다.

전쟁에서 사람을 죽이는 것은 국제법의 관점에서 볼 때 살인이 아니다. 그러므로 죽은 사람이 몇만 명이었다는 것을 강조해서 그 수에 따라 침략의 강도를 말하는 것은 논리적으로 타당성이 없다.[28]

민족을 병들게 한 아편전쟁을 비판하고 있으면서도 후지오는 민족 그 자체를 말살하려고 했던 일본의 식민통치는 정당했다고 주장하고 있다. 뿐만 아니라 가장 잔악한 비인도적 처사였던 난징학살사건도 잘못 전해지고 있다고 변호했다.[29]

구보타나 다카스기로 대변되는 많은 일본인들이 강조하고 있듯이 후지오도 한일합병의 '당위론'과 식민통치의 '은혜론'을 전개했다. 한일합병은 상황적으로나 법률적으로나 정당한 것이었다는 논리다. 후지오는 "침략이라고 강조되는 일한합병도 역사적 배경이 있다"고 주장하며 합병의 필연성을 자기 중심의 상황으로 설명했다. 그가 말하고 있는 '역사적 배경'은 "19세기 말 조선은 청국의 속방"이라고 단정하는 것으로부터 시작했다. 그에 의하면 청일전쟁은 "조선을 청국의 속방에서부터 해방시키기 위한 전쟁"이었고, 러일전쟁은 3국 간섭 후 "한반도에 패자(覇者)로 등장한 러시아의 진출을 억제하고 조

---

28) 藤尾正行, "放言大臣大いに吠える", 『文藝春秋』, 1986年 10月, pp. 122-123.

29) 이와 같은 비슷한 논리는 『No라고 말할 수 있는 일본』으로 유명한 작가 출신 정치인인 이시하라 신타로(石原愼太郎)도 주장하고 있다. 이시하라에 의하면 南京大虐殺의 희생자가 30만이라는 것은 하나의 허구이고, 이러한 허구가 생긴 것은 '정보정리'를 잘못했기 때문이라고 지적하면서 이를 바로잡을 것을 주장했다. "日本を陥れた情報空間の怪", 『文藝春秋』, 1991年 2月.

선이 러시아의 속국이 되는 뿌리를 자르기 위한 전쟁"이었다. 따라서 한일합병은 한반도가 강대국의 속방이 되는 것을 방지하고 그로 인하여 나타나는 위기를 극복하기 위한 불가피한 조치였다는 것이다. 더욱이 후지오는 "19세기의 이씨 조선과 대한제국은 독립국가를 유지할 수 있는 능력도 없고 기개도 없을 뿐 아니라 외교적 혼란을 자초"하고 있는 "아나크로니즘의 무능력한 국가"로 단정했다.[30] 따라서 한일합병은 한반도가 강대국에 의한 속방이 되는 것을 막기 위한 불가피한 조치였다는 것이다.

뿐만 아니라 후지오에 의하면 한국과 일본 두 나라의 대표가 합의하고 국제적으로 공인된 합병은 법률적으로도 정당하다는 것이다.

일한합병이라는 것은 당시 일본을 대표한 이토 히로부미와 한국을 대표한 고종의 담판과 합의를 바탕으로 성사된 것이다. 형식적이나 사실상에 있어서나 두 나라의 합의에 따라 성립된 것이다. 물론 고종이 진정한 대표자였냐 아니냐에 대해서는 의문이 있고, 또한 합의를 인정시키기 의해서 일본으로부터의 압력이 있었을지도 모른다. 그러나 최소한 이토 히로부미의 교섭상대가 이조(李朝)를 대표하는 고종이었다는 것은 사실이므로 한국측에도 상당한 책임이 있다.[31]

그는 합병 후 진행된 식민통치도 한국에서 비판되고 있는 것과는 달리 한국에 상당히 유익했다는 것을 강조했다. 소위 '식민통치 시혜론'이다. 많은 시혜 가운데 특히 후지오는 교육정책을 강조했다. 일본은 엄청난 예산을 투입해서 한국국민에게 기초교육을 실시했고, 그 결과 한국국민은 "세계의 식민지 가운데 그 유례를 찾아볼 수 없을 만큼 식자율이 높았다"고 주장했다. 그러나 그 교육이 민족을 말살하

---

30) 藤尾正行, "放言大臣再び吠える", 『文藝春秋』, 1986年 11月.
31) 藤尾, 『文藝春秋』, 1986年 10月.

고 문화를 단절시키며, 언어를 소멸시키기 위한 교육이었다는 것을 우리는 잊지 않고 있다.

한걸음 더 나아가 후지오는 일본이 결과적으로 한국의 독립과 건국을 도왔음에도 불구하고 지난날을 왜곡하여 반일감정을 강화하고 있다고 비난했다. 그에 의하면 일본이 전쟁에서 패한 후 한국에서 일어난 "독립 건국의 기운에 대하여 일본은 당연한 것"으로 인정하고 "가능한 모든 원조를 아끼지 않았다"는 것이다. 그럼에도 한국이 독립한 후 "과거의 일·한관계 일체가 암흑의 역사이고 살육의 역사"이며 "오직 피해만 받은 것은 대한제국"이라고 주장하는 것은 크게 잘못된 역사인식이라는 것이다.

후지오는 전후 처리문제와 그에 대한 해석도 크게 잘못된 것이기 때문에 이에 대한 시정이 필요하다는 것을 강조했다. 그는 제2차 세계대전의 전범을 단죄한 도쿄재판은 잘못된 것이라고 부인하고 있었다. "이긴 놈이 진 놈을 재판한다는 것이 과연 정당하냐"고 재판에 대한 근본적 의문을 제기한 그는 전후에 있었던 도쿄재판이 독일에서 있은 뉘렌베르크 재판과 역사 속에서 동일시되는 것은 크게 잘못된 것이라고 주장했다. 그에 의하면 히틀러가 주도한 전쟁은 "유태인을 절멸시키겠다는 목적의 민족전쟁"이었으나, 일본이 의도한 것은 "아시아의 공존과 공영을 위한 것"이기 때문에 근본적으로 다르다는 것이다. 그러나 일본은 아시아의 모든 민족을 괴롭힌 침략자였고, 그리고 그들이 주도한 식민통치는 착취와 탄압, 민족말살을 위한 통치였다는 것은 오늘의 역사가 반증하고 있다.

후지오는 자신의 발언이 한국 안에서 어떠한 반응을 일으키고 있는가를 알고 있었을 뿐만 아니라, 당시 예정되어 있던 나카소네 수상의 방한에 어떠한 영향을 미칠 것이라는 점을 잘 알고 있으면서도, 끝까지 자신의 발언을 취소하거나 사과하지 않았고 또는 문부대신직에서 사임하지도 않았다. 후지오의 '망언'은 나카소네 수상의 '유감' 표명과 후지오에 대한 '파면' 조치로 일단 수습되었다. 그러나 그는 자신의 입장을 끝까지 굽히지 않았고, 오히려 그는 자신의 신념을 국민들에게 홍보했다. 그는 자신이 취한 태도와 발언은 "문부대신으로서 일장기를 게양하고 기미가요를 부르며 일본민족의 긍지를 가지라는 의미"였고 "역사교과서에 대한 내정간섭은 결코 용납할 수 없다"고 오히려 자신의 입장을 정당화했다.

파면을 당한 후지오는 "사임이 아니라 파면—이것으로 후지오의 정치적 생명이 끝났다—라는 소리가 있지만 아무것도 아니다"라고 전제하고, "이번 문부대신으로서 국민에 대하여 하나의 문제제기를 했다. 국민의 가슴 속에 중대한 문제의식을 남겼다. 나는 이를 크게 자부하고 있다"라고 자신의 파면을 스스로 높이 평가했다. 국민들 가슴 속에 민족의식을 고취시킨 것은 자신의 파면보다 훨씬 값있다는 뜻이다.

2. 오쿠노 발언과 사임

후지오 발언으로 높아졌던 현해탄의 파고가 한 2년 잠잠해지자 또다시 '망언병'(妄言病)이 도졌다. 1988년 4월 22일 국토청 장관 오쿠노 세이스케(奧野誠亮)는 전범들이 묻힌 야스쿠니(靖國)신사를 참배한 후 가진 기자회견에서, 일본이 한국과 중국을 강제로 점령한 침략사를 부인할 뿐만 아니라 전전(戰前) 황국사관의 부활을 부채질하고 나섰다. 20여 일 간 한국·중국·일본을 떠들썩하게 한 그의 발언은 대체로 다음과 같이 세 가지로 집약된다. 첫째, 공식적으로 금지되어 있는 공무원의 신사참배문제와 관련해서, 그는 "원래 일본은 우지카미(氏神)를 신으로 모시는 신도의 나라로 그 정점에 있는 천황가를 중심으로 국민의 단결을 도모해 왔는데 그 단결을 파괴하기 위하여 미국 점령당국은 1945년 12월 공무원의 신사참배를 금지시켰다. 전후 43년이 지난 지금은 점령군의 망령에 휘둘리는 시대는 아니다"라고 말하고, 전후 진행된 "도쿄재판은 승자가 패자에게 가한 징벌일 뿐이다"라고 하면서 미국과 미국의 점령정책을 통렬히 비판하고 나섰다.

둘째, 침략전쟁에 대한 변론이다. 일본의 한국 · 중국에 대한 침략 행위와 대동아전쟁에 대한 오쿠노의 변호는 "당시 백색인종이 아시아를 식민지로 하고 있었다"는 전제 위에서 시작되었다. 일본의 전쟁 행위는 "아시아를 독립시키고 일본의 안전을 지키기 위해, 즉 아시아 공동의 번영과 자위를 위한 전쟁"이라고 주장했다. 따라서 "일본은 결코 자원과 영토를 빼앗으려는 침략의도는 없었으므로 침략국가가 아니다"라고 침략과 전쟁을 정당화했다. 침략행위를 오히려 아시아 독립을 위한 십자군으로 미화하고 나섰다.

셋째, 중국에 대한 비판이다. 거의 비슷한 시기에 이토 마사요시(伊東正義) 자민당 총무회장이 중국을 방문했을 때 덩샤오핑(鄧小平)이 "과거의 불행한 전쟁문제에 대한 인식을 포함해서 중국과 일본의 우호관계를 바라지 않는 극히 일부의 사람들이 일본측에 있는 것은 지극히 유감"이라고 말한 데 대하여, 오쿠노는 "중국의 지도자를 무시할 생각은 없지만 덩 주석의 최근 언동에 전 일본이 흔들리다니 한심스럽다"라고 지적하고 외무성의 보다 강력한 대응을 요구했다. 뿐만 아니라 그는 국회에서 "일중전쟁의 시발점인 루거우차오(盧溝橋)사건은 우발적이었고, 일중전쟁은 사변이었지 결코 전쟁이 아니다. 그리고 일본정부는 시종 이것을 확대하지 않으려고 노력했다"고 주장했다. '계획된 우연'이었던 루거우차오사건을 빌미로 일시에 북중국을 점령했고, 그리고 남의 나라 영토에 만주국이라는 괴뢰정부를 세웠던 것도 침략이 아니라고 강변했다.[32]

오쿠노의 이와 같은 망언이 한국과 중국에서 강한 반발을 불러일으킨 것은 두말할 것도 없었다. 그러나 오쿠노는 한민족의 민족감정을 완전히 묵살하는 발언을 서슴지 않고 계속했다. 기자회견으로부터 3일이 지난 후 오쿠노는 "대동아전쟁의 결과로 중국과 함께 독립을 얻은 한국이 왜 나의 역사적 사실의 언급에 대하여 이러쿵저러쿵하는지

---

32) 『朝日新聞』, 1988. 4. 22.

모르겠다"고 말해 한국과 중국에서 일어나고 있는 민족감정을 완전히 잘못된 것으로 몰아붙였다.[33]

오쿠노는 경찰관으로 시작하여 내무차관으로 그의 관료직을 끝내고 정계에 진출하여 중의원 9선에 이른 원로정치인이었다. 그는 1973년 다나카 내각에서 문부대신, 그리고 1980년 스즈키 내각에서 법무대신을 지냈다. 그는 자민당 내의 문교부회 소속 국회의원들을 중심으로 구성되어 있는 소위 '문교족'(文敎族)의 한 사람으로서 1980년대 교과서 검정문제가 대두되었을 때 역사왜곡과 침략의 미화 등으로 일본의 역사교과서를 개정·검정 강화작업을 배후에서 조정·지원한 인물이었다. 또한 법무대신으로 재직할 당시에 그는 미 점령군에 의해서 만들어진 현행 헌법은 자주적 헌법이 아니기 때문에 개정되어야 한다는 소신을 여러 번 피력했다. 그러므로 그의 '망언'은 결코 우발적이거나 실수에 의한 것이 아니라 '확신범'이 가지는 소신이었다. 오쿠노의 이와 같은 발언은 그 개인의 것이 아니라 지금까지 보여준 지배계급의 역사인식과 생각을 다시 확인시켜 주는 것일 뿐이다.

오쿠노 발언이 문제가 되자 자민당 의원 41명으로 구성되어 있는 국가기본문제동지회(國家基本問題同志會)는 "오쿠노의 발언을 지지·지원하고, 이유 없는 외국의 비난과 이에 영합하는 일본정당들의 태도를 유감스럽게 생각하며 맹성(猛省)을 촉구한다"는 성명서를 발표하고, 오쿠노의 파면이나 사임이 있어서는 절대로 안 된다고 오쿠노를 지지하고 나섰다. 동지회의 회장인 가메이 시즈오카(龜井靜香)는 『뉴스위크』와 가진 인터뷰에서 "대부분의 일본인은 오쿠노가 말한 것에 동의하고 있다"고 전제하고, "문제가 되는 것은 오쿠노는 자신이 그런 발언을 할 때 외국인들이 듣고 있다는 사실을 생각하지 못했다는 점이다. 그는 우리가 반드시 알고 있어야 할 사실을 일본인들에게 말했을 뿐이다"라고 강조했다. 가메이는 "일본은 결코 침략자가

---

33) 위의 신문, 1988. 4. 26.

아니었다"는 오쿠노의 발언을 재확인해 주었다. 뿐만 아니라 그는 "제2차 세계대전에서 일본이 잘못했다는 외국의 비난은 결코 수용할 수 없다"고 말해 대동아전쟁 긍정론을 주장했다.[34]

오쿠노와 가메이로 대변되는 일본의 보수지배계급은 전쟁 책임의 반성 위에 세워졌다는 전후 일본의 출발 그 자체를 부인했다. 그리고 이와 같은 부인은 일본인의 가슴 속 깊이 묻혀있는 국수적 민족감정을 눈뜨게 하고 있다. 일본의 보수지배계급은 일본국민의 애국심을 고취시키기 위해서는 과거의 침략사를 될 수 있는 대로 미화하고 합리화하는 것이 필요하다고 생각하고 있다는 것을 보여주고 있다.

V. 맺는 글

보수지배계급의 이와 같은 '망언'과 '사죄'는 끊임없이 계속되었다. 예컨대 1995년 10월 무라야마 도미이치(村山富市) 총리는 "일한 합병조약은 당시의 국제관계 등의 역사적 사정 속에서 법적으로 유효하게 체결되었고 수립된 것으로 인식한다"라고 참의원에서 답변했다가 파문이 확대되자 '유감'을 표시했다.[35] 한·일 정상회담을 앞둔 1995년 11월 당시 총무처 장관이었던 에토 다카미(江藤隆美)는 출입 기자들에게 "일본의 한반도 식민통치는 불가피했으며, 통치기간 중 학교를 세우는 등의 좋은 일을 많이 했다"고 발언했다가 한국은 물론 중국과 북한으로부터도 거센 반발을 받았다. 결국 에토의 발언 파문은 그의 유감표시와 사임으로 가라앉았으나 '유감'과 '사임'은 사태를 수습하기 위한 수단에 지나지 않았다.[36] 에토는 1997년 1월 또다시 "나라와 나라가 조약을 맺어서 정한 것이 어디가 침략인가? 말의 표

---

34) 위의 신문, 1988. 4. 27; *Newsweek*, May 9. 1988.
35) 『朝日新聞』, 1995. 10. 13.
36) 위의 신문, 1995. 11. 14.

현이 나쁠지 모르지만 마을(町村)이 합병하는 것과 무슨 차이가 있는가? 침략이란 무력에 의한 점령·탄압·착취다. 도대체 일본이 어디를 침략했다는 것인가?"라고 합병의 정당성을 강조했다.[37] 또한 가지야마 세이로쿠(梶山靜六) 관방장관도 비슷한 시기에, 공창제도가 있었던 시대의 종군위안부 문제를 지금에 와서 비난하는 것은 시대적 상황을 모르기 때문이라고 정당화했다.

보수지배계급이 틈틈이 보여주고 있는 이와 같은 한국관에서 우리는 그들의 심층에 뿌리 깊게 자리잡고 있는 몇 가지 철학적 바탕을 찾아볼 수 있다.

첫번째는 한국역사의 유구성·독자성·독창성 그리고 자주성을 부인하고, 한국사회는 정체·낙후되어 있어 스스로의 힘으로는 존속·발전할 수 없다는 소위 식민사관의 '정체론'을 그대로 가지고 있다는 것이다. 타율성을 바탕으로 한 이 정체론에 의하면 한국은 예로부터 일본이나 중국 또는 그 밖의 외부세력의 지배를 받아온 국가이고, 스스로의 힘으로 독립자존을 유지할 수 없는 국가라는 논리다. 이와 같은 한국사관은 메이지 이후 조선침략과정에서 성립되어 식민통치시기에 확립된 것으로써 식민통치의 수단으로 활용되었을 뿐만 아니라 이를 일본국민에게 주입함으로써 그들의 우월의식을 고취시키고 식민통치를 정당화하는 데도 사용되었다.

두번째는 정체론을 근거로 한 한일합병의 필연성과 정당성 이론이다. 19세기의 조선은 독립을 유지할 능력도 의지도 없는 무능한 국가였으므로 외부세력의 식민지로 전락하는 것은 시간문제였고, 그렇게 되면 일본의 안보가 위협을 받게 됨으로써 일본의 조선합병은 불가피하였다는 것이다. 그러므로 한일합병은 일본의 영토적 또는 물질적 욕심과 무관하다는 것이다. 뿐만 아니라 한일합병은 당시 '조선'과 '메이지' 일본이라는 두 주권독립국가의 대표 사이에 합법적으로 이

---

37) 위의 신문, 1997. 2. 7.

루어진 것이기 때문에 침략일 수 없고 법률적으로나 사실적으로 정당하다는 논리다.

한국관의 바탕을 이루고 있는 세번째 논거는 식민통치의 은혜론이다. 한국인은 스스로 독립을 유지하고 국가를 발전시킬 수 없다는 전제 위에 성립된 일본의 합병과 그후 그들이 실시한 식민통치는 조선의 개화와 발전에 크게 공헌했다는 것이다. 그리고 해방 후 한국이 이룩할 수 있었던 근대화의 원동력도 결국은 식민통치를 통해서 축적되었다는 것이다. 식민통치가 남긴 교육제도·관료조직·군사제도와 이를 효과적으로 운영할 수 있도록 식민지교육을 받은 사람이 국가운영을 주도했기 때문이라는 것이다. 닛케이렌(日經連) 회장을 역임한 사쿠라다 다케시(櫻田武)가 "한국이 지금과 같이 경제적 발전을 이룩할 수 있는 것은 일본통치시대의 교육 덕분"이라고 강조하는 것도 이와 같은 논리를 근거로 하고 있는 것이다.

그러나 그들의 주장과 달리 식민통치가 한민족에게 안겨준 고통과 비참함은 글과 말로 표현할 수 없는 것이다. 그들은 한민족의 문화와 전통을 완전히 단절시키려 했고, 언어를 소멸시키려 했으며, 한민족 그 자체를 말살하려고 기도했다. 그리고 그 과정에서 수많은 생명을 무참하고 잔인하게 학살했다는 사실을 잊어서는 안 된다. 그리고 합병과 식민통치는 지금도 한민족이 감내해야만 하는 민족분단이라는 유산을 남겨주었다. 그들은 이러한 사실을 은폐·부정하려 하고 있다. 그들이 정당하다고 주장하는 합병은 무력적 강압을 전제로 한 원인무효의 결과인 '범죄적 주장'이다. 그러므로 일본은 범죄적 원인의 결과인 합병을 미화하고 정당화할 것이 아니라 그 자체의 범죄성을 인정하고 반성해야 할 것이다.

앞에서 본 바와 같이 보수지배계급은 철도부설·식량증산기술·조림사업 등을 식민통치가 긍정적이었다는 예의 하나로서 기회가 있을 때마다 강조해 왔다. 그러나 그것은 보다 더 효과적이고 기름진 수탈을 하기 위한 수단에 불과한 것이지 한민족의 발전을 위한 것은 아니었다. 그리고 또한 그들이 자랑하는 교육은 민족의식과 민족 그 자체를 말살하기 위한 동화주의에 입각한 황국신민화정책(皇國臣民化政策)을 보다 효과적으로 수행하기 위한 것이었을 뿐이다.

전후 끊임없이 계속된 '망언'과 '유감'은 우연히 돌출된 현상이라기보다는 목적적·계획적이라는 데 문제의 심각성이 있다. 정부나 여당 또는 재계의 책임 있는 지도자들의 심중에 확실히 자리잡고 있는 한국관을 '방언'(放言)이라는 형태로 표현해 놓고, 이것이 문제가 되면 사후해명·유감표시라는 매우 편리한 이중적 행동을 취해 오고 있다. 그리고 보수지배계급은 '망언'과 '유감'이라는 과정을 통해서 자라나는 새로운 세대에게 일본인의 우월의식을 심어주고 식민통치의 정당화교육을 끊임없이 진행하고 있는 것이다.

전후 일본의 진보적 지식인들은 인권문제를 부각시키면서 한국의 비참한 모습과 남북의 대치상황, 그리고 사회적 갈등의 모습을 극대화시킴으로써 일본인들에게 일그러진 한국상을 심어주는 데 노력했다. 그리하여 간접적으로는 일본인의 우월의식을 고취시키고 민족적 긍지를 강화하는 데 기여했다.

보수지배계급은 한·일 두 나라의 긴밀한 관계유지를 강조하면서도 한편으로는 식민통치를 정당화하고 미화시키는 작업을 계속하고 있다. '망언'과 '유감'을 반복하는 과정을 통해서 한민족에 대한 일본인의 우월성을 강화하고 국민의 가슴속에 국수적 민족주의의 심성을 배양시키고 있다.

보수지배계급이나 진보적 지식인이 가지고 있는 이와 같은 한국관의 참다운 극복 없이는 그리고 지난날에 대한 반성과 배려 없이는 21세기의 한·일관계도 결코 밝을 수는 없다.

혐한론(嫌韓論)

I. 머리글

 한·일 두 나라의 관계는 대단히 미묘하고 감성적이며 복합적이라
는 것은 이미 잘 알려진 사실이다. 특히 현실적인 이해문제보다 감정
적인 차원에서 더욱 그러하다. 물론 이러한 미묘성과 감정적 예민성
은 40년이라는 긴 시간의 가해자·피해자라는 지난날의 역사적 특수
성에서부터 나타나고 있음은 더 설명할 필요가 없다. 반세기 가까운
전후 한·일관계사를 돌이켜볼 때 현해탄의 파고를 높게 했던 계기는
모두가 지난날을 보는 시각과 인식의 차이, 그리고 그것이 국민감정
으로 연결될 때 나타났던 현상들이다.

 그러나 긴 안목에서 그리고 보다 큰 틀에서 볼 때 한·일관계는 여
러 가지 우여곡절을 겪으면서도 긍정적이고 발전적인 방향으로 전개
되어 왔고, 앞으로도 희망적이라고 생각하고 있다. 이러한 낙관적인
전망의 근거는 지난날의 응어리가 남아 있음에도 불구하고 보편적 가
치관과 역사의식을 바탕으로 한·일 두 나라의 과거를 뒤돌아보고,
현재를 염려하며, 미래를 생각하며 보다 바람직한 관계를 설계하고

있는 사람들이 양국에 많이 있기 때문이다.

한국인에게 아직도 강한 반일(反日)정서가 그대로 남아 있음을 부인할 수 없다. 그리고 한국사회에서 반일감정은 새로운 현상이 아니다. 1876년 강화도조약 이후 한국인의 정서에는 일본에 대한 불신과 반일의 감정이 싹텄고, 식민지시대를 지나면서 더욱 단단하게 응고되었으며, 전후에도 그 정서가 그대로 계속되고 있다. 한국인의 가슴에 맺혀 있는 반일감정이 어떻게 그리고 얼마나 빨리 순화될 수 있느냐 하는 문제는 지난날의 역사를 일본이 어떻게 인식할 것이냐, 그리고 지난날의 역사적 진실을 일본이 한국과 공유(共有)할 용기가 있느냐에 달려 있다고 생각한다.

최근 일본 지식인사회의 일각에서 대두하고 있는 염한론(厭韓論)·혐한론(嫌韓論)·이한론(離韓論)은 한국인의 반일감정을 크게 자극하고 있을 뿐만 아니라 한·일 두 나라의 발전적 관계정립을 위해서 노력하고 있는 많은 사람들을 실망시켰다. 또한 일본사회 안에 지난날의 역사를 한국과 공유하기를 거부하고 있을 뿐만 아니라 그것을 사회적으로 확대하려고 하는 지식인이 상존(常存)하고 있다는 것을 보여주고 있다.

혐한론을 제기하고 있는 사람들은 한국사회에는 그동안 친한 또는 지한(知韓) 인물로 알려진 보수지식인들이다. 물론 혐한론을 강조하고 있는 사람들의 근본철학과 생각이 한·일관계를 나쁜 방향으로 끌고 가자는 것은 아니라고 생각한다. 그보다는 일본사회 안에 한국을 싫어하는 분위기가 점차 강화되고 있다는 전제 위에서 한·일 문제를 염려하고 걱정하는 '애정'을 바탕으로 하고 있다고 믿고 싶다.

혐한론자들이 제기하고 있는 것처럼 혐한론의 실체가 존재하고 있고, 그리고 그 혐한론이 일본사회에 넓게 확산되고 있으며, 그것이 또한 '이한'(離韓)으로까지 이어질 개연성이 있다면 그것은 다만 한·일관계뿐만 아니라 아시아의 평화를 위해서도 심히 우려할 바가 아닐 수 없다. 그러나 문제는 혐한론을 제기하고 있는 지한 지식인들의 의

도가 진정코 한 · 일관계를 염려하고 보다 바람직한 관계를 설정하기 위한 것인지, 그렇지 않으면 혐한론을 제기함으로써 존재하지도 않는 '혐한' 분위기를 일본사회 안에 조성하고 확산하려고 하는 데 있는 것인지 불투명하다. 만일 후자라면 앞으로의 한 · 일관계가 참으로 암울하지 않을 수 없고 지한 지식인의 역사인식과 정직성에 크게 실망하지 않을 수 없다.

II. '혐한론'의 가설

일본사회에 혐한론이 구체적으로 등장하기 시작한 것은 1992년 1월 미야자와 기이치(宮澤喜一) 수상이 한국을 방문한 직후부터이다. 우연인지 필연인지 알 수 없으나 미야자와 수상의 방한 직전 그동안 한 · 일 두 나라 사이에 쟁점이 되어온 종군위안부의 창설 · 모집 · 운영에 구일본군이 조직적으로 관여했다는 것이 사실로 밝혀졌고, 이를 계기로 한국에서는 국민적 분노가 더욱 고조되었으며, 일본측의 철저한 진상규명과 보상을 요구하는 소리가 높아졌다. 바로 이러한 시기에 한국을 방문한 미야자와 수상은 대단히 곤혹스러운 입장에 처할 수밖에 없었다.

미야자와 수상은 "정신대 문제는 관계자들이 체험한 쓰라린 고통에 마음이 미어지는 심정이다. 글과 말로 다 표현할 수 없는 그분들의 고통과 아픔에 대해 충심으로 사과하고 반성한다"라고 사죄하고, "하루 빨리 진상을 규명하고, 적절한 조치를 취하겠다"고 약속했다. 그러나 한국국민의 격해진 감정은 사그러들지 않고 군중데모, 천황 허수아비의 화형식, 일본대사관에 계란 던지기 등으로 번져나갔다. 한국에서 일어난 이러한 일련의 사태는 물론 일본의 여론과 국민감정에 좋은 영향을 미치지 못했으리라는 것은 충분히 짐작할 수 있다.

그후 한국에서는 지한 인물로 알려진 일본의 보수지식인들은 일본

사회의 여론의 향방에 상당한 영향력을 행사하고 있는 보수계 언론매체를 통하여 혐한론을 공개적으로 전개하기 시작했다. 1992년 3월 이후 『분게이슌주』(文藝春秋), 『Voice』, 『쇼쿤』(諸君), 『겐다이코리아』(現代コリア), 일부 주간지, 그리고 단행본에 발표된 혐한론의 논지를 종합해 보면 대체로 다음과 같은 몇 개의 논리와 가설을 전제로 하고 있다.[1]

A. 식민지시대에 대한 사죄·보상과 혐한론

1. 36년의 식민지통치에 대하여 한국이 끊임없이 요구하고 있는 사죄와 보상에 대하여 일본은 이제 염증을 느끼고 진절머리를 내고 있다.

2. 한국이 일제 36년을 방패로 책상을 치면서 일본에 강요하고, 일본은 하고 싶은 말도 못하고 그저 사죄만 되풀이하는 것은 더이상 용납할 수 없다.

3. 1965년의 한일기본조약 및 협정을 계기로 지금까지의 역사적 문제를 포함해서 한·일 간의 모든 문제가 매듭지어졌으므로 더이상 한국에 대한 일본의 사죄나 보상은 불필요하다.

---

1) 田中明·佐藤勝巳, "'謝罪'するほど惡くなる日韓關係", 『文藝春秋』(92. 3); 西岡力, "'慰安婦問題'とは何だったのか", 『文藝春秋』(92. 4); 佐藤勝巳·松本厚治·李度珩·曺圭河·鶴眞輔, "對決·日韓經濟摩擦", 『文藝春秋』(92. 7); 佐藤勝巳, "'從軍慰安婦'か'北の核'か", 『諸君』(92. 3); 岸田秀·松本健一, "謝罪する國民と謝罪しない國民", 『諸君』(92. 4); 室谷克實, "暴かれる'昇龍'の嘘", 『諸君』(92. 6); 板倉由明, "'慰安婦狩'懺悔者の眞贋", 『諸君』(92. 7); 上杉千年, "警察OB大いに怒る", 『諸君』(92. 8); 西岡力, "日本企業は なぜ韓國が嫌いか", 『諸君』(91. 8); 田中明, "拜啓, 韓國新大統領殿", 『諸君』(93. 2); 曾野綾子, "代理謝罪", 『Voice』(92. 3); 黑田勝弘, "韓國'日本主敵論'の眞意", 『Voice』(92. 4); 永守良孝, "韓國新ナショナリズムの問題點", 『現代コリア』(92. 4); 田中明·置高史·西岡力·佐藤勝巳, "'反日'はなぜつづくのか"(上·下), 『現代コリア』(92. 7-8); 新井佐和子, "'從軍慰安婦' 問題の核心部分", 『時事』, 92. 2. 1; 上坂冬子, "誰もいわないからあえて私が書く", 『週刊ポスト』, 92. 2. 28; 田中明, 『韓國政治を透視する』(亞紀書房, 1992); 西岡力, 『日韓誤解の深淵』(亞紀書房, 1992) 참조.

4. 지금 일본사회에서 나타나고 있는 혐한감정은 그동안 마치 지하수가 스며들어 퍼져나가듯이 일반 일본인 사이에 급속도로 넓게 확산되고 있다.

5. 일본언론은 한국에 대하여 저자세일뿐만 아니라 일본사회에서 확산되고 있는 혐한감정을 사실 그대로 보도하지 못하는 겁쟁이다.

B. 종군위안부

6. 종군위안부는 당시 일본정부가 인정하고 있던 공창(公娼)제도의 일부로서 완전한 합법이다. 그리고 종군위안부가 된 한국여성들 가운데는 돈을 벌기 위하여 그 길을 택한 여자도 많이 있다.

7. 종군위안부에는 일본여성도 있었다. 일본이 전쟁을 수행하기 위해서는 병사에게 위안부가 딸려 있는 것이 능률적이라고 판단했기 때문에 일본국민인 조선여자를 활용한 것은 당연한 처사이다.

8. 전쟁에서는 누구나가 어떤 형태의 것이든 고통을 겪게 마련이다. 전쟁 당시 일본의 일부였던 조선인이 일본인과 함께 고통을 겪은 것은 지극히 당연한 것이 다.

9. 50년 전에 있었던 일에 대하여 총리와 외무대신이 지금 와서 대리사죄하는 것은 일본인의 정신을 의심스럽게 하는 행위이다.

C. 한국의 현상과 발전가능성

10. 오늘날의 한국정치지도자들은 국가건설을 위한 의지나 전략도 없고 비전도 고갈되어 있다. 그렇기 때문에 박정희 이후의 정치지도자들은 일제 36년에 매달리고 있다.

11. 오늘의 한국사회는 무기력한 상태에 빠져 있다. 스스로의 노력으로 무엇을 만들어 간다는 발상도 의지도 없는 것이 한국의 특색이다.

12. 안전보장은 미국에, 경제는 일본에 의존하려고 하고 있으며 독립의지를 상실한 한국인은 입으로만 반일을 외치고 중요한 일은 일본에 의존하려는 타자(他者)의존적 사상에 빠져 있다.

13. 한국은 대일무역적자를 줄이기 위해서는 일본에게 기술이전과 같은 것을 요구하기보다는 한국 스스로의 산업구조를 개편해야 하고 노동멸시의 문화풍토를 고쳐야 한다.

D. 한국 내 반일(反日)감정에 대한 인식

14. 한국 내 반일감정은 과거문제에서 비롯된 것이라기보다는 한・일 두 나라 사이의 격차에 따른 한국인의 열등의식에서 비롯되었다. 따라서 일본이 과거에 대해 충분히 사죄한다고 해도 반일감정은 사라지지 않을 것이다. 과거문제는 명분일 뿐 실상은 현재 양국간의 격차가 반일감정의 근본원인이다.

15. 냉전의 붕괴로 국가목표를 상실한 한국은 충분한 자기검증도 없이 나쁜 것은 일본이라는 손쉬운 반일감정을 극대화하고 있다.

16. 한국의 정부와 언론은 반일감정을 선동하여 국론을 통일하려고 하고 있다.

E. 한・일관계

17. 한국 내에서 반일감정이 앞으로도 계속된다면 일본은 한국에서 떠나게 될 것(離韓)이고, 결국 한국은 세계에서 고립된 상태에 처하게 될 것이다.

18. 지금까지와 달리 한국이 일본에 대하여 보다 성실한 태도를 취하지 않으면 한국을 지원하고 있는 일본 내 지한파(知韓派)도 강도 높은 비판을 하게 될 것이다.

19. 일본은 한국과의 관계를 단절하는 것도 신중히 검토해야 한다.

혐한론 속에 담겨져 있는 이러한 논리와 가설이 얼마나 합리적이고 진실에 가까운 것인지는 알 수 없다. 그러나 혐한론자들이 제기하고 있는 논리와 가설의 타당성을 그들이 우려하고 있는 "혐한론이 심각하게 일반국민 사이에 확산되고 있다"는 '일반국민' 의 한국관을 통해서 규명해 볼 수 있다고 생각된다.

최근 '일반 일본국민'이 가지고 있는 한국에 대한 이미지를 보여주는 조사결과가 나왔다. 도쿄(東京) · 오사카(大阪) · 삿포로(札幌) · 후쿠오카(福岡) 등 4대 도시에서 일반국민을 상대로 실시한 이 여론조사는 마침 일본에서 혐한론자들의 주장이 전개되고 있던 시기였기 때문에 보통 일본인이 지니고 있는 한국상의 한 면을 이해할 수 있을 뿐만 아니라 혐한론자들의 논리나 가설과 일반국민의 이미지와의 상관성을 찾아볼 수 있는 좋은 자료라 하겠다(이하 「한국의 이미지」로 칭함).[2] 이것보다 조금 앞서 '일한21세기위원회'의 일본측은 1989-90년 사이에 두 차례에 걸쳐 전국적으로 한국(인)에 대한 일본인의 인식과 이미지의 실태를 조사했다.[3]

이 두 가지 여론조사 결과를 분석해 봄으로써 '일반국민'이 지니고 있는 한국상을 조명해 보고, 앞에서 종합한 혐한론자들의 논리와 가설의 타당성을 검증해 보기로 하자.

---

2) 일본리서치센터(주)가 실시한 "日本における「韓國のイメージ」調査"는 1992년 10월 27일-11월 5일 사이에 4대 도시에서 개별방문 면담의 형태로 실시되었다. 1,500人의 면담 대상자의 성격은 20세에서 59세까지의 남녀(50.6% : 49.4%)가 반씩 차지하고 있다. 직업은 농업에서 정치가, 배우에 이르기까지 다양한 형태를 이루고 있고, 학력은 소수의 초등학교를 제외하고는 대부분(91%)이 고등학교 이상의 교육을 받았다. 조사내용은 일본인이 지니고 있는 韓國一般에 관한 이미지, 경제, 남북문제와 남북통일, 그리고 현재와 미래의 日韓關係 등 4가지에 초점을 맞추고 있다. 보고서가 작성된 것은 1992년 12월 24일이나 발표는 1993년 1월 14일에 했다.

3) '日韓21世紀委員會'에서 실시한 여론조사는 한 · 일 각국에서 상대방 국가에 대한 이미지를 조사한 것으로서 일본에서는 전국조사와 한국을 방문한 경험이 있는 사람을 구분하여 두 차례 실시했다. 1989년 10월 23일-11월 10일 사이에 실시한 전국조사에서는 16세 이상의 남녀 3,000명을 개별방문 면접으로 실시했고, 한국방문 경험자 507명에 대한 조사는 1989년 12월-1990년 1월 사이에 우편으로 실시했다. 日韓21世紀委員會, 『日韓21世紀委員會參考論文集－世論調査, マスメディア調査, 文獻調査』(1991). 이 글에서는 위의 「韓國의 이미지」를 주요 자료로 삼고, '일한21세기위원회'의 조사를 보조자료로 활용했다.

III. '일반 일본인'의 한국관

「한국의 이미지」에 의하면 일반적으로 일본인은 한국문화에 대해서는 크게 관심이 없는 것으로 나타나고 있다(65.6%-"관심 없다"). 그러나 '일반 일본인'은 한국의 현상문제나 한·일 두 나라의 현안문제, 또는 역사문제에 대하여 깊은 관심을 가지고 있는 것을 알 수 있다. 식민지시대에 대한 인식이나 한·일 사이에 일어나고 있는 마찰을 보고 있는 '일반 일본인'의 견해는 혐한론자들의 주장과 크게 다르게 나타나고 있다. 1965년 한일기본조약의 결과로 두 나라 관계가 정상화되었음에도 불구하고 그 이후에 끊임없이 계속되고 있는 한·일 사이의 마찰의 근본원인이 일본에 있는 것으로 다수의 '일반국민'은 인식하고 있다(67.1%). 즉 한·일 간의 감정적 대립이 반복되고 있는 것은 일본이 과거 식민지시대의 잘못과 관련하여 "국민 한사람 한사람에게 사죄와 보상이 이루어지지 않았음"(23.8%), "성의를 가지고 충분히 보상한다는 태도의 결여"(23.3%), "한·일 양정부의 불충분한 정리 해결"(20.0%)에서 그 원인을 찾고 있다. 다만 13.5%만이 한국인이 과거문제에 대하여 지나치게 반복하여 사죄와 보상을 요구하고 있기 때문에 마찰이 발생하는 것으로 이해하고 있다. 특히 주목할 것은 고학력층(短大, 大學卒)이고 젊은 세대(20-30대)일수록 과거에 저지른 범죄에 대하여 일본이 "성의를 갖고 보상하는 태도가 결여되어 있다"는 것을 강조하고 있다.

일한21세기위원회의 조사결과도 이를 뒷받침하고 있다. 일본의 식민지통치에 대해 일본인은 반성하고 있느냐는 질문에 다만 15.0%만이 "충분히 반성하고 있다"고 생각하고 있고, "반성하고 있지 않다"고 평가하고 있는 사람이 33%를 차지하고 있다. "어느 정도 반성하고 있다"가 37.5%로 나타나고 있다.

한국사회에서 제기되고 있는 사죄와 보상에 대하여서도 과반수가 1965년의 한일기본조약만으로는 불충분하다는 전제 위에서 "일본국민은 마음 속으로부터 진심으로 사죄하고 역사적 사실을 사실 그대로 밝혀야 한다"(49.9%)고 생각하고 있다. 이에 반해서 "1965년 체결된 한일기본조약으로 모든 것이 처리되었다"고 인식하고 있는 일본인은 14.3%뿐이다. 9.6%는 "돈으로 보상하거나 또는 가능한 것부터 처리한다"는 것이고, 26.2%는 "잘 모르겠다"는 대답이다. 고학력층 (62.4%)과 젊은 계층(57.0%)일수록 진실이 담긴 사죄와 역사적 사실을 밝힐 것을 지지하는 입장을 표시하고 있다.

종군위안부문제와 관련하여 과반수 이상이 "구일본군이 일본군을 위하여 한국여성을 강제로 연행하여 위안소를 설치했다"는 사실을 알고 있다(56.8%). 그러나 동시에 상당히 많은 사람(32.4%)이 종군위안부가 있었다는 사실조차 모르고 있는 것으로 나타나고 있다. 또한 과반수(51.8%)의 일본인은 종군위안부는 구일본군이 직접 조직·운영한 것으로 이해하고 있으나, 동시에 "군이 관여했는지 안 했는지 잘 모르겠다"(36.2%), "군대와 무관한 자발적 매춘"(2.3%) 또는 "군이 부분적으로 관여했으나 강제연행은 아니었다"(9.7%)는 등 군의 관여를 부정하는 사람 또한 과반수에 가깝다. 이러한 현상은 일본이 역사교육을 어느 정도 성실하게, 그리고 진실되게 실시했나 하는 것을 알수 있게 하는 하나의 척도라 할 수 있다. "한국에 대한 지식이나 정보를 학교교육을 통해서 획득했다"고 대답한 사람이 5.8%라는 사실이 이를 잘 설명해 주고 있다.

과반수가 훨씬 넘는 '일반 일본인'(63.3%)은 한국에서 제기되고 있는 종군위안부에 대한 사죄와 보상에 대하여 긍정적인 입장을 취하고 있다. 전체의 35.6%는 "사죄와 더불어 비인도적 행위에 대한 보상이 반드시 필요하다"고 보고 있고, 27.7%는 "인도적 견지에서 적절한 보상을 반드시 검토해야 한다"는 데 동의를 표시하고 있다. 혐한론자들이 주장하고 있는 것과 같이 "1965년 한일기본조약으로 사죄와 보상이 모두 끝났다"고 대답한 일본인은 10.9%에 지나지 않았다. 특히 고학력층(71.8%)일수록 사죄와 보상 및 적절한 지원에 동의하고 있다.

혐한론자들은 한국의 현상을 대단히 부정적으로 진단하고 또한 미래가 어두운 것으로 전망하고 있다. 그러나 '일반 일본인'의 생각은 이와 다르다. 절대다수의 일본인(76.2%)은 앞으로 10년 안에 한국의 정치와 사회는 크게 발전할 것으로 전망하고 있다. 뿐만 아니라 지난 5년 사이에 경제발전(55.9%), 국제적 지위의 향상(37.2%), 국민생활의 향상(30.0%) 등을 인정하고 있다. 그러나 한·일관계가 개선되었다고 보는 사람은 19.1%로 소수에 달하고 있다.

혐한론자들과 달리 '일반 일본인'은 앞으로 한국경제의 발전가능성에 대해서 대단히 밝은 것으로 예견하고 있다. 「한국의 이미지」에 의하면 과반수가 훨씬 넘는 66.2%가 한국경제의 미래를 긍정적으로 전망하고 있는 데 반하여 다만 12.6%만이 부정적으로 보고 있으며, 고학력층(63.4%)일수록 밝게 전망하고 있다. 한국경제의 장래에 대한 이러한 일반 일본인의 인식은 '일한21세기위원회'의 보고서에서도 그대로 나타나고 있다. 즉 67.0%가 한국의 경제가 발전할 것으로 예상하고 있고, 발전을 부정시하는 사람은 7%에 불과하며, 26.2%는 중립적 입장을 취하고 있다.

한·일관계에 관심을 가지고 있는 대다수의 일본인이 한·일 무역 불균형을 중요한 과제로 인식하고 있다. 그리고 이를 해소하기 위해서는 장기적 시야에서 양국이 공동으로 노력해야 한다는 데 의견을 같이하고 있다(47.6%). 그러나 보다 구체적인 방법으로는 일본정부와 기업의 보다 적극적인 시정책 추진(35.6%)과 일본의 적극적인 수입노력(16.1%)으로서 과반수 이상이 일본의 노력을 중요시하고 있다. 이에 비하여 한국의 수출노력을 강조하는 일본인은 소수(19.1%)에 이른다. 젊고(41.4%), 고학력층(40.8%)일수록 일본정부와 기업의 적극적인 정책을 요구하고 있다.

기술이전 문제에서도 "기술이전은 세계경제의 발전에 기여하고 있으므로 한국에의 기술이전은 바람직하다"라고 생각하는 사람이 39.1%, 그리고 "이웃을 돕는다는 의미로 한국에의 기술이전은 바람직하다"가 7.7%로서 총 46.8%가 일본이 한국에 첨단기술을 이전하는 것을 찬성하고 있다. 반대론은 "한국은 독자적으로 기술개발을 해야 한다"가 19.4%, 그리고 "기술이전은 바람직하지만 한국에의 이전은 반대"가 7.7%로서 전체의 27.1%가 기술이전을 적극적 또는 소극적으로 반대하고 있다.

앞으로의 한·일관계에 대해서도 '일반 일본인'의 생각은 혐한론자들의 주장과 커다란 차이가 있다. 「한국의 이미지」에 의하면 과반수가 넘는 56.4%의 보통 일본인은 과거청산을 매듭짓고 한국과 보다 더 긴밀한 관계를 발전시켜나갈 것을 희망하고 있다. 이에 반하여 현상유지를 희망하고 있는 사람은 19.4%, 그리고 좀더 거리를 두기를 희망하는 사람은 4.9%에 불과하다(19.3%는 "잘 모르겠다"). 이러한 일본인의 태도는 '일한21세기위원회'의 조사 결과에서도 같은 양상을 보이고 있다. 57.1%가 긴밀한 관계를 희망하고 있는 데 반하여 다만 1.9%만 긴밀한 관계를 부정하고 있다("무엇이라고 말할 수 없다"가 40.1%).

그러나 긴밀한 관계를 '희망'하는 것과는 달리 긴밀한 관계가 될 것이라는 '예상'에서는 그 강도가 약하게 나타나고 있다. 「한국의 이미지」에 의하면 37.8%가 선린우호의 이웃이 될 것으로 예상하고 있음에 반하여, 진실로 가까운 이웃이 될 수 없다고 예상하는 사람이 32.6%로 거의 비슷한 통계로 나타나고 있다. 그러나 한국이 일본의 장애물이 될 것이라고 생각하는 사람은 2.9%에 불과하다(26.7%는 "잘 모르겠다"). 일한21세기위원회의 조사에 의하면 45.1%가 긴밀한 관계가 이루어질 것으로 예상함으로써 '희망'(57.1%)보다 그 강도가 약하다. 또한 긴밀한 관계가 이루어지지 않을 것으로 예상하는 사람이 4.3%로서 '희망'(1.9%)보다 강하게 나타나고 있다. "무엇이라고 말할 수 없다"고 생각하는 사람이 48.6%로 다수를 차지하고 있다. 그러나 어느 조사에서도 혐한론자들이 강조하고 있는 것처럼 '이한'(離韓)을 주장하고 있는 일본인은 없다.

여론조사의 결과에서 볼 수 있는 '일반 일본인'의 한국관은 혐한론자들의 주장이나 가설과는 크게 다르게 나타나고 있다. 두 여론조사에 나타난 '일반 일본인'의 한국관을 종합하면 다음과 같다.

첫째, 일본인은 식민지시대에 대하여 어느 정도 반성하고 있지만 아직도 상당한 계층이 충분히 반성하고 있지 않다고 인식하고 있다.

둘째, 혐한론자들이 강력히 주장하고 있는 것과 같이 대다수의 일본인은 1965년 한·일 두 나라 사이에 체결된 한일기본조약으로 과거 문제가 깨끗이 청산되었다고 생각지 않고 있다. 한·일 사이에 일어나는 갈등을 근본적으로 해결하고 보다 바람직하고 긴밀한 관계를 설정해 나가기 위해서 일본국민은 마음으로부터 사죄하고 역사적 사실을 밝혀야 한다는 데 의견이 일치하고 있다.

셋째, 지금 한·일 두 나라 사이에 상징적 문제로 걸려 있는 종군위안부 문제에 대해서 '일반 일본인'은 혐한론자들의 주장과 달리 구일본군대가 조직적으로 관여했음을 인정하고 수치스럽게 생각하고 있을 뿐만 아니라 진심으로 사죄함과 동시에 비인도적 행위에 대해 가능한 보상을 해야 할 것으로 인식하고 있다.

넷째, 많은 일본인들은 한국의 생활수준이 일본보다 낮고 경제적으로나 정치적으로 아직도 진통을 겪고 있는 것으로 이해하고 있다. 그러나 혐한론을 주장하고 있는 사람들이 한국의 현상과 미래를 어둡게 전망하는 것과 달리 일반 일본인들은 긍정적이고 발전적으로 예상하고 있다. 정치·사회의 민주화가 크게 진전되고 경제적으로도 착실한 발전이 있을 것으로 예측하고 있다. 분단 상황은 쉽게 해결되지 않을 것으로 인식하고 있으나 한국의 국제적 위상은 더 신장할 것으로 전망하고 있다. 뿐만 아니라 혐한론자들이 한국사회가 무기력하고 한국인이 의타심이 강한 것으로 평가하는 것과 달리 일반 일본인은 근면하고 독립적이며 애국심이 강한 활력 있고 미래지향적인 사회로 평가하고 있다.

다섯째, 한·일관계를 전망함에 있어서도 '일반국민'은 혐한론을 주장하고 있는 사람들과 크게 다르게 인식하고 있다. 앞에서 지적했지만 혐한론자들에 의하면 일본국민들이 한국에 대해 '염증'을 느끼는 분위기가 일본사회에 넓게 확산되고 있고, 이러한 상태가 계속되면 일본은 결국 한국을 떠나거나 관계를 단절함으로써 한국은 국제사회에서 고립하게 될 것이라는 논리다. 그러나 여론조사 결과 나타난 '일반국민'이 전망하고 있는 한·일관계는 전혀 한국을 떠날 생각을 하지 않고 있다. 그보다는 지금보다 더욱 긴밀한 관계를 형성해야 하고 그러기 위해서는 상호노력해야 하며, 특히 일본이 보다 적극적으로 과거청산 문제를 해결해 나갈 것을 요구하고 있다.

여섯째, 한국의 현상을 인식하고 미래를 전망하는 데에서나 또는 한·일관계를 생각하는 데에서 한국을 한 번이라도 방문한 적이 있고, 젊은 계층이고, 고학력층일수록 더욱 긍정적·발전적·미래지향적으로 평가하고 있다. 이러한 현상은 앞으로의 한·일관계는 희망적이고 밝다는 것을 시사하고 있다고 볼 수 있다.

끝으로, 일본은 과거문제에 대하여 역사교육이 소홀하다는 것을 알 수 있다. 여론조사에 나타난 결과에 의하면 한국에 관한 대부분의 지식은 TV나 언론매체를 통해서 얻은 것이고, 학교교육이나 교과서를 통해서 인지한 것은 극히 적은 부분에 불과하다. 일본이 한국을 지배한 식민지기간을 정확하게 알고 있는 사람이 10%에도 미치지 못하는 것은 과거에 대한 교육이 어떠한가를 단적으로 설명해 주고 있다. 일본이 국제사회에서 경제대국에 걸맞은 신뢰를 획득하고 또한 진정한 국제공헌을 위해서는 자라나는 세대에게 지난날에 대한 역사교육을 회피해서는 안 될 것이다. 진실을 바탕으로 한 역사교육을 통해서 일본은 비로소 도덕대국이 될 수 있을 것이다.

IV. 지식인의 역할

역사와 전통을 달리하는 국가와 국가, 민족과 민족 사이에 서로가 서로를 전체적으로 지지하고 좋아하고 신뢰하는 관계는 기대할 수 없다. 국익을 전제로 하고 있는 국제관계는 갈등과 마찰이 있게 마련이다. 더욱이 민족말살과 문화적 파괴, 그리고 비인도적 삶을 강요당했던 역사를 지닌 한국이 일본에 대해 지니고 있는 감정적 응어리가 쉽게 그리고 완전히 해소될 수 없다는 것은 너무나 당연한 현상이라 하겠다.

그러나 오늘의 한국사회는 식민지시대를 체험하지 못한 세대가 절대다수를 이루고 있고, 그들은 식민지시대를 체험한 세대와 달리 공격적이고 구체적인 반일감정을 가지고 있지 않다는 점을 유의해야 할 것이다. 이러한 현상은 여론조사에도 잘 나타나고 있다. 최근에 실시한 YMCA의 조사에 의하면, 물론 일본에 대한 신뢰도는 약하지만, 18-24세의 한국청소년들이 가지고 있는 일본상은 대단히 긍정적으로 나타나고 있다. 그들이 1-2년 정도 생활해 보고 싶은 나라로 일본이 스위스·독일·미국·프랑스에 이어 다섯번째이고, 일본인의 근면성·성실성·예의바름을 높이 평가하고 있다. 또한 한·일 간 이해증진의 필요성을 인식하고 있고 이를 위해서 민간교류·문화교류·스포츠교류 등 비정치권의 상호교류가 필요한 것으로 생각하고 있음을 알 수 있다.[4]

물론 젊은 세대도 교육과 독서를 통하여 일본의 한반도 침략과 식민지통치시대를 알고 있고 이로 인한 반일감정을 가지고 있다. 그러나 이들의 반일감정은 대단히 추상적·관념적이며 또한 모호한 것으로서 시간의 흐름과 서로의 세심한 배려로 치유·순화될 수 있는 것이다.

---

4) 대한 YMCA연맹, 『韓國과 日本의 靑年―韓日靑年意識 비교조사』(1990).

그러나 젊은 세대의 이러한 태도도 연륜을 더하고 사회인이 되면서 강한 반일감정으로 발전하는 경향을 보이고 있다. 이와 같이 한국 내의 반일감정이 확대재생산되고, 또한 추상적·관념적인 감정이 구체적·실체적인 것으로 변질되는 근본원인의 상당부분은 일본이 제공하고 있다는 사실을 주시할 필요가 있다. 그동안 일본의 지배계층은 식민지시대에 대한 '찬양'과 '사죄'를 끊임없이 반복해 왔고, 일부 지식인은 한국인의 가슴 속에 자리잡고 있는 반일감정을 일본에 대한 열등의식으로 평가한다거나 또는 언론의 선동으로 나타나는 것으로 매도함으로써 반일감정을 강화시켜왔다.

일부 지배계급의 이러한 이중적 태도는 일본인의 진심이 무엇인지 의심케 만들고, 식민지 지배에 대한 정당화와 사죄가 계속되면 될수록 일본에 대한 한국인의 불신은 더욱 심화시키고 증폭시켰다. 그리고 한국인의 아픈 상처를 자극하고 민족적 자존심을 해칠 때마다 추상적인 반일감정은 구체적으로 변질시켜왔다.

'친한' 또는 '지한' 지식인들로 알려진 일부 지식인들이 제기하고 있는 혐한론은 선린우호의 한·일관계 구축을 위해서 노력하고 있는 모든 사람을 실망시키고 있다. 물론 혐한론을 주장하고 있는 사람들의 진의가 의도적으로 한국 내 반일감정을 자극하려 한다거나 또는 한·일관계를 나쁜 방향으로 이끌려는 것이라고는 생각지 않는다. 그러나 결과적으로는 한·일관계의 괴리를 증폭시켰고, 혐한론을 주장하는 지한 지식인의 정직성과 신뢰성, 그리고 진의를 의심케 만들었다. 앞에서 살펴본 여론조사의 결과는 일본인이 한국(인)에게 염증을 느끼고 있고, 혐한론이 '일반 일본인' 사이에 넓게 확대되고 있다는 논리는 하나의 허구라는 것을 보여주고 있다. 혐한론은 전혀 검증되지 않은 가설에 불과한 것이다.

또한 혐한론자들이 주장하고 있는 것과 달리 일본은 스스로의 이익을 위해서도 한국을 떠날 수 없다는 것은 단순한 경제논리만 보아도 쉽게 알 수 있다. 일본은 미국과 독일에 이어 총수출의 6.4%(1991)에 해당하는 세번째로 많은 상품을 한국에 수출하고 있다. 그리고 지난 28년 동안 한국과의 무역을 통해서 평균 매해 30억 달러 이상의 흑자를 기록하고 있다.

일본인 가운데는 한국을 싫어하는 사람도 있을 수 있고, 또한 한국인에게 염증을 느끼는 사람이 있을 수 있다. 인간사회에서는 호·불호가 있게 마련이다. 그리고 국가와 국가 사이의 갈등과 마찰은 얼마든지 있을 수 있는 너무나 당연한 현상이다. 그러나 혐한론의 경우는 다르다. 혐한론을 주장하고 있는 지식인들의 절대적인 오류는 개인의 상황인식과 생각을 일반화하고 그것이 마치 일본인 사이에 공감대가 형성되어 있는 집단적인 것으로 비약시키고 있고, 검증을 거치지 않은 가설과 허구적 논리를 언론매체를 통하여 사실화시키려 하고 있다는 것이다. 존재하지 않는 혐한론을 만들어가기 위하여 혐한론을 강조하고 있는 것이다.

혐한론을 접한 한국인들 가운데에는 일본사회의 일각에서 또다시 한국을 자신의 욕구불만을 해소하기 위한 '전출'의 대상으로 삼으려는 것이 아닌가 우려하고 있는 사람이 있다는 것을 혐한론자들은 알아야 할 것이다. 아직도 많은 한국인들은 지난날 일본이 스스로의 불만과 위기타개를 위하여 한국을 활용했던 것을 기억하고 있다. 메이지(明治)체제 성립 직후 사회적 혼란, 반정부운동의 불만, 사무라이 계급의 불평등을 해소하기 위하여 메이지유신의 핵심세력은 정한론(征韓論)을 제기했다. 즉 유신정부에 불만을 품고 내란을 일으키려는 마음을 밖으로(한국) 옮겨 나라를 부흥시키는 원략(遠略)이었다. 또한 1923년 관동(關東)대지진이 일어나 사회가 혼란했을 때도 식량폭동을 막고, 정부로 향하는 국민의 불만을 한국인 쪽으로 돌림으로써 사회적 통합을 이루려 했다. 대지진과 함께 사회가 걷잡을 수 없는 혼란의 수렁으로 빠져들어가자 군과 경찰은 '불령선인'(不逞鮮人)이 우물에 독약을 투입했다든가 또는 약탈·방화·폭행을 자행하고 있다는 유언비어를 조직적으로 퍼뜨려 지진으로 인한 불안·혼란·욕구불만 · 좌절감 등을 해소하는 방편으로 한국인을 대량으로 무자비하게 학살한 것이었다.

혐한론의 밑바탕에도 이러한 '전출'의 의미는 없는 것일까? 미국과의 정치 · 경제 마찰, 미국과 유럽에서 강도 높게 일어나는 '일본때리기'(Japan bashing), 일본이 군사대국으로 변신하지 않을까 하는 의구심을 가지고 주시하고 있는 아시아 주변국의 시선, 일본사회에서 확대되고 있는 정치적 불신, 복합불황 등으로 인한 정신적 불안과 불만, 그리고 불투명한 위기감을 '전출'하기 위한 대상으로 한국을 설정한 것은 아닌가 하는 의구심을 가지게 하고 있다. 미국이나 유럽의 '일본때리기'를 일본에서 '한국때리기'로 상쇄하려는 심리상태라 하겠다.

한국사회 안에도 새로운 세대가 이끌어갈 21세기의 한 · 일관계를 위해서 과거사에 집착하기보다 미래지향적이고 전향적인 관계모색을 조심스럽게 논의하는 지식인이 있다. 물론 일본에도 한 · 일관계를 염려하고 지리적으로 가까운 것과 같이 심리적으로도 가까운 나라로 발전시키기 위해서 노력하는 일본인이 많이 있다고 믿는다. 과거의 역사적 진실을 밝히고 사죄하기를 주저하지 않으며, 재일교포의 지위와 권익향상을 위해 노력하고, 사할린에 남아 있는 한인들의 생활보장을 위해 정열을 기울이는 진실과 용기를 지닌 지식인들이 있다. 종군위안부의 진실을 밝힌 것도 바로 이러한 일본인들이다. 이러한 긍정적인 요소를 한 · 일 두 나라 모두가 소중히 여기고, 더 성장할 수 있도록 잘 가꾸어나가야 할 역할을 수행하는 것이 오늘의 한 · 일관계를 염려하는 지식인의 사명이라 생각한다.

지식인이 가지고 있는 중요한 기능의 하나는 보편적 가치관과 객관적 타당성을 바탕으로 한 '사회적 신념'을 창조해 나가고, 그 신념을 공감대로 여론을 이끌어가는 것이다. 지식인이 편협하고 자기 중심의 신념을 일반화하고 그것을 사회적 신념으로 만들어나갈 때 그 사회는 결국 불행한 결과를 가져온다는 것이 역사가 우리에게 가르쳐 주는 교훈이다. 나치즘이 그랬고 파시즘이 그러했다. 1930년대 말 일본의 많은 지식인들은 '대동아공영'이라는 이데올로기를 '사회적 신념'으로 제시했고, 국민여론을 그곳으로 이끌고 간 결과 결국 전쟁과 패망이라는 불행한 역사를 만들어냈다.

한국도 앞으로의 한·일관계를 위해서 보다 냉정하고 성숙된 자세가 필요하다. 비록 귀에 거슬리는 논리라 할지라도 혐한론자들의 주장을 무시하거나 도외시할 것이 아니라 오히려 그들의 소리에 귀를 기울여 우리가 들어야 할 것은 취하고, 그들의 오류를 합리적·이론적으로 지적하여 깨우치도록 노력해야 할 것이다. 그리고 그동안 자기중심적인 주관적 가치기준을 바탕으로 친한 일본인과 반한 일본인으로 구별하려고 한 자세를 한국도 크게 반성해야 할 것이다. 남북분단이라는 특수한 상황이 한국인들로 하여금 그동안 친남한·반북한이라는 틀 속에서 일본인을 보게 했다. 즉 북한을 비난하고 한국을 옹호·지원하는 발언과 행동을 하는 지식인이나 정치인은 그들의 철학이나 근본에 관계없이 무조건 친한 인물로 규정하려 했다. 이제는 이러한 태도와 기존의 틀에서 벗어나 보편적 가치관과 미래지향적인 한·일관계를 기준으로 삼아야 할 것이다.

한·일관계를 위해서 우리는 안중근과 야나기 무네요시(柳宗悅)의 태도와 정성을 다시 한번 음미해 볼 필요가 있다. 안중근은 한국을 식민지화한 장본인인 이토 히로부미(伊藤博文)를 1909년 10월 26일 하얼빈 역에서 사살하고 1910년 3월 26일 뤼순(旅順)감옥에서 일본인에 의하여 사형당했다. 일본인을 죽이고 일본인에 의하여 죽임을 당한 안중근이 끝까지 관심을 가진 것은 바로 한·일 친선과 동양평화의 문제였다. 사형이 집행되기 며칠 전 안중근은 심문과 재판과정에서 자신의 통역을 담당했던 통역관 소노키 스에키(園木末喜)에게 "한·일의 친선과 우의를 위해서 좋은 것을 만들어 소개하자"(日韓友誼善作紹介)라는 휘호를 남겨주었고, 그가 교수대에서 마지막으로 남긴 말은 "한·일 두 나라의 국민은 서로가 일치·협력해서 평화를 꾀

할 것을 희망한다"라는 한·일 우호였다.[5]

야나기는 한국의 예술을 깊이 사랑했고, 일본의 가혹한 식민지통치를 비판하기를 주저하지 않았으며, 학정에 시달리는 한국인의 마음을 헤아리려고 노력했다. 1919년 한국에서 3·1독립운동이 일어나고 많은 한국인이 죽어갈 때 "일본인은 한국인의 입장에서 한국을 생각해야 한다"는 것을 강조한 몇 안 되는 일본인 중의 한 사람이었다. 그는 한국인이 독립을 최대의 이상으로 삼는 것은 '필연의 결과'라고 강조하며, 결국 독립을 이룰 때까지 한국의 원한과 반항, 그리고 증오가 끊임없이 계속될 것이라고 경고했다. 1923년 야나기가 일본이 "도덕적 거짓을 씻어버리지 않는 한 일본과 한국문제의 곤란함은 영원히 지속되고 영원히 반복될 것이다"라고 한 경고[6]는 오늘도 그대로 의미를 가지고 있다.

---

5) 佐木隆三, 『伊藤博文と安重根』(文藝春秋社, 1992), p. 241.
6) 柳宗悅, "日鮮問題の困難に就て", 『國際知識』, 1923年 9月.

8 익명의 지식인과 한국

I. 머리글

일본의 근·현대사를 보면 일본의 일부 지배계층은 일본사회의 불만을 해소하고 국론을 통일한다거나 또는 국익을 확산하고 국민적 우월의식을 강화하기 위하여 때때로 한국을 그 수단으로 활용한 것을 알 수 있다. 메이지유신 직후 팽배해 있었던 사회적 불안과 사무라이(武士) 계층의 불만을 해소하기 위한 수단으로 등장한 것이 소위 한국을 정복한다는 '정한론'이었다. 유신 후 체제개혁과 사회적 지위의 변화에 불만을 가진 무사계급을 한반도로 파병하여 그들로 하여금 한국을 정복케 함으로써 국내에서 소외되고 있는 그들의 불만을 해소하는 한편, 대륙 진출의 거점을 확보한다는 것이 정한론자가 제시했던 목적의 하나였다.

1923년 관동(關東)대지진이 일어나 사회가 혼란했을 때도 그 혼란을 통제하고 흉흉한 인심을 수습하기 위한 방법의 하나로서 일본정부 당국은 또다시 한국인을 등장시켰다. 경찰은 지진을 틈타 재일조선인들이 도처에서 일본인들이 먹는 우물에 독약을 타고, 일본인을 살해하고 있으며, 폭동을 일으킬 음모를 꾸미고 있다는 유언비어를 조작·유포하여 일본인들로 하여금 닥치는 대로 한국인을 학살하도록 유도했다. 그럼으로써 약 6,000명의 무고한 한국인이 학살당했다. 지진으로 인한 사회적 혼란과 심리적 불안을 한국인 학살행위로 상쇄시키고 사회통합과 안정을 꾀했던 것이다.

한국인을 속죄양으로 만들어 그 반사이익을 보려는 일부 일본인의 '기발한 발상'은 그 양태만 달리했지 전후에도 때때로 나타나고 있음을 볼 수 있다.

II. 위장 한국인의 테러

해방 직후 혼란했던 시절의 신문기록을 주의 깊게 살펴보면 우리들의 관심을 끄는 재판이 진행되었던 사실을 알 수 있다. 1945년 8월 일본의 식민통치가 종식되고 미 점령군이 남한에서 권력을 장악하기 시작한 과도기에 일본인들이 한국인으로 위장하고 테러를 감행하다 미국 수사기관에 적발되어 군정 당국에 의해 진행된 재판이다. 테러의 목적은 한국사회의 혼란을 조장하기 위한 것이었다. 신문에 보도된 것 가운데 대표적인 것 몇 가지만 살펴보자.

1945년 11월 27일자 『서울신문』은 일본 육군성 직속 특무기관의 지휘 아래 일본군인과 헌병을 중심으로 조직된 무장 비밀결사대의 테러사건에 대한 미군정의 재판을 다음과 같이 보도하고 있다.

그 진상을 보면 그들은 경성헌병사령관의 명령 아래 조선의 독립을 방해하기 위하여 조선 정계인 암살, 연합군 군인 암살, 조·미 양국의 이간 모략, 방화, 정보수집, 군자금 조달이라는 사명을 가지고 8월 15일 이후 시내 각처에서 27-28명이나 되는 동포를 살해하는 동시에 앞으로 더욱 본격적 행동에 진출하려던 것을 9월 하순 동대문

경찰서에서 탐지하여 시내 각처에서 기관총 두 자루, 권총 16정, 수류탄 2개, 탄환 10여 만 발, 단도, 일본도 다수와 함께 100명에 가까운 남녀가 검거되었던 것인데, 그동안 동대문서와 CIC에서 문초를 마치고 수일 전에 44명의 남녀가 재판에 회부되었다.

12월 1일자 『동아일보』는 또 다른 테러단 사건의 재판결과를 다음과 같이 보도하고 있다.

CIC의 밀크 중위가 금일 발표한 것에 의하면 한성군정재판소에서 일본 테러단 28명에 대하여 5년형과 최고 7만 5,000원에서 최저 1만 원까지의 벌금형이 언도되었다고 한다. 테러의 주범은 사이토(齋藤俊春), 도이(土井又一郎), 가와카미(川上義博) 등이다. 이상 28명은 CIC와 조선경찰대에 체포되었는데 취조한 결과 미국인과 조선인을 살해하려는 대규모의 음모가 발각되었으며, 자백에 의하면 일본인들은 그 흉행(兇行)을 조선인에게 전가하려고 계획하였던 것이 판명되었다.

1946년 1월 5일자 『조선일보』는 해방 후 남한의 정국과 사회의 혼란을 조장하기 위하여 조직된 정치음모비밀단체인 '국제문화사 사건'을 보도했다. 보도에 의하면 이 단체는 나카무라 가즈오(中村一夫)로 알려진 친일사업가 김계조라는 인물을 간판으로 내세웠으나, 실제로는 총독부의 경무국장(西光忠雄) · 재무국장(水田直昌) · 광공국장(鹽田正洪), 일본인 세화회 회장(穗荻眞六郎), 조선석탄회 회장(田千六郎) 등의 고위관리가 배후에서 직접 조직 · 운영하였고, 이 단체의 활동을 위하여 1,000만 원의 공작금이 총독부로부터 은밀하게 제공되었음을 알 수 있다. 활동의 목적을 다음과 같이 밝히고 있다.

총계 1,000만 원으로 조직된 국제문화사는 표면적으로는 극장 ·

댄스홀 · 요릿집 · 여관 등을 운영하는 것처럼 보이게 하고, 그 실은 장래 조선정부에 친일파를 잠입시켜 친일적 시정을 하도록 하며 (1) 배일 친미파를 암살하고, (2)조선정부의 정책을 탐구하고, (3)조선과 미국의 이간을 책동하고, (4)조선국 내의 치안을 교란하는 등 조선의 독립과 발전을 방해하고, 일본인의 생명과 재산을 보호하기 위하여 탐정과 정치모략을 꾀하는 것이다. 이들에게는 많은 무기와 악질적 폭력단까지 배치되었다는 사실이 폭로되었다.

물론 암살과 치안불안, 그리고 미군의 한국 불신을 조장하기 위한 각종의 공작과 테러행위의 주체는 한국인으로 위장한다는 것이었다. 1월 18일부터 시작된 수차례의 공판과정에서 당시 총독부의 제2인자였던 엔도 류사쿠(遠藤柳作)도 자금지원과 관계가 있는 것으로 드러났다. 또한 실질적으로는 총독부의 고위관리가 막후에서 조종하였으나 대외적으로는 이 단체의 모든 활동은 조선인들이 주관하는 것으로 꾸며졌음이 밝혀졌다.

이러한 사건과 재판기록들은 패전 직후 일본인의 행동양식을 이해하는 데 도움이 되는 중요한 점을 시사하고 있다. 총독부의 고위관리와 군부는 한국인으로 가장한 비밀특수요원으로 하여금 사회를 혼란하게 만들 수 있는 테러를 감행케 하고, 그 틈을 이용하여 일본이 직면한 위기를 타개하며, 일본인들이 받게 될 피해를 최소화하려고 했다고 볼 수 있다. 즉 패전 직후 일본 총독부는 테러 · 매수 · 모략 등의 수단을 동원하여 사회를 혼란케 만들고, 한국인에 대한 나쁜 이미지를 진주군인 미국인에게 심어줄 뿐만 아니라, 한국과 미국 사이에 이간을 조장하고, 그 틈을 이용하여 한반도에 있는 일본인들의 생명과 재산을 보호하며, 그들을 무사히 일본으로 철수시키려 기도했음을 알 수 있다. 물론 그들이 기획하고 실행한 혼란행위의 주체는 한국인으로 가장했다. 일본 군인 · 헌병 · 경찰들이 한국인으로 가장하고 치안을 교란하고 정국을 혼란스럽게 할 수 있는 테러와 정치공작을 감행함으로써 해방 후 일본인에게 향할지도 모르는 한국인의 민족감정을 분산시키고 약화시키려 했다고 볼 수 있다.

한국인으로 가장하고 한국을 질타하고 매도함으로써 정신적 즐거움과 심리적 안정을 누리고 반사이익을 보려는 일부 일본 지식인의 전통은 오늘날에도 계속되고 있다. TK생의 "한국으로부터의 통신"과 박태혁의 『추한 한국인』은 한국인으로 위장한 얼굴 없는 일본 지식인의 대표적인 '지적(知的) 테러'라 하겠다.

III. TK생과 "한국으로부터의 통신"

1973년 5월호의 종합잡지 『세카이』에 나타난 TK생의 "한국으로부터의 통신"(1972년 11월 15일 서울 발신)은 다음과 같이 시작하고 있다.

지난 10월 17일(1972년) 저녁부터 갑자기 실시된 계엄령하의 한국의 상황에 대하여 누구도 말할 자유를 갖지 못하고 있다. 어떤 친구가 '한국상황에 관한 보고'라는 영문서류를 보여주었다. 1주일 전쯤 어떤 외국선교사가 자기나라로 몰래 보낸 보고서의 사본인 것 같다는 것이었다. 그는 외국인의 보고서는 객관적인 것으로서 신뢰할 수 있는 것이라고 덧붙였다. 그 내용 가운데 몇 구절을 인용하면서 나의 제1신을 쓰기로 정했다.[1]

이와 같이 시작된 "통신"은 1988년 3월호(1988년 1월 18일 서울 발신)에서 다음과 같이 마지막 통신을 끝맺고 있다.

---

1) T・K生, "韓國からの通信", 『世界』, 1973. 5.

1972년 11월부터이니 정말 긴 세월이 지났다. 승리를 기원하며 투쟁해 왔지만 지금 나는 전쟁에서 상처를 입고 약간 높은 언덕 위에 누워서 아직 처참한 전투가 벌어지고 있는 아래를 내려다보는 느낌과 같다. 이미 이 통신을 중단할 것을 결심했으나 이번의 통신을 여기까지 쓰기에만도 숨이 막힐 것만 같은 느낌이다. 싸움은 계속할 것이지만, 아니 이제부터 새로 시작하겠지만, 여기서 펜을 놓는 것을 허락해 주기 바란다. 나는 이 시대의 증언을 이 이상 더 계속해야 할 필요가 없다고는 생각하지 않는다. 다만 물러날 때가 중요하다고 생각한다. … 이와나미 서점과 『세카이』 편집부에 마음으로부터 감사한다. 일본과 한국 사이에 이와 같은 연대가 일찍이 있었던가? 많은 독자와 친구들의 지원을 감사한다.[2]

　　"한국으로부터의 통신"은 전후 일본의 진보적 지식인을 대변하고 있는 『세카이』가 TK생이라는 '익명의 한국인'을 내세워 '민주화'라는 이름 아래 15년 동안 대한민국을 무자비하게 난도질한 연재물이다. '비참하고 불행한' 한국의 모습을 전해준 "통신"은 1973년 김대중 납치사건을 계기로 고조되었던 일본 내의 '반한' 분위기를 더욱 부채질했고, 주권을 침해당했다고 생각하고 있던 많은 일본인들에게 위로가 되었으며, 또한 전후 새로운 세대에게는 일본은 한국을 문명화·민주화시켜야만 하는 '사명'을 지니고 있다는 의식화 교육의 기능을 담당했다. 언제 구속될지 모르는 절박한 상황 속에서 조국의 민주화를 위해 '비인도적이고 어두운 현상을 고발'하고, 일본의 '정신적·물리적 지원'을 기대하며 홀로 투쟁하고 있는 TK생이라는 상황 설정과 연출은 "통신"의 효과를 극화하기에 충분했다. "통신"이 연재된 15년은(보다 정확하게는 14년 11개월, 1973. 5-1988. 3) 『세카이』가 창간 이래 현재까지 가장 인기를 누렸던 시기이다.

---

　　2) 『世界』, 1988年 3月.

1970년대와 80년대를 거치며 "통신"이 일관해서 주장한 내용은 한국 내의 반정부·반군부·반기업·반미를 위한 투쟁과 민중혁명을 위한 선동이었다. 대한민국의 정권과 그 체제를 '절대 악'으로 설정해 놓고, 이 절대 악과 투쟁하는 반체제, 그리고 체제를 무너뜨리기 위한 반체제와 일본인의 연대가 중심주제를 이루고 있다.

한국이라는 사회는 부정과 부패가 보편화되어 있어 희망을 찾아볼 수 없는 암담하고 처참한 곳이고, 기업과 미국자본주의 구조에 착취당하고 있는 한국인은 인간으로서 감내하기 어려운 삶을 살고 있다는 것이다. TK생에 의하면 '거대한 정치감옥'이고 '병영국가'인 동시에 '광인국가'인 한국의 살 길은 오직 기존의 체제를 붕괴시켜야만 하고, 그 방법은 민중폭력혁명뿐이었다. 그리고 이러한 민중혁명을 위해 한국은 일본의 정신적·물질적 지원이 필요하다는 것이다. 사실 "통신"의 주장대로라면 한국은 그동안 열 번도 더 민중혁명이나 내란이 일어나 체제가 뒤바뀌었어야만 했거나, 그렇지 않으면 이미 망했어야만 했다.

물론 1970년대와 80년대의 한국현대사에는 암울한 측면이 있는 시대였다. 정권의 정당성이 도전받게 되었고, 도전받은 정권은 체제를 유지하기 위하여 탄압과 강제적 수단을 강화했다. 군의 권력장악, 장기집권, 유신, 신군부의 등장 등으로 군이 정치의 중심부에 들어서면서 정치와 권력은 경직된 권위주의체제로 발전했다. 그러나 권위주의체제가 강화될수록 통치권력은 민주화를 요구하는 강한 국민적 저항에 부딪쳐야만 했고, 이러한 과정에서 사회적 갈등은 더욱 심화되고 권력에 대한 불신이 증폭되었다.

그러나 한국사회는 TK생이 그리고 있는 것처럼 암울하기만 하고, 한국인의 삶이 불행하고 좌절된 것만은 아니었다. 분단과 남북의 대치, 부존자원의 결핍, 사회 내의 구조적 모순과 갈등이라는 악조건 속에서도 같은 대열에 있던 후진국들이 부러워할 정도로 경이로운 경제발전을 이루었고, 이러한 발전은 우리도 잘 살아보겠다는 국민 모두의 의지와 성실한 노력의 결과였다. 물론 발전과정에서 불행하게도 개인의 자유가 유보되고, 소외된 계층이 나타났으며, 분배의 불공정이 있었음을 부인할 수 없다. 그러나 한국이 그 어느 시대를 통해서도 "통신"이 묘사하고 있는 것과 같이 북한보다 더 자유가 억압당하고, 비인도적이며, 불행한 삶을 사는 인간의 집단이었다고는 생각되지 않는다. 한국사회의 부조리와 모순은 성장의 전환기에 나타난 한 부분이었을 뿐, 그것이 한국사회 전체의 모습은 아니었다. 분단이라는 여건 속에서도 세계 10대 무역산업국가로 성장할 수 있었고, 아시안 게임과 올림픽을 성공적으로 치러낼 수 있는 능력과 역동성을 지니고 있는 것이 한국의 참모습이다.

오랜 기간 동안 한국에서 일본으로 "통신"을 보낸 TK생이 과연 누구일까 하는 것은 많은 사람의 관심사였다. 그러나 TK생의 정체는 아직까지 알려지지 않고 있다. 당시 『세카이』의 편집장이었던 야스에 료스케(安江良介)는 "한국에 정치범이 1명도 없다면 또 새로운 정치범이 나타날 가능성도 없다면" 그 정체를 밝힐 수 있다고 했다. 이것은 결국 야스에도 TK생이 누구인지 모르거나, 아니면 밝힐 수 없는 특수한 이유가 있다는 것으로 해석할 수밖에 없다. 그러나 편집장이 필자가 누구인지 모르는 글을 장기간 게재한다는 것은 있을 수 없는 일이다. 그렇다면 결국 밝히지 못할 특수한 이유가 있다고 판단할 수밖에 없다. 그 특수한 이유는 무엇일까? 그것은 TK생은 실존의 인물이 아니라 가공의 인물이고, 필자는 한국인이 아니라 일본인이기 때문이 아닐까?

"통신"의 내용과 구도를 자세히 살펴보면 TK생이 '특정 한국인'으로 간주하기에는 상당한 문제가 있다. "통신"의 내용은 지하단체의 성명, 대학의 대자보, 외국인 기자의 보고서, 옥중수기, 유언비어, 또는 각계각층의 사람으로부터 얻은 정보 등과 같이 다양하고 광범위한 정보를 바탕으로 하고 있다. 비공개된 이와 같은 자료들을 수집하기 위해서는 상당한 인력과 조직력, 그리고 재정적 뒷받침이 필요하고,

따라서 장기간 실체를 드러내지 않고 숨어서 비밀리에 활동한다는 것은 대단히 어려운 일이다. 또한 TK생은 스스로가 강조하고 있는 것과 같이 그는 끊임없이 감시받고 있는 상황에 있었고, 자신의 정체를 노출시키지 않기 위해 상당한 행동의 제약을 받는 입장에 처해 있었다. 더욱이 "통신"이 연재되는 동안 한국의 정보기관은 TK생의 정체를 밝히려고 부단히 노력한 것으로 알려져 있다. 이러한 여건과 환경 속에서 15년이라는 긴 시간을 TK생이라는 필자 혼자서 은밀하게 자료를 수집하고 통신을 작성했다는 것은 현실적으로 불가능하다.

그렇다면 "통신"은 어떻게 만들어진 것일까? 여러 가지 정황을 검토해 볼 때 "통신"은 야스에를 중심으로 소수인원의 특수팀을 구성하고, 그곳에서 제작된 "통신"은 TK생이라는 가공의 인물을 내세워 『세카이』에 발표했을 가능성이 농후하다. 이 '특수팀'에는 조총련계나 또는 한국인이 참여했을 가능성을 배제할 수 없다. '특수팀'은 한국의 신문, 지하단체의 유인물, 북한의 통일혁명당 방송, 반체제인사들과의 대화 등과 같은 정보를 여러 경로를 통해서 수집했고, 물론 정보를 공급한 사람들 가운데는 한국인들도 있을 것이다. 그러나 조각조각의 정보를 독자의 구미에 맞게 종합하고 각색하고 재구성한 것은 야스에를 중심으로 한 '특수팀'의 작업으로 보아야 할 것이다. 그러한 의미에서 TK생은 실존의 한국인이기보다는 야스에의 창작물에 불과하다.

『세카이』는 왜 TK생이라는 가공의 한국인을 등장시켰고 또한 "통신"을 장기간 연재했을까? 『세카이』가 주장하고 있는 것과 같이 과연 "통신"이 한국의 민주화에 기여했는지는 알 수 없다. 그러나 확실한 것은 한국의 어두운 이미지를 전후 일본인들에게 심어주었고, 한국의 어두운 사회상을 보면서 일본인들의 심층에 자리잡고 있는 한국에 대한 우월의식을 재확인할 수 있는 계기를 만들어 주었으며, 일본인은 한국인을 지도해야 한다는 사명감을 고취시켰다.

처음부터 의도했는지는 알 수 없으나 "통신"을 통하여 『세카이』의 편집진은 다음과 같은 몇 가지 결과를 얻을 수 있었다. 첫째, 한국사회의 어두운 모습을 일본인들에게 극적으로 전달함으로써 일본사회 안에서 한국문제에 대한 국민적 관심을 고취시킬 수 있었다는 것이다. 민주화를 위해 정권을 상대로 투쟁하는 한 한국인이 권력의 부당성과 사회의 비리를 일본인에게 폭로하며 일본의 지원을 호소하고 있는 "통신"은 일본국민의 관심을 높이기에 충분했다. '익명'의 한국인인 TK생의 등장은 그 관심을 더욱 극화했다. 앞에서도 지적했지만 "통신"이 연재되던 시기에 『세카이』가 가장 많이 팔렸다는 것이 이를 설명하고 있다.

둘째, 한국인에 대한 일본인으로서의 자부심과 우월의식을 강화시켰다. 일본인과는 '특수한' 역사적 관계에 있는 한국인이 자기 정권과 사회의 모순을 일본인에게 고발하고, 그 모순을 해결하기 위하여 일본에 지원을 요청하였다는 상황설정은 일본인들로 하여금 우월의식과 자부심을 갖게 하기에 충분하다. TK생은 한국에서 반체제파가 투쟁을 지속할 수 있는 힘의 근원은 "일본국민의 휴머니티와 양식" 그리고 "일본 언론의 따뜻한 지원"에 있다는 것을 거듭 강조하고 있고, "일본국민의 격려와 원조에 깊이 감사"하며 "계속적 지원"을 당부하고 있다. 한때 지배당했던 한국인이 다시 일본에게 지원을 호소하며 손을 내미는 글을 읽을 때마다 그들은 일본인으로 태어난 것이 자랑스럽고 자부심을 가지기에 충분했다.

셋째, TK생이라는 한국인을 등장시킴으로써 아무리 한국의 정권을 비난하고 사회를 어둡게 묘사해도 그것이 외교적 문제를 일으킨다거나 또는 한국 내의 반일감정을 자극할 염려가 없었다. "통신"은 어디까지나 한국인이 스스로의 정치적 모순과 사회적 치부를 고발하고, 부정과 비리를 바로잡고 민주화를 위하여 일본과의 연대를 호소하는 형태로 쓰여진 것이다. 만일 "통신"이 일본인에 의해서 쓰여진 것이라면, 그것이 가명일지라도 한·일 양국 사이에 외교적 마찰을 불러일으킬 여지가 충분했을 뿐만 아니라, 한국 안에서 농도 짙은 반일분위기를 조성하기에 충분했다. "통신"은 전혀 근거 없는 내용을 사실처럼 기록하고 있기 때문이다. 학원가의 유인물과 대학의 대자보, 반체제의 성명, 얼굴 없는 지하단체의 유인물, 유언비어, 북한의 대남방송 등과 같이 사실 여부를 확인할 수 없을 뿐만 아니라, 전혀 검증되지 않은 내용을 마치 진실인 양 일본독자들에게 전달했다. 예컨대 한국의 정치는 "미국이 지배"하고 있었고, 김재규는 미국의 지원을 받아 "박정희를 살해"했으며(1982. 1), 박정희는 해외에 "40억 달러 상당의 재산"을 빼돌렸고(1980. 7), 광주민주화운동 당시 계엄군은 여자를 "발가벗겨 끌고다니고" 또한 "많은 사람이 보는 앞에서 임산부를 칼로 찔러 죽였다"(1980. 8)라고 전하고 있다. 1987년 대통령선거에서 노태우가 당선된 것은 컴퓨터 조작에 의한 "컴퓨터 쿠데타"였고, KAL기 테러사건은 "북한을 고립"시키기 위하여 "밀실 안에서 조작"해 낸 남한정부의 "자작자연"(1988. 3)이라고 전달했다. 그러나 이러한 모든 것이 사실이 아니라는 것은 뒷날 밝혀졌다. 당시 『세카이』의 편집장이었던 야스에도 뒷날 한 인터뷰에서 "통신"의 40% 정도는 진실이 아니라는 것을 확인해 주고 있다.[3]

넷째, TK생이 남한의 부조리와 불행을 부각함으로써 북한이 남한보다 인도주의적이고 행복한 삶을 살고 있는 사회로 만들었다. 『세카이』는 창간 이래 '친북한 반남한'의 편집노선을 택해 왔다. 『세카이』는 그동안 여러 차례 김일성과의 단독인터뷰 기사를 게재했을 뿐만 아니라, 김일성이 이끌고 있는 북한사회를 '지상의 낙원'으로 선전했으나, 한국은 세계에서 가장 어둡고 못 사는 곳으로 그려왔다. "통신"은 『세카이』의 대북 찬양노선을 정당화해 주는 역할을 해왔다.

---

3) 최철주, "TK生의 代父 「야스에 료스케」", 『月刊中央』, 1988年 4月.

Ⅳ. 박태혁과 『추한 한국인』

민주화라는 대의명분을 내세우고 TK생이라는 익명의 한국인을 등장시켜 한국의 정권과 사회를 질타하면서 즐긴 것이 "통신"이라면, 『추한 한국인』은 박태혁이라는 또 다른 가공의 한국인을 통해서 일본인의 심층에 자리잡고 있는 '한반도 식민통치 긍정론'을 정당화하고 재확인한 것이라 하겠다. 일본인 가운데는, 특히 보수지식인과 지배계급 사이에는 일본의 한국식민통치가 한국의 근대화와 한국인의 생활향상에 크게 기여했다는 신념이 비교적 넓게 자리잡고 있다. 구보타(久保田貫一郎) 발언과 같이 그동안 끊임없이 계속된 지배계층의 식민통치 긍정론이 이를 증명해 주고 있다. 물론 식민지 지배에 대한 이러한 인식은 한국인의 민족감정을 크게 자극해 왔다. 1945년 이후 오늘까지 한·일 두 나라 사이에 끊임없이 일어난 마찰의 근본 원인도 바로 이 식민지시대에 대한 인식의 차이에서 시작하고 있다.

일부 보수지식인들이 종군위안부문제를 정당화하며 '혐한'(嫌韓) 감정을 부추기는 상황에 등장한 『추한 한국인』은 많은 일본인의 관심을 불러일으키기에 충분했다. 더욱이 박태혁이라는 '한국인' 저자가 36년 간에 걸친 식민지통치를 통해서 일본은 '한국의 개화'에 많은 도움을 주었다고 주장하며, 한국인의 '몰지각한 반일론'을 비판하고 나섰으니 관심이 고조되지 않을 수 없었다. 때때로 표출되기도 했으나 아직도 많은 일본인의 가슴에 자리잡고 있는 '식민통치 긍정론'을 한국인이 강조하고 나섰다는 것은 일본인의 가슴을 후련하게 해주는 일이 아닐 수 없다.

"일·한 양국민 사이의 공정한 역사인식을 공유하기 위한 출발점"이라는 235페이지의 문고판 『추한 한국인─우리들은 '일제지배'를 너무 떠들고 있다』의 내용은 대체로 다음과 같은 것들이다.[4]

---

4) 朴泰赫, 『醜い韓國人─われわれは「日本支配」を叫びすぎる』(光文社, 1993).

－19세기 말의 한국은 일본 · 중국 · 러시아 3국 가운데 한 나라의 지배를 받을 수밖에 없는 상황에 있었다. 이 세 나라 가운데 일본이 가장 자비로운 국가였다. 일본의 통치를 받게 된 것은 한국인에게는 커다란 행운이었다.

　－전후 한국이 독립을 회복한 후에는 일본통치시대는 나쁜 것(惡)뿐이고 좋은 것은 하나도 없다고 비난하고 있지만, 일본은 식민통치시대에 한국에서 많은 개명적 개혁을 실시했다.

　－식민통치시대에 일본은 한국에 많은 것을 투자했기 때문에 한국이 비참한 환경에서 벗어나 근대화를 이룰 수 있었고, 오늘의 발전도 이룰 수 있었다.

　－한국은 일본의 힘에 의하여 짧은 시간 안에 일본인이 깨달은 서양의 실용주의를 정착시키고 근대세계에 들어설 수 있었다. … 한국인의 복지가 크게 향상되었다.

　－일본인은 한국 농촌의 발전을 위하고, 양반과 상민의 차별감을 해소하기 위하여 많은 노력을 경주했다.

　－일본은 무질서한 이조 말기의 한국사회를 바로잡고 법치사회로 만들었다.

　－일본국민은 한국의 근대화를 위하여 커다란 희생을 치렀다.

　－한국독립 후 한민족 사이의 불화와 동란으로 인하여 죽은 수가 일본 때문에 희생된 생명보다 훨씬 많다.

　－일본에 의한 한국통치는 총체적으로 한국에 커다란 은혜였다. 일본은 지금도 한국에 좋은 모델을 제공해 주고 있다.

　－이완용은 고결한 인격의 소유자로서 이조 말기에 고뇌한 끝에, 한국이 살 수 있는 유일한 길은 일본과 합병하는 것뿐이라고 믿고 성실하게 행동했다. 그는 애국자였다.

거듭되는 내용은 일본의 식민통치가 한국의 발전과 한국인의 개명에 기여했다는 것, 일본의 식민통치를 받을 수 있었다는 것은 한국인의 행운이었다는 것, 한국인이 식민지시대를 비판하는 것은 한국정부와 매스컴의 조작이라는 것, 일본의 민족성과 문화가 우수한 것에 비해서 한국은 크게 뒤떨어졌다는 것, 한국의 발전을 위해서는 겸허한 자세로 일본을 배우고 일본의 제자가 되어야 한다는 것이 이 책의 일관된 주장이다.

일본인의 가슴을 후련하게 하고 자긍심을 높여준 '식민지 유익론'과 '일본인 찬미론'을 쓴 '한국 평론가' 박태혁이라는 인물은 누구인가? 책에 명시된 저자의 약력에 의하면 박태혁은 "1928년 경기도 출생, 서울대 중퇴, 신문기자를 거쳐 현재 평론가로 활약하고 있고, 한때 한국의 유력한 잡지의 도쿄 특파원으로 도쿄에 근무한 인물"로 소개되어 있다. 그러나 그 어디에서도 박태혁이라는 인물은 찾아볼 수 없다. 출판사는 박태혁은 필명이고, 그를 보호하기 위하여 실명을 밝힐 수 없다고 했다.

그러나 누구나 인정하고 있는 왜곡된 사실(史實)을 사실(事實)인 것처럼 기록하고 있다는 것, 단 한 구절의 비판도 없이 식민지시대의 통치를 옹호하고 일본인과 일본문화를 찬양하고 있다는 것, 예로 들고 있는 한국의 풍속, 한글표기법, 기술방법, 사물에 대한 인식 등에 오류가 있다는 것, 한국인이라면 누구나 알고 있는 속담이나 표현을 잘 모르고 있다는 것을 감안할 때 박태혁이 한국인이라고 하기에는 너무 거리가 멀고 어설픈 곳이 많다. 따라서 자연히 박태혁은 실존의 한국인이라기보다는 필요에 의해서 한국인으로 위장된 일본인이 아닌가 하는 의문이 제기되지 않을 수 없다. 출판사가 저자의 실체를 밝히지 못하고 있다는 것이 그 의문을 더욱 증폭시키고 있다.

한국과 일본에서 진짜 필자가 누구인가 하는 논쟁이 제기되었고, 그 과정에서 한국을 비교적 잘 알고 있고 또한 『추한 한국인』의 추천사에 "한국에서 일본통치시대를 보는 시각을 근본적으로 바로잡고," 또한 "식민통치는 악이었다는 잘못된 평가를 바로잡는 책"이라고 극찬하고 있는 평론가 가세 히데아키(加瀨英明)가 실재의 필자로 지목

되고 있다. 물론 가세는 이를 부인하고 있다.

왜 이런 책이 이 시기에 나왔을까? 종군위안부 문제가 일본 내의 양심적 지성에 의하여 폭로되면서 한·일 두 나라의 총체적 관계가 불편해진 것은 물론, 한국 안에서 반일분위기가 크게 고조되었다. 1992년 미야자와(宮澤喜一) 수상이 한국을 방문했을 때 한국인들은 일본 천황의 화형식을 거행하면서 일본의 진지한 사죄와 보상을 요구했다. 일본 내의 일부 보수지식인과 우익들은 위안부문제를 옹호하는 한편 혐한론을 전개함으로써 한국을 위협했다. 가세도 그의 추천사에서 "한국 매스컴의 '종군위안부' 문제에 관한 보도는 이상한 것이었다. 한국의 저널리즘은 위안부와 정신대를 혼동했으나 일본에는 전쟁 중에 여학생도 정신대로서 공장이나 작업장에 동원되었다"고 주장하면서 일본정부가 한국여성을 위안부로 동원한 것을 정당한 것으로 옹호하고 있다.

보수우익들을 괴롭히는 것은 일본인들, 예컨대 '위안부 사냥꾼'으로 알려진 요시다 세이지(吉田淸治)와 같이 지난날 스스로 저지른 잘못을 고백하고 참회하고 있다거나, 또는 식민지시대의 잘못을 지적하며 사죄와 적절한 보상을 끊임없이 주장하고 있는 일본지성의 목소리다. 식민지통치에 직접 참여했던 사람이 양심선언을 하고 나서거나, 또는 그 시대의 역사적 사실을 밝히는 일본지성은 식민통치 긍정론을 주장하는 사람들에게는 커다란 장애물이 아닐 수 없다. 일본인들이 폭로하고 있는 식민지시대의 죄상을 상쇄하고 식민통치 찬미론을 펴나가기 위해서는 한국인이 식민지통치를 긍정·지지하는 것이 가장 효과적이라고 판단했을 것이다. 결국 박태혁이라는 가공의 인물은 이러한 목적을 이루기 위해서 만들어진 인물이다.

박태혁이라는 한국인을 등장시킴으로써 '식민지배 정당론자'들은 몇 가지 목적을 이룰 수 있다고 판단했을 가능성이 있다. 첫째는 일본의 한국통치가 한국에 유익했다는 주장을 '한국인'이 재확인해 줌으로써 식민통치의 정당론이 옳았다는 것을 입증할 수 있었고, 둘째는 일본 내의 식민통치 비판론자들의 주장이 옳지 않다는 것을 공론화했으며, 셋째는 한국인이 식민통치 유익론을 주장하고 있기 때문에 과거와 같이 일본인이 주장함으로써 일어났던 마찰을 피할 수 있고, 그리고 넷째는 한일합병과 식민통치의 당위성을 한국인이 찬양함으로써 일본의 많은 국민과 역사교육을 제대로 받지 못한 젊은 세대들에게 당시 일본의 한반도 지배는 불가피했으며 일본의 통치는 자비로웠고, 한국 근대화에 크게 공헌했다는 인식을 보편화시켜 주고, 나아가서 민족적 우월감과 자긍심을 심어준다는 것이다. 그러나 이와 같이 잘못된 역사의식은 한·일관계에 어두운 그림자만 드리울 뿐이다.

대다수의 일본 지식인들은 지난날에 대한 역사적 책임을 인정하고, 그 바탕 위에서 진정한 선린관계 구축을 위해 노력하고 있다고 생각한다. 많은 지식인들이 식민통치를 비판하며 종군위안부나 피징용자에 대한 보상문제를 제기하고 있거나, 또는 사할린의 교포문제나 일본사회에서 한국(조선)교포의 법적 지위문제를 진지하게 논의하고 있다는 것이 이를 잘 설명해 주고 있다.

또한 한국 안에서도 보다 바람직한 한·일관계를 위하여 어두웠던 과거사에 매달리기보다 미래를 향한 선린·우호의 관계를 위해 노력해야 한다는 견해가 확산되고 있다. 이러한 분위기는 젊은 세대일수록 더욱 농도 짙게 나타나고 있고, 이는 또한 좋은 현상이라고 생각된다. 그러나 한국인의 가슴속에는 아직 식민지시대의 잔영(殘影)이 강하게 남아 있고, 비록 체험하지는 않았으나 젊은 세대도 일본에 대한 경계심과 의구심이 자라잡고 있는 것이 사실이다. 그러므로 "한국으로부터의 통신"이나 『추한 한국인』은 일본인에게는 잘못된 역사를 가르치며 부정적인 한국상을 심어주었고, 한국인에게는 일본인에 대한 불신의 감정을 더욱 증폭시키는 역할을 했다. 그리고 이러한 역사인식과 지식인의 역할은 결국 한·일 두 나라에서 움트고 있는 선린의 새싹을 자르는 결과를 가져온다는 것을 알아야 할 것이다.

제 3 부

역사수정주의

9　자유주의 사관

I. 머리글

　　1990년대는 일본 현대사에 있어서 하나의 중요한 분수령을 이루고 있다. 냉전의 종식이라는 세계사적 변화 속에서 일본의 위상구축, 쇼와(昭和) 천황의 죽음(1989)과 헤이세이(平成)시대의 개막, 전후 반세기라는 역사적 매듭(1995), 일본식 경제성장의 재조정, 그리고 21세기를 위한 준비 등과 같은 전환기적 상황이 모두 90년대와 공존하고 있다. 이러한 90년대의 일본사회에 두드러지게 나타나고 있는 현상의 하나는 '과거사의 재평가'와 '전쟁과 전후책임의 주체'를 둘러싸고 전개되고 있는 '역사수정주의'라 하겠다. 후지오카 노부가츠(藤岡信勝)의 '자유주의 사관'이 그 한 축을 이루고 있다면, 가토 노리히로(加藤典洋)의 '비틀림'의 전후사 극복은 또 다른 축을 이루고 있다.

　　이 글은 냉전 종식과 사회주의의 몰락이라는 세계사적 변화와, 이 변화 속에서 나타나고 있는 역사수정주의의 실체와 그것이 담고 있는 사회적 의미를 성찰해 보려는 데 있다. 먼저 역사수정주의의 구체적 실상을 규명하기 전에, 역사수정주의가 태동할 수 있었던 배경으로서

1990년대의 상황을 개략적으로 살펴보기로 한다.

II. 1990년대 배경과 상황

1990년대에 들어서면서부터 국제사회는 지각변동을 체험하고 있었다. 고르바초프의 개방정책은 소련뿐만 아니라 동유럽의 사회주의 국가들에게 자유화와 민주화의 물꼬를 터주었고, 이는 냉전의 상징적 존재인 베를린 장벽의 붕괴로 이어졌다. 베를린 장벽의 붕괴는 동구권의 급속한 변화를 촉진시켰다. 헝가리는 1989년 사회주의 노동당(공산당)이 복수정당제를 채택하고, 헌법을 개정하여, 민주주의 국가의 모습을 갖추었고, 체코슬로바키아와 폴란드의 공산당 독재정권은 붕괴되었으며, 루마니아의 차우셰스쿠 대통령이 국민들에 의하여 처형됨으로써 공산주의 체제가 그 막을 내렸다.

그리고 1990년 10월에는 동독이 서독에 편입됨으로써 동서독의 통일이 실현됐다. 정치적 민주화가 어느 정도 성과를 거두었음에도 불구하고 경제개혁의 실패로 인한 국민생활의 궁핍, 소연방에 편입돼 있던 여러 민족의 독립 요구 등으로 혼미를 거듭하고 있던 소련은 결국 1991년 소련공산당을 해체하고, 11월에는 소비에트연방을 해체하고 11개 독립국가로 구성된 독립국가연합체(CIS)를 결성했다. 이로써 한 세기 가까이 실험돼온 사회주의는 실패로 끝났고, 반세기 가까이 계속된 냉전도 종식되었다. 그러나 냉전의 종식이 인류평화를 뜻하는 것은 아니었다. 걸프전쟁과 코소보 분쟁이 보여준 것과 같이 민족·지역·종교 분쟁은 더욱 격화되고 있다.

이러한 세계사적 변화의 조류에서 일본도 자유로울 수는 없었다. 20세기의 마지막 10년을 보내면서 일본도 커다란 정치·사회적 충격과 변화를 체험하고 있다. 이는 마치 페리의 '흑선'(黑船)이 찾아왔던 1853년 이후, 또는 패전 후 일본사회가 경험한 것에 비견할 수 있을 만큼 커다란 변화와 변동이라 할 수 있다.

제2차 세계대전 이후의 국제질서는 '냉전체제'라 하겠다. 전후 일본이 진행해 온 국가 진로는 이 냉전적 국제질서 속에서 자국의 안보를 미국의 군사력에 의존하여 국제질서의 변화와 무관하게 오직 경제성장에만 전력해 왔다. 그러나 냉전의 종식과 사회주의의 몰락은 일본으로 하여금 더이상 기존의 진로를 지속할 수 없게 만들었고, 그동안 일본을 떠받들어 온 제도와 사고에 심대한 영향을 주었다. 전후 반세기 가까이 일본이 국제정치의 변화와 무관하게 경제성장을 누릴 수 있었던 것은 미·소를 중심으로 한 냉전적 구조 속에서 맺어진 미국과의 특수한 관계 덕분이라 하겠다. 그러한 의미에서 일본은 냉전의 최대 수혜자라 할 수 있다. 그러나 동시에 냉전이 계속되는 동안 일본의 정치·경제·사회적 제도나 관행은 냉전적 구조에 적합하도록 진화됐고 냉전적 사고에 길들여졌다. 냉전 후 전개된 국제정세의 양상과 변화는 냉전시대의 것과는 근본적으로 그 성격을 달리 했고, 냉전시대의 제도와 사고로는 이에 대응하기에 적합치 않았다. 1991년 1월에 나타난 걸프전쟁과 이에 대한 일본정부의 대응은 이러한 현상을 잘 설명해 주고 있다. 가이후 도시키(海部俊樹) 정부는 냉전 종식 후 최초로 나타난 국제적 사건인 걸프전쟁이 담고 있는 역사적 의미를 제대로 인식하지 못했고, 따라서 그 대응도 부적절했다. 결국 일본은 130억 달러라는 막대한 전쟁비용을 부담했음에도 불구하고 평화유지활동(PKO)에 참가했던 국가들로부터 국제적 비난을 받아야만 하는 수모를 겪었다.

걸프전쟁은 냉전적 상황에 적용됐던 제도와 사고는 이미 그 기능을 상실했다는 것을 극명하게 보여주는 사건이었다. 새로운 제도와 사고의 틀이 필요했고, 그리고 새로운 국가 진로의 모색을 불가피하게 만들었다. 새로운 상황과 환경은 무엇보다 먼저 정치권에서의 변화를 촉진했다. 냉전적 상황에 길들여진 '55년체제'는 냉전 후 전개되는 국제정세의 변화에 대응하기에는 이미 너무 노쇠해 있었다. '55년체제'는 역사의 흐름을 제대로 인식하지 못하고 여전히 기존의 정치적 관행 속에서 파벌정치와 정치부패를 더욱 심화시켰다. 리크루트사건, 사카와큐빈(佐川急便)사건, 가네마루 신(金丸信) 자민당 부총재의 부정축재 등으로 이어진 정치부패는 정치에 대한 국민의 불신을 크게 증폭시켰다. 결국 정치권 내에서 개혁의 목소리가 강화되면서 자민당이 분열하기 시작했다. 93년 6월 미야자와(宮澤喜一) 내각의 불신임이 가결됐고, 이어진 총선거에서 자민당은 과반수 확보에 실패했다. 결국 호소카와(細川) 연립내각이 들어서면서 38년 동안 계속된 '55년체제'는 무너지게 됐다. 그후 양당제를 지향하는 소선거구제로의 선거법 개정, 사회당 정권의 등장과 몰락, 정당 간의 이합집산, 정치권의 총체적 보수화 등의 변혁을 겪고 있는 정치권은 아직 제 자리를 잡지 못하고 있다.

'55년체제' 속에서 '경이적'인 성장을 해온 전후 일본경제도 90년 이후 정치적 불안정과 함께 커다란 어려움에 직면하게 됐다. 1989년 12월 29일 일본 도쿄 주식시세(東証平均株價)가 3만 8,915엔이라는 사상최고치를 기록하는 등 일본경제는 안정과 성장을 과시했다. 뿐만 아니라 외화보유고가 세계 제1위에 도달한 일본인들은 세계 도처에서 부동산을 매입했고, 미국에 대해서는 'No라고 말할 수 있는 일본의 지위'를 요구했다. 일본경제가 호황을 누리면 누릴수록 유럽과 미국에서 일본에 대한 비판의 소리가 점차 높아졌고, 일본에 대한 무역장벽을 강화했다. 특히 재정적자의 최대 원인이 일본과의 무역적자에서 기인한 것으로 인식하고 있던 미국에서 일본에 대한 비판의 여론은 소위 '일본때리기'(Japan bashing)로 나타났고, 대일 강경론을 주장하며 등장한 클린턴 정권은 일본에 대미 무역흑자 조정을 요구했다.

국제질서의 변화, 일본에 대한 유럽과 미국의 압력, 국내 정치의 혼돈 등의 현상에 직면하면서 성장일변도의 일본경제는 1991년부터 하강국면으로 접어들기 시작했다. 소위 '거품'(bubble)경기라고 불리는 초대형 경기는 외형적으로는 국민총자산을 증가시켰지만, 이는 사회자본이 충실해진 결과였다기보다는 땅값(地價)과 주가(株價)의 비정상적 상승과 이에 편승한 투기현상 때문이었다. 91년부터 경기가 후퇴하면서 거품경기는 서서히 붕괴하기 시작했고, 이는 일본경제를 구조적 불황으로 이끌었다. 거품경제 붕괴의 가장 큰 후유증은 자산가치 폭락에 의한 '역(逆)자산효과' 현상이었다. 즉 자산가치의 하락이 개인소비와 기업 설비투자를 억제했으며, 그 결과 내수가 격감하면서 자산가치가 더욱 하락하는 악순환이 일본경제의 하부구조를 강타하는 결과를 가져왔다.[1] 주가와 지가의 폭락으로 개인 및 기업의 소비가 얼어붙으면서 91-93년에 걸쳐 실질 국내총생산(GDP)을 연평균 2%씩 끌어내렸다. 94-96년에는 그보다 완화된 연평균 0.8% 정도의 GDP 감소효과가 있었으나, 이 시기에 정부와 금융기관은 부실 채권처리를 지연시킴으로써 불황을 더욱 심화시켰다.

　사회주의의 몰락은 일본의 이념사회에도 상당한 충격을 안겨주었다. 전후 일본을 이끌어 온 '55년체제'의 중심 이데올로기는 자본주의와 보수주의라 할 수 있다. 그러나 일본사회는 보수주의 대 진보주의, 그리고 자본주의 대 사회주의의 긴장과 대립이 끊임없이 계속돼 왔고, 혁신적·진보적 이념과 행동양식은 국내외 정책과 이념의 흐름에 상당한 영향력을 행사해 왔다. 그러나 냉전의 종식과 사회주의 몰락 후 기초가 튼튼하지 못했던 진보주의는 이념으로서 그 생명력을 상실해 갔고 설 땅을 잃게 되었다. 보수 대 진보의 이념적 대립은 사실상 그 의미를 상실했고, 이념의 총보수화 현상 속에서 일반국민의 여론도 점차 우경화하는 모습을 보이고 있다.

　'자유주의 사관'과 '사죄의 주체 구축론'은 바로 이러한 배경과 토양에서 싹트고 성장해 왔다.

---

1) 經濟企劃廳調査局編,『日本經濟の現況—バブル後遺症からの再生』(大藏省印刷局, 1999), pp. 175-184.

III. 자유주의 사관

1. 의미

'자유주의 사관'은 도쿄대학의 후지오카 노부가츠(藤岡信勝) 교수가 "「근현대사」의 교육개혁"이라는 논문을 1994년 4월부터 한 교육잡지에(『社會科敎育』) 연재하면서 일본사회에 등장했다. 사회주의 체제의 해체, 동서 냉전구조의 소멸, 걸프전쟁 등 80년대 말과 90년대 초에 나타난 세계사적 변화가 기존의 인식과 사고를 근본적으로 뒤흔들어 놓았다고 평가하고 있는 후지오카는, 일본을 둘러싸고 있는 국제환경과 상황이 근본적으로 변하면서 그동안 일본이 추구해온 '일국 평화주의의 신앙'은 결정적으로 파괴됐고, 따라서 새로운 선택이 필요하다고 보았다. 그에 의하면 일본이 올바른 국가 진로를 선택하기 위해서는 "지금이야말로 세계사를 보는 새로운 패러다임이 필요"하고, 그 어느 때보다 "확실한 국가의식과 긍정적 역사교육을 위한 새로운 역사관과 연구가 필요한 시대"라는 것이다. 왜냐하면 그동안 전후 반세기에 걸쳐 일본이 실시해온 근현대사 교육은 "자국의 역사에 대한 긍지가 결여됐고, 미래를 전망하는 지혜와 용기가 결핍돼 있는 자학사관"에 근거하고 있기 때문이라는 것이다.

'메이지(明治)유신은 농민을 조금도 즐겁게 만들지 못했고, 자본주의가 발달하면서 노동자는 심하게 착취당했고 노동운동은 탄압받았다'라는 식의 이야기가 끊임없이 계속되는 '암흑사관'(暗黑史觀). 메이지 초기부터 일본은 대륙침략을 착수하여 이웃 국가들을 짓밟아 황폐시키고, 전쟁으로 국민을 비참하게 만들었다는 식으로 일본 국가를 스스로 악역무도(惡逆無道)하게 묘사하는 '자학사관'(自虐史觀). 바로 이 것이 역사교과서의 바탕이었다.[2]

전후의 역사교육은 이러한 자학사관을 바탕으로 기술된 역사교과서를 통해 실시돼 왔기 때문에 '반일적(反日的) 일본인'을 대량생산하는 결과를 가져왔다는 것이다.

후지오카는 전후 일본의 역사교육은 '도쿄재판사관'·'코민테른사관'에 기초하거나 또는 '대동아전쟁긍정사관'에 근거하고 있다고 전제하고, 이러한 기존의 사관에서 탈피하기 위한 '제3의 길'로서 '자유주의 사관'을 제시하고 있다. 즉 일본이 실시해야 할 새로운 역사교육의 기초는 '도쿄재판사관'도 아니고, 또한 일본이 행한 모든 것을 옳았다고 주장하는 '대동아전쟁긍정사관'도 아닌 제3의 길인 '자유주의 사관'이어야 한다는 것이다.

그렇다면 '자유주의 사관'의 전제가 되고 있는 '코민테른사관'이나 '도쿄재판사관', 또는 '대동아전쟁긍정사관'이라는 것은 구체적으로 무엇을 의미하고 있는 것일까? 후지오카에 의하면 '코민테른사관'이라는 것은 소련의 국가이익에 근원하고 있는 것으로서, 일러전쟁(1904-1905)에서 일본에게 패배한 것에 대한 '국가적 보복심리'가 그 밑바탕에 깔려 있고, '일본 타도'를 목적으로 하고 있는 소련, 즉 코민테른의 기본방침으로서 천황을 중심으로 근대화에 성공한 일본의 괴멸을 목적으로 하고 있는 역사관이라는 것이다. 그 구체적 자료로서 후지오카는 코민테른이 일본의 천황제도를 타도해야만 할 적으로 상정하고, 일본공산당에게 이를 위해서 투쟁할 것을 일관되게 지시하고 있는 1922년의 "일본공산당강령초안"과 소위 "27년 테제"와 "32년 테제"를 제시하고 있다. 마르크스주의자들이 메이지유신을 과소평가하고, 메이지유신 이후의 역사를 침략사로 간주하고, 그리고 유신 이후 확립된 천황절대주의 체제를 타도해야 할 혁명의 대상으로 설정하고 있는 것은 그 밑바탕에 이러한 '코민테른사관'이 자리잡고

---

2) 藤岡信勝, 『近現代史敎育の改革—善玉·惡玉史觀を超えて』(明治圖書, 1996), p. 1.

있기 때문이라는 것이다.

'자학사관'의 또 다른 원류인 '도쿄재판사관'은 미국의 국가이익에 부합하는 것으로서 미국 점령군에 의한 "일본인 세뇌작전과 사상개조계획"에 근거하여 일본인으로부터 국가의식을 탈취하고 국가에 대한 자랑과 긍지를 약화시켰다는 것이다. 7년에 걸쳐 일본을 절대권력으로 점령·지배한 미국은 일본을 철저히 파괴하고 국민의 정신적무장을 해체하는 작업을 계획적으로 수행했고, 그 결정적 계기가 도쿄재판이었다는 것이다. 즉 도쿄재판에 비쳐진 일본 근대사의 모습은침략성을 그 '본질'로 하고 있었고, 또한 이 재판을 계기로 '일본은전체적으로 악'이었다는 역사관이 확립됐다는 것이다.

전후 미국의 국가이익을 바탕으로 하고 있는 '도쿄재판사관'과 소련의 국가이익에서 기원하고 있는 '코민테른사관'이 '일본 부정'이라는 공통의 목표를 위하여 냉전이 시작하기 전 일시 연합했고, 그것이 전후 역사교육의 골격이 됐다는 것이다. 즉 만주사변 이후 일본의국가행동은 미국의 국가이익에 근거한 '도쿄재판사관'이 단죄하고, 그 이전의 메이지유신 이후 전개된 역사에 대해서 "32년 테제"에 의한 '코민테른사관'이 단죄하는 미국과 소련이 업무를 분담하는 동맹의 결과였다는 것이다.[3]

그러나 '암흑사관'의 보다 근본적이고 결정적인 책임은 미국에 의해서 주관된 도쿄재판에 있다고 후지오카는 강조하고 있다.

도쿄재판이 "32년 테제"보다 일본이라는 국가를 파괴하고 일본인의 국가의식을 소멸시키는 데 보다 직접적으로 효력을 발휘했다고판단된다. 점령지배와 공직추방이라는 것이 없었다면 마르크스주의사관이 그와 같이 한 시대를 풍미할 수 없었을 것이다. 점령과 미군에 의한 일본인 '세뇌' 작전이 마르크스주의의 근현대사상(近現代史

---

3) 藤岡信勝, 『汚辱の近現代史』(德間書店, 1996), pp. 70-71, 97-99.

像)을 국민적 규모로 수용할 수 있는 조건을 만들어주었다. 그러한 의미에서 근현대사 전체를 암흑과 자학으로 묘사하는 역사상(歷史像)을 '도쿄재판사관'이라고 할 수 있다.[4]

전후 형성된 역사교육의 골격은 미국 점령군과 점령군에 의해서 해방된 일본공산당 계보에 붙은 역사가가 결탁하여 언론의 자유가 전혀 용납되지 않는, 즉 일본국가를 위한 변명이 일체 허용되지 않는 조건 속에서 형성됐다. 이것이 '암흑=자학사관'의 출생의 비밀이다.[5]

'제3의 길'로서 제시한 '자유주의 사관'은 '대동아전쟁긍정사관' 과도 그 궤도를 달리 하고 있음을 강조하고 있다. "대동아전쟁은, 형태는 침략전쟁의 모습을 띠고 있으나 그 본질은 해방전쟁이었다"는 '대동아전쟁긍정론'은 다케우치 요시미(竹內好)나 우에야마 슌페이 (上山春平), 또는 하야시 후사오(林房雄) 이후 그 내용이 약간씩 변하는 모습을 보였으나, 일본사회에 여전히 자리하고 있다.[6]
후지오카는 '자유주의 사관'은 '대동아전쟁'을 무조건 긍정적으로 평가하거나, 또는 '대동아전쟁'이 안고 있는 '침략전쟁으로서의 성격'을 전면적으로 부정하는 역사관이 아니라는 것을 처음부터 선언했다. 그러나 초기의 주장과 달리 '자유주의 사관' 논자들은 '대동아

---

4) 『近現代史教育の改革』, p. 53.
5) 『汚辱の近現代史』, pp. 98-99.
6) 竹內好, "戰爭責任について", 『竹內好全集』 第8 (筑摩書房, 1980), pp. 210-218; 上山春平, "大東亞戰爭の思想史的意義", 『中央公論』, 1961年 9月; 林房雄, 『大東亞戰爭肯定論』(中央公論社, 1970). 그후 적극적 긍정론은 점차 퇴화하는 모습을 보였으나, 다른 형태로 그 맥을 계속 이어왔다. 즉 '대동아전쟁'은 아시아에서의 패권확립과 해방이라는 서로 모순되는 두 가지 의미를 가지고 있다는 '兩義的 性格'의 전쟁론, 코민테른과 중국공산당, 그리고 미국의 루스벨트 대통령의 음모에 의해서 시작됐다는 '모략전쟁론', 일본과 미국이 함께 책임이 있다는 '日美 同罪論' 등으로 지속돼왔다. '대동아전쟁긍정론'의 변화에 대해서는 吉田裕, 『日本人の戰爭觀』(岩波書店, 1995), pp. 202-236 참조.

전쟁'은 자위전쟁이었고, 아시아의 피압박민족의 해방을 위한 전쟁
이었다는 긍정론으로 방향을 선회하고 있음을 보여주고 있다. 전후의
역사교육을 강력하게 비판하고 있는 나카무라 아키라(中村粲)는 '대
동아전쟁긍정론'을 다음과 같이 주장하고 있다.

　일러전쟁 당시 일본은 러시아를 몰아냈다. 이것은 일본의 사명이
었다. 그리고 대동아전쟁에서는 결과적으로 동남아시아 전체가 독
립할 수 있었다. 그러한 의미에서 일본은 일본에게 부여된 사명을
훌륭하게 달성하지 않았나 생각된다. 만일 대동아전쟁이 없었다면
동남아시아의 국가들은 상당히 오랜 시간 식민지지배를 감내하지
않을 수 없었을 것이다.
　이러한 것들을 생각한다면 대동아전쟁이라는 것은 대단히 깊은
역사적 배경을 지닌 전쟁이고, 또한 일본에게 있어서는 운명의 전쟁
이고 동시에 사명의 전쟁이기도 했다. 그리고 일본은 그 사명을 훌
륭하게 완성했다고 나는 믿고 있다.[7]

　후지오카는 태평양전쟁의 '결과적 긍정론'을 다음과 같이 주장하
고 있다.

　나는 대동아전쟁을 전적으로 침략전쟁이라고는 규정하지 않는다.
자위전쟁의 측면이 있다고 생각하고, 또한 이것은 전적으로 이데올
로기라고 할 수 있지만 아시아 해방이라는 이념이 담겨져 있었다.
뿐만 아니라 그 전쟁은 최소한 결과로서 아시아의 민족독립이 가능
해졌다. 즉 그 전쟁은 다양한 측면을 지니고 있다.[8]

　7) 中村粲, "大東亞戰爭はなぜ起こったのか", 歷史・檢討委員會編, 『大東亞戰爭
の總括』(展轉社, 1995), p. 48.
　8) 藤岡信勝・吉田裕, "鬪論・ここがおかしい歷史敎科書論爭", 『THIS IS 讀賣』,
1997. 3.

'자유주의사관연구회'의 핵심멤버이면서 '거시적 역사관'과 역사교육의 '새로운 패러다임'을 강조하고 있는 다카하시 시로(高橋史朗)도 "대동아전쟁을 계기로 구미 식민지하의 거의 모든 민족이 독립을 이룰 수 있었다"고 높이 평가하고 있다.[9]

자학적이고 반일적이며 어두운 역사관을 불식하고 "자국의 생존권과 국익추구의 권리를 확실히 인식하고, 자국 역사에 긍지를 가지고, 활력(元氣) 있는 역사교육"을 목표로 하고 있다는 '자유주의 사관'은 다음과 같은 네 가지 요소를 포함하고 있다. 즉 민족배외주의(民族排外主義)라는 부정적 내셔널리즘과 구별되는 '건강한 내셔널리즘'(국가에 대한 긍정적 이미지 배양), 궁극적으로 일본이라는 국가와 국민의 생존과 번영을 최고의 목적으로 하는 전략론적 시각에서 역사를 보는 '리얼리즘'(국익과 국방의 중요성), 어떤 이데올로기에도 묶이지 않고 자유로운 입장에서 현상을 볼 있는 '탈이데올로기', 그리고 부분의 이익을 전체의 이익에 우선하는 '관료주의 비판'이 바로 그것이다.[10] 이와 같은 요소를 바탕으로 한 '자유주의 사관'이 제시하고 있는 근현대 일본사의 큰 줄거리는 대체로 다음과 같은 맥으로 이어지고 있다는 것이다.

A. 메이지유신은 일본이 서구 열강의 압력 속에서 식민지화의 위기를 슬기롭게 극복하고 독립국민국가를 만들어낸 위대한 내셔널리즘혁명이다. 이 혁명에 의하여 신분제도를 폐지하고, 개인의 자유로운활동이 보장된 활력 있는 사회를 만들었다.

B. 메이지 전반기의 경제발전은 기본적으로 민간의 활력을 성장시키는 자유주의적 경제정책의 성공에 의한 것이다. 그러한 의미에서 통설로 자리잡고 있는 일본은 '위로부터'의 근대화에 성공이라는 마

---

9) 高橋史朗, 『歴史教育はこれでよいのか』(東洋經濟新報社, 1997), p. 68.

10) 『近現代史教育の改革』, pp. 159-160.

르크스적 해석은 대단히 잘못된 것이다.

C. 러시아의 위협이라는 극동의 안전보장문제가 없었다면 일본은 군사대국으로 발전하지 않고 자유주의 경제의 발전에 의한 경제대국화의 길을 걸었을는지도 모른다. 일청·일러 두 전쟁은 극동의 전략환경 때문에 어쩔 수 없이 일본이 싸워야 했던 자위전(自衛戰)이었다. 일본의 대륙팽창은 결코 필연적인 진로도 또한 의도적인 선택도 아니었다.

D. 일러전쟁 후 미국의 일본적대시정책이 시동한 것과 함께, 일본은 국가전략 선택의 잘못을 범했다. 한반도에 대한 대응은 또 다른 선택대안이 없었을까를 충분히 검토할 여지가 있다. 여러 가지 길을 찾아보았지만 결국 일본은 몇 가지 정책적 오류의 결과로서 파멸적인 대동아전쟁에 돌입했다.

E. 전쟁의 원인을 본다면 일본만이 잘못됐다는 '도쿄재판사관'도, 또는 일본은 조금도 잘 못한 것이 없다는 '대동아전쟁긍정사관'도 모두 한 면만 보는 것이다. 둘 다 모두 국가를 절대선과 절대악으로 상정하고 그 엉킨 역사를 본다는 점에서 실은 같은 관점에 서 있다. 누가 어떤 책임이 있는가는 어디까지나 전쟁의 경과에 의거하여 실증적으로 규명하지 않으면 안 된다. 그러한 규명에 앞서 결론을 맺는 것은 잘못 된 것이다.[11]

2. 활동

『현대교육학』과『사회과교육』이라는 교육잡지를 중심으로 전후 역사교육을 줄기차게 비판해 온 후지오카는 1995년 1월 '자유주의 사관'에 찬동하는 사람들과 함께 '자유주의사관 연구회'(이하에서 '연구회'로 약칭함)를 결성하고 조직적으로 활동을 시작했다. '연구회'

---

11)『汚辱の近現代史』, pp. 78-80.

는 연구회의 활동을 홍보하는 『회보』(會報)를 2월부터 월간으로 발행하고, 9월에는 기관지로서 계간잡지 『「근현대사」의 수업개혁』을 창간했다. '연구회'는 『산케이신문』(産經新聞)과 합동으로 1996년 1월부터 "교과서가 가르쳐주지 않는 역사"를 연재하기 시작했다. '연구회'는 매 달 하나의 주제를 정하고 회원들이 분담하여 17회 정도씩 집필했다. 1년간 계속된 이 연재물은 역사재평가운동을 대중화하는 데 크게 기여했다. 특히 현장의 교사들에게 상당한 영향을 미쳤고 '자유주의 사관'을 논쟁화하는 데 일역을 담당했다.[12] '연구회'는 현행 역사교육을 비판하고 교과서 내용의 개정을 주장하는 전국대회, 학술세미나 등을 개최하는 한편, 강연회와 집필활동 등 다양한 형태의 활동을 끊임없이 전개하고 있다.

그동안 '연구회'를 주도적으로 이끌어온 후지오카와 니시오 간지(西尾幹二)는 '자유주의 사관'에 동조하는 지식인들과 함께 1997년 1월 '새로운 역사교과서를 만드는 모임'(이하에서 '모임'으로 약칭함)을 결성하고, 운동의 방향을 교과서 개정을 요구하는 차원을 넘어 새로운 역사교과서를 작성하는 방향으로 그 폭을 넓혀나갔다. 그리고 그 활동의 범위도 학문의 영역을 넘어 국민운동 차원으로 확대해 나갔다.

전후 "반세기 동안 계속된 왜곡된 역사교육"은 "최근에 이르러 그

------

12) 1월의 주제: "日本とアメリカ"(12회), 2월의 주제: "國つくりの設計"(15회), 3월의 주제: "勇氣と友情の物語"(17회), 4월의 주제: "近代日本と戰爭"(17회), 5월의 주제: "歷史を生きた女性たち"(18회), 6월의 주제: "經濟成長"(17회), 7월의 주제: "生活文化の變遷"(17회), 8월의 주제: "檢証・東京裁判"(17회), 9월의 주제: "異文化のはざまで生きた人人"(17회), 10월의 주제: "事件と眞相"(16회), 11월의 주제: "近代日本と發明・發見"(17회), 12월의 주제: "明治憲法"(17회). 俵義文, 『ドキュメント「慰安婦」問題と敎科書攻擊』(高文硏, 1997), pp. 52-112 참조. 産經新聞社는 6월에 5월까지의 연재물을 『敎科書が敎えない歷史』, 그리고 6월부터 11월까지의 연재물을 12월에 『敎科書が敎えない歷史』 第二集을 단행본으로 출판했다. 이어서 제3집은 97년 5월, 제4집은 97년 10월에 출판했다.

혼미의 도가 더욱더 깊어지고 있다"고 경고하고 있는 '모임'은, 역사
교과서는 "일청·일러 전쟁까지도 간단히 아시아 침략전쟁으로 기
술"하고 있고, "메이지 국가 그 자체를 악(惡)으로 상정"하고, "증거
가 불충분한 종군위안부 강제연행설을 채용"하는 등 "일본의 근현대
사 전체를 범죄의 역사로 단죄"하고 있다고 강하게 비판하고 있다.
왜 이와 같은 현상이 나타나고 있는가에 대한 물음에 '모임'은 다음
과 같이 대답하고 있다.

　일본인이 전후 50년간 세계를 2분한 미·소 초강대국의 역사관
('코민테른사관'과 '도쿄재판사관'―필자 주)을 비판 없이 그대로
국내에 받아들였기 때문이다. 역사교과서의 기술은 이 둘의 혼교(混
交)의 한 좋은 예라 하겠다. 처음부터 그 근본적 원리에 있어서는 서
로 대립하면서도, 대일 전승국으로서 일본의 역사적 과거를 부정하
는 두 개의 역사관이 전후 일본 지식인의 머리에 합체하여 공존해
왔다. 그 결과 일본인은 일본 자신의 역사의식을 잃었다.[13]

일본은 예로부터 스스로 문명을 키워왔고 또한 독자적 전통을 가지
고 세계의 선진문명과 보조를 맞추어왔음에도 불구하고, 전후의 역사
교육은 일본인이 이어가야만 할 문화와 전통을 잊어버리게 만들고 일
본인의 긍지를 상실케 하는 데 기여했다는 것이다. 특히 근현대사에
이르러 일본인은 죄인으로 취급당하고 있고, 냉전이 끝났음에도 이러
한 자학적 경향은 여전히 일본인들의 의식을 강하게 지배하고 있다는
것이다. 그러므로 일본이 당면한 가장 시급한 과제는 이와 같은 '자
국사(自國史) 상실을 극복'하고 '자국의 정사(正史)를 회복'하는 것
이었다.

---

13) "「新しい歴史教科書をつくる會」創設にあたっての聲明", 新しい歴史教科書
をつくる會編,『新しい日本の歴史が始まる』(幻冬舍, 1997), p. 320.

우리들은 21세기를 살아갈 일본의 어린이들을 위하여 새로운 역사교과서를 만들어 역사교육을 근본적으로 다시 확립할 것을 결의한다. … 일본은 어느 시대에도 세계의 선진문명과 보조를 같이 하여 착실히 역사의 도정을 걸어왔다. … 그러나 전후의 역사교육은 일본인이 받아 이어가야 할 문화와 전통을 잊고 일본인의 긍지를 잃게 하고 있다. 특히 근현대사에 이르러 일본인은 자자손손까지 사죄를 계속해야 할 운명을 짊어지고 있는 죄인처럼 취급받고 있다. 냉전 후에는 이러한 자학적 경향이 더욱 강화되어 현행의 역사교과서는 지난날 적국(舊敵國)의 선전(propaganda)을 그대로 기술하고 있기까지 하다. … 우리들이 만들 역사교과서는 세계사적 시야 속에 일본과 일본인의 자화상을 품격과 균형을 가지고 기록해 나갈 것이다.[14]

이를 위하여 '모임'은 필요한 모든 활동을 강력히 추진해 나갈 것을 밝히고, 이에 모든 국민이 적극적으로 동참할 것을 촉구하고 있다.

'연구회'와 달리 '모임'에는 일본사회의 각계에서 활발하게 활동하고 있는 학자 · 언론인 · 평론가 · 문인 · 경제인 · 전직 관료 등이 참여하고 있다.[15] 특히 이 '모임'에는 재계의 인물들이 많이 참여하고 있다는 것이 특이한 현상이라 하겠다.

결성 이후 '모임'은 국민 속으로 파고드는 운동의 대중화를 활발히 전개하고 있다. '모임'은 "새로운 역사교과서를 만들고, 이를 아동과 학생의 손에 전달한다"는 설립 목적(회칙 제3조)에 찬동하는 사람을 회원으로 모집하여 1998년 10월 말 현재 회원수가 6,964명에 이르렀고, 그 중 일본사회에 널리 알려진 275명의 명단을 공개했다.[16] 그리

---

14) "「新しい歴史教科書をつくる會」趣意書", 新しい歴史教科書をつくる會編, 『新しい歴史教科書を「つくる會」という運動がある』(扶桑社, 1998), pp. 8-9.

15) '모임'은 회장 西尾幹二, 두 명의 부회장 藤岡信勝 · 濤川榮太, 일곱 명의 이사 芳賀徹 · 伊藤隆 · 西部邁 · 中島修三 · 坂本多加雄 · 高橋史朗 · 高森明勅, 그리고 두 명의 감사 古賀正 · 吉村博一 등으로 구성돼 있다.

고 '모임'의 활동을 홍보하는 회보『사』(史)를 격월간으로 발행하고, 1998년 말까지 일본 근현대사의 재평가를 주제로 다섯 차례의 공개 심포지엄을 주관했다.[17]

'연구회'와 '모임'은 대체로 세 가지 사업을 집중적으로 추진하고 있다. 첫째는 중학교용의 새로운 '역사' 교과서와 '공민' 교과서를 목표로 하는 대중선전용 보급판 책자로서『국민의 역사』와『새로운 공민교과서』를 출판하는 것이다. 1999년 10월 말 산케이신문사에서 출판한『국민의 역사』는 700페이지가 넘는 방대한 책으로서 이미 일본 사회에 상당한 영향을 파급시키고 있다. 월간지『하츠겐샤』(發言者)의 발행인이며 '모임'의 이사인 니시베 스스무(西部邁)와 다섯 명의 교수가 공동으로 집필하는『새로운 공민교과서』는 새로운 역사교과서에 나타나는 이념을 정치화하는 것을 목적으로 하고 있기 때문에『국민의 역사』와 쌍을 이루는 중요한 과제라 하겠다.[18]

두번째 사업은 역사교과서 내용의 개정을 관계 당국에 요구하는 한편, 이에 대해 국민운동 차원의 캠페인을 전개하는 것이다. '연구회'는 1996년 7월 '종군위안부'에 관한 내용을 중학교 교과서에서 삭제할 것을 문교 당국에 요구하는 결의를 채택하는 한편, 동시에 역사교과서 비판운동을 전국규모로 확대하여 전개한다는 활동방침을 결정했다.[19] 이 방침에 따라 '연구회'와 '모임'은 전국대회 개최, 회보 발

---

16) 275인의 명단,『… 運動がある』, pp. 316-319.

17) 심포지엄 주제는, "「自虐史觀」を超えて", "新しい歷史像を求て", "古代史最前線からの眺望", "新しい教科書つくりの展望", "現代日本の「戰爭と平和」觀への異議申し立て"였다.『… 運動がある』, p. 323.

18)『新しい公民教科書』가 지향하고 있는 목표와 내용에 관하여 西部邁·宮本光晴·八木秀次, "公民教科書を語る",『… 運動がある』, pp. 278-306 참고.

19) 활동의 기본방침은 (1)중학교 교과서에서 사용되고 있는 '종군위안부'라는 표현을 삭제할 것을 관계 당국에 요구하는 운동을 전개하고, (2)그외에 역사교과서의 내용을 전면적으로 검토하고 개정을 위한 비판활동을 국민운동 차원으로 확대하고, (3)국민 전체에 호소(appeal)하기 위하여 사회적 영향력이 있는 사람들을 중심으로

행, 학술회의 주관, 출판물 발행, 『국민의 역사』와 『새로운 공민교과
서』계획 등 다양한 활동을 전개하고 있다. 특별히 '모임'의 대표들은
1997년 1월 고스기 다카시(小杉隆) 문부대신을 면담하고 중학교 교과
서의 '종군위안부' 내용을 문부대신의 권고로 삭제할 것과 교육과정
심의회에서 역사교육을 재검토할 것을 강력하게 요구했다. 문부대신
과의 면담이 구체적으로 이렇다 할 소득이 없었음에도 불구하고 '모
임'은 문부대신을 만나 교과서 내용의 개정을 요구했다는 그 자체를
대대적으로 홍보했다.[20]

  '연구회'와 '모임'이 적극적으로 추진하고 있는 세번째 사업은 역
사교과서에 기술돼 있는 '암흑사관'을 개정하는 작업이다. 현재 중·
고등학교에서 사용되고 있는 근현사대사 교과서는 새로운 세대로부
터 일본인의 긍지를 탈취하고, 동시에 새로운 세대로 하여금 일본을
싫어하게 만드는 '반일사관·자학사관·암흑사관·사죄사관'에 근
거하여 기술된 것이라고 단정하고 있는 '모임'은 반드시 이를 바로잡
아야 하고, 이를 위해 이론적·역사적 근거를 제시한다는 것이다. 잘
못된 많은 기록 가운데 회원들이 특별히 강조하고 있는 주제는 대체
로 다음과 같은 것들이다.

  A. 일청전쟁(1894-1895). 일청전쟁은 기본적으로 일본이 경제적
이유나 영토의 팽창이라는 제국주의적 발상에 의한 것이 아니라, 한
반도에 강대국이 자리잡으면 일본의 안보가 대단히 위험해 진다는 위
기감과 한국을 중국으로부터 독립시키기 위해 취한 조치였다는 것이
다. 즉 19세기 말 나타난 서세동점이라는 동아시아의 국제적 상황과

조직을 만들고, (4)강연회·학습회·공개토론을 각 지역에서 개최하고, (5)필요한
자료 및 팜플렛을 발행하고, (6)신문·잡지·TV·방송 등의 언론매체를 통하여 활동
하고, (7)교과서 내용의 비판과 그 대안의 원고를 모집하여 이를 발표하는 것 등이다.
俵義文, 『ドキュメント「慰安婦」問題と教科書攻撃』(高文研, 1997), pp. 63-64.
  20) 위의 책, pp. 121-122.

조선정부의 무능력이 일본으로 하여금 중국과의 전쟁을 불가피하게 만들었다는 것이다.

B. 일러전쟁(1904-1905). 일러전쟁은 침략전쟁의 시발점이 아니라, '조국방위를 위한 위대한 국민전쟁'이었다는 것이다. 일본을 향해 뻗어나 있는 한반도는 예로부터 일본에 대륙의 문화를 전달해 주는 '회랑'이었으나, 19세기 말 러시아가 만주와 한반도로 그 세력을 팽창하면서부터는 일본을 향한 '러시아의 총검'으로 변했다는 것이다. 만일 러시아가 한반도를 장악한다면 일본의 안보는 대단히 위험한 지경에 이르게 된다는 것이다. 그럼으로 이러한 국가적 위기를 극복하기 위하여 일본은 러시아의 침략에 맞서 전쟁을 할 수밖에 없었다는 것이다.

일러전쟁을 높이 평가해야 할 또 다른 이유는 "백인 국가가 아닌 국가가 백인 국가, 그것도 당시 세계 제1의 육군국가인 러시아를 이기고, 세계에 일본의 존재를 과시"했다는 사실과, 그럼으로써 "유색인종은 반드시 백인종에게 지배당하는 운명에 있다는 기존의 패배적 생각을 타파"하고 "유색인종도 노력하면 백인종과 대등해 질 수 있다는 희망"을 주었고, "피압박민족이 백인 제국주의의 지배로부터 벗어날 수 있는 결정적인 기회를 제공"했다는 것이다.[21] 그럼으로 일러전쟁은 일본역사에서뿐만 아니라 세계사적 차원에서도 대단히 의미 있는 사건으로 평가해야 한다는 것이다.

C. 한일합병(1910). 일본의 한반도 지배는 일본이 의도적으로 추진한 것이라기보다는 19세기 말 이후 동아시아에서 전개된 '역사적 다이너미즘과' 한국의 '자기관리능력의 결핍'의 결과였다는 것이다. 19세기 말 한반도는 발칸반도와 같이 열강의 각축으로 인해 불안정한 '화약고'였음에도 불구하고 한국의 정치상황은 불안정하기 이를 데 없었고, 한국인은 스스로 독립해야 한다는 의지도 능력도 없었고, 다

---

21) 坂本多加雄, "歷史教科書をつくる際の十二の要点", 『… 運動がある』, pp. 77-79.

만 보다 강한 자에 의존해서 살아야 한다는 '사대사상'이 지배하는 민족이었다는 것이다. 이와 같은 상황에서 일본은 일본에게 '생명선'이나 다를 바 없는 한반도를 지키기 위하여 피를 흘리면서 중국·러시아와 싸워야 했고, 한반도 지배는 이 두 전쟁에서의 일본의 승리라는 국제정치역학과 세계사 변화의 당연한 귀결이라는 것이다. 뿐만 아니라 합병은 이토 히로부미(伊藤博文)의 암살사건을 계기로 친일파 이완용 등의 일진회가 일백 만 명의 서명을 모아서 추진한 '합병청원운동의 결과'였고, 또한 미국을 위시하여 영국·프랑스·이탈리아·러시아 등 당시 강국들이 승인한 국제조약이기 때문에 그 절차나 결과가 정당하고 합법적이라는 것이다.

D. 식민지 통치(1910-1945). 36년에 걸쳐 실시한 한국에 대한 일본의 식민통치는 알려진 것처럼 비참한 것도, 잔혹한 것도 아니라 오히려 한국인에게 유익하고 자비로웠다는 것이다. 한국인이 비난하고 있는 강제연행, 일본어 강요, 창씨개명 등은 잘못 알려졌거나 또는 날조됐다는 것이다. 강제연행은 총독부가 실시한 것이 아니라 자신의 영화를 위하여 '조선인' 출신의 말단 공무원들이 과잉으로 충성한 것이고, 일본어의 사용은 교육수준을 높이기 위한 의무교육의 일환이었고, 총독부는 오히려 거의 사용하지 않는 한글을 보급하여 한국인의 문맹률을 타파하는 데 크게 기여했으며, 창씨개명은 일본식 이름을 사용함으로써 이익을 보려는 한국인들이 스스로 택한 결정이라는 것이다. 문화청 장관을 역임한 작가 미우라 슈몬(三浦朱門)은 식민통치를 통해서 일본은 한국에 "많은 학교를 세우고, 초등교육을 보급"했고, 이는 학교교육의 기초를 이루었을 뿐만 아니라 독립 후 "민족의 발전을 위하여 유리하게 이용"됐다고 식민지교육정책을 높이 평가하고 있다.[22]

식민통치를 통해 일본은 "근대화의 기초로서 반드시 필요한 인구

---

22) 三浦朱門, "日韓の溝は歴史認識で埋まるのか", 『正論』, 1996年 2月.

조사와 토지조사, 치산·치수, 관개, 농업개량, 소작제도의 개선"을 실시했고, "교육과 한글의 보급, 공평한 사법제도의 도입, 의료의 개선과 철도의 부설, 항만의 건설, 각종 공장의 건설과 정비 등 공업화 사회로의 전진이 조금씩 가능해질 수 있는 여건"을 만들었다고 주장하고 있는 '모임'의 회장인 니시오 간지는 "이와 같은 식민지는 당시 세계에 하나도 없었다"고 일본의 식민지정책을 높이 찬양하고 있다.[23]

한국인들은 한국이 60년대와 70년대에 '경이적인 발전과 번영'을 이룰 수 있었던 것도 바로 이러한 일본통치시대의 교육 보급과 사회기반 정비의 결과였다는 것을 인정하고 고맙게 생각해야 한다는 것이다. 일본이 식민지통치에 대하여 한국에 사과하고, '식민통치는 한국에 유익했다'는 발언을 '망언'이라고 하고, 또한 발언 당사자가 공직에서 물러나는 것은 일본이 극복해야 할 '자학사관'과 '사죄사관'의 대표적 예라는 것이다.

E. 군국주의의 대두와 태평양전쟁. '모임'의 이론가로 알려진 사카모토 다카오(坂本多加雄)에 의하면 군부가 지배하는 정치체제는 메이지 헌법 정신에도 배치되는 것이지만, 1930년대 군국주의의 대두는 당시 불가피한 국내외 사정이 있었다는 것이다. 하나는 볼셰비키 혁명 이후 강력한 국제공산주의가 대두하면서 일본 내에서 국제성을 내포하고 있는 반체제운동이 나타났고 이에 대응하기 위한 강력한 체제가 필요했다는 것이다. 그러므로 쇼와(昭和)시기에 과격한 우익 국수주의 사상과 운동이 등장하게 된 것은 국제공산주의 이데올로기에 대항하기 위한 자기방위의 수단이었다는 것이다. 또 다른 하나는 제1차 세계대전 이후 아시아에서도 민족주의가 강화되었고, 이는 군부의 등장을 불가피하게 만들었다는 것이다. 즉 식민지해방운동에 직면해서 일본은 이에 '무단적으로 대처'한다는 정책을 택했고, 따라서 군

---

23) 西尾幹二, "われわれは30年後の日本に賭けている", 『… 運動がある』, p. 122.

부의 진출을 촉진시켰다는 것이다.[24]

군국주의 등장 연장선상에서 진행된 태평양전쟁까지의 '15년전쟁'을 간단히 '침략전쟁'으로 단정하고 '부도덕'한 것으로 평가하여 국민을 교육하는 것은 옳지 않다는 것이다. 물론 일본이 수행한 전쟁은 정치적으로나 외교적으로 커다란 실패였다는 것을 인정하고, 그러한 점에서 과거를 반성적 시각에서 조망하는 것이 필요하지만, 윤리적 시각에서 일본을 절대악으로 평가할 수는 없다는 것이다. 일본의 식민지 지배와 일본이 수행한 전쟁을 '개인의 윤리감각'이 아니라, 당시 제국주의라는 '국제적 도덕규범'에 비추어볼 때 크게 잘못된 것은 아니라는 것이다.

일본은 독일과 달리 국가가 직접 정책적으로 타민족을 조직적으로 학살하는 것과 같은 범죄적 행위는 하지 않았을 뿐만 아니라, 태평양전쟁은 결과적으로 피압박민족의 해방을 가져왔고 새로운 국제질서를 태동시키는 등 세계사의 변화와 발전에 긍정적 영향을 끼쳤다는 것을 인식해야 한다는 것이다.[25]

F. 종군위안부. '연구회'와 '모임'이 가장 정력적으로 벌이고 있는 캠페인은 종군위안부에 관한 사실을 역사교과서에서 삭제해야 한다는 운동이다. 종군위안부문제가 구체적으로 표출되기 시작한 것은 1991년 말 김학순(金學順)을 위시한 종군위안부 출신의 한국인들이 일본정부의 사죄와 보상을 요구하면서부터였다. 국가의 윤리와 도덕성까지 문제시된, 요시미 요시아키(吉見義明)의 표현을 빌리면 '일본군 성노예'(日本軍性奴隷)문제는 일본뿐만 아니라 한국 · 중국 등 아시아 국가로 점차 확대되어 나갔으나, 일본정부는 종군위안부는 민간업자가 주관한 것이고 정부와 군은 관여하지 않았기 때문에 국가적

---

24) 坂本多加雄, 앞의 글, pp. 67-70.

25) 坂本多加雄, "歷史敎科書はいかに書かれるべきか", 『… 始まる』, pp. 205-209.

차원에서 책임이 없다는 입장을 지속해 왔다. 그러나 정부의 주장과 달리 일본군대를 위한 위안소 설치와 위안부 모집, 그리고 위안부의 수송·관리·통제를 정부와 군이 직접 지휘·감독했다는 움직일 수 없는 자료들이 나타나면서 일본정부도 기존의 입장을 고집할 수 없게 됐다.[26] 일본정부는 1992년 위안부 모집과 위안소 운영에 군이 관여했다는 것을 인정하고, 1993년 고노 요헤이(河野洋平) 관방장관은 강제성과 중대한 인권침해, 그리고 국가가 관여했다는 것을 공식으로 인정하고 '사죄의 뜻'을 표시했다. 그리고 1996년 문부성은 97년부터 중학교에서 사용되는 교과서에 종군위안부에 관한 사실이 포함된다는 것을 밝혔다.

'연구회'와 '모임'은 1996년부터 교과서에서 종군위안부에 관한 기록을 삭제하기 위한 캠페인을 전개했다. 종군위안부에 관한 기술은 역사적 근거가 없는 것이고, '종군위안부'라는 것은 존재하지도 않았던 것으로서, 이는 일본국민을 정신적으로 주눅들게 하고, 일본인으로서의 자각과 기개를 짓밟고, 일본이라는 국가를 정신적으로 해체하기 위하여 국제적 반일세력이 연대해서 전개하는 '장대한 일본파멸의 음모'라는 것이다. 즉 위안부문제는 일본을 파괴하기 위한 '한·미·중(韓·美·中)의 일본 포위망'으로 규정하고 있다.[27] 특히 사회

---

26) 방위연구도서관에 소장된 '공문서' 및 '미군 심리전 팀 종군위안부 신문보고서' 등 새로 발견된 자료에 관해서는 吉見義明,『從軍慰安婦』(岩波書店, 1995) 참고. '종군위안부'에 대한 일본정부의 태도와 국제적 여론, 그리고 일본정부의 책임에 관해서는 David Boling, "Mass Rape, Enforced Prostitution, and the Japanese Imperial Army: Japan Eschews International Legal Responsibility?" *Columbia Journal of Transnational Law*, vol. 32, no. 3(1995), pp. 533-590 참조.

27) 소위 '일본포위론'은 다음과 같은 것들이다. "지금 세계에는 '위안부' 문제를 계기로 '일본때리기'가 일어나고 있다. 이 문제를 중심으로 미·한·중의 일본 포위망이 만들어지고 있다." 藤岡信勝,『「自虐史觀」の病理』(文藝春秋, 1997), pp. 293-294; "이 포위진에는 과거와 같이 적지 않은 일본인 운동가도 참가하고 있지만, 지금까지의 것과 다른 것은 미국·중국·한국이라는 3대국의 그림자가 어른거리고 있다는 것이다." 秦郁彦, "慰安婦と七三一部隊",『諸君』, 1997年 3月, p. 44; "많은 외국은

주의 체제의 붕괴로 인하여 미래에 대한 희망과 목표를 잃은 '좌익과 시민파'가 일본의 과거를 규탄하고 자신들이 살아남기 위한 '활로'로서 위안부문제를 선택하고 일본을 공격하고 있다는 것이다.

종군위안부문제와 관련하여 이들이 주장하고 있는 것은 대체로 다음과 같은 것들이다. 즉 "위안부 출신이라는 한국인의 증언은 더 없는 거짓으로서 일본을 미워하는 사람들이 날조한 것이다", "일본정부가 인정한 위안부 강제연행은 사실이 아니다", "위안부는 실제로 직업적 매춘부로서 그들의 활동은 상행위였다. 그리고 매춘은 합법적이었다", "역사적으로 전쟁이 있는 곳에는 항상 위안부가 있었고, 미군도 일본 점령 후 위안소를 만들었다", "한국의 미군기지에서는 지금도 한국인 위안부가 제공되고 있다", "종군위안부였음을 증언하고 있는 노파들의 증언은 신용할 수 없다", "사춘기에 있는 학생들에게 위안부라는 매춘행위를 공교육의 교재로 가르치는 것은 교육적으로 부적절하다"는 것 등등이다. 그러므로 교과서에 포함돼 있는 종군위안부에 대한 기록은 삭제되고 말소되어야 한다는 것이다.

G. 난징대학살사건. 1937년 12월 중국의 난징(南京)을 공략하면서 일본군은 상당히 많은 중국 민간인을 무고하게 학살하는 사건이 벌어졌고, 이는 전후 일본군의 전쟁범죄를 대표하는 상징적 사건으로서의 의미를 가지게 됐다. 당시 일본정부가 엄격히 보도를 통제했던 이 사건의 전말이 도쿄재판에서 처음으로 공개됐다. 1948년 11월의 재판은 일본군이 난징 점령 직후 6주간에 20만 명 이상의 민간인과 포로를 살해했다는 사실을 밝히고, 당시 최고사령관이었던 마츠이 이와네

지금 무서운 세력으로 일본을 포위하고 혼내준다는 생각으로 호시탐탐 기회를 보고 있는 상태이다." 西尾幹二外, 『歷史敎科書との15年戰爭』(PHP硏究所, 1997), p. 95, 168; "종군위안부문제도 역사기술의 문제도 전부 '제1의 패전' 직후, 미점령 당국자가 검열과 선전으로 일본인을 마인드콘트롤한 수법을 현재의 '제2의 패전'에서는 복수의 국가가 일본의 매스컴을 이용하여 반복하고 있다고 생각하면 제일 이해하기 쉽다." 江藤淳, "日本第二の敗戰", 『文藝春秋』, 1998年 1月, p. 102.

(松井石根)에게 사형을 선언했다. 또한 1947년 중국의 군사재판은 피해자 총수가 30만 명 이상이라고 밝히고, 당시 난징공략을 직접 지휘했던 6사단장 다니 히사오(谷壽夫) 중장을 사형에 처했다.

그러나 1960년대 이후 태평양전쟁의 근본 원인은 미국·영국·중국 등의 '일본 포위'에 있었고, 태평양전쟁의 결과 아시아의 여러 나라들이 독립할 수 있었다는 소위 대동아전쟁긍정론 등 수정주의가 대두하면서 '난징학살 부정론'이 나타나게 됐고, 그후 다시 실질적으로 학살당한 민간인은 소수였다는 소위 '학살 소수론'으로 변질하는 등 난징사건은 끊임없이 논의의 쟁점이 되어왔다.[28]

'자유주의 사관'이 등장하면서 난징대학살사건은 또다시 중요한 논쟁의 주제로 부상했다. 후지오카에 의하면 난징대학살사건은 도쿄재판의 산물로서 일본의 '전쟁범죄를 재단한 일대 정치쇼'이기 때문에 이는 반드시 교과서에서 삭제되거나 또는 정정되어야 한다는 것이다. '연구회'와 '모임'도 종군위안부와 함께 난징사건에 관한 기술은 교과서에서 삭제해야 한다는 운동을 본격적으로 전개하고 있다. 그들의 주장은 중학교 교과서에 기술돼 있는 10만, 20만, 30만의 대학살이라는 것은 '한마디로 엉터리'고, 미군의 점령하에서 이루어진 '불공정한 재판'이 만들어낸 것으로, 당시 난징에서 볼 수 있었던 수많은 중국인 시체는 학살당한 민간인이 아니고 전투에서 죽은 군인들이었다는 것이다. 그리고 전쟁에서 볼 수 있는 '섬멸'과 '학살'은 구별해야 하고, 난징사건과 관련된 사진들은 '좌익'들이 조작한 것으로 돌리고 있다.

그러나 최근 많은 역사적 자료와 일기, 그리고 병사들의 증언이 나타나면서 '학살 부정론'이 사실상 허구라는 것이 명백해지자 그들은

---

28) 鈴木明, 『「南京大虐殺」のまぼろし』(文藝春秋, 1973); 山本七平, 『私の中の日本軍』(文藝春秋, 1975); 秦郁彦, 『南京事件』(中公新書, 1986); 藤原彰, "南京事件硏究の戰後史", 松島榮一·城丸章夫編, 『「自由主義史觀」の病理』(大月書店, 1997), pp. 130-146 참조.

다시 '학살 소수론'을 입증하려고 안간힘을 쓰고 있다. 특히 난징사건 당시 현장에서 직접 체험한 독일 지멘스(Siemens) 난징지사장으로서 당시 현장에서 사건의 진상을 직접 보고 체험한 라베(John Rabe)의 생생한 일기와 사진이 발굴되어 출판되면서 난징사건을 중심으로 한 '연구회'와 '모임'의 운동은 그 강도가 많이 약화됐다.[29]

IV. 공동전선 형성

교과서문제를 표면에 내세우고 전개되는 역사재평가운동이 이와같이 급작스럽게 부상하고 점차 강화되고 있는 것은 과거[30]와 달리 학계 · 정계 · 언론계 · 연구단체 등 보수진영이 하나의 공동전선을 형성하고 유기적으로 캠페인을 벌이고 있기 때문이다. 각계에서의 움직임을 간단히 살펴보기로 하자.

---

29) Iris Chang, *The Rape of Nanking—The Forgotten Holocaust of World War II*(Basic Books, 1997); John Rabe, *The Good Man of Nanking—The Diaries of John Rabe*(Alfred A. Knopf, 1998).

30) 1950년대와 80년대에도 정부 · 자민당 주도로 교과서 개편을 위한 시도가 있었으나 국내적 저항과 국제적 비난에 부닥쳐 좌절됐다. 1955년 민주당은 교과서 개정의 필요성을 주장하는 "염려해야만 할 교과서문제"(うれうべき教科書の問題)를 제시했고, 민주당과 자유당의 합당으로 태어난 자민당은 56년 '교과서법안'을 국회에 상정했으나 국민적 저항에 부닥쳐 중도에 폐기했다. 자민당은 1980년대에 들어서서 또다시 교과서 내용을 통제하기 위한 움직임을 보였고, 검정강화를 위한 '교과서통제법안'을 국회에 상정하기 위한 준비작업을 했다. 법안은 상정되지는 않았으나 1982년 문부성은 직권으로 검정을 강화하여 '침략'을 '진출'로, '탄압'을 '진압'으로, '수탈'을 '양도'로, '저항운동'을 '폭동'으로 개정함으로써 국제적 비난에 직면하여 소위 교과서 파동을 일으켰다. 일본정부는 8월 "아시아 근린제국과의 우호 · 친선을 발전시키기 위하여 비판에 충분히 귀를 기울이고, 정부의 책임하에 시정한다"는 '정부견해'를 발표함으로써 문제를 수습했다. 아래에서 볼 수 있는 각 단체의 활동에 관하여서는 『ドキュメント…』; 俵 義文, 『教科書攻撃の深層』(學習の友社, 1997) 참조.

1. 정계: 보수정당

1950년대 이후 교과서 내용을 정부가 통제하기 위한 법적·제도적 노력을 부단히 시도해온 자민당이 교과서 개정을 위하여 자유주의사관연구회와 공동전선 형성을 위해 주도적 역할을 하기 시작한 직접적 동기는 호소카와 모리히로(細川護熙) 연립내각이 탄생(1993) 직후 호소카와가 '침략전쟁'임을 공식으로 인정하면서부터였다고 하겠다.

자민당의 소위 '야스쿠니(靖國)관계3단체' [31]는 호소카와 발언 직후 자민당 내에 '역사·검토위원회'(회장 山中貞則)를 설치하고 역사의 재평가와 교과서 개정을 위한 준비를 시작했다. 현역 의원 105명이 참가하고 있는 이 위원회는 '연구회'의 회원들을 강사로 초빙하여 역사 검토를 착수했고, 그 결과로 『대동아전쟁의 총괄』이라는 책을 출판했다. 사무국장(板垣正)은 이 책의 후기에 다음과 같이 기록하고 있다.

> 정치가는 무엇보다도 일본인 자신의 역사인식이 심각한 위기적 상황에 처해 있고, 전후 점령정책과 좌익편향에 근거하고 있는 교육의 영향력이 심대하다는 것을 알게 됐다. 그리고 아무리 생각해봐도 다음 세대의 청년이나 어린이들이 자기 나라 역사에 대하여 긍지를 가질 수 없고, 일본인으로서 살아간다는 것이 즐겁지 못하다는 인식을 심어주는 교육은 잘못됐다고 하지 않을 수 없다. 더구나 일방적으로 일본을 단죄하고, 자학적인 역사인식을 강요하는 것은 범죄행위라고 해도 과언이 아니다. [32]

1995년 패전 50주년을 맞아 '전쟁사죄'를 위한 국회결의가 각계에서 논의되자 자민당은 '종전50주년국회의원연맹'(終戰50週年國會議

---

31) 3단체는 '英靈にこたえる議員協議會', '遺家族議員協議會', 'みんなで靖國神社に參拜する國會議員の會'를 지칭한다.

32) 『大東亞戰爭の總括』, p. 445.

員聯盟: 회장 奧野誠亮)을 결성하고, 사죄 및 부전 결의 반대운동을 전개했다. 연맹은 전후 점령정책과 나란히 좌익세력에 의하여 왜곡된 자학적인 역사인식을 재검토하고, 일본인의 명예와 긍지를 회복할 수 있는 역사를 재정립할 계기를 만들 것을 다짐했다.

1996년 6월 문부성의 중학교 교과서의 검정이 공개되자 자민당은 역사재평가와 교과서 개정을 위한 조직적이고도 본격적인 운동을 전개하기 시작했다. 당은 먼저 '연맹'을 '밝은 일본국회의원연맹'('明るい日本'國會議員連盟: 회장 奧野誠亮, 중참의원 116명 참가)으로 확대 개편했고, 이와 병행해서 교과서 검정을 재검토하고 당의 안을 만들기 위하여 '교과서검정문제에 관한 검토 소위원회'(教科書檢定問題に關する檢討小委員會)를 설치했다. 참의원에서는 '교육문제에 관한 프로젝트팀'(教育問題に關するプロジェクトチ-ム: 회장 井上裕 前文部)을 결성하여 교과서 내용을 점검하는 작업에 착수했고, 또한 5회 이하 당선된 젊은 위원들을 중심으로 '일본의 앞날과 역사교육을 생각하는 젊은 의원의 모임'(日本の前途と歷史敎育を考える若手議員の會: 회장 中川昭一, 중참의원 62명 참가)을 구성했다. 자민당 내의 이러한 조직들은 '종군위안부'와 '난징대학살'에 관한 기록의 삭제 및 개정, 교과서 검정제도와 교과서 채택 방침의 재검토, 교과서 개정운동의 지방의회에로 확대, 그리고 이를 위한 사회단체와의 연합운동을 적극적이고 유기적으로 추진하고 있다.

신진당도 자민당의 교과서 '정상화' 활동에 동참하기 위하여 '정확한 역사를 전달하는 국회의원연맹'(正しい歷史を傳える國會議員連盟: 회장 小澤辰男, 38명 참가)을 결성하고, 국가에 의한 강제연행 사실이 확인되지 않은 '종군위안부의 강제연행'을 교과서에 기술하는 것은 대단히 부적절한 것이기 때문에 내용을 바로잡을 것을 요구했고, 국회의 '전후50주년결의'에 대하여 "지금 우리나라가 독립주권국가로서 존재하고 있다는 사실은 한 마디로 대전배상과 전쟁사죄가 끝났다는 것을 의미하고 있다. 그럼에도 불구하고 이 시기에 '사

죄'한다는 것은 선배들의 노력과 명예를 짓밟는 것이고, 다시 우리들이 잔학비도(殘虐非道)한 민족이라는 이름을 미래영겁(未來永劫)에 걸쳐 짐지우게 되는 것이다'라고 주장하며 결의를 반대했다.[33]

이러한 조직적 활동과 달리 역사재평가와 교과서 개정을 강조하는 보수진영의 정치인들의 발언은 여전히 계속됐고,[34] 재계에서도 이를 지지하고 나섰다.[35]

2. 언론

자유주의 사관이 급속도로 확산되고 역사재평가와 교과서 개정문제가 중요한 사회문제로 등장하게 된 데는 언론의 역할이 지대하다고 할 수 있다. 자유주의 사관에 동조하고 있는 일간지 · 주간지 · 월간지 등은 '연구회'와 '모임'은 물론 대동아전쟁긍정론을 주장하고 전쟁을 미화하는 학자 · 평론가 · 문인들에게 그들의 논리와 주장을 홍보할 수 있는 지면을 충분히 할애하고 있다. 뿐만 아니라 언론은 이들이

---

33) 『トキュメント…』, pp. 6-46 참고.

34) 예컨대 사쿠라우치 요시오(櫻內義雄) 전 중의원의장은 "전쟁 덕에 해방된 국가도 있는데 침략했다는 것만 기록하는 것은 옳지 않다"(96. 9. 19)고 주장하고, 에토 다카미(江藤隆美) 전 총무청 장관은 "침략이라는 것은 무력에 의한 점령 · 탄압 · 착취를 말한다. 도대체 일본이 어디를 침략했단 말인가? 백인세계가 행한 식민지 지배와는 다른데 어째서 교과서에 기록되지 않으면 안 되는가? 국가와 국가의 조약에 의하여 이루어진 것이 어째서 침략인가? 표현이 좀 나쁜지 모르겠지만 마을과 마을이 합친 것과 다를 바 없다. 그리고 합병은 당시 한국정부가 선택한 것이다"(97. 1. 13)라고 강조하고, 가지야마 세이로쿠(梶山靜六)는 관방장관이었음에도 불구하고 "당시의 공창제도 등의 사회배경을 가르치지 않고 위안부문제만을 교육하는 것은 무언가 잘못됐다"(97. 1. 24)고 비판적 입장을 밝혔다. 『朝日新聞』 같은 날짜 참조.

35) 예컨대 今井敬 經團連회장은 國旗 · 國歌법안 성립을 계기로 "전후의 일본사회는 국가를 잊고 지내왔다. 아이덴티티를 확인하기 위하여 국기 · 국가가 필요하다"고 강조하며 이를 적극적으로 지원했다. 그는 한 걸음 더 나가 "전후 정치의 총결산의 시기를 맞아 가이드라인 관련법, 通信傍受법안 등도 국민의 안전 확보를 위해 필요하다는 것을 강조했다. 『朝日新聞』(1999. 7. 23).

공동전선을 형성할 수 있는 매개체로의 기능을 수행하고 있다.

언론 가운데서도 특히 『산케이신문』이 중심적 역할을 하고 있다. 산케이는 '연구회'의 회원들이 집필하는 "교과서가 가르쳐주지 않는 역사"를 1996년 1년 동안 연재함으로써 역사재평가운동에 선도적 역할을 담당했다. 산케이는 수시로 "교과서가 위험하다"(教科書が危ない, 3회), "학생들은 이런 교과서를 사용하고 있다"(子供たちはこんな教科書を使つている, 7회), "교과서가 왜곡한 역사"(教科書が歪めた歷史, 14회), "위안부문제정부자료에서"(慰安婦問題政府資料から, 2회) 등의 기획물을 연재하여 교과서 내용에 문제가 있다는 것을 공론화해 왔다. 뿐만 아니라 오쿠노(奧野誠亮)와 같은 극우 정치인, 자유주의사관에 동조하고 있는 아쿠타가와(芥川)상 수상작가 후루야마(古山高麗雄)와 같은 문인, 또는 개헌을 주장하고 있는 재계의 스즈키 하루오(鈴木治雄) 등 각계의 저명 인사들과의 인터뷰 기사를 게재해 왔다. 그리고 신문의 사설난인 '주장'과 '산경초'(産經抄), '정론', '어필'(アピ-ル), '투서' 난을 통하여 종군위안부, 난징대학살, 루거우차오(蘆溝橋)사건 등의 교과서 기술을 비판하고 개정의 필요성을 강조해 왔다. 『요미우리신문』(讀賣新聞)과 『세카이일보』(世界日報)도 산케이의 노선에 동조하고 있다.

일간지와 더불어 월간지들도 교과서 비판 운동에 적극적으로 동참하고 있다.[36] 이들은 "문부성망국론", "표류국가일본", "교과서와 위안부의 논점", "종군위안부", "난징사건" 등 수시로 특집 · 논단 · 대담을 기획하여 이를 사회문제화함으로써 역사교과서 비판운동을 대중화하고 있다. 그리고 주간지들도 이에 참여하고 있다.[37]

---

36) 대표적인 종합잡지인 『文藝春秋』와 그의 자매지인 『諸君』, 『産經新聞』에서 발행하고 있는 『正論』, 보수성이 강한 『Voice』, 『サンサ-ラ』(산사라), 『SAPIO』 등이 적극적으로 활동하고 있다.

37) 대표적인 주간지들은 『週刊新潮』, 『週刊文春』, 『女性セブン』 『週刊ポスト』, 『月曜評論』, 『週刊 · 世界と日本』, 『SPA』 등이다. 언론계의 활동에 관해서는, 『トキ

3. 연구소, 단체 및 지방의회

'연구회'나 '모임'과 별도로 교과서 비판운동에 적극적으로 나서고 있는 단체로 나카무라 아키라(中村粲)가 이끌고 있는 쇼와사연구소(昭和史硏究所)가 있다. 나카무라는 "전후의 나쁜 풍조에 물들어 역사검증에 역행해 왔다. 지금과 같이 역사의 사실을 회피한다면 일본의 국민성은 반일·자학적으로 되고 말 것이다. 국가가 역사검증을 게을리한다면, 우리들 민간인이 이를 수행해야 한다"는 문제의식에서 1996년 2월 '연구소'를 설립했다. '연구소'는 "내일의 일본을 짊어질 젊은이들에게 우리나라의 현대사의 진상을 바로 알리고, 조금이라도 국가의식에 눈을 뜨게" 하기 위한 사업으로서 이리에 다카노리(入江隆則), 오다무라 시로(小田村四郎), 고보리 게이이치로(小堀桂一郎), 다카하시 시로(高橋史朗) 등 '연구회'와 '모임'의 회원들을 연사로 초청하여 청년학생 세미나를 정기적으로 개최했다.

나카무라는 '교과서 시정을 촉구하는 긴급 국민집회'와 교과서 개정을 위한 시위와 같은 대중활동을 주관하는 한편, 자학적 색채와 반일적 입장에서 사실을 왜곡하고 부실하게 기록한 교과서는 다음 세대의 일본을 담당할 청소년들을 육성하기에는 부적절하기 때문에 개정이 필요하다는 "교과서 검정에 관한 요청문"을 자민당과 신진당에 제출하는 등 적극적 행동을 전개했다. 나카무라가 문제시하고 있는 교과서의 구체적 내용으로는 일러전쟁, 한일합병, 만주사변, 루거우차오사건, 난징학살사건, 삼광(三光)작전, 3국동맹, 도조(東條) 내각과 개전, 위안부, 전시하의 황민화 정책 등을 지적하고 있다.

나카무라는 연구소를 통한 활동과 병행해서 '일본여론모임'(日本世論の會), '교과서 시정을 요구하는 청소년의 모임'(敎科書是正を求める靑少年の會) 등과 함께 '역사교과서 시정을 요구하는 모임'

コメント…』, pp. 150-269 참조.

(歷史敎科書是正を求める會: 회장 小田村四郎)을 결성하고 지방의회가 교과서에서 종군위안부, 난징학살사건 등의 기술을 삭제할 것을 요구하는 결의를 채택하도록 권유하는 운동을 전개하고 있다. 또한 국가, 지방자치단체, 교과서 출판사(7사), 집필자(142人)를 상대로 검정교과서를 사용한 수업을 이수해야 할 의무가 없다는 확인과, 손해배상을 요구하는 소송도 제기하고 있다.

그외에 일본의 국가진로를 모색하고 있는 '진로의 모임'(路の會: 대표 西尾幹二), 천황 중심의 신체제와 전전의 대일본제국 헌법으로 돌아갈 것을 목표로 하고 있는 '일본청년협의회'(日本靑年協議會: 대표 衛藤晟一), 개헌과 군비확장, 그리고 교과서 내용 시정을 요구하고 있는 '일본을 지키는 국민회의'(日本を守る國民會議: 의장 黛敏郎), 신헌법 제정, 원호(元號)의 법제화, 그리고 일본인의 감성교육을 강조하고 있는 '일본을 지키는 모임'(日本を守る會: 대표 宇野精一), '개헌과 교과서 개정을 주장하고 있는 국민회의'(회장 塚本幸一), 전국 PTA(사친회) 간부의 유지들로 구성된 '전국교육문제협의회' 등의 단체들이 개별적으로 또는 유기적으로 활동을 전개하고 있다. 이들은 교과서 내용 시정, 지방의회에서 교과서 내용 시정을 위한 결의 채택, 개헌과 군비확장 등과 같은 것을 목표로 하고 있고, 이를 위하여 관계기관에 진정서 제출, 국민대회 개최, 강연회 등을 주관하고 있다. 이에 '일본의 건국을 축하하는 모임'(日本の建國を祝う會: 회장 村尾次郎), 대일본생산당(大日本生産黨), 대동숙(大東塾), 일본향우연맹(日本鄕友連盟) 등과 같은 우익의 조직들이 동조하고 있다.[38]

중앙에서 시작된 교과서 내용 시정운동은 지방으로도 확산되고 있다. 특히 도도부현(都道府縣)의회(19都縣의회)와 시구정촌(市區町村)의회(272)에서 종군위안부와 난징대학살사건에 관한 기술을 교과서에서 삭제할 것을 요구하는 결의가 채택되거나 이를 심의하고 있는

---

38) 『敎科書攻擊の深層』, pp. 43-46.

등 점차 지방으로 확대되고 있다. 예컨대 1996년 오카야마(岡山)현의회는 "당시 '종군위안부'라는 것이 존재하지 않았고 그러한 단어도 없었다. 정확하지 않은 통속용어로서 역사교과서에는 부적당하다. 대부분의 교과서가 '종군위안부'가 강제로 연행됐다는 인상을 주고 있으나 현재 '강제연행'의 사실은 단 한 건도 판명되지 않았다"고 밝혔고, 가고시마(鹿兒島)현의회 등에서 1997년 교과서에서 '위안부' 기술을 삭제할 것을 요구하는 결의를 채택했다.[39)]

V. 운동의 실체

'자유주의 사관'이 일차적 당면과제로 제시하고 있는 것은 종군위안부나 난징사건과 같이 일본을 '부식시키고, 좌멸(挫滅)시키고, 용해(溶解)시키고, 그리고 해체시키고' 있는 근현대사를 다시 평가하고, 잘못된 교과서를 바로잡는다는 것이다. 그러나 이 운동이 지향하고 있는 보다 근원적인 목표는 단순한 교과서 문제를 넘어, 앞으로 일본의 국가진로와 불가분의 관계에 있는 보다 포괄적인 것이라 할 수 있다. 국가진로에 중대한 영향을 미칠 수 있는 이 운동의 실체는 어떤 것일까?

자유주의 사관론자들이 역사재평가나 교과서 공격을 통해서 의도하고 있는 가장 중요한 목표의 하나는 '국익중심주의 내셔널리즘의 복원'이라 하겠다. '연구회'나 '모임'이 교과서 비판을 전면에 내세우고 집중적으로 공격하고 있는 것은 현대 일본인들에게는 국가의식과 국가에 대한 '애정'이 결핍돼 있고, 이러한 현상의 근본원인은 전후의 교과서와 역사교육에 있다고 판단하고 있기 때문이다. '모임'의 이사의 한 사람인 다카하시에 의하면 "외국 청년에 비하여 일본 청년

---

39) 지방의회에서의 의견서 채택에 관하여는 위의 책, pp. 131-145 참고.

의 국가의식은 대단히 낮고", 그 원인은 "전전의 우리나라 역사를 근본적으로 부정하기 위하여 '일본인으로서의 긍지'도 '국가'와 '국민'을 지킨다는 국가의식도 그 뿌리까지 도려냄을 당했기" 때문이라는 것이다.[40] 그러므로 '21세기를 살아갈' 새로운 세대에게 무엇보다 필요한 것은 그들에게 국가에 대한 애정과 투철한 국가의식이고, 이를 위한 교과서 개편과 국가의식을 심어줄 역사교육이 시급하다는 결론이다.

앞에서도 이미 지적했지만 교과서 비판의 핵심은 전후 일본인에게는 일본인으로서의 긍지와 국가와 국민을 지킨다는 국가의식이 결여돼 있고, 그 원인은 전전의 역사를 근본적으로 부정하기 때문에 나타나는 현상이라는 것이다. 교과서문제의 이론을 제공하고 있는 일본정치사상사 연구자의 한 사람인 사카모토(坂本多加雄)에 의하면 전후 일본인들은 "개인주의와 사생활주의적 의식"에 매몰되어 "단순히 자연적인 동포감정에 지나지 않는 내셔널리즘에 젖어 있고, 그것을 일본이라는 국가의 내력 속으로 자각적으로 승화시키지 못하고 있다"는 것이다. 그러므로 '단순한 자연적 동포감정'을 넘어서 국민적 일체감을 육성해야 할 역사교육은 '우리들'이라는 의식을 만들어낼 수 있는 '이야기'(物語) 또는 '내력'(來歷)을 통한 설명이 아니면 안 되고, 그 '이야기' 또는 '내력'이라는 것은 결국 '과거 일본인에 대한 공감'이라는 것이다.[41] 즉 그동안 금기시해온 신화의 복원, 천황제 국가제도의 전통, 국익우선의 국민의식, 무사도정신 등과 같은 과거 일본이 중요시했던 전통적 요소들을 다시 교육해야 한다는 것이다.[42]

전후 역사교육의 결과로 일본인들에게서는 국가관념이 '근원적으로 소멸'돼가고 있고 일본이라는 국가는 '정신적 해체의 위기'에 직

---

40) "「從軍慰安婦」問題と防衛問題にみる「國」の意識の喪失", 『現代教育科學』, 1997年 7月.

41) 坂本多加雄, 『象徵天皇制度と日本の來歷』(都市出版, 1995), p. 65.

42) 濤川榮太, "戰後歷史教育の大罪", 『… 始まる』, pp. 180-193.

면해 있다고 경고하고 있는 후지오카는, 이를 다시 재건하기 위하여
서는 "일본민족이 서구 열강의 압력에 대항하면서 국민국가를 만들
고 대제국을 건설해 나갔던 시대의 '아픔과 로망'을 되살려야 한다"
는 것이다. 프랑스혁명(1789)이 왕의 목을 베고 많은 사람들을 기요
틴(guillotine: 단두대)으로 죽인 '살육을 동반한 야만적인 혁명'인 것
에 비하여 메이지유신은 '위대한 내셔널리즘의 혁명'이었다는 것, 일
본은 아시아에서 최초로 근대적 헌법을 시행했다는 것, 일본은 서구
열강의 식민지화의 위험에서 벗어나 산업을 일으켜 부국강병을 성취
했다는 사실 등을 학생들에게 심어주어야 한다는 것이다.[43]

국가의식의 복원을 위해 자유주의 사관론자들은 일러전쟁의 교육
적 가치를 강조하고 있다. '모임'의 이사이며 쇼와사(昭和史) 연구의
중진인 이토 타카시(伊藤隆)는 일러전쟁은 "백인국가가 아닌 나라가
백인국가, 그 것도 세계 제1의 육군국가라고 하는 러시아를 꺾고 세
계에 일본의 존재를 과시"한 "세계사상 대단히 중요한 커다란 사건"
으로서 높이 평가해야 하고, 이 전쟁의 참 의미와 정신을 학생들에게
가르쳐야 한다는 것을 강조하고 있다.[44] 시바 료타로(司馬遼太郎)의
소설 『언덕 위의 구름』(坂の上の雲)에 크게 감명받았다는 후지오카
에 의하면, 일러전쟁을 전후한 시대는 "일본인이 소박하게 국가를 신
뢰했던 시대이고, 건강한 내셔널리즘이 차고 넘쳤던 시대"였고, 일러
전쟁은 "신흥 메이지국가의 엘리트와 민중 모두 건강한 내셔널리즘
에 고무되어 총체적 지력과 정력을 다해서 싸운 전쟁이고, 일본인이
타고난 능력과 아름다운 성품(美質)을 충분히 발휘한 전쟁"이었다는
것이다. 지도자와 군인, 그리고 국민 모두가 합심하여 "자신이 죽어
국가를 지킨다"는 국가에 대한 신념과 애정의 결과가 일본의 승리를
가져왔다는 것이다.[45] 그러므로 일본이 지금 필요로 하는 것은 일러

---

43) 『汚辱の近現代史』, pp. 16, 30, 56, 117, 129.
44) 伊藤隆, "近代日本の出發点としての明治維新", 『… 運動がある』, p. 77.

전쟁에서 보여준 것과 같은 '메이지 지도자의 확신과 국민적 에너지의 결집'이고 국가에 대한 '애정과 신념'의 강화라는 것이다.

결국 역사교육이 지향해야 할 목표는 야기 히데츠구(八木秀次)가 강조하고 있는 것과 같이 "개인의 권리에서부터 출발하여 국가나 체제에 대하여 반대의 자세를 취하는 '시민'이 아니라, 국가를 구성하고 국가를 지지하는 의식을 가지고 있는 '시민'을 양성"하는 것이고,[46] 자기중심적 개인주의를 타파하고, 사카모토의 '단순히 자연적인 동포감정에 불과한 내셔널리즘'을 극복하고, 국가를 위하여 생명을 바칠 수 있다는 공감, 그리고 군사적·국가주의적 의식을 배양해야 한다는 것이라 하겠다.

이러한 분위기 속에서 '대동아공영' 부활론도 서슴없이 제기되고 있다. '역사교과서 시정을 요구하는 모임'의 핵심인물인 고보리(小堀桂一郎) 전 도쿄대학 교수는 1943년 일본정부가 발표한 '대동아공영선언'은 동아시아의 자주독립과 친화를 목표로 한 것으로서 전혀 비난받을 것이 아니고, 또한 태평양전쟁은 아시아를 구미 열강의 식민지지배로부터 해방시키기 위한 것이었다고 주장하고 있다. 뿐만 아니라 그는 전쟁에서 일본인은 많은 희생을 지불했고 또한 패배했지만 아시아해방이라는 전쟁목표를 실현했기 때문에 근본적 목표를 성취한 것이라고 주장하며 '대동아공영'의 의미를 재구축할 것을 요구하고 있다.[47]

그러므로 '건강한 내셔널리즘'을 강조하고 있는 '자유주의 사관'은 다카하시 테츠야(高橋哲哉)가 지적하고 있는 것과 같이 전전의 내셔널리즘에서 볼 수 있는 강한 '폭력성'과 '배타성'을 내포하고 있음

---

45) 『汚辱の近現代史』, pp. 51-66.

46) 『 … 運動がある』, p. 284; "こんな公民教科書でマトモな子は育たない", 『諸君』(1998年 5月), pp. 200-209; 佐伯啓思, 『「市民」とは誰か: 戦後民主主義を問いなおす』(PHP新書, 1997), p. 155.

47) 衛藤瀋吉·小堀桂一郎, "大東亞共榮圈の冒險", 『諸君』(1991年 8月), pp. 26-44.

을 보여주고 있다. 그들은 "일본인이라면 일본에 대한 비판은 하지 말아야 할 것이다. 비판에도 한계가 있다. 일본의 전쟁책임을 왈가왈부하는 일본인은 반일적이고 비국민이다" 라고 강조하며, "내부적으로는 개체적 차이를 말소하고 거짓 국민적 동일성을 구축" 하고 있다.[48] 또한 '미숙한 내셔널리즘을 졸업' 한 일본이 이제 막 '초기 내셔널리즘의 폭발기' 를 맞이하고 있는 아시아의 여러 나라와 공동의 역사인식을 모색한다는 것은 결국 일본의 '굴복' 이라는 결과를 불러올 것이기 때문에 아시아 이웃들과의 대화를 거부하고 있다.[49]

'건강한' 이라는 형용사를 사용하고 있음에도 불구하고, '자유주의 사관' 이 지향하고 있는 것은 '국익' 중심의 내셔널리즘의 복원에 있고, 이것이 보수 우익의 내셔널리즘과 결합하여 전전의 배타적이고 국가주의적인 내셔널리즘으로 그 모습을 바꾸어가고 있음을 알 수 있다.

역사재평가운동이 보여주고 있는 둘째 특성은 반미(反美)의 성향을 강하게 드러내고 있다는 것이다. '자유주의 사관' 이 그 존립의 가장 중요한 논거를 '도쿄재판사관' 의 극복이라는 것에 두고 있고, 잘못된 전후 역사교육의 기점을 미국의 점령통치에서 찾고 있는 이상, 이 운동은 반미적일 수밖에 없다. 점령통치의 정신적·제도적 유산으로부터 벗어나 점령권위에 의하여 부정당했던 전통적 교육으로 환언하기 위해서는 점령통치에 대한 비판과 공격은 필수적이라 하겠다.

'자유주의 사관' 에 의하면 미국은 일러전쟁 후부터 일본을 '적대시' 했고, 일중전쟁 당시의 미·일관계는 '사실상의 적대관계' 였고, 태평양전쟁은 미국의 '도발' 에 의해서 시작됐고, 그리고 도쿄재판은 잘못된 전후 역사해석의 틀을 제공했다. 그리고 그후 오늘에 이르기

---

48) 高橋哲哉, "ネオナショナリズム批判のために", 『現代思想』, vol. 25-10(1997年 9月), pp. 262-275; "他者の戦争の記憶を自らの核心部に刻む", 『論座』(1997年 12月), pp. 188-191.

49) "「新しい歴史教科書をつくる會」創設にあたっての聲明", 『 … 始まる』, p. 320.

까지 미국은 이리에(入江隆則)의 표현을 빌리면 일본의 '명예와 인격을 부당하게 박탈'하고 있는 존재였다.[50]

그러나 일본사회의 반미성향은 결코 90년대의 현상만은 아니다. 1970년대 후반부 이후 일본에 대한 미국의 강력한 경제제재정책, 1980년대의 '일본때리기'(Japan bashing), 걸프전의 후유증, 오키나와 소녀 강간사건 등을 통해서 이미 일본사회에는 반미 분위기가 상당히 자리잡고 있었다. 1990년대 초 『아사히신문』(朝日新聞)이 "일본에는 반미의식이라는 형태의 내셔널리즘이 점차 높아지고 있고, 이는 일 · 미 안보체제를 동요시킬 가능성이 있다"고 우려할 정도로 반미성향이 이미 확산돼 있었다.[51] '자유주의 사관'은 사회에 넓게 흩어져 있는 반미 분위기를 결집하여 역사재평가와 교과서 개정을 위한 운동의 동인으로 활용하고 있을 뿐이다.

그러나 반미주의가 곧 안보조약을 부정하고 있는 것은 아니다. 오히려 그들은 안보조약의 중요성을 강조하고 있다. "일미전쟁은 끝나지 않았다. 정신적 · 심리적 전쟁은 지금도 치열하게 계속되고 있다"고 역설하고 있는 니시오 간지는, "우리들은 반미이지만 미국과의 안전보장은 대단히 존중"하고 미국과의 결별은 "꿈에도 생각할 수 없다"는 입장을 확실히 하고 있다.[52] 복고적 내셔널리즘과 정치대국화를 강조하고 있는 고보리(小堀桂一郎)도 "물론 나는 앵글로색슨을 싫어하고 있다"는 반미의 감정을 명확히 하고 있으면서도 "그러나 일본의 국가이념을 생각할 때 참으로 원통하지만 앞으로도 미국과의 동맹관계를 지켜나가지 않으면 안 된다"는 안보관계의 중요성을 인정하고 있다.[53] 그러므로 자유주의 사관의 딜레마와 한계는 '반미' 노선을

---

50) 入江隆則, "日本國家最後の勝ち方", 『文藝春秋』(1990年 7月), p. 114.

51) 『朝日新聞』, 1991. 3. 19.

52) 西尾幹二, "新しい歴史教科書の戦い", 『… 始まる』, p. 110; 西尾幹二 · 藤岡信勝, 『國民の油斷-歴史教科書が危ない』(PHP新書, 1996), pp. 232-234.

53) 小堀, "「大東亞共榮圈」の冒險", pp. 26-44.

추구하면서도 '반안보'의 입장을 택할 수 없다는 것이다. 이 딜레마를 해결하기 위한 하나의 방편이 개헌을 통한 정치·군사 대국화의 길이라 할 수 있다.

'자유주의 사관'이 추구하고 있는 셋째 의도는 개헌과 정치·군사 대국화를 지향하고 있다는 것이다. 전후 일본인은 '자국의 방위'에 관심을 가지는 것 그 자체를 '악'으로 인식하고 있는데 그 근본 원인은 점령통치하에서 만들어진 '헌법'에서 기인하고 있고, 이를 극복하기 위해서는 개헌이 필요하다는 것이다. 개헌의 필요성을 주장하는 논거는 대체로 세 가지로 집약되고 있다. 그 첫째 이유는 국가의 자존심과 권위 확립을 위해서 필요하다는 것이다. 그동안 개헌론자들이 줄기차게 주장해 온 가장 중요한 대의명분은 전후 헌법은 일본인이 만든 것이 아니라, 미점령당국이 제조하여 일본인들에게 강요한 것으로서 일본인의 정신과 의지가 담겨 있지 않다는 것이다. '모임'의 회원이며 일찍부터 일본의 국가의지를 되찾기 위한 개헌을 주장해 온 에토 준(江藤淳)은 종전 직후 일본인들의 정신 속에는 자괴, 자책, 스스로를 과소평가하는 의식이 형성됐고, 오늘날에도 일본의 국가의지와 일본인의 자존심이 아직도 종전 직후의 상태에 머물러 있게 된 근본원인은 결국 일본이 정신적으로나 의식적으로 미국이 1946년에 만들어준 '헌법'에 계속 구속되어 있기 때문이라고 보고 있다.[54] 그러므로 일본인이 보다 일본적이고 자유로운 국가의지를 갖기 위해서는 무엇보다 먼저 '외제 헌법'을 고쳐야 한다는 것이다. 작가정치인이며 '모임'의 적극 찬동자이고 도쿄도 지사인 이시하라 신타로(石原愼太郎)는 헌법과 국가의지를 다음과 같이 설명하고 있다.

---

54) 이러한 논리를 제일 먼저 제기한 에토는 꾸준히 개헌을 주장했다. 그가 1980년 일본사회에 커다란 반응을 일으켰던 "1946年憲法—その拘束"(『諸君』, 1980年 8月) 이후 개헌문제는 단순히 법률적 문제에 국한되는 것이 아니라 일본인의 국가의지와 자주적 정신과 깊은 관계가 있다는 논조가 크게 고조되었다. 에토의 개헌론에 관하여는 『1946年憲法—その拘束』(文藝春秋, 1995) 참고.

민족·국가의 자립성은 만일의 경우에 스스로 자신을 지킬 수 있는 실력과 기개를 가지고 있느냐에 따라 판단할 수 있다. 국가나 민족 또는 개개인의 존엄은 정신적 자립성 없이는 있을 수 없다. 이러한 점을 반성해 볼 때 일본은 작은 자립성도 가지고 있지 않다. 이와 같이 결함 있는 일본인의 성격은 전후 미국이 강요한 현행 헌법이 그 원인이다. … 헌법제정 당시 맥아더가 일본인을 가리켜 '정신연령은 12세'라고 말했으나, 내가 말한다면 당시 미국의 정신연령은 10세에 불과했고 역사적 예견성도 가지고 있지 못했다. … 당시 3, 4류 미국학자의 지혜가 현행 헌법을 만들었고, 그것이 아직도 일본의 국가정책을 규정하는 최고의 규범으로 남아 있다.[55]

피점령 상태에서 외국인이 만들어준 헌법을 반세기가 지나도록 폐지하지 않은 것은 물론 "한 번도 수정하지 않고 지금도 여전히 제단 위에 올려놓고 제사지내는 것"은 일본국민의 수치이고 국가의지 상실의 실체였다. 그러므로 '중우정치'(衆愚政治)의 근본원인이고 '우습기 짝이 없는 물건'(噴飯物)인 헌법은 국가의지를 찾기 위해서 반드시 개정해야 할 '국민적' 과제였다. 에토는 다음과 같이 계속하고 있다.

국가의 요건을 구비하지 못한 일본, 기묘한 '경제대국' 일본에 대하여 세계는 이상함과 멸시의 눈빛을 보내고 있다. 일본은 자유로운 '보통국가'가 되지 않으면 안 된다. 그것은 일본뿐만 아니라 이제부터 형성될 새로운 국제질서를 위해서도 필요하다. 그러한 의미에서 자민당은 지금 이러한 사실을 재인식하고 개헌의 길을 열어야 할 것이다.[56]

---

55) 石原愼太郎, "日本人の精神的自立を阻害した憲法", 『それでも 'NO'と言える日本』(光文社, 1990), pp. 208-213.

56) 江藤淳, "誰のための '貢獻'か", 『諸君』(1990年 11月), p. 53.

둘째 근거는 일본의 정신이 담겨 있지 않는 헌법의 틀 속에서 진행되고 있는 전후 교육에 근본적인 문제가 나타나고 있다는 것이다. '모임'의 찬동자이며 변호사인 사토 긴코(佐藤欣子)에 의하면 전후 일본의 헌법은 '기만'으로 가득차 있기 때문에 이러한 틀 속에서 진행된 교육의 결과 일본인은 '자기를 초월한 충성의 대상을 상실'했다는 것이다.

현재 일본 헌법이 지독한 기만에 가득차 있는 물건이라는 것을 의심하는 사람은 아무도 없다. … 이 헌법의 결함을 일일이 지적하려면 끝이 없지만, 가장 중대한 문제는 현행 헌법이 우리나라의 역사·문화·전통·정신 등 일본인이 귀중하게 여겨온 가치들을 철저히 부정하고, 이 가치들은 기본적 인권의 존중, 민주주의, 평등주의, 평화주의 등과 같은 추상적인 개념으로 대치되어 무시되어 왔다. 일본인이 중하게 여겨온 덕목인 '충'도 '효'도 부정됐다. 이와 같은 가치관을 강조하는 가부키(歌舞伎) 등은 한때 금지당했다. 자기를 초월한 충성의 대상을 잃었기 때문에 에고이즘이 비대해지는 것은 당연한 것이었다. … 오랜 역사와 문화의 전통과 단절되어 표류하는 일본인에게는 다만 겉만의 의지가 있을 뿐이다. 자기를 초월한 충성의 대상을 잃은 일본인의 평등주의는 '국민은 능력에 따라 평등한 교육을 받을 권리가 있다'(헌법 제26조)는 규정을 '국민은 능력에 관계없이 평등한 교육을 받을 권리가 있다'로 바꾸었다.[57]

이러한 '잘못된 평등주의와 부패한 평화주의'라는 '기만에 가득찬 점령헌법' 속에서 성장해 온 일본은 경제적으로는 풍요로움을 누릴는지 모르지만 정신의 요구를 무시한 사회가 됐고, '기만' 속에서 교육받으면서 살아온 일본인들은 일본인으로서의 '혼'(本氣)을 잃었다

---

57) 佐藤欣子, "欺瞞憲法風化の絶望的光景", 『正論』(1997年 10月), pp. 97-98.

는 것이다. 그러므로 일본국민은 더 늦어지기 전에 '주권' 을 걸고 새
로운 헌법제정을 단행해야 한다는 것이다.

개헌의 필요성을 강조하는 셋째 이유는 국제정세의 변화와 국제공
헌과 개헌의 논리다. 사회주의의 실패와 미·소의 냉전종식으로 인류
가 '핵전쟁' 의 파멸과 공포에서 벗어날 수 있게 됐지만, 걸프전쟁 이
후 지역·인종·종교 갈등과 분쟁은 더욱 심화되고 있고 앞으로도 계
속될 것으로 보고 있다. 그러므로 지역분쟁 해결에 기여하고 또한 새
로 태동하고 있는 국제질서 형성에 보다 적극적으로 참여하기 위해서
는 자위대의 해외파병을 가능케 할 수 있는 헌법개정이 필요하다는
것이다.[58]

특히 걸프전쟁은 '외제' (外製) 헌법에 대한 심리적 불만을 해소할
수 있는 명분을 제공해 주었고 개헌이라는 문제를 보다 구체적으로
논의할 수 있는 계기를 마련해 주었다. 즉 미국이 사용한 전쟁비용 가
운데 130억 달러라는 막대한 재정적 지원을 했음에도 불구하고 미국
으로부터 동맹국으로서의 역할을 다하지 않았다는 강한 비판을 받게
된 일본은 경제대국의 한계를 느끼지 않을 수 없었다. 니시오 간지는
"현대국가는 정치·경제·외교·군사라는 4바퀴의 차량 위에서 전진
하고 있는데, 일본의 경우는 경제라는 바퀴 하나만 기현상으로 커 조
화를 이루지 못하고 있다"고 지적하고, 걸프전쟁의 교훈은 경제력만
으로 나머지 세 바퀴의 부족함을 대신할 수 없다는 것을 확실히 깨우
쳐준 것이라고 설명하고 있다. 그는 "돈의 힘(경제력)만으로는 국가
의 명예를 지킬 수 없다는 것을 증명했다. 경제력이 정치력이나 외교
력 그리고 군사력의 부족을 메우는 것은 도저히 불가능하다" 는 것을
걸프전쟁이 가르쳐주었고, "아무리 강대한 힘이라 할지라도 경제력
은 한 나라의 안전보장을 대체할 수 없다는 것을 증명했다"고 강조하
고 있다.[59] 결국 한 나라가 완전한 독립국가가 되기 위해서는 경제력

---

58) 『汚辱の近現代史』, pp. 208-209.

뿐만 아니라 정치력(군사력)을 같이 구비해야 한다는 고전적 논리가 진리라는 인식이 점차 강화됐다.

이러한 개헌론은 곧 군사대국화와 그 맥을 같이 하고 있다. 일본은 '어리석은 자의 낙원'(愚者의 樂園化)으로 변하고 있다고 개탄하고 있는 교토(京都)대학의 아이다 유지(會田雄次) 명예교수는 스스로를 지킬 수 있는 능력을 가지지 못한 국가는 세계질서 변화에 발언권을 가질 수 없다고 전제하고, 일본 헌법에 명시된 '무장방기'는 일본에 대한 미국의 '영구무장해제 명령'과 같은 것으로서, 국가의 자립을 위해서 자위대의 군대화와 강화가 필요하고, 이를 위한 개헌이 불가 피하다는 것이다.

> 일본은 미국 군사력의 보호 아래서 지금까지 지속해 왔다. 그러나 지금과 같이 경제대국이 되고 냉전이 종식된 오늘 이제까지와 같은 보호관계의 계속은 불가능하다. … 일본은 자립할 수 있는 국력을 가지고 있는 국가로서 미국과 동등한 파트너로서의 강력한 상호우 호관계를 수립하는 것이 일본이 택할 길이다. 이를 위해서 먼저 자 위대를 일본인의 존경과 신뢰를 받고 자립할 수 있는 군대로 국군화 하는 것이 절대적 조건이다.[60]

아이다는 자위대를 자립능력을 갖춘 군대로 전환시키기 위해서는 개헌과 더불어 최소한 GNP의 2% 이상을 방위비에 투입할 것을 요구 하고 있다. '신의와 공정의 국가'는 그 어디에도 존재하지 않는다고 믿고 있는 아이다는 일본이 자립방위력을 갖추기 위해서는 핵무장도 진지하게 검토할 것을 요구하고 있다. 이시하라 신타로는 일본의 핵 무장을 다음과 같이 우회적으로 제기하고 있다.

---

59) 西尾幹二, "敵は自らの內にあり", 『Voice』(1991年 8月), pp. 116-125.
60) 會田雄次, "日本よ, 生れかわれ!", 『Voice』(1991年 9月), p. 171.

나는 핵 보유론을 긍정하지 않지만 프랑스의 드골이 핵 보유의 길을 택했던 것을 냉정히 음미해 볼 필요가 있다. … 드골이 '프랑스와 같은 대국이 타국의 핵전략에 운명이 좌우되는 굴욕을 참을 수 없다'라고 한 것은 언뜻 보면 옳지 않다고 생각되지만 서양인들은 의외로 이와 같은 내셔널리즘을 이해하고 이를 지원하는 면이 있다. 그것은 국제정치라는 힘의 정치(power politics)의 뒷면의 구조를 잘 알고 있기 때문이다. 우리가 살아가야 할 세계의 정치환경은 실은 이런 것이라는 것을 깨닫지 않으면 안 된다.[61]

'연구회'나 '모임'의 개헌주장에는 정계와 재계가 한 목소리로 합창하고 있다. 헌법개정을 위하여 정계는 1997년 5월 '헌법조사위원회 설치추진 의원연맹'(1997년 6월 17일 현재 375명 의원 참여)이라는 초당파 의원연맹을 결성했다. 이 연맹의 일차적 목표는 국회 안에 '헌법조사회'를 설치하는 것이었다. 연맹의 활발한 활동의 결과로 1999년 3월 자민·민주·공명·자유·개혁클럽은 공동으로 조사회 설치를 위한 법안을 제출했고, 이 법안이 6월 26일 본회의에서 통과됨으로써 그동안의 숙원사업이었던 '헌법조사회'가 중·참양원에 설치됐다. 조사회는 의안제출권을 가지고 있지 않기 때문에 조사회의 결론이 곧 헌법개정으로 직결되는 것은 아니지만, 전후 처음으로 국회에 개정을 포함한 헌법논의의 장이 마련됐고, 헌법개정을 위하여 필요한 절차의 '첫걸음'을 시작했다.[62] 그동안 기회가 있을 때마다 개헌을 주장해온 나카소네 전 수상은 "5년간의 '논헌'(論憲)기간을 거치고, 다시 5년 동안 실제의 '개헌' 시비를 논의하여 10년 후 정도에는 개헌을 실행한다는 생각을 해야만 한다"고 강조하고, '헌법조사

---

61) 石原愼太郎, "日本人は戰後意識を拂拭するときだ", 『それでも 'NO' と言える日本』, pp. 25-26.
62) 渡邊治, 『日本の大國化は何をめざすか―憲法が試される時代』(岩波書店, 1997), p. 4.

회'가 "국민적 논의를 일으키는 불씨"가 되기를 희망하고 있다.[63]

재계도 개헌문제에 대하여 적극적 입장을 표시해 오고 있다. '경제동우회'의 창립 멤버이면서 재계의 대표적 이론가의 한 사람인 스즈키 하루오(鈴木治雄: 昭和電工名譽會長)는 "세계가 새로운 평화질서와 그 메커니즘을 만들 때 일본은 헌법에 손발이 묶여 있기 때문에 만족스럽게 행동할 수 없다는 것은 통용되지 않는다"고 지적하며 개헌을 요구하고 있는가 하면,[64] '경제동우회'의 이시하라 슌(石原俊) 대표는 일본이 담당해야 할 '평화의 배당'과 '평화의 분담'을 수행하기 위해서는 헌법과 자위대법의 개정이 불가피하다고 주장하고 있다.[65] 걸프전쟁 당시 자위대의 해외파병을 적극적으로 찬성했던 도쿄상공회의소 명예회장 이시카와 로쿠로(石川六郎)는 비상시를 위해서도 개헌이 필요하다고 주장하고 있다.

지금 국내에서 정치가들은 헌법개정에 대해서는 발언을 조심하고 있지만, 독일은 같은 때 패했지만 그동안 헌법을 대소 41회나 고쳤다. 헌법은 인간이 그 시대의 사정에 맞게 만드는 것이기 때문에 불마(不磨)의 대전(大典)이 아니다. 또한 위기관리라는 측면에서도, 한신(阪神) 대지진에서도 알 수 있는 것과 같이, 비상사태에 있어서도 지금의 헌법은 적절하고 기민하게 기능할 수 없는 부분이 있다. 때에 따라서 일부 개인의 권리제한도 필요하다.[66]

'자유주의 사관'이 보여주고 있는 넷째 특성은 전후 일본이 축적해 온 민주주의에 대한 불신이라 하겠다. 민주주의에 대한 깊은 회의는 복고적 내셔널리즘 강조의 당연한 귀결이라 하겠다. '모임'의 핵심

---

63)『朝日新聞』, 1999. 7. 27.

64) 鈴木治雄, "手足を縛る憲法は變えるべき",『文藝春秋』(1990年 10月), p. 104.

65)『朝日新聞』, 1991. 1. 4.

66) "二十一世紀の日本は45年體制の見直しから",『正論』(1996年 6月), p. 263.

멤버인 니시베(西部邁)에 의하면 역사교과서는 "걸출한 능력을 발휘하고 중요한 입장을 차지했던 영웅들의 희비극의 이야기"를 기록해야 함에도 불구하고, 전후의 역사교과서에서는 "영웅들의 묘비명을 제거"했고, 따라서 "전후의 세대가 점점 무표정의 모습"을 보이고 있었다. 역사를 '영웅들의 묘지'라고 강조하고 있는 니시베는 『국민의 역사』와 함께 '모임'이 추진하고 있는 중요한 사업의 하나이고 또한 자신이 책임지고 집필하고 있는 『새로운 공민 교과서』의 정신을 다음과 같이 표현하고 있다.

『공민』에 있어서 현대의 영웅을 등장시키는 것은 유감스럽게도 대단히 어려운 작업이다. 현대라는 시대의 직물의 씨실(橫絲)은 민주주의라는 것이지만 그 민주주의라는 것은 영웅을 살육하기 위한 기요틴과 같은 제도이기 때문이다. 적어도 역사감각을 지니지 않은 민중이라는 대중이 주권자라는 이름을 가지고 있을 때 영웅이 등장할 여지가 없다. 그 역사의 불행을 어린이들에게 가르치지 않으면 안 되기 때문에 『공민』의 집필은 참으로 뼈를 깎는 작업이 아닐 수 없다.
    민주주의의 날실(縱絲)인 기술주의도 또한 영웅에게 돌아가는 독약과 같은 것이다. 대저 정신의 영웅적 모험을 성사시키는 방향으로 정해져 있는 인간이라는 존재를 로보트와 같은 물건으로 변용시키고 있다.
    이와 같은 현대의 그로테스크로부터 벗어나기 위해서는 역사를 소급할 수밖에 없다. 이것을 우리들의 『공민』은 말할 것이다.[67]

즉 니시베에 의하면 '인간은 태어날 때부터 자유롭고 평등하다'는 것은 '지극히 비역사적인 사회계약설적 개인관'을 생산하고, 이를 근거로 자유와 권리를 강조해온 전후의 교육 풍토 속에서는 영웅이 나

---

67) 西部邁, "「公民」執筆にあたって", 『 … 運動がある』, p. 277.

타날 수 없고, 결국 중우정치를 불러오는 결과를 가져왔다는 것이다.

전후 실시된 잘못된 교육의 결과로 대다수의 일본인들은 민주주의와 권력을 물과 기름과 같이 서로 합할 수 없는 대립의 개념으로 이해하게 됐고, 그 결과 권력과 국가는 그 자체가 '악'의 대명사이고, 처음부터 비판하고 대항하고 타파해야 할 존재로 인식하고 있는 것이 보편화돼 있다는 것이다. 일본 특유의 '전후 민주주의'는 무엇이든지 반대하는 야당 근성, 정치가의 지도력 부정, 안전보장 경시와 일국평화주의, 권리의 비대화와 의무의 극소화, 민주주의가 절대로 옳다는 전제 등의 '결함'으로 인하여 국가의 권위와 권력을 경시하는 결과를 가져왔다는 것이다. 이와 같은 독특한 일본식 민주주의관은 교육과 언론을 통해서 매일매일 '새롭게 재생산된 관념군'이고, '전후 민주주의적 관념의 재생산'은 일본사회의 발전과 통합을 저해하는 중요한 요인으로 기능하고 있다는 것이다.[68]

그러므로 21세기의 일본을 이끌고 갈 젊은 세대에게는 '민주주의의 달콤한 환상'과 잘못된 '전후 일본형 민주주의' 이념에서 벗어나, 강한 국가권력의 필요성을 인식하고 국가 백년대계를 내다볼 수 있는 교육이 필요하고, 그러기 위해서는 명치유신 이후 국가 건설과 과거 역사의 '영웅들의 이야기'를 들려줄 수 있는 역사·공민·사회 교과서를 만들어야 한다는 것이다.

VI. 왜 이 운동이 확대되고 있나?

'자유주의 사관'을 중심으로 한 역사재평가와 교과서 개편운동은 1950년대나 80년대의 교과서 논쟁과 달리 사회적 공감대를 형성해 가고 있다. '자유주의 사관'을 비판하고 있는 사람들도 인정하고 있

---

68)『汚辱の近現代史』, pp. 187-206.

듯이 자유주의 사관적 역사해석과 주장은 일반국민들, 특히 젊은 세대와 교육현장의 교사들에게 상당한 호소력을 발휘하고 있고, 이를 확산시키기 위한 지식인과 언론의 활동은 실제로 대단히 큰 반향을 일으키고 있는 것이 현실이다.[69] 『교과서가 가르치지 않는 역사』(전4권)의 발행부수가 교육서로서 전례 없이 120만 부가 넘는 '베스트 셀러'가 되어 교육계뿐만 아니라 사회적으로 파문을 일으키고 있다. 또한 '모임'의 중심 인물인 고바야시 요시노리(小林よしのり)의 '할아버지의 행적을 지킨다'는 만화 『전쟁론』(戰爭論)은 발행 후 반년 안에 50만 부가 넘게 팔리고 있을 정도로 젊은 세대에서 선풍적인 인기를 모아가고 있다. 뿐만 아니라 각계각층의 인물들로 구성된 '모임'의 회원이 계속 늘어나고 있고, '연구회'가 제기하고 있는 "교과서로부터 종군위안부에 관한 기술 삭제요구"가 지방의회에서 가결되는 등 정치적 의제로까지 등장하고 있다.

그러나 자유주의 사관적 주장은 새로운 것도 아니고 또한 처음으로 등장한 것도 아니다. 이러한 주장은 1960년대 이후 일부 보수정치인이나 우익 논객들이 거듭해서 강조해 왔던 것들이다. 그러다 당시는 이러한 주장이 오늘의 '자유주의 사관'과 같이 학·정·재·언론계가 공감대를 형성하지 못한 것은 물론, 현장의 교사나 일반국민에게 받아들여지지가 않았다. 그렇다면 무엇이 오늘과 같은 현상을 만들어내고 있고, 후지오카류의 '자유주의 사관'이 오늘 일본사회에서 '일정한 영향력'을 가지게 된 배경은 무엇일까?

첫째는 전후 사회 일각에서 국익중심의 내셔널리즘이 수용될 수 있는 '토양', 오구마 에이지(小熊英二)의 표현을 빌리면 '일본사회의 마음(心)의 어두움(闇)'을[70] 끊임없이 배양해 온 결과라 하겠다. 패전

69) 小路田泰直, "‘藤岡問題’とはなにか", 奈良歷史研究會編, 『戰後歷史學と「自由主義史觀」』(靑木書店, 1997), pp. 11-16.

70) 小熊英二, "「左」を忌避するポピュリズム", 『世界』(1998年 12月), p. 105.

후 과거사에 대한 비판 속에서도 전전의 사상과 행동양식에 '확신'을 가진 일부 지배계층에서는 태평양전쟁과 식민지배에 대한 정당성을 지난 반세기 동안 국민들의 의식 속에 심고 키워오는 일을 게을리하지 않았다. 하야시 후사오의 '대동아전쟁긍정론', 미시마 유키오(三島由紀夫)의 자살, 시미즈 이쿠타로(清水幾太郎)의 『일본이여, 국가다워라』, 그리고 그동안 끊임없이 반복해 온 소위 '망언'과 '사죄', 그리고 '공직사임'이라는 과정을 통해서 전전의 일본을 이끌어온 선배들의 사상과 행동은 국가의 발전과 민족의 번영을 위해서 택한 정당한 선택이었다는 것을 국민들, 특히 전후 세대가 저항 없이 받아들일 수 있는 토양을 배양해 왔다.

둘째는 전후 일본인의 전쟁관이 근본적으로 변하지 않았기 때문이다. 전쟁관을 변화시키지 못한 중요 요인은 정치적 차원에서 '과거청산'을 명확히 하고 있지 않기 때문이고, 이로 인한 전후 역사연구의 한계성이라 하겠다. 그동안 일본정부는 과거 전쟁의 총괄적 성격이 '침략전쟁'이라는 것을 인정하기를 완강히 거부하면서, 대외적 배려를 위해서 '침략행위'가 있었다는 것만을 인정하고, 필요에 따라 '반성'의 뜻을 표시하면서도 아시아 각국의 보상요구는 거부하는 입장을 지속해 왔다. 따라서 과거 전쟁의 역사적 평가문제는 항상 현실의 정치문제로 이어지고 이웃 국가에서 반일 분위기를 자극하는 요인으로 작용해 왔다. 그러므로 전쟁책임과 과거문제를 보다 명확하게 정치적 차원에서 해결하지 않는 한 연구자들 사이에 보다 진지하고 심도 깊은 논의가 이루어질 수 없는 것이 현실이다. 왜냐하면 역사 연구자들은 정치문제화되고 있고 또한 정치적 논쟁처럼 보이는 문제로부터 의식적으로 거리를 두는 입장이고, 자칫 일본이 행한 전쟁을 정당화하려는 주장인 것처럼 인식되고 싶지 않다는 '자기규제'가 연구자 사이에 무의식적으로 작용하기 때문이다. 그러므로 이러한 역사연구의 한계성을 극복하기 위해서는 무엇보다 정치의 차원에서 '과거의 청산'을 명확히 매듭짓고, 그 위에서 이루어지는 보다 진지한 연구가 필요하다 하겠다.

셋째는 역사교과서와 역사교육 내용의 문제점이다. 패전 후 문부성 검정을 거친 일본의 역사교과서는 식민지 지배와 전쟁시 행해진 가해 사실과 전쟁책임문제를 애매하게 만들어왔다는 것을 부인할 수 없다. 뿐만 아니라 식민지 지배와 태평양전쟁을 둘러싼 전후의 역사인식과 교육은 사실에 대한 정확한 인식을 끌어내기보다 이데올로기적인 입장에서 접근하려 했고, 수업시간이 부족하다는 구실로 현대사를 언급하지 않은 채 학년을 마치는 경우가 많았다. 그리고 현실적인 전후 상황에서 책임문제와 관련하여 누가 누구에 대해, 어떻게 책임을 저야 하는가와 같은 '전후 책임'의 문제를 도외시했고, 군부지도자와 국민을 분리시켜 군부지도자에게만 전쟁의 모든 책임을 미루고, 총동원체제 아래서 수행된 전쟁에서 국민 한 사람 한 사람의 책임은 면죄해 주는 논리를 만들어냈다. 뿐만 아니라 한 걸음 더 나가서 천황에게 전쟁책임을 끝까지 묻지 않았다. 그러므로 이러한 교육과 역사인식은 고모리 요이치(小森陽一)가 지적하고 있는 것과 같이 "쇼와 천황이 군부지도자와 분리되어 면죄" 되고, 또한 "국민 한 사람 한 사람이 군부와 분리되어 면죄" 된 결과 전쟁책임은 전범인 군부지도자에게 전가하고 "마치 일본이라는 국가는 전쟁책임을 이미 진 것과 같은 환상이 전체 국민의 감정적인 수준에 형성" 되었다.[71]

이와 병행해서 전쟁의 비참함을 강조함으로써 평화의식을 확고히 한다는 식의 교육의 한계, 학생의 부모나 교사 모두가 자신이 직접 전쟁체험을 하지 않은 세대임에도 전쟁의 생생한 기억이 사회적으로 공유돼 있던 시대에 형성된 역사교육이나 평화교육의 틀이 그 상태대로 계승되지 않고 있다는 점, 또는 정당화할 수는 없는 전쟁이지만 어쩔 수 없는, 피할 수 없는 전쟁이었다는 역사적 실감이 국민들 사이에 광

---

71) 고모리 요이치, "문학으로서의 역사, 역사로서의 문학", 『국가주의를 넘어서』, p. 38.

범위하게 존재하고 있다는 현실 등이 후지오카류의 주장을 쉽게 수용케 하고 있다.[72]

'모임'과 '연구회' 그리고 자유주의 사관을 지지하는 단체의 활동을 집요하게 추적하고 있는 타와라 요시후미(俵義文)도 역사교육 및 역사교과서의 문제점을 지적하고 있다. 즉 자유주의 사관론자들의 주장과 달리, 오히려 그 반대로 일본의 침략전쟁의 진실과 전쟁의 죄악을 오랫동안 교과서에 기술하지 않았고, 역사교육의 현장에서도 이를 진지하게 교육하지 않았기 때문이라는 것이다. 이에 더해서 천황의 전쟁책임을 포함해서 식민지지배와 전쟁책임, 그리고 전쟁범죄가 일본인의 손에 의해서 정리되지 않았기 때문에 전후의 일본인들에게는 투철한 역사인식과 전쟁인식이 결여돼 있다는 것을 지적하고 있다.[73]

넷째는 국내외적 상황변화로 인한 위기의식과 이에 편승하고 있는 이념의 총우익화 현상이라 하겠다. 앞에서도 지적했지만 90년대는 국제적으로는 사회주의의 몰락과 냉전의 종식, 국내적으로 55년체제의 해체와 '거품' 경제의 붕괴가 있었던 격동의 시대였다. 그 결과 전후 50년간 일본의 사회안정과 경제발전, 그리고 생활수준 향상에 크게 기여해 온 여러 가지 제도와 조직이 제대로 기능하지 못하자 일본사회는 장래에 대한 '불투명감, 폐색감(閉塞感), 혼미감의 만연'으로 방향을 상실했다.[74]

이러한 상황에 나타난 진보주의의 쇠락은 보수주의를 더욱 우경화시키고 있다. 전후일본의 사상계는 큰 틀에서 보수 대 진보의 경쟁과 긴장의 구도로 성립됐다 할 수 있다. 이 구도 속에서 진보주의는 '55년체제'와 재계의 바탕이 되어온 보수의 우경화를 제어하면서 사회균형을 유지할 수 있는 이념의 한 축을 형성해 왔다. 그러나 사회주의

72) 吉田裕, 『現代歷史學と戰爭責任』(靑木書店, 1997), pp. 220-237.

73) 俵義文, 『教科書攻擊の深層』, pp. 69-70.

74) 總合硏究開發機構, "NIRAの新しい硏究領域—1996-2000年度: 21世紀へ向けて", 『NIRA政策硏究』 vol. 19, no. 3 (1996), p. 6.

의 몰락에 직면하면서 일본의 진보주의는 보수에 대한 견제는 물론 자기 방향마저 상실하는 무력한 모습을 드러냈다.

'전후 민주주의'의 이념적 축이라고 할 수 있었던 일본의 진보주의는 군국주의의 붕괴로부터 민주주의와 평화주의에로의 전환을 역사의 필연이라고 믿었고, 그들은 일본이 수행한 전쟁은 '잘못된 전쟁'이라고 비판하고, 그리고 식민통치에 대한 '사죄'를 주장하며 전전의 역사를 부정했다. 그러나 그들의 강조해 온 비판과 사죄는 철저한 자기검증과 반성을 거쳐 형성된 확신적 신념이기보다는, 패전 후 이념적 공백상태에서 세계적으로 유행되었던 평화ㆍ민주ㆍ인권ㆍ자유에 편승하여 무비판적으로 그리고 관념적으로 수용했던 결과라 할 수 있다. 그러한 의미에서 전후 일본의 사상계를 풍미했던 진보세력은 이시카와 마스미(石川眞澄)의 표현을 빌리면 '자기변혁을 하지 못한 전후 혁신'[75]이고, 가토 노리히로(加藤典洋)에 의하면 '자기기만 속의 신세대'라 하겠다.[76]

튼실한 바탕을 가지고 있지 못했던 진보주의는 사회주의의 몰락과 냉전의 종식이라는 변혁을 맞이하면서 이념적 생명력을 상실해 버렸고, 그들이 강조했던 '전후 민주주의'는 공동화(空洞化)되고 말았다. 그들은 혼미감이 확산되는 사회에 아무런 방향도 제시하지 못했고 또한 극우화 방향으로 행진해 나가고 있는 보수주의를 제어할 능력을 가지지 못했다. 뿐만 아니라 한 걸음 더 나가서 사회주의의 몰락과 함께 지향해야 할 목표와 방향을 상실한 일부 진보주의자들은 오히려 마라이 아츠시(村井淳志)의 조사가 보여주고 있는 것과 같이 자유주의 사관적 우익 내셔널리즘운동에 쉽게 합세했다.[77]

정치적 불안, 경제적 어려움, 그리고 이념적 혼돈으로 폐색감과 불

---

75) 石川眞澄, "自己變革できなかった戰後革新", 『世界』(1992年 11月), p. 217.
76) 加藤典洋, 『敗戰後論』(講談社, 1997), p. 35.
77) 村井淳志, "自由主義史觀研究會の敎師たち", 『世界』(1997年 4月).

만에 차 있고 방향감각을 상실한 국민들에게 '자유주의 사관'은 일찍이 나카소네(中曾根康弘)가 강조했던 일본과 일본국민은 '오욕을 버리고 영광을 찾아 전진' 해야 한다는 확실한 방향을 제시했다. 그동안 배양된 토양은 이를 받아들이기에 적절했다.

VII. 맺는 글

'자유주의 사관'의 등장과 역할은 와타나베 오사무(渡邊治)가 지적하고 있는 것과 같이 단순히 교과서 개정만을 목표로 하고 있는 것이 아니라 일본의 정치·군사 대국화, 신가이드라인의 제정, 기업의 다국적화, 그리고 개헌과 깊은 함수관계에 있다 하겠다. 즉 '국익중심'의 내셔널리즘을 일반화하고 이를 국가진로의 조타수로 확정하는 것이라 하겠다. 후지오카로 대변되고 있는 '자유주의 사관'은 본질적으로 일본의 대국화를 위한 내셔널리즘 이데올로기의 재건이라는 어려운 과제를 '분담'하고 있는 것이다. 즉 군사대국화를 위해서 반드시 필요한 헌법개정을 실현하고 대국으로서 정치적·군사적 역할을 하려면, 이를 정당화할 뿐만 아니라 지지하는 '국민적 자각'이 필요한데, '자유주의 사관'이 바로 이 '국민적 자각을 함양' 하는 역할을 '분담'하고 있는 것이다.

국민의식을 변화시키려면 어떻게 해서라도 근대 일본의 아이덴티티를 재건하지 않으면 안 되고, 저 '대동아전쟁'에 대해서도 그저 '잘못된 전쟁이었습니다' 라고만 하고 있을 수는 없었다. 후지오카가 집중적으로 교육을 공격하고 있고, 또한 오자와(小澤一郎)나 시바(司馬遼太郎)의 주장에 비하여 더 전통적 우익의 주장에 가까운 것은 필연일 수밖에 없다. 이와 같은 내셔널리즘의 환기작업을 정치가나 문교당국이 직접 담당할 경우 국민의 평화운동이나 아시아 국민의 반격을 받아 더이상 추진할 수 없게 될 것이다. 후지오카는 객관적으로는 90년대 대국화의 이데올로기가 스스로 감당할 수 없는 '어두운' (闇) 부분을 민간이 분담한 것이다.[78]

즉 대국화에 필요 불가결한 '기존 헌법제도의 변경'과 '국익중심 민족주의 사상의 함양'이라는 두 과제 중 역할을 분담하여 정치권은 체제변경에 전념하고, 자유주의 사관은 이데올로기 부분을 담당하여 개헌에 필요한 기초작업을 수행하는 것이다. 국제질서의 변화와 국내 정세의 혼돈은 이러한 '분업'이 보다 효과적으로 연출될 수 있도록 환경을 만들어주고 있다.

'자유주의 사관'이 일본사회에 '일정한 지지세'를 확보하고 있는 것은 사실이지만 지적(知的)으로나 정치적으로 한계성을 지니고 있다는 것 또한 사실이다. 폐색과 혼미의 시대이지만 일본의 지식인 사회는 아직도 '과거사'를 보다 진지하게 직시하고, 과거의 역사를 진솔하게 연구해야 한다는 기운이 여전히 강하게 작용하고 있다. '자유주의 사관'에 대한 강렬한 비판이 이를 잘 설명해 주고 있다.[79] 또한 정치적으로도 이를 당장 수용하기에는 많은 문제점을 내포하고 있다. '전쟁책임문제'와 '교과서문제'에 대한 정부의 기본적 자세는 구두로 사죄하면서 재정부담은 담당하지 않는다는 보상요구를 거부하는 방향을 택하고 있다. 항상 실용주의 노선을 택하고 있는 관료들의 정치감각에 비추어본다면 역사재평가운동은 결국 국익에 역행하는 국

---

78) 渡邊治, 『日本の大國化は何をめざすか』(岩波書店, 1997), p. 50.
79) 대표적 비판은 森田俊男・藤原彰編, 『近現代史の眞實は何か』(大月書店, 1996); 松島榮一・城丸章夫編, 『「自由主義史觀」の病理』(大月書店, 1997); 部落問題研究所編, 『「自由主義史觀」の本質』(部落問題研究所, 1997); 奈良歷史研究會編, 『戰後歷史學と「自由主義史觀」』(靑木書店, 1997); 吉田裕, 『現代歷史學と戰爭責任』(靑木書店, 1997); 俵義文, 『敎科書攻擊の深層』(學習の友社, 1997), 『歷史評論』557 (1996年 6月)및 576 (1998年 4月)및 579 (1998年 7月); 『論座』(1997年 12月); 『世界』(1997年 4月), (1998年 5月), p. 12 참조.

제마찰의 요인으로 작용하고 있다. '자유주의 사관'은 한국이나 중국을 위시한 아시아 국가에서뿐만 아니라 미국에서까지 비판을 받고 있다.[80] 아시아에 중요한 경제적 이익이 달려 있고 또한 대미 협조를 중시하고 있는 보수정권으로서 이에 동조하기에는 상당한 문제가 있다. 즉 현실의 외교관계에 있어서 사실상 국익에 해를 끼치는 요인으로 작용하고 있다. 그러한 의미에서 '자유주의 사관'의 장래를 결국 '불발'로 끝날 것으로 전망하거나, '자폐적 내셔널리즘'의 행방을 속단할 수는 없지만, 장기적으로는 역사의 진실에 역행하는 정치노선에는 미래가 있을 수 없다고 회의적으로 평가하고 있다.[81]

그러나 자유주의 사관적 사상과 행동은 여전히 대중 속으로 확대되고 있고, 더 광범위하게 공동전선이 형성되고 있는 것이 현실이다. 1999년 4월 지방선거에서 무소속으로 출마한 이시하라 신타로가 도쿄도 지사에 당선된 것도 이러한 여론의 변화를 보여주는 상징적인 한 사건이라 하겠다. 앞에서도 이미 지적했지만 '모임'의 적극적인 후원자인 이시하라는 지금까지 대동아전쟁 긍정, 난징사건 부정, 식민통치의 정당화, 일본의 핵무장을 주장하는 등 '국익중심'의 내셔널리즘을 강조해 왔다. 그리고 그의 『No라고 말할 수 있는 일본』 시리즈가 보여주고 있고, 또한 '요코다(橫田)기지 반환'을 중요한 선거공약의 하나로 제시하고 있듯이 강한 '반미 내셔널리즘'의 노선을 추구

---

80) 미국의 학계와 언론에서도 일본 국내에서 나타나고 있는 역사수정주의를 상당히 비판적인 시각으로 보고 있다. David Bouling, *op. cit.*; Norma Field, "War and Apology: Japan, Asia, the Fiftieth, and After", *Positions* 5: 1(Spring, 1997), pp. 1-49. 특히 *The New York Times*는 1998년 말부터 일본에서 전개되고 있는 역사수정주의에 대하여 비판적인 칼럼과 기사를 싣고 있다. "Burying the Past: War Guilt Haunts Japan" (1998. 11. 30); "Japanese Germ-War Atrocities: A Half-Century of Stonewalling the World" (1999. 3. 4); "Comparing the Unspeakable to the Unthinkable" (3. 7); "A Tojo Battles History, for Grandpa and for Japan" (4. 22); "Japanese Halt a Deal on a Book about Nanking" (5. 20) 참고.

81) 上野輝將, "「軍慰安婦」論爭とナショナリズム", 『歷史評論』(1998年 4月), p. 25.

해 왔다. 이러한 이시하라가 정당공천의 후보자들을 누르고 압승을 거둘 수 있었던 것은, 물론 정당정치에 대한 국민의 불신이라는 현상이 작용한 것도 사실이겠지만, 이는 또한 보수화하고 있는 여론의 일면을 보여주고 있는 것이라 하겠다.[82]

더욱이 우려되는 것은 국익지상의 내셔널리즘이나 여론의 우경화를 냉엄하게 비판해야 할 언론이 이러한 변화를 수용하는 방향으로 선회하고 있다는 점이다. 즉 의회에는 개헌을 전제로 한 '헌법조사회'가 설치되고, 자위대의 활동영역을 확대하고 있는 주변사태관련법, 국기·국가법, 통신도청법 등의 법제화가 아무런 저항 없이 성립되고 있고, 그리고 야스쿠니신사의 '국영화'가 추진되고 있다. 이는 다카하시 테츠야가 우려하고 있는 것처럼 "유고슬라비아의 코소보 분쟁에서 독일은 전후 처음으로 본격적인 군사행동에 참가하였다. 일본은 동아시아에서 동일한 행동에 나서기 위한 태세를 차근차근 갖춰나가고 있음"을 보여주고 있는지도 모른다.[83] 그리고 자유주의 사관은 행동을 위한 이데올로기적 기반을 강화하고 있음을 의미하고 있다.

오늘은 후지오카가 자유주의 사관의 깃발을 들었을 때보다 '국익중심 내셔널리즘'의 주장이 커다란 사회적 한 조류를 형성해 가고 있다. 이는 이제까지의 보수적 주장과는 그 질을 달리 하고, 하야시 후사오가 '대동아전쟁긍정론'을 제시했을 때와 비해서 대중적이고, 이와사키 미노루(岩崎稔)의 표현을 빌리면 '주체적' 참가가 대세를 이루어가고 있다는 것이다.[84] 바꾸어 말한다면 국익중심의 내셔널리즘을 위하여 학계·문화계·언론계·정계·재계 등 여러 계층에서 '주

---

82) 무소속으로 출마한 이시하라는 民主黨의 鳩山邦友, 自民黨의 明石康, 共産黨의 三上滿 후보를 165만 6,000 대 84만 1,000, 68만 3,000, 65만 3,000으로 누르고 압승했다.

83) "한국어판 서문", 『국가주의를 넘어서』, p. 11.

84) 高橋哲哉·岩崎稔 "'物語の'廢墟から", 『現代思想』, vol. 25-8(1997年 7月), p. 132.

체의 형성'이라는 국면이 나타나고 있다. 그리고 이 '주체'들이 하나로 통합하여 '국민의 이야기'에 대한 욕망을 일깨우면서 내셔널리즘을 강화하는 방향으로 국가진로를 형성해 가고 있다는 데 바로 자유주의 사관적 역사수정주의의 심각성과 위험성을 보여주고 있다 하겠다.

다가오는 21세기 일본이 자유주의 사관적 국가진로, 즉 국익중심의 내셔널리즘을 다시 선택할 것인가, 아니면 이웃과 공동의 역사인식 속에서 아시아 전체의 번영을 만들어가는 길을 택할 것인가는 전적으로 일본인에게 달려 있다. 그러한 의미에서 국가진로와 여론 형성에 역량과 책임을 가지고 있는 지식인의 역할이 지금보다 더 중요한 시기가 없지 않나 생각된다.

10 사죄의 주체론

I. 머리글

문학평론가 가토 노리히로가 『군죠』(群像, 1995年 1月)에 발표한 "패전후론"(敗戰後論)과 그후의 "전후후론"(戰後後論)은 전후 일본의 역사를 어떻게 인식하고, 전후 책임과 그로 인해서 나타나고 있는 사회적 왜곡현상을 어떻게 극복할 것인가를 놓고 일본 안에서 상당히 뜨거운 논쟁의 계기를 만들었다. 전후 일본인의 아이덴티티 확립을 모색하고 있는 가토는, 전쟁 책임의 주체를 구축하기 위해서는 '300만의 일본인 사망자'를 '2,000만 아시아의 사망자' 보다 앞서 애도해야만 하고, 그렇지 않으면 현실적으로 일본은 아시아의 피해자들에게 진정으로 사죄할 수 없고, 또한 전후 일본을 지배해 온 '비틀림'으로부터 회복될 길이 없다고 주장하고 있다.[1]

---

1) 가토의 이러한 주장은 그가 1995년 1월 『群像』에 발표한 "敗戰後論"과 니시타니 오사무(西谷修)와의 대담 "世界戰爭のトラウマと「日本人」"(『世界』, 1995年 8月) 이후 그의 평론과 대담 여러 곳에 나타나고 있다. 『戰後を超える思考』(河出書房, 1996), 『敗戰後論』(講談社, 1997), 『戰後を戰後以後, 考える』(岩波書店, 1998), 『可能

가토의 이러한 주장에 대한 강한 비판이 일본 지식인사회에 나타났다.[2] 즉 가토의 '사죄의 주체 구축론'은 일본인이라는 국민적 주체를 재구축하려는 네오내셔널리즘의 등장이고, '우익적' 보수의 또 다른 모습이라고 보는 시각이다. 그후 이 '사죄의 주체'는 일본 내의 지식인 사이에서 상당한 논쟁의 주제가 되고 있다.

일본과의 관계에 있어서 식민지시대, 전쟁에서 일본인으로 죽어간 많은 한국인, 전후 일본인과 함께 전범으로 처형된 한국인, 강제노동자, 종군위안부, 그리고 전후 사죄와 보상 등 아직도 풀지 못한 많은 문제가 남아 있는 우리에게도 이 논쟁은 중요한 의미를 지니고 있다. 그러나 가토의 논의에는 "애도의 심리학이 있을 뿐 애도의 정치경제학과 그 기본원리가 빠져" 있다는 비판이 있기는 하지만,[3] 한국에서는 일본과 달리 그의 주장에 대한 본격적인 비판 없이 긍정적으로 수용되는 듯한 모습을 보이고 있다. 『패전후론』의 한국어판인 『사죄와 망언 사이에서』를 번역 출판한 '창작과 비평사'의 백낙청은 일본인들과의 좌담회에서 가토가 언급하고 있는 "사실의 정당성이나 일본의 맥락에서 그의 주장이 가지고 있는 현실적 의미"를 판단할 입장이 아니라는 전제를 달고는 있으나 가토의 주장을 다음과 같이 수용하고 있다. 즉 "나에게 인상 깊었던 것은 가토 씨가 예의 '분열감정'을 청산하자는 것보다 '분열의 징후'에 불과한 현상의 본질을 간파하고

性としての戰後以後』(岩波書店, 1999) 참고. 『敗戰後論』은 『사죄와 망언 사이에서』(창작과 비평사, 1998)라는 제목으로 번역 출판되었음.

　2) 대표적 비판으로서는 高橋哲哉의 "汚辱の記憶をめぐって", 『群像』(1995年 3月); "〈哀悼〉をめぐる會話─『敗戰後論』批判再說", 『現代思想』(1995年 11月); "ネオナショナリズム批判のために", 『現代思想』(1997年 9月); 小森陽一・高橋哲哉編, 『ナショナル・ヒストリ-を超えて』(東京大學出版會, 1998); 中岡成文外編, 『戰爭責任と「われわれ」─「歷史主體」論爭をめぐって』(ナカニシヤ出版, 1999) 참조. 코모리와 다카하시가 편집한 책은 『국가주의를 넘어서』(도서출판 삼인, 1999)라는 제목으로 번역 출판되었음.

　3) 임성모, "현대 일본의 정체성을 묻는다", 『창작과 비평』(1999 봄호), p. 403.

그와 같은 분열을 충분히 살아냄으로써 극복하고자 시도했다는 것입니다. 일본의 전사자에 대한 애도가 먼저여야 한다는 그의 주장이 논쟁을 불러일으키고 있는 듯한데, 한국인인 내가 이렇게 말하는 것이 의외일지도 모르지만 … 나는 오히려 신선하다고 느꼈습니다."⁴⁾ '신선하다'는 것이 구체적으로 무엇을 의미하고 있는지는 모르겠지만 그는 가토의 주장을 긍정적으로 받아들이고 있음을 보여주고 있다. 가토는 그의 한국어판 서문에서 "백(낙청) 선생은 도쿄에서 처음 만났을 때 이 책에서 지적하고 있는 일본 전후의 '비틀림'과 같은 유(類)의 무엇인가가 해방 후의 한국에도 있다. 여기 이야기된 문제를 자신들의 문제로 받아들일 수도 있다고 말했다"고 지적하며, 자신의 언설은 한국과 일본의 '사상 사이의 상호이해'가 가능하다는 것을 시사하고 있다.⁵⁾ 또한 해설을 쓴 이순애는 가토의 주장에 대한 일본 내의 비판을 상세히 소개하면서도, "이 책에 어떤 선도적인 문제가 역력히 드러나 있음을 암시"하고 있다고 높이 평가하고 있다.⁶⁾ 이 책이 번역 출판된 후 언론에 나타난 서평도 대체적으로 긍정적인 평가를 보이고 있다.⁷⁾

이 글은 가토의 주장을 좀더 비판적인 시각에서 검토해 보려는 것이다. 먼저 그의 주장을 간단히 정리해 보고, 그리고 그의 언설에 숨

---

4) "韓國の批評空間", 『批評空間』, II-17, 1998, p. 23.

5) 『사죄와 망언 사이에서』, p. 4.

6) 위의 책, p. 273.

7) 예컨대 『한겨레신문』의 '책과 사람' 란에서는 가토의 주장을 "일본 지성사의 이율배반적 구조를 드러낸 날카로운 분석"으로서 "한일 두 나라의 독자 모두에게 진지한 검토를 요구하는 중요한 문제 제기"라고 평하였다(1998. 10. 27). 『조선일보』의 '신간브리핑' 란에서는 "저자는 … 침략전쟁의 주체로서 분명하게 과거 사죄를 하고, 그 다음 일본인 희생자를 애도하고 외부의 규탄을 받아들이는 것이 유일한 대안이라는 것이다"라는 내용의 글을 실었으며(1998. 11. 4), 『중앙일보』의 '분수대' 란에는 그의 주장은 "50년의 (개헌파와 호헌파의 대립이라는) 평행선을 무너뜨리려는 대담한 시도"라고 높이 평가하고, "역사에 대한 우리 자세도 되돌아보게" 해주고, "과거청산을 위해서는 피해자들도 마음을 열어야 한다"는 방향제시를 하고 있다(1998. 11. 16).

어 있는 참 의미와 문제를 찾아보기로 하자.

II. '비틀림'의 전후사

가토가 수사학적 방법을 동원하여 길게 전개하고 있는 "패전후론"의 논지는 비교적 간단하다. 즉 일본사회에서 볼 수 있는 사죄와 망언, 또는 호헌과 개헌과 같은 사상적 혼미로움이 왜 나타나고, 그 근원은 무엇이고, 그리고 이를 극복하기 위해서는 어떻게 해야 할 것인가 하는 것이다. 그는 이 '혼미로움'은 일본의 전후사상이 '비틀림'의 전후사를 직시하지 못하고, 또한 '비틀림'을 '비틀림'으로 받아들이지 않으려는 자기기만의 결과로 나타나고 있는 것으로 설명하고 있다. 가토가 의미하고 있는 '비틀림'은 어떤 것일까?

가토에 의하면 일본의 전후는 '비틀림'으로 더렵혀진 역사이고, 그 원점은 '강요된' 전후 헌법에서부터 시작되었다. 군사력을 부정하고 있는 제9조를 포함한 전후 헌법이라는 것은 이에 대한 일본인의 신념과 확신에 의해서 만들어진 것이 아니라, 일본국민의 의사와 관계없이 점령사령부가 만들어 당시 피점령국이었던 일본인에게 받아들이도록 한, 일방적 '강요'에 의해 성립되면서 전후사의 '비틀림'은 시작됐다. 즉 "무력을 부정한다고 외치는 헌법을 무력에 의해 강요당했다"는 헌법의 제정과정과 그 내용 사이의 모순이 '비틀림'의 원점이었다.[8] 그러나 가토가 보다 더 심각하게 문제삼고 있는 것은 '비틀림'이라는 그러한 모순이 지적되지 않는 것이고, 패전의 기점에 숨어있는 '오욕'이라는 그 모순을 직시하지 못하고 이에 억눌려왔다는 현실이다. 뿐만 아니라 이 '강요된 평화헌법'과 헌법의 이념을 그후 반세기가 넘도록 마치 자신의 것인 양 생각하고, 자기의 결정으로 이를

---

8) 『사죄와 망언 사이에서』, p. 105.

유지하는 "스스로를 속일 수밖에 없는" 자기기만 속에서 살아왔고, 그 결과 일본인은 헌법을 헌법으로서 존중하지 않는 괴상한 입헌국 국민이 되고 말았다. 이 '비틀림'이 있는 한 국가를 위해 죽어간 병사의 죽음은 무의미한 것이 되고, 또 전후 살아남은 일본인들은 과거에 정의라고 믿었던 것은 정의가 아니었다는 '비틀림'을 떠안은 채 살아갈 수밖에 없다는 것이다.

패전 후 일본은 이 '비틀림'을 안고 살아야만 했기 때문에 일본이라는 사회가 인격적으로 분열되는 현상이 나타났다고 가토는 주장하고 있다. '원점의 오욕', 즉 헌법을 둘러싼 전후의 '비틀림'을 의식의 아래쪽으로 밀어넣어 보이지 않게 만들었던 "그 지독한 자기기만"의 결과로 일본이라는 사회는 인격적으로 '밖을 향한 자아'(외적 자아—지킬 박사)와 '안을 향한 자아'(내적 자아—하이드 씨)로 분열됐다는 것이다. 그리고 이 사회적 인격분열은 구체적으로 호헌(사죄)과 개헌(망언)이라는 한 쌍으로 표출되는바, 호헌파는 밖을 향한 자기(지킬 박사)로서 전승국으로부터 강요받은 헌법의 이념을 지키고 민주주의와 인권의 입장에 서서 2,000만 타국 사망자들에게는 사죄하려고 하는 데 반하여, 일본인 전사자에 대해서는 잘못된 전쟁에 의해 '더럽혀진' 죽음이기 때문에 애도할 수 없다는 자기모순과 '비틀림'이 있다는 것이다. 그 반면 개헌파는 안을 향한 자기(하이드 씨)로서 군사력으로 강요받은 헌법을 지켜야 한다고 주장하는 호헌파의 논리를 자기기만이라고 비난하면서, 쇼와 천황의 전쟁책임을 인정하지 않고, 지난날의 전쟁은 의로운 싸움이었다고 강변하며 오늘의 일본을 위해 죽어간 300만 전사자를 야스쿠니신사에서 영령(英靈)화해야 한다는 주장 속에 또 다른 자기기만을 담고 있다며 역시 개헌파에게도 '비틀림'이 내재한다고 비판한다.

이러한 인격분열은 결국 일본인으로 하여금 역사에 대하여 책임질 수 있는 하나의 온전한 '주체'를 이루지 못하게 하고 있고, 따라서 지난날 전쟁에 대해서도 역시 책임을 담당할 수 있는 주체가 존재하지 않는다는 것이다. 전후 일본사회는 '국민이라는 기초'가 존재하지 않았고, 바로 그러한 이유로 일본정부가 신속하게 전쟁책임을 완수하려 하지 않는다는 것이었다. 가토는 그러므로 지금 일본이 해결해야 할 중요한 과제는 분열된 인격을 극복하고 하나의 온전한 인격을 회복하는 것이고, 이 분열을 스스로 극복하지 못한다면 "침략전쟁을 수행하고 패한 나라의 국민인 우리에게는 일본국민이라는 일종의 자존심, 긍지가 깃들 수 없다"고 인식하고 있었다.

'그렇다면 전후 일본의 인격분열과 자기기만을 극복하기 위해 현재를 살고 있는 일본인들은 무엇을 어떻게 해야 할 것인가'라는 물음에 가토는 '우리들 일본인'이라는 국민적 주체, 즉 하나의 공동주체에 대한 확실한 신념을 가지고 이를 다시 재건해야 한다고 답하고 있다. 왜냐하면 "국민을 국가적 존재로 만드는 것도, 반대로 열린 존재로 만드는 것도 바로 '우리들'이다. 그러한 '우리들'이라는 단위가 현재 우리들 손에 없는 것이다. 우리가 언젠가 이런 '우리들'이라는 단위 그 자체가 불필요한 것이 될 때까지 이를 밖을 향해 열려 있는 존재로 유지할 필요가 있는 것이라면, 그러한 목표에 이르는 길의 시작은 '우리들'이라는 발상, '국민'이라는 틀 위에 서지 않을 수 없기" 때문이라는 것이다.

전후의 '비틀림'과 분열된 인격을 극복할 수 있는 '우리들'이라는 공동체, 앤더슨(Benedict Anderson)의 표현에 의하면 '상상의 공동체'인 '국민'이라는 관념을 강화할 것을 제시하고 있는 가토는, 이를 위해 "살아 있는 우리들과 이미 죽어 돌아오지 않는 자들 사이의 관계"를 재정립해야 한다는 것으로 자신의 논리를 결론짓고 있다. 살아 있는 일본인들은 그동안 버려지고 의식적으로 무관심했던 '300만에 이르는 자국의 사망자, 특히 병사로 죽어간 이들'을 기억하고 그들의 죽음의 의미를 되씹어 보고, 그리고 역사에서 그들의 위치를 자리매김해야 한다는 것이다. 가토는 '우리 일본인'이라는 공동주체를 다시 구축하려면 호헌파처럼 아시아의 2,000만 사망자에 대한 사죄에 집착할 것이 아니라, 우선 일본 병사들을 중심으로 한 300만 일본 전사자에 대한 애도를 선행함으로써 그것이 그대로 일본을 타국의 죽은 자들에 대한 사죄라는 위치에 세우는 일로 연결될 수 있다는 것이다. 즉 '의'롭지 못한 전쟁, 즉 침략전쟁에서 죽어간 '300만 일본인 사망자'의 복권을 통해서 비로소 2,000만 아시아의 사망자에 대한 사죄가 이루어질 수 있다는 것이다.

이러한 가토의 언설의 진의를 정확하게 이해하는 데는 상당한 어려움이 따르고 있다. 이는 그의 논리가 대단히 수사학적이고 우회적 방법으로 전개되고 있기 때문만은 아니다. 그의 수사학적 논리 전개를 이해한다 하더라도, 그의 언설을 전체적으로 이해하기 위해서는 일본의 근현대사는 물론 전쟁을 둘러싼 문학에 대한 해박한 지식을 필요로 하기 때문이다. 뿐만 아니라 가토가 그의 언설 속에서 명확한 개념 정의 없이 구사하고 있는 많은 추상적 어휘들, 예컨대 '더러움', '인정 불감증', '역사 소화불능증' 등이 그렇고, 또한 그가 말하고 있는 '애도'가 구체적으로 무엇이고 이를 위한 구체적인 실천행동은 어떤 것이고, 또 그것으로 어떻게 확실하게 전쟁책임을 담당할 '주체'를 구축할 수 있다는 것인지 알 수 없다.

그러나 그의 주장이 많은 사람으로 하여금 재음미하게 하는 호소력을 가지고 있으며 상당한 공감을 형성케 하는 것이 사실이다. 가토의 언설에 대한 비판도 있지만 또한 이에 대한 지지와 공감이 이를 잘 설명해주고 있다. 이는 아마도 가토가 태평양전쟁은 '의'롭지 못한 침략전쟁이었다는 것을 인정하고 있고, 전쟁책임을 똑바로 받아들여 반복되고 있는 사죄와 망언을 종식할 것을 주장하고 있으며, '위안부'로 동원되었던 여성들에게 사죄나 배상을 제대로 하지 않은 것은 물론이거니와, 그에 대한 신속한 대응조차 방치하고 있는 현재 일본의 상황을 비판하고 있고, 일본사회가 사죄할 수 있는 사회가 되어야 한다는 것을 강조하고 있기 때문이라고 생각된다. 그리고 무엇보다 20세기의 마지막까지 '전쟁책임'이라는 사슬로부터 해방되지 못한 일본인들의 초조함을 해결할 수 있는 '제3의 길'로서 '주체'를 찾자는 데 상당한 공감을 만들어낸 것이 아닐까?

그럼에도 불구하고 가토의 "패전후론"이나 "전후후론" 또는 이와 연관된 글이나 대담을 읽고 난 후의 솔직한 독후감은 '아 그렇구나' 하고 가슴이 탁 트이는 공감이라기보다는, 무엇인가 사기당하고 있는 듯한 느낌이고, '이건 아닌데' 하는 감정을 가지게 되는 것은 무엇 때문일까? 그의 언설이 '악의 자각'에서 출발하고 있음에도 불구하고 돌고 돌아 '일본주의'라는 회로로 다시 들어가고 있다는 느낌을 떨쳐 버릴 수 없는 것은 어째서일까? 그리고 그의 주장은 결과적으로 식민지 지배와 침략전쟁을 정당화하고 있는 보수파의 주장을 받아들이는 사죄논리의 '지적 바탕'을 개발해 내고 있는 것이 아닌가 하는 의구심을 가지게 하는 것은 왜일까? 가토의 언설이 안고 있는 의문점을 살펴보자.

III. '비틀림'과 '오욕의 원점'

1993년 출범한 연립정부의 호소카와 모리히로(細川護熙) 수상이나 뒤를 이은 무라야마 도미이치(村山富市) 총리는 과거 식민지 지배와 아시아·태평양 전쟁 당시 일본이 저지른 책임을 인정하는 진일보한 자세를 취했다. 그러나 가토는 곧 이어서 나타난 현역 관료들의 망언과 사임을 지적하면서, 이는 전후 일본사가 비틀림으로 시작됐고, 결국 사회가 '지킬과 하이드'와 같은 인격분열에 빠져 있는 결과라고 분석하고 있다. 그리고 '비틀림'과 '인격분열'의 원점은 무력을 갖지 않는다고 규정한 평화헌법, 즉 헌법 제9조의 이념은 압도적인 점령군의 무력 아래 강요당했다는 사실과 그 사실을 은폐하고 있는 자기기만에서부터 나타나는 현상으로 인식하고 있다.

먼저 전후 일본사를 가토가 규정하고 있는 것과 같이 '호헌'(혁신-

사죄-지킬 박사)과 '개헌' (보수-망언-하이드 씨)이라는 이항대칭적 관계로 설정하고, 일본이라는 사회가 인격적으로 둘로 분열되어 있다고 단순화할 수 있을까 하는 것이다. 가토에 의하면 전후의 일본사회는 '개헌파와 호헌파, 보수와 혁신' 으로 분열되어 있고, 이 "대립을 떠받치고 있는 것은 이른바 지킬 박사와 하이드 씨라는 분열된 인격의 조각난 표현양태", 즉 하나의 인격체가 둘로 분열되어 있고, 바로 그 분열 때문에 일본의 전후사는 '비틀림' 의 역사였다.

그러나 도사카 준(戶坂潤)이 1930년대 일본주의 · 파시즘 · 자유주의를 분석하면서 지적하고 있는 것과 같이 한 사회의 사상계를 우익 · 중견 · 좌익과 같이 획일적으로 구분하는 것은 다만 '편의상의 구별' 일 뿐, 그 편의상의 구별을 통해서 사회의 전체상을 설명할 수 있는 '근본적 의미' 를 지니고 있는 것은 아니다.[9] 한 사회의 이념체계는 복합적이고 중층적으로 형성돼 있기 때문이다.

인류의 역사는 어느 시대, 어느 사회에서도 혁신이 있으면 보수가 있고 지킬 박사가 있으면 하이드 씨가 존재하게 마련이다. 그리고 이 두 주체는 가토가 일반화하고 있는 것과 같이 반드시 '대항적' 관계만은 아니다. 만일 우리가 가토의 논리를 그대로 받아들인다면 메이지(明治)시대의 국권파와 민권파의 갈등, 다이쇼(大正)의 자본주의와 사회주의의 대치, 그리고 전전 쇼와(昭和)시기의 의회민주주의론과 국가개조론의 대립 등 유신 이후의 일본사는 모두 '비틀림' 의 역사이고, 일본은 모두 인격분열자의 집합체의 연속이 되고 말 것이다. 이와 같은 가토의 단선적 논리는 세계사와 인류사회에도 그대로 적용될 수 있다.

혁신과 보수의 대칭은 인격분열이라고 해석하기보다는 상호 긴장과 갈등과 견제를 통해서 새로운 역사를 만들어가고 사회를 동태적으로 움직일 수 있도록 하는 관계로 보아야 할 것이다. 때로는 보수 주

---

9) 戶坂潤, 『日本イデオロギー論』(岩波書店, 1977), pp. 351-354.

류의 역사를 만들어갈 수도 있고, 때에 따라서는 혁신 주류의 역사를 만들어갈 수도 있을 것이고, 또 다른 시대에는 보수와 혁신이 조화를 이룬 역사를 만들어갈 수도 있다. 그 선택은 그 시대를 살았던 사람들에게 달려 있을 뿐이다.

'비틀림'이 비롯하게 된 원초적 원인의 어디에 있는가를 규명하는 것은 비틀림을 바로잡기 위한 중요한 시발점이다. 가토는 평화헌법의 내용과 제정과정 사이의 모순과 그 모순을 의식의 아래쪽으로 밀어넣어 보이지 않게 만들고 있는 '지독한 자기기만'을 '비틀림'의 근원, 즉 '오욕의 원점'으로 보고 있다. 그러나 전후사를 '비틀림'의 역사로 만들고 있는 가장 근본적인 원인은 패전 후 일본이 식민지 지배와 아시아·태평양 전쟁에서 저지른 잘못을 '부끄러워'하며 그 진상을 철저히 규명하고, 그리고 사죄의 바탕 위에서 새로운 전후사를 만들어가지 못한 데서 기인하고 있는 것이라고 생각된다. 과거사에 대한 비판적 자기성찰에서부터 시작하지 못한 전후사가 '비틀림'으로 나타난 것은 당연한 귀결이 아닐 수 없다.

가토가 지적하고 있는 것과 같이 일본의 전후사는 보수와 혁신의 끊임없는 긴장과 상호 견제 속에서 진행돼 왔다. 그러나 보수와 혁신 모두가 과거사를 정리하고 새로운 전후사를 만들어가는 데는 실패했다고 하지 않을 수 없다. 냉전의 시작으로 일찍이 복권된 일본의 보수 진영은 과거사를 덮어둔 채 '55년체제'를 형성하고 오히려 전전으로 회귀하는 현상을 보였다. 국내외 정책과 사상 형성에 주도적 위치를 차지하고 있었던 혁신진영은 보수의 전전회귀를 억제하면서 사회적 균형을 유지할 수 있는 이념의 한 축을 형성해왔다. 또한 진보·혁신 세력은 보수파와 달리 지난날의 잘못에 대한 '부끄러움'을 인식하고 있었고 비판과 과거 청산을 주창하고 나섰다. 그러나 그들 역시 과거 청산을 위한 구체적이고도 실천적 행동을 하는 데는 실패했다. 그 결과 70년대 이후 이념의 추는 점차 다시 보수로 기울었고, 오늘에 이르러서는 '자유주의 사관'과 같은 식민통치은혜론과 전쟁긍정론이 사회적으로 수용되고 있음을 보여주고 있다.

물론 이와 같은 변화가 점령정책의 전환과 냉전종식, 사회주의의 몰락이라는 세계사적 변화와 무관하다고는 할 수 없지만, 전후 진보 · 혁신주의 그 자체의 허약함 또한 부인할 수 없다. '전후 민주주의'의 이념적 축이라고 할 수 있었던 일본의 진보주의 진영은 군국주의의 붕괴로부터 민주주의와 평화주의에로의 전환을 역사의 필연이라고 믿었고, 일본이 수행한 전쟁은 '잘못된 전쟁'이라고 비판하였으며, 식민통치에 대한 '사죄'를 주장하며 전전의 역사를 부정했다. 그러나 그들이 강조해 온 비판과 사죄는 철저한 자기검증과 반성이라는 실천적 과정을 거쳐 형성된 확신적 신념이기보다는 패전 후 이념적 공백상태에서 세계적 조류를 형성한 평화 · 민주 · 인권 · 자유에 편승하여 무비판적으로 그리고 관념적으로 수용했던 결과라 할 수 있다. 이러한 진보 · 혁신주의는 침묵하는 대중 속으로 그 공감대를 확산해 나가는 '실천'의 무기였다기보다는 소수 진보적 지식인 사이의 '논리'로 정체했고, 보수 대 혁신이라는 대립구도를 넘어서 새로운 지평을 열어가기보다 오히려 혁신의 논리를 강화하는 결과를 가져왔다. 그러한 의미에서 전후 일본의 사상계를 풍미했던 진보세력은 가토의 주장과 같이 '자기기만 속의 신세대'였고, 가토가 인용하고 있는 다자이 오사무(太宰治)에 의하면 '신형 편승주의자'들이었는지도 모른다.[10]

가토가 진단하고 있는 '비틀림'의 전후사는 '오욕의 원점'을 잘못 설정하고 있는 데서 나타나는 결과라 하겠다. 즉 강요된 헌법이라는 모순과, 이 모순을 모순으로 받아들이지 않았기 때문에 전후사가 비틀린 것이 아니라, 일본이 반드시 거쳐야 할 식민지 지배와 아시아 · 태평양 전쟁에 대한 책임의 규명과 사죄를 덮어두고 시작했고, 이것을 다시 파헤치는 작업을 지금도 거부하고 있기 때문이다. 전후 일본

---

10) 『사죄와 망언 사이에서』는 '신종 편승주의'라고 번역하고 있으나(p. 146), 원문의 '新型 便乘主義'(p. 152)가 더 의미에 가깝다고 생각된다.

사회에서 사죄와 망언이 계속되고 있는 것은 사회적 인격분열이기보다는, 망언이 일어날 수 없도록 철저한 자기반성과 과거와의 단절이라는 절차가 없었기 때문이다.

과거사에 대한 책임과 사죄문제를 명확하게 처리하지 않고서는 일본의 '비틀린' 전후사는 바로잡히지 않을 것이고, 현재와 미래의 평화에 대한 일본의 기여와 이웃과의 연대를 기대하기 어려울 것이다.

IV. '300만의 자아'와 '무의미한 죽음'

아시아 · 태평양 전쟁에서 죽어간 300만의 일본인을 어떻게 자리매김하고, 2,000만의 아시아인 사망자와의 관계를 어떻게 설정하느냐하는 문제에 있어서 가토는 다음과 같이 이야기하고 있다.

우리가 지금 여기 있기 위해 죽어간 자국의 사망자들에 대한 애도와 균형을 이루고, 그 사죄가 이들 사망자들에 대한 추모를 통하여 우리 것이 되었을 때 비로소 그것은 하나의 인격으로서의 우리들의 명언(明言)이며 사죄인 것이다.
여기서 이야기하는 것은 한마디로, 일본의 300만 사망자에 대한 애도를 선행하고, 그 애도를 통하여 아시아 2,000만 사망자를 애도하며 죽은 이들에 대한 사죄에 이르는 길은 가능한가 하는 것이다.[11]

가토가 주장하고 있는 "우리가 지금 여기 있기 위해" 죽어간 일본인 사망자에 대한 애도는 무엇을 의미하고 있는 것일까? 그리고 '300만 일본인 사자'에 대한 애도를 '2,000만 아시아의 사자'에 대한 사죄에 우선하고 있는 것은 무엇을 뜻하고 있는 것일까?

---

11) 『사죄와 망언 사이에서』, p. 83.

가토는 지난날의 전쟁이 '의'롭지 못한 전쟁이었다는 것을 인정하고 있으면서도, 실은 "우리가 지금 여기 있기 위해" 싸운 전쟁에서 죽어간 병사들은 '의'롭다는 것을 역설적으로 주장하고 있다. 그의 이러한 속마음의 한 면을 보여주고 있는 것이 그가 예로 들고 있는 '화재' 사건이다. 가토는 화재(전쟁)와 사자(병사), 그리고 자기(살아 있는 우리)의 관계를 다음과 같이 설명하고 있다.

큰 불이 나서 땅 위에 쓰러졌다. 그런데 누군가가 자기 몸 위를 덮쳤다. 정신을 차려보니 불은 꺼졌으나 그 사람은 이미 재가되어 있고 자신은 그 재의 보호 덕에 살아 있었다. 그러한 자신이 맨 먼저 해야 할 일이 자신을 구하고 죽어간 그 사람을 부정하는 것이라고 한다면 그러한 비틀린 삶 속에서 도대체 '정답'이라는 것이 있을 수 있을까.[12]

가토가 애통해 하는 것은 나를 위해 죽어간 사람일 뿐, 그외에 죽은 많은 사람들, 그 것도 자기와 자기를 구한 사람의 '방화'로 인해 죽은 사람들에 대한 애도와 사죄는 저 뒤로 미루고 있을 뿐이다. 그는 '사자'에 대한 애도와 사죄를 "자국의 사망자, 그리고 타국의 사망자라는 순서는 움직일 수 없다. '보수반동'이라는 비난을 받더라도 이 점은 나의 모티프를 생각하면 양보할 수 없는 것이다"라고 자신의 주장에 대한 확신을 가지고 있다.[13] 물론 사자가 비록 '침략자'였다 하여도 혈육에 대한 애도는 인간이 가질 수 있는 지극히 자연스러운 감정이다. 그러나 '침략자'였다는 것을 인정하면서도 그 '침략자'를 모든 피해자에 앞선 애도의 대상으로 세우려는 것이 과연 올바른 애도의 순서이고 사죄의 방법일까? 또한 전쟁을 수행한 국가의 주권자이자

---

12) 위의 책, pp. 28-29.
13) 위의 책, p. 18.

주체이기도 한 쇼와 천황의 전쟁책임, 즉 군사행동의 명령주체가 져야 할 책임을 명확히 밝히지 않은 채 명령에 따라 죽은 병사들의 죽음을 애도해야 한다는 논리가 과연 있을 수 있을까?

우리는 여기서 독일이 어떠한 방법을 택했는지 살펴보자. 1985년 5월 8일, 독일 의회에서 행한 패전 40주년 기념연설에서 바이츠재커(Richard von Weizsacker) 대통령은 가장 먼저 독일 강제수용소에서 살해당한 '600만의 유태인'에게, 전쟁을 통해서 고통받은 모든 다른 나라의 국민들에게, 그리고 소련과 폴란드에서 죽어간 많은 국민들에게 애도의 뜻을 표하고 그들에게 사죄를 구했다. 그리고 나서 그는 공습·체포·추방·전장에서 죽은 동족을 애도했다.[14] 그는 결코 전장에서 죽어간 독일 병사들을 '우리가 오늘 여기에 있기 위하여' 죽어간 '존재'로 미화하지 않았다. 더더욱 그는 '자국의 사자'를 가장 먼저 애도할 대상으로 삼지도 않았다. 이것은 일본이 패전 40년을 맞이하여 당시 수상이었던 나카소네가 "국가국민은 오욕을 버리고 영광을 향해 전진"하자고 한 것과는 확실히 그 차원을 달리 하고 있다.[15] 독일이 오늘 유럽과 국제사회에서 '건전한' 이웃으로 용납되고 있는 것은 바로 이러한 자세 때문이다.

가토는 '의'롭지 못한 전쟁에서 죽은 "자국의 사자를 먼저 애도"한다는 논리를, "자국의 300만의 무의미한 사망자들을 그 무의미함 때문에 깊이 애도해야 한다"는 역설적 논리와 연결시키고 있다. "무의미한 사망자들을 그 무의미함 때문에 깊이 애도해야 한다"는 것은 무슨 의미일까? 그는 직설법으로 표현하고 있지는 않지만 '무의미함' 속에 '의미'를 부여하고, 바로 그 '의미' 때문에 "자국의 사자를

---

14) Speech by Richard von Weizsacker, President of the Federal Republic of Germany, in the Bundestag during the Ceremony Commemorating the 40th Anniversary of the End of the War in Europe and of National Socialist Tyranny, May 8, 1985.

15) 『朝日ジャ-ナル』, 1985. 12. 27.

먼저 애도"해야 한다는 것이다. 예컨대 요시다 미쓰루(吉田滿)의 『전함 야마토의 최후』(戰艦大和ノ最後)에 등장하고 있는 한 대위는 "지고 나서 깨닫는 것, 이것 말고 어떻게 일본이 구원받겠는가. 지금 눈을 뜨지 않는다면 언제 구원받겠는가. 우리는 그 선도(先導)가 되고 있는 것이다"라고 말하고 있고,[16] 이에 대해 가토는 "그런데 비록 한 사람이라도 우리에게 이러한 죽은 자가 있다는 것은 일종의 계시가 아닐까"라고 평가함으로써 일본의 새로운 시대가 확실히 도래한다는 것을 믿고 죽은 병사들의 죽음에 대해 '계시'라는 의미를 부여하고 있다. 즉 그들은 무의미하게 죽어간 것이 아니라 '선도자로서의 사석(捨石)'이었다.

『패전후론』에 나타나고 있는 그의 '문학' 관의 중요한 논거로서 자주 인용되고 있는 오오카 쇼헤이(大岡昇平)는 한편으로는 승리를 생각할 수 없는 상황에서 젊은이들에게 무의미한 죽음을 강요한 카미카제를 비판하면서도, 또 다른 한편으로는 그들의 활동과 죽음을 높이 평가하고 있다. 오오카는 "상상을 초월하는 정신적 고통과 동요를 극복하고 목표에 도달한 인간이 우리 가운데 있었던 것이다. 이것은 당시 지도자들의 어리석음이나 부패와는 아무런 관계도 없는 것이다. 오늘날에는 완전히 사라져버린 강한 의지가 저 황폐함 속에 생겨날 여지가 있다는 것은 우리의 희망이 되어야만 한다"[17]고 말하고 있다. 체제의 부조리와 지도자의 무모함과 부패함에도 불구하고, 의롭지 못한 전쟁에서 죽어간 병사임에도 불구하고 전투자로서 개인적 기능을 최대한으로 발휘한 그 '강한 의지'가 전후 일본의 '희망이 되지 않으면 안 된다'는 것은 그의 죽음이 결코 무의미한 것이 아니다.

사죄의 방법으로 들어가면 가토의 논리는 더욱 혼미해 지고 있다.

---

16) 『사죄와 망언 사이에서』는 '선두'라고 번역하고 있으나(p. 70), 원문의 '선도'가 의미에 더 적 합하다고 생각된다(p. 62).

17) 위의 책, p. 89.

지난날의 전쟁이 의롭지 못한 침략전쟁이었다는 것을 인정하고 있으면서도, 그는 잘못된 과거와 정면으로 대결하고 과거의 불의를 단죄하는 것을 거부하고 있다. 그는 "과거를 쉽사리 부정하는 자기갱신이란 그렇게 부정되고 억압당한 과거로부터 반드시 복수를 당하는 법이다"라고 강조하며, "부정되어야 할 과거를 감싸안은 후에 행해지는 자기갱신"을 주장하고 있다.[18] "과거의 악을 받아들인 다음에 사죄논리"가 필요하다는 것이다. '과거의 악'을 '받아들인'다는 것은 무엇을 의미하고 있는 것일까? '악'을 '악'으로 '받아들인'다는 것일까, 아니면 '악'을 '선'으로 '받아들인'다는 것일까? 지난날의 잘못을 잘못으로 받아들인다면, 과거에 대한 철저한 비판과 단죄, 그리고 과거와의 단절을 통해서만이 사죄가 성립될 수 있고, '악'을 '선'으로 받아들인다면 사죄라는 것은 필요도 없고 또한 성립할 수도 없게 된다.

그러나 가토가 추구하고 있는 것은 '과거의 악'을 '악'으로 '받아들이'는 것이 아니라, '악'을 '선'으로 받아들이는 논리를 구축하는 것이다. "악에서 선을 만들어내야만 한다"는 그의 주장이 이를 뒷받침해 주고 있다.

과거의 잘못에 대한 철저한 비판과 단죄 없이 선을 만들 수 있을까? 그렇지 않다. 악에서 선을 만들기 위해서는 악의 원인과 구조를 철저히 규명하고, 악을 행한 행위자의 책임을 추궁하고, 그리고 단죄와 단절이라는 실천적 과정이 필요하다. 악에 안주하는 것이 아니라 악을 돌파하는 지평을 열어갈 때 비로소 선을 잉태할 수 있다. 악을 받아들이는 것이 아니라 부정하고 단절함으로써 비로소 새로운 출발, 즉 선을 창조해 낼 수 있을 뿐이다. 악이라는 흙을 걷어내지 않은 토양에서 선이라는 열매를 결코 맺을 수 없다.

---

18) 위의 책, p. 11.

V. '망각' 과 '기억'

란츠만(Claude Lanzmann)은 망각으로 사라져가는 홀로코스트의 '기억'을 증언하기 위하여 11년에 걸쳐 '쇼아'(Shoah)를 만들어냈다. '쇼아'는 '죽은 사람의 살아 있는 증언'을 통해서 죽어가는 역사를 되살리는 작업이었다.[19] 그러나 가토는 란츠만과 달리 '망각의 권리'를 주장하고 있다. '과거의 악'과 무관한 오늘의 세대에게는 '부(負)의 역사'에 대한 기억의 의무도 그리고 책임도 부정할 권리가 있다는 것이다. 그는 "일본에서의 갖가지 전쟁책임의 문제는 영원히 기억되어야만 한다"는 것을 인정하면서도, 또 다른 한편으로는 '그 전쟁'에 관여하지 않았던 또는 그 전쟁으로부터 먼 훗날인 오늘을 사는 일본인들은 '그 전쟁'을 '망각'할 수 있는 권리가 있다는 것을 주장하고 있다. 가토는 다음과 같이 설명하고 있다.

'기억하라'는 목소리 앞에 벽에서 튀어나오는 토끼처럼 '그런 건 몰라요'라는 훨씬 뒷 세대의 '무구한(이노센트)' 목소리가 막아선다. … 이 문제에 대해 우리는 어떻게 생각해야 할까. 결론부터 말하자면 '논모럴'은 권리를 지니고 있다. 인간은 그것에 관여하지 않는 한, 어떠한 문제에든 '나는 상관없어'라고 말할 권리가 있다. 바로 이 때문에 아무리 뼈아픈 경험도 지워져버리는 것인데 그렇다고 해서 그러한 풍화를 막기 위해 '아무도 그럴 권리는 없다. 기억해야 한다'고 고집을 세우면 바로 그 순간 그 사람 속에서 기억되어야 할 그 무엇은 기억되어 마땅한 통절함의 알맹이를 잃어버리고 마는 것이다.[20]

---

19) Shoshana Felman, "The Return of the Voice: Claude Lanzmann's Shoah", Shoshana Felman and Dori Laub (eds.), *Testimony—Crisis of Witnessing in Literature, Psychoanalysis, and History*(New York: Routledge, 1992), pp. 204-283 참고.

20) 『사죄와 망언 사이에서』, p. 110.

자신이 관여하지 않았던 사건인 지난날의 식민지 지배와 전쟁과 무관한 오늘을 살고 있는 세대, 즉 "전쟁이 끝나고도 한참 후에 태어난 사람들에게는 전쟁 같은 건 모르겠다고 말할 권리"가 있고 그것에 대한 기억의 책임이 없다는 것이다. 우리는 여기서 다시 바이츠재커의 연설에 귀를 기울여보자. "5월 8일(패전일)은 기억의 날"이고, 그 기억은 "과거의 사건을 솔직히 그리고 왜곡됨 없이 상기함으로써 오늘 우리의 존재의 일부분"이 되어야 한다는 것을 강조하고 있는 그의 연설은 다음과 같이 계속되고 있다.

절대다수의 오늘의 독일국민들은 그당시 어린애들이었거나 또는 아직 태어나지 않았던 사람들입니다. 그들은 그들 스스로가 저지르지 않은 범죄에 대하여 자신의 죄를 고백할 수는 없습니다. 단순히 독일인이라는 것 때문에 그들이 속죄의 굴레를 쓸 것을 기대하는 분별 있는 사람은 없을 것입니다. 그러나 우리의 조상은 우리에게 중대한 유산을 남겼습니다. 우리들 모두는 죄가 있든 없든, 늙었든 젊었든 관계없이 과거를 받아들이지 않으면 안 됩니다. 우리들 모두는 그 결과에 의하여 영향을 받게 되고 또한 책임을 져야 합니다. 젊은 세대와 나이든 세대들은 왜 지난날의 기억을 살려가야만 하는가를 이해할 수 있도록 반드시 서로 도와야 합니다. 과거의 것으로 끝낼 수 있는 것이 아닙니다. 그것은 불가능합니다. 우리들의 과거는 먼 훗날 수정되거나 또는 없었던 것으로 만들 수 있는 것이 아닙니다. 누구든 지난날에 대하여 눈을 감고 외면하는 자는 현재에도 눈을 감는 것입니다. 누구든 비인도적인 것을 기억하기를 거부하는 사람은 새로운 위험에 감염되기 쉽습니다.[21]

"구원(redemption)의 비결은 기억 속에 있다"는 것을 확신하고 있

---

21) Speech by Richard von Weizsacker, ⋯ May 8, 1985.

기 때문에, 그리고 또 다시 그와 같은 행위가 되풀이되어서는 안 된다는 것을 담보하기 위하여, 독일인은 과거를 기억하고, 그 기억의 실상과 의미는 새로운 세대에게 계속 전수되어야 한다는 것을 강조하고 있다. 이러한 과정 없이는 독일은 진정 유태인을 포함한 지난날의 적대국 국민과 '화해'를 이룰 수 없다는 것을 그는 알고 있었다.

오늘날 독일과 인접해 있는 유럽의 국가들은 국가로서의 독일을 경계하거나 독일인을 증오와 불신의 대상으로 삼고 있지 않다는 것을 우리는 잘 알고 있다. 오늘날 유럽의 시민들은 독일이 유럽 최대의 경제대국으로 발전하였고 코소보사태에서 볼 수 있었던 것과 같이 나토의 일원으로 군사행동에 참여하여도 독일이 군국주의화를 지향하고 있다고 비판하거나 경계하지 않고 있다. 또한 독일이 과거 적대국이었던 프랑스와 더불어 유럽공동체를 만들어갈 수 있었던 것은 독일이 과거의 행적을 끊임없이 기억하고, 그 기억 위에서 미래를 지향하고 있기 때문이 아닐까?

VI. 천황과 '책임'

일본의 역사는 '천황'을 떠나서 존재할 수 없다. '상징적 힘'과 '초역사적 성격'을 함께 지니고 있는 천황은 일본의 모든 중대한 역사적 변화와 기록의 중심에 위치하고 있다. 메이지유신 이후 일본이 서구형 근대국가를 구축해 나가는 과정에서 택한 국가진로는 팽창정책이었다. 한반도 식민지화로 시작해서 태평양전쟁에서 패전으로 끝난 이 팽창정책의 최상의 위치에는 항상 천황이 있었다. 일청전쟁, 일러전쟁, 한일합병, 중국대륙 침략, 태평양전쟁, 성노예인 종군위안부의 강제연행, 난징(南京)의 대학살 등 이 모든 것이, 글럭(Carol Gluck)의 표현을 빌리면 "역사적 축제의 망령"(the ghost at historical feast)인 천황의 이름으로 이루어졌다.[22]

전후 일본의 지식인들은 일본이 침략전쟁에까지 이르게 된 정치 · 경제 · 사회의 모순을 규명하고, 식민지와 점령지에서 억압과 수탈, 그리고 비인도적인 전쟁범죄의 실상을 밝히고 규탄하는 데 많은 노력을 기울였다. 그러나 현실적인 전후 상황에서 누가 누구에게 어떻게 책임을 져야 하는가와 같은 '전후책임'의 문제를 규명하는 과제는 상당한 거리를 두고 다루었음을 부인할 수 없다. 그것은 '책임' 문제의 핵심에는 항상 천황이 자리잡고 있었기 때문이다.

물론 패전 후 일본의 '전후책임' 문제가 애매해진 것은 전후 동아시아에서 급속도로 나타난 미 · 소 대립의 냉전구조 속에서 일본이 서둘러 미국의 극동전략의 중심으로 편입된 것과 무관하지 않다. 냉전의 구체적 사건인 한국전쟁은 미국으로 하여금 일본에서 그동안 추진해온 개혁적 민주화 점령정책을 중단하고 다시 보수적 사회질서로 회귀하는 '역코스'를 택하도록 했고, 이는 일본이 전쟁책임을 져야 할 아시아 여러 나라에 대한 구체적 조치를 뒤로 미루고 흐지부지한 상태로 종결시키고 말았다.

이러한 과정 속에서 일본 국내에서는 천황의 전쟁책임을 면죄시키는 구도를 만들어나갔다. "대일본제국은 만세일계의 천황이 통치한다"는 제국헌법하에서 천황은 국가의 주권자이기 때문에 주권자로서의 책임은 불가피한 것이었다. 그러나 전후의 일본은, 점령정책과 무관한 것은 아니지만, 천황을 군부로부터 분리시켜 모든 책임을 군부에게 전가하는 구조를 만들어갔다. 즉 천황이 직접 전쟁에 관여한 것은 패전을 결정한 '성단'(聖斷)의 때일 뿐 개전과 모든 정책은 군국주의적인 정치지도자와 군부에 의하여 진행한 것이고, 천황의 '통수권'은 형식적인 것으로 실질적 통수권을 군부가 행사했다는 논리다. 결국 전후사는 군부와 정치지도자만을 전범으로 규정하고 전쟁책임을 그

---

22) Carol Gluck, "The Past in the Present", Andrew Gordon (ed.), *Postwar Japan as History* (University of California Press, 1993), pp. 64-95.

들에게만 전가했고, 천황에게는 마치 책임이 없는 것처럼 만들었다.

천황은 전쟁책임이 면제됐을 뿐만 아니라, 한 걸음 더 나가 '상징천황'으로서 전후에도 여전히 국민의 의식 속에 존재해 왔다. '초월적 존재'와 '인간적 존재'라는 두 개의 얼굴을 지닌 쇼와 천황은 끝까지 식민지 지배와 전쟁에 대한 책임을 추궁당하지 않았고, 주권자로서 스스로 짊어져야 할 책임에 대해 사죄함 없이 알 듯 모를 듯 한 말만 남기고 죽어갔다. 그리고 전후를 살아온 일본 지식인들은 이 허구의 장막을 벗기려 하지 않았다. 전후 일본역사의 '비틀림'이 있다면 바로 이런 데 있는 것이 아닐까?

천황에 대한 책임추궁은 일본의 식민지 지배와 전쟁책임의 전체상을 밝히기 위한 출발점임에도 불구하고 가토도 이 과제를 대단히 애매하게 다룸으로써 사실상 천황의 책임문제를 빗겨가고 있다. 그는 천황의 책임을 인정하는 듯한 언설을 펴고 있다. 그러나 그가 뜻하는 '책임'이라는 것은 그에 명령에 의하여 고통받고 죽어간, 그리고 지금도 살아서 고통받고 있는 모든 사람에게 대한 책임이 아니라, 다만 전장에서 죽은 '300만 일본인 사망자'에 대한, 그것도 '도의적 책임'에 국한하고 있을 뿐이다. 그는 다음과 같이 말하고 있다.

천황의 책임이란 신민(臣民)에 대한 책임이며 무엇보다도 그 이름으로 죽어간 자국 병사들에 대한 책임 바로 그것이다. 아시아 2,000만 사망자들에 대한 책임은 우리들 일본국민에게로 돌아오지만 그와 동시에 천황은 자국의 300만 사망자에 대한 책임의 일단을 결코 벗어날 수 없는 것이다.[23)]

그리고 전후에 천황의 이름 아래 죽어간 병사들에 대한 '도의적 책임'을 지지 않은 채 죽어버린 쇼와 천황에 대해 그는 다만 '안스러

---

23) 『사죄와 망언 사이에서』, p. 79.

워' 할 뿐이다.

가토가 언급하고 있는 '도의적 책임'이 무엇을 의미하고 있는지 알 수는 없으나, 식민통치와 전쟁, 그리고 전쟁에서 죽은 300만의 일본 인 사망자뿐만 아니라 아시아의 2,000만 사망자에게 '끝없는 총체적 책임'을 져야 할 천황의 책임을 '도의적 책임'과 '300만 일본인 사망 자'에게 국한함으로써 사실상 천황의 책임을 은폐하고 있다. 즉 천황 은 300만의 일본인 사망자에 대한 도의적 책임 이외의 책임은 없는 것으로 만들고 있다. 이런 모습이야말로 정말 가토가 말하고 있는 일 본의 전후가 "거꾸로 뒤집힌 모양"이 아닐까?

VII. 맺는 글

가토에 의하면 일본의 전후사는 '비틀림'의 것이고, 그 비틀림으로 인하여 지난날의 과오에 대하여 사죄할 주체가 존재하지 않는다는 것 이다. 이러한 비틀림을 극복하기 위해서 우선 필요한 것이 "이 사회가 사죄할 수 있는 사회가 되는 것, 사죄할 주체를 구축"하는 것인바, 식 민지 지배와 아시아·태평양 전쟁의 희생자에 '사죄할 주체'인 국민 의 공동적 주체로서 '우리'의 존재를 구축해야 한다는 것이다. 그러 나 그가 의미하고 있는 '사죄할 주체'라는 것이 어떤 것인지 알 수 없 다. 전후 50년이 지난 지금까지 피해자들이 받아들일 수 있는 사죄가 이루어지지 않은 것은 과연 '사죄의 주체'가 없어서일까? 천황이 있 고 정부가 있고, 그리고 국민을 대표하는 의회가 있다. 그외에 또 어떤 주체가 필요하다는 것일까? 없는 것은 '사죄의 주체'가 아니라, 참 마 음을 담은 '사죄의 의지'가 아닐까? 그러한 의미에서 우리는 "희생(犧 牲)에의 진혼가(鎭魂歌)는 자기 귀에 쾌적한 노래로서가 아니라 정혼 (精魂)이 들어 있는 '타자의 인식'으로 나타나지 않으면 안 된다"는 후지타 쇼조(藤田省三)의 지적을 깊이 음미할 필요가 있다.[24]

전후 반세기가 지났음에도 불구하고 중국과 한국에 반일감정과 일본에 대한 의구심이 여전히 강하게 존재하는 것은 사죄의 주체가 부재했기 때문이 아니라, 일본이라는 나라의 혼과 민족의 혼이 담긴 사죄의 실천이 없었기 때문이다. 그러므로 일본이 수행해야 할 사죄는 고모리 요이치(小森陽一)가 지적하고 있는 것과 같이 "천황이 국가의 주권자였던 대일본제국하의 '일본'이라는 국가수준에서 전쟁책임은 우리 일본인의 내부로부터만이 아니라 아시아의 피해자들로부터 문제시되는 것에 대한 응답으로서의 실천"이어야만 하고, "아시아의 사망자만이 아니라 현재 아시아에 살고 있는 사람들로부터 제기되고 있는 '책임'의 요구에 응답하는 실천"이 필요하다.[25]

최근 '탈국가'와 '탈민족' 논의가 활발히 일어나고 있으며 동아시아에서의 공동체문제가 다시 제기되고 있다. 그 어느 때보다 일본은 아시아에 대한 관심이 깊어가고 있고, 동북아시아공동체의 안정과 공동 번영의 길을 심도깊게 모색하고 있음을 알 수 있다. 그러나 동북아의 중심을 이루고 있는 일본·중국·한국이 상호이익을 증진시키며 평화체제를 구축해 나가야 한다는 필요성을 모두가 인식하고 있으면서도, 그이상 더 진전시키지 못하고 있는 것이 현실이다. 이러한 이상과 현실의 괴리, 필요성과 신뢰의 빗나감의 가장 중요한 원인은 일본에 대한 중국이나 한국의 불신이다. 경제적으로나 군사적으로 일본을 제외한 동아시아의 평화는 상상할 수 없다. 그러나 동시에 일본과 '함께' 공동의 이익을 추구하는 그 무엇을 만들어간다는 데 대해서는 중국이나 한국은 아직 흔쾌히 수긍하지 못하고 있다. 동북아시아의 딜레마는 바로 여기에 있다. 이 딜레마의 궁지에서 빠져나올 수 있는 열쇠는 일본이 가지고 있다. 일본이 지난날 아시아의 평화를 파괴한 데

---

24) "松に聞け", 『戰後精神の經驗』 I(『藤田省三著作集 7』, みすず書房, 1998), p. xii.

25) 『국가주의를 넘어서』, p. 41.

대한 책임과 사죄를 확실히 할 때 비로소 연대의 길이 열릴 수 있다.

왜 일본은 독일과 같이 이웃과 더불어 살아가지 못하고 있나? 왜 지난날의 일본군국주의는 오늘도 역사가 아니라 현실로서 아시아인의 의식 속에 자리잡고 있나? 무엇이 아시아의 인민들로 하여금 패전으로부터 반세기가 지나 21세기에 접어들고 있는 지금도 일본을 경계하게 만들고 있는가? 라는 문제에 대해 일본 지식인들의 좀더 깊은 고뇌가 필요하다고 생각된다. 이러한 보다 근본적인 문제에 대한 해답은 '비틀림'이라든가 또는 '사죄의 주체'라는 알 듯 모를 듯한 언어의 유희가 아니라, 가슴에 와닿는 반성과 사죄, 그리고 미래를 담보할 수 있는 과거에 대한 기억에 있다고 생각된다.

일본 지식인과 한국: 한국관의 원형과 변형

초판 발행: 2000년 8월 25일
재판 발행: 2002년 4월 8일

지은이: 한상일
발행인: 부성옥
발행처: 도서출판 오름
등록번호: 제2-1548호 (1993. 5. 11.)

· 서울특별시 서초구 서초동 1420-6 통일시대연구소빌딩 301호
· 전화: (02) 585-9122, 9123 / 팩스: (02) 584-7952
· E-mail: oruem@oruem.co.kr
· http: // www.oruem.co.kr

ISBN 89-7778-117-5   03300   정가 16,000원

* 잘못된 책은 교환해드립니다.